€ ~~44.90~~

~~29 €~~

1,5m
18/25

Johanna Graf
Wenn Paare Eltern werden

Psychologie · Forschung · *aktuell*

Band 7

Johanna Graf

Wenn Paare Eltern werden

Anschrift der Autorin:
Dipl.-Psych. Johanna Graf
Institut für Psychologie
der Universität München
80802 München
e-mail: graf@psy.uni-muenchen.de

Herausgeber der Reihe "Psychologie • Forschung • *aktuell*":

PD Dr. Andreas Ernst, Freiburg
Prof. Dr. Dieter Frey, München
Prof. Dr. Ernst-D. Lantermann, Kassel (Schriftleitung)
Prof. Dr. Volker Linneweber, Magdeburg
Prof. Dr. Karlheinz Sonntag, Heidelberg
Prof. Dr. Ursula Staudinger, Dresden

Das Werk einschließlich aller seiner Teile ist urheberrechtlich geschützt. Jede Verwertung außerhalb der engen Grenzen des Urheberrechtsgesetzes ist ohne Zustimmung des Verlags unzulässig und strafbar. Das gilt insbesondere für Vervielfältigungen, Übersetzungen, Mikroverfilmungen und die Einspeicherung und Verarbeitung in elektronischen Systemen.

1. Auflage 2002

© Verlagsgruppe Beltz, Weinheim 2002
www.beltz.de

Lektorat: Simone Klein
Herstellung: Uta Euler
Umschlaggestaltung: Federico Luci, Köln
Druck und Bindung: Druckpartner Rübelmann GmbH, Hemsbach
Printed in Germany
5 4 3 2 1 0

ISBN 3-621-27519-3

„Unabhängigkeit ist ein bourgeoises Vorurteil.
Wir sind alle abhängig."
George Bernard Shaw

DANK

Allen, die mich während der Entstehung dieser Arbeit unterstützt und gefördert haben, möchte ich herzlich danken. An erster Stelle gilt mein ausdrücklicher Dank Herrn Prof. Dr. Klaus A. Schneewind. Er hat mich mit dem spannenden Thema der Arbeit betraut und mir den reichhaltigen Datensatz des Projektes „Optionen junger Ehen" überlassen. Die Gespräche mit ihm waren immer sehr anregend und unterstützend. Zudem rechne ich ihm hoch an, dass er meine Arbeit mit Anteilnahme verfolgt und mir gerade in der letzten Zeit den Rücken so weit wie möglich von anderen Verpflichtungen freigehalten hat.

Sabine Walper möchte ich für ihr stets offenes Ohr und ihre konstruktiven wie kreativen Anmerkungen danken, die mir immer sehr weitergeholfen haben. Barbara Reichle und Mechthild Gödde haben mich mit ihrer positiven Rückmeldung sehr ermutigt. Annette Engfer danke ich für die anregende Diskussion innerhalb unserer Arbeitsgruppe während des 42. Kongresses der Deutschen Gesellschaft für Psychologie. Antonia Arboleda hat unermüdlich neue Literatur beschafft. Eva Wunderer hat mit akribischer Sorgfalt das Manuskript korrekturgelesen, Janine und Micha haben in allerletzter Minute die Graphiken druckfertig gemacht.

Obgleich ich die Kontakte teilweise sehr vernachlässigt habe, haben mir meine Freunde die ganze Zeit über Verständnis und Wohlwollen entgegengebracht. Meine Eltern haben mich schon über dreißig Jahre liebevoll auf meinem Lebensweg begleitet. Ich konnte immer auf sie zählen.

Mein ganz besonderer Dank gilt meinem Lebenspartner Joachim Kruse. In dieser für mich belastenden Zeit war er immer für mich da, hat mir den Rücken gestärkt und durch sein Vertrauen in meine Fähigkeiten und die Qualität meiner Arbeit unendlich viel zu meinem seelischen Gleichgewicht beigetragen. Als Kollege hat er die Arbeit mit Strukturgleichungs- und Pfadmodellen an unserer Abteilung eingeführt. Mit kritischem und wohlwollenden Auge und der ihm eigenen Sorgfalt hat er die Arbeit korrekturgelesen. Die anregenden und spannenden Diskussionen mit ihm waren für mich von unschätzbarem Wert – ebenso wie all die schönen Stunden unserer gemeinsamen „Beziehungspflege".

Inhalt

1 Überblick: Wozu die Ehe der Eltern einbeziehen, um die kindliche Entwicklung zu verstehen?   1

1.1 Direkte Effekte   7
1.2 Vermittelte Effekte   8
1.3 Effekte von Hintergrundvariablen   11
1.4 Kindeffekte   12
1.5 Implikationen für die Untersuchung von Interdependenzen im Familiensystem   14

2 Die Bedeutsamkeit der elterlichen Paarbeziehung für Kinder   15

2.1 Kennzeichen gelingender und misslingender Partnerschaften   16
2.2 Konsequenzen für Kinder   25

3 Indirekte Effekte: Erziehung und Eltern-Kind-Beziehung als Mediatoren   36

3.1 Die Erziehungsqualität als Einflussfaktor der kindlichen Entwicklung   37
3.2 Spillover von der Ehe auf die Erziehung und Eltern-Kind-Beziehung   42
3.3 Die Kompensations-Hypothese   48
3.4 Die Common-Factor-Hypothese   53

4 Kindeffekte   58

4.1 Veränderungen der Partnerschaftsqualität im Übergang zur Erstelternschaft   59
4.2 Die Bedeutsamkeit von Merkmalen des Kindes   67

5	**Überblick über die empirische Arbeit**	**76**
5.1	Sieben Thesen zum aktuellen Forschungsstand	76
5.2	Fragestellungen der empirischen Arbeit	79
5.3	Stichprobe und Untersuchungsdesign	89
5.4	Eingesetzte Erhebungsinstrumente	94
5.5	Auswertungsmethoden	107
6	**Ergebnisse für die Gesamtgruppe der Ersteltern**	**110**
6.1	Veränderung der Partnerschaftsqualität in der Gesamtgruppe der Ersteltern	111
6.2	Die Bedeutung der Ehebeziehung für die kindliche Entwicklung	120
6.3	Die Bedeutung von Kindtemperament und -geschlecht für die Ehebeziehung	132
6.4	Die längsschnittliche Entwicklung von Partnerschaftsqualität und Kindtemperament	141
6.5	Mediatoreffekte: Überprüfung vermittelnder Prozesse	152
6.6	Überprüfung der Common-factor-Hypothese	171
7	**Differentielle Entwicklungsverläufe**	**187**
7.1	Entwicklungsverläufe von Paaren und Kindern	187
7.2	Vorhersage der Entwicklungsverläufe von Paaren und Kindern	197
7.3	Zusammenfassung und Interpretation der Befunde	211
8	**Diskussion der Befunde**	**215**
8.1	Veränderung der Partnerschaftsqualität im Übergang zur Elternschaft	217
8.2	Zur Bedeutsamkeit verschiedener Partnerschaftsmerkmale für Kinder	223

8.3	Das Zusammenspiel von Ressourcen und Risiken	228
8.4	Implikationen für die Praxis	235
8.5	Grenzen der Untersuchung	237

9	**Resümee**	**240**

10	**Literaturverzeichnis**	**244**

11	**Sachwortregister**	**266**

12	**Verzeichnis der Tabellen**	**268**

13	**Verzeichnis der Abbildungen**	**270**

14	**Anhang**	**272**
14.1	Eingesetzte Fragebögen	272
14.2	Auswertungsmethoden	283
14.3	Deskriptive Statistiken	286
14.4	Varianzanalytische Ergebnisse zum Verlauf der Beziehungsqualität	291
14.5	Korrelative Befunde	297
14.6	Regressionsanalytische Befunde	307

1 Überblick: Wozu die Ehe der Eltern einbeziehen, um die kindliche Entwicklung zu verstehen?

1.1	Direkte Effekte	7
1.2	Vermittelte Effekte	8
1.2.1	Spillover von der Partnerschaft auf die Eltern-Kind-Beziehung	8
1.2.2	Kompensationsprozesse und generationsübergreifende Koalitionen	9
1.2.3	Exklusivität der Paarbeziehung	11
1.3	Effekte von Hintergrundvariablen	11
1.4	Kindeffekte	12
1.5	Implikationen für die Untersuchung von Interdependenzen im Familiensystem	14

„Adults marry because they hope marriage will provide happiness. Parents bring children into the world to fulfill their dreams of family, and they wish only the best for their children. The goals of marriage and having children are idealistic and positive in all but rare instances" (Cummings & Davies, 1994, S. xi).

Wenn Paare sich dazu entschließen, eine Familie zu gründen, erhoffen sie sich meist, ihr Beziehungsglück durch ein gemeinsames Kind noch zu vervollkommnen und ihr Gefühl der Zusammengehörigkeit noch zu vertiefen. Auf den ersehnten Nachwuchs richten sie viele Hoffnungen und Wünsche, wollen ihrem Kind die bestmögliche Zukunft bieten, wollen für ihr Kind „nur das Beste" (vgl. Beck-Gernsheim, 1990).

Tatsächlich jedoch scheint die Ankunft des ersten Kindes eine schwere Bewährungsprobe für die Ehebeziehung zu sein. Gerade in der ersten Zeit stehen Ermüdung, Erschöpfung und Überlastung auf der Tagesordnung. Einerseits sind die Partner durch die gemeinsame Verantwortung verstärkt aufeinander angewiesen, andererseits bringt das „freudige Ereignis" gleichzeitig den Verlust an Zweisamkeit mit sich (Kalicki, Peitz, Fthenakis & Engfer, 1999). Angesichts der Vielzahl der neuen Aufgaben bleibt die Partnerschaft selbst allzu oft auf der Strecke. Die idealistischen Zielvorstellungen, mit denen Paare ihren Weg in die Elternschaft beginnen, stehen in vielen Fällen in herbem Gegensatz zu dem, was in der Realität tatsächlich eintritt.

Dieses ernüchternde Bild zeichnet die aktuelle Forschungsliteratur zum Übergang zur Elternschaft, wie sie beispielsweise in dem von Reichle und Werneck (1999b) herausgegebenen Band dokumentiert ist. Dass Kinder für das Partnerschaftsglück letztendlich ein Risiko darstellen, kann inzwischen zu den gut belegten Phänomenen in der Familienpsychologie gerechnet werden.

Es ist offenkundig, dass dies nicht gerade die besten Voraussetzungen dafür sind, Kindern eine optimale Entwicklung zu ermöglichen. Diese andere Blickrichtung wird inzwischen mehr und mehr zum Gegenstand neuerer Forschungsbemühungen. Während sich die Entwicklungspsychologie lange Zeit fast ausschließlich auf die Qualität des Erziehungsverhaltens und der Eltern-Kind-Beziehung als relevante Einflussgrößen für die kindliche Entwicklung konzentriert hat (vgl. Shaffer, 1999), gerät heute die Bedeutung der Ehebeziehung zunehmend in den Blickpunkt. Dies ist zum Teil auch Fortschritten in der Scheidungsforschung zu verdanken. Ausgehend von der Erkenntnis, dass nicht das Ereignis der Trennung an sich mit nachteiligen Folgen für die Kinder verbunden ist, sondern vielmehr die vorausgehenden Querelen und Auseinandersetzungen der Eltern, war der Weg bereitet, um die Aufmerksamkeit auch in Kernfamilien auf die Bedeutsamkeit der Partnerschaftsbeziehung für die Entwicklung von Kindern zu richten (vgl. Emery, 1982; Niesel, 1995). Während im deutschen Sprachraum bislang kaum Untersuchungen zu der Thematik existieren, wurde in den USA eine rege Forschungstätigkeit angestoßen, die insbesondere auf die Auswirkungen elterlicher Konflikte fokussierte. Inzwischen nehmen interparentale Konflikte eine prominente Stellung unter den Risikofaktoren kindlicher Entwicklung ein (Rutter, 1994).

Dass es für die Entwicklung von Kindern wichtig ist, wie die Ehe ihrer Eltern funktioniert, war in der Praxis schon lange unbestritten. Die klinische Beobachtung, dass Kinder mit Verhaltensproblemen häufig aus Familien mit großen Eheproblemen stammen, und die zunehmende Verbreitung einer familiensystemtheoretischen Perspektive (vgl. Minuchin, 1983; Schneewind, 1999) können ebenfalls als Ansporn für Forschungsaktivitäten in dieser Richtung gesehen werden (vgl. auch die ökologische Systemtheorie nach Bronfenbrenner, 1981).

Aus systemischer Sicht stellt die Ehebeziehung der Eltern eine Schlüsselkomponente für das Verständnis der kindlichen Entwicklung dar. Wenn Kinder Verhaltensprobleme zeigen, so ist die Wahrscheinlichkeit groß, dass die Partner Schwierigkeiten miteinander haben (Roberts, 1994). Diese Auffassung kommt pointiert in der apodiktischen Aussage von Framo (1975, S. 22) zum Ausdruck: „whenever you have a disturbed child, you have a disturbed marriage".

Die Partner sind nach dieser Sichtweise die Architekten des Familiensystems (Satir, 1982). Die Qualität der Partnerschaftsbeziehung stellt das Fundament sowohl für die weitere Beziehungsentwicklung der Partner, als auch für die Persönlichkeitsentwicklung der Kinder dar (Schneewind & Graf, 2000). Vor der Geburt des ersten Kindes gehört es zu den zentralen Entwicklungsaufgaben der Partner, ihre dyadische Beziehung so zu festigen, dass eine hinreichende Bindung gewährleistet ist, die jedoch flexibel genug sein muss, um dem Kind den Eintritt in die Familie zu gestatten. Dies formuliert die Familienentwicklungstheorie ausdrücklich als wichtige Aufgabe im Familienlebenszyklus (Aldous, 1996; Carter & McGoldrick, 1988).

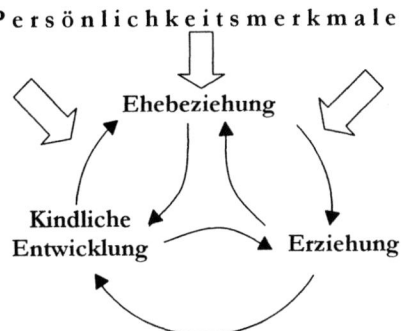

Abbildung 1.1.1. Wechselwirkungsprozesse im Familiensystem modifiziert n. Belsky (1981)

Auch wenn sich viele Untersuchungen heute immer noch entweder mit den Effekten von Kindern auf den Verlauf der Ehe *oder* den Auswirkungen der Partnerschaftsbeziehung auf Kinder befassen, gilt die Frage „Wer beeinflusst wen?" als überholt. Eltern beeinflussen ihre Kinder und Kinder ihre Eltern. Die Familie wird als soziales System verstanden, als Netzwerk reziproker Beziehungen. Abbildung 1.1.1 veranschaulicht diese Auffassung von Familie (Belsky, 1981). Das Modell bildet nicht einfach die Personen ab, aus denen die Familie zusammengesetzt ist (Vater, Mutter, Kind), sondern die familiären Beziehungen und Rollen. Insbesondere wird deutlich, dass – auch wenn Paare Eltern werden – sie ihre Rolle als Partner behalten und auch beibehalten müssen (Minuchin, 1983).

Alle denkbaren direkten und indirekten Einflüsse, die Ehebeziehung, Erziehung und kindliche Entwicklung aufeinander haben können, werden berücksichtigt. Die zugrundeliegenden Prozesse sind nicht nur bidirektional, sondern zirkulär. Der Ehebeziehung wird eine Schlüsselrolle für die kindliche Entwicklung zugesprochen. Haben die Eltern eine erfüllende Beziehung miteinander, so können sie daraus für ihre Erziehungsaufgabe viel Kraft schöpfen; sind sie jedoch durch ständige Auseinandersetzungen ausgelaugt, wird wahrscheinlich auch ihr Erziehungsverhalten leiden. Wie die Eltern mit ihren Kindern umgehen, bestimmt maßgeblich mit, wie die Kinder sich entwickeln werden. Die Kinder selbst wiederum beeinflussen das Erziehungsverhalten ihrer Eltern und den Verlauf der Partnerschaft.

Fincham (1998, S. 544) sieht deshalb die Notwendigkeit, bei der Erforschung der kindlichen Entwicklung nicht nur die Eltern-Kind-Beziehung, sondern auch die Ehe der Eltern einzubeziehen: „The study of the child alone, or the parent-child relationship alone, is necessarily inclomplete because a key element of the system, the marriage, is overlooked. The marriage constitutes part of the environment that may directly influence the child and provides a context that facilitates or impedes effective parenting and may thereby influence the child indirectly."

Nach Belsky (1984) sind persönliche Ressourcen der Eltern (wie die emotionale Stabilität oder allgemeine Beziehungsfertigkeiten) sowohl für die Gestaltung der Partnerschaft als auch der Eltern-Kind-Beziehung maßgeblich (vgl. Abbildung 3.1.1, S. 41); zudem muss man auch von einer genetisch bedingten Ähnlichkeit zwischen Eltern und Kindern ausgehen (Asendorpf, 1997). Deshalb wurde das von Belsky (1981) entwickelte Modell um diesen zentralen Aspekt erweitert. Unberücksichtigt bleibt die Einbettung des Familiensystems in den größeren Kontext (vgl. hierzu Belsky, 1984; Conger & Elder, 1994; Kruse, 2001).

Auch wenn (oder gerade weil?) dieses grundlegende Modell gleichzeitig verschiedene Möglichkeiten zulässt, ist in der Forschung eine heftige Debatte darüber entbrannt, wie Zusammenhänge zwischen Ehe und kindlicher Entwicklung zu erklären sind und ob man eher von *direkten* oder *indirekten* Einflussprozessen ausgehen muss. Die Diskussion um die Wirkungsweise von interparentalen Konflikten spiegelt dies wider (vgl. Emery, Fincham & Cummings, 1992; Fauber & Long, 1991, 1992; Fincham, 1994). Während Fauber und Long (1991, 1992) die Zusammenhänge zwischen Elternkonflikten und Symptomen der Kinder gänzlich auf Beeinträchtigungen der elterlichen *Erziehungskompetenzen* durch die Belastungen im Ehesystem zurückführen (Fauber, Forehand, Thomas & Wierson, 1990; Mann & MacKenzie, 1996), gestehen Emery, Fincham & Cummings (1992) den Auseinandersetzungen der Eltern auch einen *eigenen* Einfluss auf die Entwicklung der Kinder zu und nehmen an, dass relevante familiale Einflüsse auf die Entwicklung der Kinder nicht nur im Erziehungsverhalten der Eltern begründet sind (Cummings & Davies, 1994; Cummings, Ballard, El Sheikh & Lake, 1991; Emery et al., 1992). Wieder andere sprechen der Ehebeziehung ihre Relevanz für Kinder vollständig ab; sie nehmen an, dass die Genetik, bestimmte Persönlichkeitsmerkmale oder Kontextfaktoren für die Zusammenhänge verantwortlich sind (näheres z.B. bei Asendorpf & Banse, 2000; Harris, 2000). Ein davon relativ unabhängiger Forschungsstrang befasst sich mit der Entwicklung der Partnerschaft im Übergang zur Elternschaft und den Auswirkungen „schwieriger" Kinder auf die Ehe (Reichle & Werneck, 1999b). Hier steht im Vordergrund, dass Kinder selbst aktive Gestalter ihrer eigenen Entwicklung sind und ihrerseits die Eltern-Kind-Beziehung bzw. die Ehequalität beeinflussen (Engfer, 1988; Engfer, Walper & Rutter, 1994). Die bestehende Uneinigkeit spiegelt sich in den folgenden vier zentralen Fragen wider:

1. Sind die Auswirkungen der Ehe direkt oder indirekt (vermittelt über die Erziehungsqualität)?
2. Falls indirekte Prozesse vorliegen: Übertragen sich Partnerschaftsprobleme negativ auf das Erziehungsverhalten („Spillover") oder versuchen Eltern, negative Erfahrungen in der Partnerschaft in der Beziehung zum Kind zu kompensieren?
3. Handelt es sich nicht nur um ein Artefakt von Hintergrundvariablen (Genetik, Persönlichkeit, Kontextfaktoren), die sich sowohl in der Partnerschaft als auch in der Eltern-Kind-Beziehung manifestieren?
4. Inwiefern sind die Kinder selbst für die Zusammenhänge verantwortlich (Kindeffekte)?

1. Direkte Effekte
Spannungen im Ehesystem übertragen sich direkt auf das Kind.

2. Vermittelte Effekte: Mediatorhypothese
Spannungen im Ehesystem beeinträchtigen die Elternkompetenz und beeinflussen dadurch das Kind indirekt.

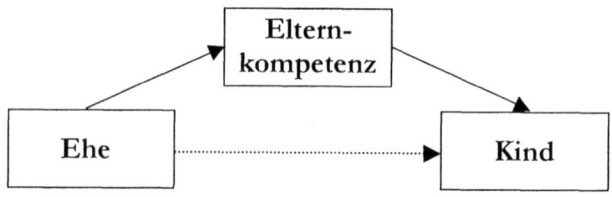

a) Spillover-Hypothese
Eltern mit Eheproblemen sind für ihr Kind nicht emotional verfügbar.
b) Kompensationshypothese
Eltern in unglücklichen Partnerschaften suchen Erfüllung in der Beziehung zu ihrem Kind, neigen zu Überfürsorge und Koalitionsbildungen.

3. Common-factor-Hypothese
Persönlichkeitsmerkmale der Eltern beeinflussen Ehe- und Eltern-Kind-Beziehung und sind für die Zusammenhänge verantwortlich.

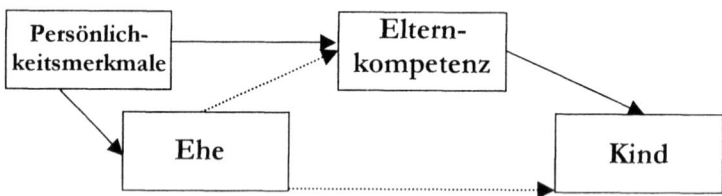

4. Kindeffekte
Schwierige Kinder stellen eine Herausforderung für die Erziehung und die Ehebeziehung dar.

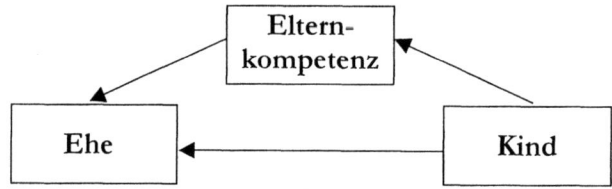

Abbildung 1.1.2
Einflussprozesse im Familiensystem: Kontrastierung der wichtigsten Hypothesen

Abbildung 1.1.2 veranschaulicht die Annahmen, die den oben aufgeworfenen Fragen zugrunde liegen. In den folgenden Abschnitten sollen sie kurz anhand unterschiedlicher theoretischer Erklärungsansätze, die die Hypothesen stützen können, skizziert werden. In den weiteren Kapiteln der Arbeit wird zusammengetragen, welche Belege bislang erbracht werden konnten.

1.1 Direkte Effekte

Unterschiedliche theoretische Ansätze können herangezogen werden, um zu erklären, wie sich die Qualität der elterlichen Partnerschaftsbeziehung in direkter Weise auf Kinder auswirken könnte (zur Übersicht vgl. Cummings & Davies, 1994; Easterbrooks & Emde, 1988; Emery, 1982; Wilson & Gottman, 1995). Zwei theoretische Perspektiven haben dabei besondere Beachtung gefunden.

Die *Soziale Lerntheorie* betont die Rolle des Modelllernens und die Vorbildfunktion von Eltern für ihre Kinder (vgl. Bandura, 1977). Wenn Kinder beobachten, wie die Eltern miteinander umgehen, lernen sie, wie man sich im Kontakt zu anderen verhält. Gerade weil Eltern in ihrer Rolle als Bindungs- und Autoritätsfiguren für ihre Kinder besonders wichtige Modellpersonen darstellen, übernehmen die Kinder mit hoher Wahrscheinlichkeit das beobachtete Interaktionsverhalten in ihr eigenes Verhaltensrepertoire. Sind die Eltern bei Auseinandersetzungen aggressiv und feindselig, wird den Kindern vermittelt, dass Feinseligkeit und Abwehr geeignete Bewältigungsstrategien im Umgang mit zwischenmenschlichen Konflikten darstellen. Dagegen können Kinder sich Vieles über gegenseitige Unterstützung, Hilfsbereitschaft, Kooperation und konstruktive Konfliktlösung aneignen, wenn die Eltern einander liebevoll zugetan sind.

Aus *stresstheoretischer* Perspektive sind Ehezwistigkeiten und feindselig ausgetragene Konflikte für Kinder eine starke Belastung. Bereits sehr kleine Kinder reagieren auf Auseinandersetzungen zwischen ihren Eltern mit einem Anstieg von Herzfrequenz und Blutdruck (vgl. Cummings, Zahn-Waxler & Radke-Yarrow, 1981). Diese erhöhte physiologische Erregung reduziert ihre Fähigkeit, die eigenen Emotionen und Verhaltensweisen zu regulieren (vgl. Gottman & Katz, 1989).

1.2 Vermittelte Effekte

Viele Autoren nehmen an, dass die Ehebeziehung Kinder nicht direkt beeinflusst, sondern indirekt, vermittelt über die Eltern-Kind-Beziehung bzw. das Erziehungsverhalten (Fauber et al., 1990; Fauber & Long, 1991). Zwei unterschiedliche Prozesse werden dabei in der Literatur diskutiert. Die Spillover- oder Konsistenzannahme geht davon aus, dass sich Partnerschaftprobleme negativ auf das Erziehungsverhalten „übertragen", während Eltern in glücklichen Partnerschaften mehr Freude an ihrem Kind haben und ihre Elternrolle besser erfüllen können (Asendorpf & Banse, 2000; Engfer, 1988). Andererseits ist es auch denkbar, dass Eltern versuchen, Defizite in der Partnerschaft in der Beziehung zum Kind auszugleichen oder aber sich von ihrem Kind die Liebe und Zuwendung erhoffen, die sie in ihrer Partnerschaft vermissen (Kompensationshypothese, vgl. Belsky, 1981; Engfer, 1988). Beide Annahmen sollen in den folgenden Abschnitten näher erläutert werden (vgl. hierzu auch Erel & Burman, 1995; Krishnakumar & Buehler, 2000).

1.2.1 Spillover von der Partnerschaft auf die Eltern-Kind-Beziehung

Dass Stimmungen, Affekte und Verhaltensweisen von einem familiären Subsystem in das andere gleichsam „überschwappen", kann zum einen aus *familiensystemtheoretischer* Perspektive erklärt werden (vgl. Bowen, 1978; Haley, 1976; Minuchin, 1983). Wenn die Partner nicht in der Lage sind, ihre Eheprobleme zu lösen, richten sie die Aufmerksamkeit auf die Fehler und Verhaltensauffälligkeiten des Kindes, um von ihren Eheproblemen abzulenken („detouring") und so die Spannungen im Ehesystem zu reduzieren. Die Eltern verbünden sich in ihrer Sorge um das Kind und machen es zum Sündenbock. Eventuell wird es durch sein provozierendes Problemverhalten sogar aktiver Bestandteil des „Spiels" (Christensen & Margolin, 1988). Dieses Muster lässt sich auch *lerntheoretisch* gut nachvollziehen. Wenn kindliche Reaktionen (beispielsweise Wutausbrüche oder Weinen) die Konflikte unterbrechen oder abmildern, werden sie durch diesen „Erfolg" negativ verstärkt (vgl. Patterson, 1982). Dadurch steigt die Wahrscheinlichkeit, dass das Kind in ähnlichen Situationen solche Verhaltensweisen wiederholt.

Neben Prozessen des *Modelllernens*, die bereits im vorangegangenen Abschnitt beschrieben worden sind, aber auch im Kontext der Eltern-Kind-Beziehung wirksam werden, hat vor allem die *Sozialisationshypothese* viel Aufmerksamkeit erfahren (Easterbrooks & Emde, 1988). Eltern, die eine befriedigende und unterstützende Beziehung haben, sind für ihre Kinder emotional verfügbar und in der Lage, feinfühlig auf deren Bedürfnisse einzugehen. Fortwährende Querelen in der Partnerschaft dagegen führen zu Einbrüchen in der Erziehungskompetenz. Die Eltern sind emotional erschöpft und ausgelaugt, so dass die Kinder auch außerhalb der aktuellen Auseinandersetzungen unter dem emotionalen Rückzug und der Nichtverfügbarkeit ihrer Eltern zu leiden haben. Die Herausbildung einer sicher gebundenen Beziehung zu den Eltern ist unter diesen Bedingungen sehr erschwert. Neben dieser affektiven Dimension der Eltern-Kind-Beziehung sind auch Disziplinierungspraktiken betroffen. Den Kindern werden keine klaren Grenzen gesetzt. Es kommt sowohl zu widersprüchlichem Erziehungsverhalten eines Elternteils (intraparentaler Inkonsistenz), als auch zu Differenzen im Erziehungsverhalten zwischen den Eltern (interparentaler Inkonsistenz). Da die Eltern nicht in der Lage sind, ihre Probleme miteinander zu lösen, wird auch ihre Fähigkeit, sich im Erziehungsprozess gegenseitig zu unterstützen und als Team zusammenzuarbeiten („Co-Parenting"), beeinträchtigt; die Elternallianz wird untergraben.

1.2.2 Kompensationsprozesse und generationsübergreifende Koalitionen

Einfach gefasst, bedeutet die Kompensationshypothese (Engfer, 1988), dass Eltern versuchen, Defizite in der Partnerschaft in ihrer Beziehung zum Kind auszugleichen. Diese allgemeine Formulierung lässt sich in zwei gegenläufige Unterhypothesen ausdifferenzieren (vgl. auch Walper, 1998). Einerseits können Eltern den Wunsch haben, für die Kinder einen Ausgleich zu schaffen, wenn deren Beziehung zum anderen Elternteil aufgrund der bestehenden Eheprobleme leidet. Sie versuchen aktiv, die Kinder von den Eheschwierigkeiten abzuschirmen und nachteilige Folgen wieder wett zu machen (*Hypothese des kindzentrierten Ausgleichs*, z.B. Belsky, Youngblade, Rovine & Volling, 1991).

Andererseits erhoffen sich manche Eltern von ihrem Kind die Liebe und Zuwendung, die sie in ihrer Partnerschaft vermissen (*Hypothese des elterlichen Eigeninteresses*):

Werden ihre Bedürfnisse nach Nähe und Intimität in der Ehe nicht erfüllt, richten sie ihre ganze Aufmerksamkeit auf ihr Kind und verlieren dadurch die Partnerschaftsbeziehung (noch weiter) aus dem Auge (Minuchin, 1983). Dies kann sich in einer überfürsorglichen, überbehütenden Haltung dem Kind gegenüber manifestieren (Belsky, 1981) und sogar in die Umkehrung der Rollen zwischen Eltern und Kind münden, wenn dem Kind die Last der Verantwortung für das emotionale Wohlbefinden aufgebürdet wird. Dieser Prozess wird von Boszormenyi-Nagy und Spark (1981) als Parentifizierung bezeichnet (vgl. auch Boszormenyi-Nagy & Krasner, 1986; Graf & Frank, 2001).

Aus *familiensystemtheoretischer* Perspektive ist das Risiko grundsätzlich erhöht, dass sich generationsübergreifende Koalitionen herausbilden und das Kind in die Ehebeziehung trianguliert wird, wenn die Paarbeziehung der Eltern geschwächt oder durch ungelöste Konflikte belastet ist (Boszormenyi-Nagy & Krasner, 1986; Minuchin, 1983). Denn auch beim Versuch des kindzentrierten Ausgleichs kann es passieren, dass sich der Partner dadurch ausgeschlossen fühlt und sich seine Beziehung zum Kind noch weiter verschlechtert.

Es ist wichtig, nicht zu übersehen, dass die Koalitionsbildung sowohl von den Eltern wie auch vom Kind ausgehen kann. Ist ein Elternteil von der Partnerschaftsbeziehung sehr enttäuscht, so wird er versuchen, sich mit dem Kind gegen den anderen Elternteil zu verbünden und das Kind bei Streitigkeiten auf die eigene Seite zu ziehen (Minuchin et al., 1978). Das Kind wird in die Rolle des Schlichters, Friedensstifters, Schiedsrichters und Seelentrösters gedrängt (*Koalitionsdruck von Seiten der Eltern*). Andererseits besteht die Gefahr, dass sich Kinder auch von sich aus in die elterlichen Auseinandersetzungen einmischen, unter denen sie leiden, und versuchen, diese zu beenden. Dadurch geraten sie in nicht minder große Loyalitätskonflikte (*Einmischung des Kindes*).

Die Annahmen zu Kompensation, Triangulierung und Parentifizierung sind vor allem im klinisch-therapeutischen Kontext entwickelt worden. Ob sich Spillover- und Kompensationsprozesse ausschließen oder gegenseitig ergänzen, ist bislang kaum explizit untersucht worden.

1.2.3 Exklusivität der Paarbeziehung

Schließlich könnten Ehe und Eltern-Kind-Beziehung noch auf eine andere Art und Weise miteinander verknüpft sein. Wenn Paare vor der Geburt ihres Kindes eine besonders glückliche und intime Beziehung miteinander haben, könnten sie das Kind als störenden Dritten betrachten, als Eindringling in die Harmonie der Zweierbeziehung, so dass die Beziehung beider Partner zum Kind belastet wird („Intrusion", vgl. Easterbrooks & Emde, 1988; Goldberg & Easterbrooks, 1984). Aus familiensystemtheoretischer Sicht kann dies als Zeichen für zu rigide Grenzen des Paarsystems gewertet werden, die für die Einbeziehung des Kindes keinen Raum lassen. Obwohl Goth-Owens, Stollak, Messe, Peshkess und Watts (1982) in ihrer Untersuchung fanden, dass glücklich verheiratete Männer weniger mit ihren Kindern interagieren, zeigt sich bei Goldberg und Easterbrooks (1984), dass nicht glückliche, sondern unzufriedene Paare ihr Kind als Beeinträchtigung für die Ehe und ihren persönlichen Lebensstil wahrnehmen. Insgesamt hat diese Hypothese wenig Beachtung gefunden und wird hier nicht weiter verfolgt.

1.3 Effekte von Hintergrundvariablen

Zusammenhänge zwischen Ehequalität und kindlicher Entwicklung nachzuweisen, ist nicht ausreichend, um zu belegen, dass die Partnerschaftsbeziehung tatsächlich für die kindliche Entwicklung relevant ist. Denn es ist denkbar, dass Hintergrundvariablen (Persönlichkeitsmerkmale, Kontextfaktoren) sowohl die Gestaltung der Ehe- als auch der Eltern-Kind-Beziehung beeinflussen, und die Zusammenhänge insofern auf das Wirken solcher Drittvariablen zurückzuführen sind (Asendorpf & Banse, 2000; Fincham, 1998; Margolin, 1981). Diese Annahme wird der Terminologie von Engfer (1988) entsprechend als Common-factor-Hypothese bezeichnet. Aus Perspektive der *Familienstresstheorie* führen Kontextfaktoren wie finanzielle Schwierigkeiten, räumliche Enge oder Arbeitslosigkeit zu Belastungen der Partnerschaft und der Eltern-Kind-Beziehung. Das Gleiche gilt für familieninterne Stressoren, beispielsweise chronische Krankheiten. Auch aus Sicht der *Sozialen Lerntheorie* kann man entsprechend argumentieren. Während Persönlichkeitsmerkmale wie emotionale Stabilität, Wärme und Empathie zum Gelingen von Partnerschaft und Elternschaft beitragen, sind Schwierigkeiten in Ehe und Erziehung Ausdruck mangelnder interpersonaler Fähigkeiten der Eltern.

Systemtheoretisch kann man eine Generalisierung von Interaktions- aber auch Denk- und Attributionsmustern annehmen, die sich sowohl in der Ehe als auch in der Eltern-Kind-Beziehung manifestieren. Hierbei spielen auch Kindheitserfahrungen in der eigenen Herkunftsfamilie eine Rolle, die die Ausformung internaler Beziehungsmodelle (Annahmen darüber, wie persönliche Beziehungen sind und sein sollten) und somit die Qualität späterer Beziehungen mitbestimmen (Bowlby, 1969; Schneewind, 1995). So ist es denkbar, dass Personen mit geringem Selbstwertgefühl Verhaltensweisen ihres Interaktionspartners (Ehepartner oder Kind) leicht als Zurückweisung oder Fehlverhalten missverstehen, während andere eher positive Aspekte wahrnehmen und „wohlwollend" interpretieren.

Nimmt man einen *verhaltensgenetischen* Standpunkt ein, so muss man darauf hinweisen, dass den Zusammenhängen auch gemeinsame genetische Varianz zugrunde liegt (Schneewind & Pekrun, 1994). Denn Persönlichkeitsdispositionen sind zum Teil angeboren, sie bestimmen Partnerwahl und Beziehungsgestaltung mit und werden zudem an das Kind vererbt. Auf diese Weise kommt es zu einer genetisch vermittelten Ähnlichkeit zwischen Eltern und Kind, Ehe- und Eltern-Kind-Beziehung.

1.4 Kindeffekte

Ruft man sich das Modell aus Abbildung 1.1.1 nochmals in Erinnerung, so wird klar, dass Zusammenhänge zwischen Ehebeziehung und kindlicher Entwicklung auch aus der umgekehrten Kausalrichtung resultieren können. Kinder beeinflussen die Ehebeziehung ihrer Eltern entweder direkt oder indirekt, über die Eltern-Kind-Beziehung oder das Erziehungsverhalten. Dabei muss zwischen den allgemeinen Effekten, die auf das Ereignis der Elternschaft selbst zurückgehen, und den spezifischen Effekten bestimmter Merkmale des Kindes unterschieden werden.

Die Geburt ihres ersten Kindes bringt, ganz unabhängig von den konkreten Eigenschaften des Kindes, für Paare weitreichende Veränderungen mit sich, die dem Paar hohe Anpassungsleistungen abverlangen. Die *Familienentwicklungstheorie* formuliert als zentrale Entwicklungsaufgabe der frisch gebackenen Eltern die Umstrukturierung des Ehesystems, um Raum für das Kind und die damit verbundenen neuen Aufgaben zu schaffen (Carter & McGoldrick, 1988). Die Partner müssen die neue Rolle als Eltern in ihr Leben integrieren, ohne dabei ihre Partnerschaft aus dem Auge zu verlieren. Doch die erforderliche Umverteilung der Ressourcen (an Zeit und Energie) geht häufig zu Lasten des Paarsystems und lässt neue Reibungspunkte entstehen.

Neben diesen allgemeineren Effekten unterstreichen *stresstheoretische Ansätze*, dass „schwierige" Kinder eine besondere Belastung für die Eltern darstellen. Kinder, die viel weinen und sich nur schwer beruhigen lassen, zerren an den Nerven der Eltern; Kinder, die der besonderen Aufmerksamkeit und Fürsorge bedürfen, schränken die Zeit und Energie, die die Eltern füreinander haben, ein. Dies erschwert die Pflege partnerschaftlicher Intimität und trägt zur Reizbarkeit der Partner, möglicherweise auch zu vermehrten Partnerkonflikten bei, während unkomplizierte Kinder, die ausgeglichen und anpassungsfähig sind, den Erziehungsalltag ihrer Eltern erleichtern (Ambert, 1997; Margolin, 1981).

Während sich die klassische Sozialisationsforschung lange Zeit nur mit der unidirektionalen Wirkung elterlichen Erziehungsverhaltens auf die kindliche Entwicklung befasst hat (Bugental & Goodnow, 1998), werden seit Bells (1968) Kritik an diesem Ansatz Effekte der Kinder auf die Erziehung stärker beachtet. Im Sinne einer *systemischen* Auffassung werden Kinder heute nicht mehr als passive Empfänger elterlicher Sozialisationsbemühungen betrachtet, sondern als aktive Gestalter ihrer eigenen Entwicklung (Engfer et al., 1994). Sie beeinflussen die Qualität und Wirksamkeit der elterlichen Erziehungspraktiken und formen die Eltern-Kind-Beziehung maßgeblich mit. Die Effektivität elterlicher Sozialisationsbemühungen hängt nicht zuletzt auch davon ab, wie Kinder auf diese reagieren: „Parents actually need a child's cooperation in order to raise him or her" (Ambert, 1997, S. 240). Während transaktionale Prozesse zwischen *Eltern* und ihren Kindern inzwischen vielfältig erforscht sind (vgl. die wegweisenden Arbeiten von Patterson, 1982, 1995), gibt es bislang nur wenige Untersuchungen, die Wechselwirkungsprozesse zwischen *Ehebeziehung* und kindlicher Entwicklung systematisch erforschen. Mit Belsky (1990, S. 194) kann man davon ausgehen, dass Eheschwierigkeiten und mangelnde familiale Ressourcen die Belastungen durch „schwierige" Kinder verstärken bzw. ihrerseits erst zu den Schwierigkeiten führen: „Still unclear, however, is the extent to which such temperamental difficulties are organismically based or family generated".

1.5 Implikationen für die Untersuchung von Interdependenzen im Familiensystem

Aus diesen Ausführungen wird klar, dass Studien, die sich auf die Analyse korrelativer Beziehungen zwischen Ehebeziehung und Kind beschränken, zur Klärung der aufgeworfenen Fragen keinen Beitrag leisten können, da sie keinen Aufschluss über die Richtung der Zusammenhänge geben. Hierfür sind entweder Experimentalstudien oder Längsschnittuntersuchungen, die die Modellierung von Wechselwirkungs-, Veränderungs- und vermittelnden Prozesse erlauben, erforderlich. Auch wenn unter systemischer Perspektive davon ausgegangen werden muss, dass sich alle „Teile" des Systems wechselseitig beeinflussen, ist die Frage ungeklärt, wie stark der Einfluss unter welchen Umständen ist (vgl. Belsky, 1981). Aktuelle Forschungsbemühungen, die nach Fincham (1994) bereits zur „zweiten Forschungsgeneration" gerechnet werden können, konzentrieren sich auf die Frage, welche Aspekte der Ehebeziehung mit welchen Aspekten der kindlichen Entwicklung bzw. der Eltern-Kind-Beziehung verknüpft sind, sowie auf die Analyse der Prozesse, die die Zusammenhänge erklären können (vgl. Wilson & Gottman, 1995). Letztlich können erst aus der Beantwortung dieser Fragen Ansatzpunkte für die Entwicklung erfolgreicher Interventionsstrategien abgeleitet werden (Rutter, 1994). In den folgenden Kapiteln dieser Arbeit werden Befunde, die bislang zu dieser Thematik erbracht wurden, aufgegliedert nach der Übersicht aus Abbildung 1.1.2 vorgestellt (Kapitel 2 bis 4), um anschließend eigene Untersuchungsergebnisse zu referieren (Kapitel 5 bis 7).

2 Die Bedeutsamkeit der elterlichen Paarbeziehung für Kinder

2.1	Kennzeichen gelingender und misslingender Partnerschaften	16
2.1.1	Verhaltens- und Interaktionsmuster	17
2.1.2	Kognitive Prozesse: Wahrnehmung und Interpretation	21
2.1.3	Psychophysiologische Prozesse	23
2.1.4	Überdauernde Eigenschaften	23
2.2	Konsequenzen für Kinder	25
2.2.1	Auswirkungen spezifischer Aspekte der Paarbeziehung auf Kinder	26
2.2.2	Zur Stärke der Effekte	31
2.2.3	Einflussfaktoren auf kindliche Reaktionsmuster	32

Dieses Kapitel widmet sich der Frage: *„Welche Aspekte* der Partnerschaftsbeziehung stehen mit *welchen Aspekten* des kindlichen Verhaltens und Erlebens unter *welchen Umständen* in *welchem Ausmaß* in Zusammenhang?".

Dass Kinder mit Verhaltensproblemen häufig aus Familien stammen, in denen die Eltern massive Eheprobleme haben, war lange nur eine Annahme, die auf klinischen Beobachtungen basierte. In der Zwischenzeit hat die Frage, welche Bedeutung der Ehebeziehung für die Entwicklung von Kindern zukommt, eine Vielzahl unterschiedlicher Forschungsaktivitäten angeregt. Dabei wurden zunächst eher globale Aspekte der Ehequalität wie die Eheanpassung oder Ehezufriedenheit untersucht, während das Forschungsinteresse in den letzten 10 Jahren hauptsächlich den Auswirkungen interparentaler Konflikte galt. Um die Bedeutung der Partnerschaftsqualität für die kindliche Entwicklung verstehen zu können, ist es auch erforderlich zu wissen, welche Faktoren auf Person- und Paarebene für die Beziehungsqualität und -stabilität von Partnerschaften relevant sind (vgl. Fincham, 1998). Deshalb widmet sich das erste Unterkapitel der Frage, worin sich glückliche von unglücklichen, stabile von instabilen Partnerschaften unterscheiden. Im Anschluss werden die mittlerweile dokumentierten Folgen für Kinder skizziert.

2.1 Kennzeichen gelingender und misslingender Partnerschaften

Aus Perspektive der Familienentwicklungstheorie kommt auf Paare, sobald sie eine feste Beziehung miteinander eingegangen sind, eine Reihe von *Entwicklungsaufgaben* zu, deren Bewältigung für den weiteren Verlauf der Partnerschaft von großer Bedeutung ist (Aldous, 1996; Carter & McGoldrick, 1988). Wallerstein und Blakeslee (1998) beschreiben als Ergebnis ihrer Längsschnittuntersuchung sieben zentrale Aufgaben, die Paare in den frühen Ehejahren erfolgreich meistern müssen, auch um den Herausforderungen der Elternschaft gewachsen zu sein (vgl. auch Wallerstein, 1994). Damit die Partner überhaupt eine Bindung eingehen können, müssen sie zunächst den Prozess der Loslösung von der Herkunftsfamilie abgeschlossen haben. Die Aufgabe, durch Achtsamkeit, Unterstützung und Selbstöffnung Gefühle der Verbundenheit und Zusammengehörigkeit aufzubauen, geht Hand in Hand mit der gegensätzlichen Aufgabe, Unterschiede zu respektieren und individuelle Freiräume zu gewähren. Die empfindliche Balance aus Verbundenheit und zugestandener Autonomie (vgl. das Konzept der „bezogenen Individuation" bei Stierlin, Rücker-Embden, Wetzel & Wirsching, 1992) muss immer wieder auf's Neue austariert werden (vgl. auch Schneewind & Kruse, 2002). Wenn die Paare Eltern werden, müssen sie Raum für das Kind schaffen, ohne dabei die Partnerschaft selbst zu vernachlässigen. Nur so kann die emotionale Intimität der Partner aufrechterhalten werden. Die sexuelle Beziehung der Partner stellt dabei einen besonders sensiblen und störungsanfälligen Bereich der Partnerschaft dar (vgl. auch Schröder, Hahlweg, Hank & Klann, 1994).

Um Kennzeichen gelingender bzw. misslingender Partnerschaften herauszuarbeiten, werden in den folgenden Abschnitten in Anlehnung an Gottmans triadische Balancetheorie (Gottman, 1993a, 1993b) die Ebenen Verhalten, Wahrnehmung und Psychophysiologie betrachtet. Darüber hinaus soll die Rolle überdauernder Eigenschaften kurz skizziert werden, da diese dem integrativen Modell von Karney und Bradbury (1995) zufolge ebenfalls relevante Einflussgrößen sind. Für eine ausführlichere Darstellung sei auf andere Überblicksarbeiten verwiesen (Braukhaus, Sassmann & Hahlweg, 2000; Engl, 1997; Gottman, 1999; Schneewind, Graf & Gerhard, 1999, 2000).

2.1.1 Verhaltens- und Interaktionsmuster

Anpassungsprozesse sind nach Karney und Bradbury (1995) für den Verlauf von Partnerschaften besonders bedeutsam (vgl. auch Asendorpf & Banse, 2000). Wie die Partner insbesondere in krisen- und konflikthaften Situationen miteinander umgehen, ist für die Qualität und Stabilität der Partnerschaft maßgeblich.

Umgang mit Konflikten

Zu den gut dokumentierten Merkmalen misslingender Partnerschaften gehört die *Eskalation* von Konflikten (Gottman, 1998; Hahlweg, 1991; Revenstorf, Vogel, Wegener, Hahlweg & Schindler, 1980). Wenn Konfliktgespräche bereits mit Vorwürfen an den Partner begonnen werden (was von Gottman, 1999, als „harsh startup" bezeichnet wird), ist dies eine denkbar schlechte Voraussetzung für eine konstruktive Problemlösung. Denn die Richtung, in der das Konfliktgespräch beginnt, lässt sich in den seltensten Fällen wieder umkehren. Auf den Vorwurf folgt ein Gegenvorwurf und schnell geht einer der beiden „an die Decke". Belastete Paare können diese Kette negativer Reziprozität nur schwer unterbrechen. Alle Straßen führen für sie zu diesem speziellen Rom. Dies hat zum Teil auch damit zu tun, dass die Partner es versäumen, „Reparaturversuche" (beispielsweise Humor, Ablenkung, Exploration von Gefühlen, Meta-Kommunikation) zu unternehmen bzw. diese nicht als solche erkannt werden, so dass sie erfolglos bleiben (Gottman, 1998). In mehreren prospektiven Längsschnittstudien haben sich vier Kommunikationsmuster als besondere Risikofaktoren herausgestellt, die für die Partnerschaft so gefährlich sind, dass Gottman sie als „die vier apokalyptischen Reiter" (auf dem Weg zu Trennung und Scheidung) bezeichnet (Gottman, 1994; Gottman, Coan, Carrere & Swanson, 1998). Diese Kaskade auf Verhaltensebene ist in Abbildung 2.1.1 (links) veranschaulicht. Sie beginnt mit der Kritik am Partner, es folgen Rechtfertigungen und Gegenvorwürfe als Ausdruck einer defensiven Haltung. Auch bei glücklichen Paaren kommen solche Verhaltensweisen bisweilen vor. Wenn sich jedoch Verächtlichkeit dazugesellt, in Form von sarkastischen Bemerkungen, Beleidigungen und Abwertungen, ist die Beziehung ernsthaft gefährdet. Auf nonverbaler Ebene sind verächtliche Blicke (die Augen verdrehen) und ein höhnischer oder eisiger Tonfall Kennzeichen der

Verachtung, die die Partner füreinander empfinden. Häufig beginnt einer der beiden spätestens zu diesem Zeitpunkt zu „mauern" („stonewalling"). Er reagiert überhaupt nicht mehr, ignoriert das, was der andere sagt und wirkt abwesend und unnahbar. Als weiteres Risikomerkmal wurde vor kurzem noch die „belligerence" eingeführt. Sie kann als provokative Machtdemonstration verstanden werden, die dem Partner seine Einflusslosigkeit beweisen soll (Gottman et al., 1998).

Häufig zeigt sich bei solchen Konfliktgesprächen eine geschlechtsspezifische Rollenverteilung, die langfristig die Ehezufriedenheit deutlich beeinträchtigt. Denn in den meisten Fällen sind es die Frauen, die Beziehungsprobleme ansprechen, während Männer eher zum Abblocken neigen. Auf diese Weise entsteht ein geschlechtstypisches *Forderungs-Rückzugsmuster*, das auf den Nenner gebracht werden kann: „Die Frau fordert, der Mann zieht sich zurück". Dieses Interaktionsmuster birgt seine eigene Dynamik in sich, denn je intensiver die Frau nachbohrt, desto versteinerter reagiert ihr Partner und so fort (Bodenmann, Kaiser, Hahlweg & Fehm-Wolfsdorf, 1998; Heavey, Christensen & Malamuth, 1995). Nach Chodorow (1978) können zur Erklärung des Musters geschlechtsspezifische Sozialisationserfahrungen herangezogen werden, die bei Frauen zu einer Wertschätzung von Intimität, bei Männern zu einer Betonung von Autonomie führen (vgl. auch Baucom, Notarius, Burnett & Haefner, 1990). Da es für Frauen eine Form der Intimität darstellt, über Gefühle zu sprechen, glauben sie, dass die Beziehung „in Ordnung ist, solange man sich ausspricht". Männer dagegen gehen implizit von der entgegengesetzten Annahme aus: „Die Beziehung ist in Ordnung, solange man sich nicht aussprechen muss". Sie erleben emotional intensive Interaktionen als Bedrohung ihrer Autonomie und ziehen sich im Versuch, diese wiederherzustellen, daraus zurück. Doch genau dieses Rückzugsverhalten wird von Frauen als Bedrohung der partnerschaftlichen Intimität erlebt, Anklagen und Beschuldigungen sind die Folge (vgl. Markman & Kraft, 1989; Tannen, 1991; Turgeon, Julien & Dion, 1998). Gottman und Levenson (1988) vermuten, dass hierbei auch physiologische Reaktionen eine Rolle spielen (vgl. Abschnitt 2.1.3).

Vereinfacht können die neueren Befunde von Gottman folgendermaßen zusammengefasst werden: Ärger an sich ist keine destruktive Emotion; es ist normal, Ärger zu empfinden. Entscheidend ist, wie die Partner damit umgehen. Ehen bleiben dann glücklich und stabil, wenn Frauen das Konfliktgespräch statt mit massiven Vorwürfen in sanfterer Form beginnen („softened startup") und Männer auf den Ärgerausdruck der Frau ihrerseits nicht mit hoch negativem Affekt, sondern neutral reagieren, so dass es zu einer Deeskalation kommt. Gottman sieht die Ärgeremotion der Frau, mit der der Konflikt beginnt, als Versuch an, den Partner zu beeinflussen (z.B. ihn zu einer Verhaltensänderung zu bewegen). Die folgende Eskalation negativen Affekts auf Seiten des Mannes versteht er als Weigerung, ihren Einfluss zu akzeptieren, als Weigerung, die Macht mit ihr zu teilen (Gottman & Levenson, 1999b; Gottman et al., 1998). Allerdings ist diese Interpretation nicht unangefochten geblieben, zumal nicht Inhalte, sondern Affekte untersucht worden sind (Stanley, Bradbury & Markman, 2000; vgl. auch die Entgegnung von Gottman, Carrere, Swanson & Coan, 2000).

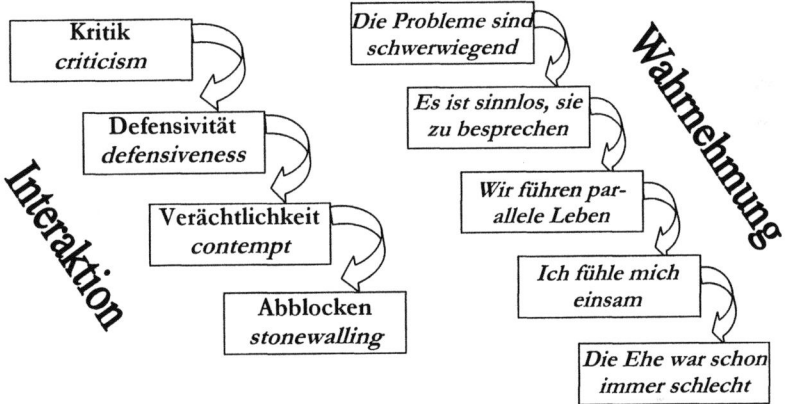

Abbildung 2.1.1. Zwei Kaskaden auf dem Weg zur Scheidung (Gottman, 1994)

Positiver Austausch

Um zu verstehen, warum manche Partnerschaften funktionieren und andere nicht, reicht es nicht aus, zu analysieren, was „schief läuft". Mindestens ebenso wichtig sind konstruktive Verhaltensweisen zur Aufrechterhaltung, Pflege und „Reparatur" von Beziehungen. Da nicht nur Auseinandersetzungen, sondern auch die Langeweile eine potentielle Bedrohung langjähriger Beziehungen darstellt, müssen die Partner dafür sorgen, dass sie im Alltag positive Beziehungserfahrungen miteinander machen (Wallerstein & Blakeslee, 1998). Glückliche Paare greifen hierfür nach eigenen Angaben auf eine Vielzahl *beziehungsstabilisierender Verhaltensweisen* („maintenance behaviors") zurück (Canary & Stafford, 1994; Weigel & Ballard-Reisch, 1999). Dazu gehört der Versuch, fröhlich, optimistisch und attraktiv zu sein und sich persönlich weiterzuentwickeln. Neben einer fairen Aufgabenteilung sind auch gemeinsame Aktivitäten und Rituale (vgl. die „magischen fünf Stunden" bei Gottman, 1999) sowie die offene Kommunikation über Gefühle und die Bekundung von Zuneigung wesentlich. Letzteres steht in Einklang mit den Befunden von Gottman und Mitarbeitern (1998), nach denen zu den wichtigsten Unterschieden zwischen glücklichen und unglücklichen Paaren das Ausmaß an *positivem Affekt* und gegenseitiger Zuwendung (Interesse, Humor, Zuneigung, Wertschätzung, Körperkontakt, „turning toward") zählt. Mangelt es Paaren bei Gesprächen über Ereignisse des Tages an Positivität, ist auch die Wahrscheinlichkeit des geschlechtstypischen Forderungs-Rückzugsmusters bei konflikthaften Auseinandersetzungen erhöht (Gottman & Levenson, 1999a). Die Notwendigkeit aktiver „Beziehungspflege" wird in all diesen Befunden sehr deutlich.

Besonders in belastenden Zeiten ist die *Unterstützung* durch den Partner ein wichtiger Schutzfaktor vor nachteiligen Auswirkungen (vgl. Conger, Rueter & Elder, 1999; Cutrona, 1996). Die spätere Beziehungsqualität kann durch das dyadische Coping besser vorhergesagt werden als aus dem individuellen Coping oder der erlebten Belastung (Bodenmann & Cina, 1999).

Das Verhältnis von Positivität und Negativität

Prospektive Längsschnittstudien machen deutlich, dass sich stabile Partnerschaften im absoluten Ausmaß an Negativität bzw. Positivität durchaus unterscheiden. Was jedoch konstant bleibt, ist das Verhältnis von positivem zu negativem Austausch, das bei stabilen Partnerschaften mindestens 5 : 1 beträgt („Gottman-Konstante"). Negative Interaktionen müssen also durch mindestens fünf positive Interaktionen aufgewogen werden, damit die Partnerschaft nicht gefährdet wird. Bei instabilen Paaren liegt der Quotient dagegen nur bei 0.8. Gottman (1993a) fand drei Typen stabiler Partnerschaften (vgl. die Parallele zu Fitzpatrick, 1988), bei denen trotz unterschiedlicher Gestaltung ihrer partnerschaftlichen Gemeinsamkeit die Positivität deutlich überwiegt. Neben den „konstruktiven" Paaren, die gute Konfliktlöser sind, über erfolgreiche Reparaturstrategien verfügen und Verständnis für die Gefühle des Partners ausdrücken, ohne dabei dessen Standpunkt zuzustimmen, gibt es auch „lebhaft-impulsive" Paare, die in hohem Maße expressiv sind, ihre Gefühle nicht verbergen, aber emotionale Ausbrüche durch sehr viel Leidenschaft, Humor und Zuwendung ausgleichen. Völlig konträr dazu verhalten sich „konfliktvermeidende" Paare, die versuchen, Meinungsverschiedenheiten aus dem Weg zu gehen, Schwierigkeiten herunterzuspielen und negative Verhaltensweisen des Partners zu ignorieren. Neigen die Partner zu verschiedenen Interaktionsstilen, so stellt diese mangelnde Passung („mismatch") einen wesentlichen Risikofaktor für den Verlauf der Ehe dar und begünstigt insbesondere das oben geschilderte Forderungs-Rückzugsmuster (Gottman, 1994, 1999). Bei den instabilen Paaren wird die Negativität nicht durch positive Verhaltensweisen ausgeglichen, Reparaturversuche werden verkannt und schlagen fehl, so dass sich die Partner in einem Negativitätszirkel verfangen, aus dem sie nur schwer wieder herauskommen (vgl. die Parallele zu den familiären Zwangsprozessen bei Patterson, 1982). Im Gegensatz zu den „feindseligen" Paaren ist die Verächtlichkeit bei den „abgelöst-feindseligen" Paaren noch deutlicher ausgeprägt, Zuwendung und Interesse sind noch geringer. Gottman vermutet deshalb, dass diese Paare einer Trennung bereits näher stehen.

2.1.2 Kognitive Prozesse: Wahrnehmung und Interpretation

Nach Gottmans triadischer Balancetheorie stehen Verhaltensaustausch, Wahrnehmungs- und physiologische Prozesse in enger Wechselwirkung. Sinkt das Verhältnis von Positivität zu Negativität unter einen bestimmten Schwellenwert, so kommt es zu einem Kippen der Wahrnehmung, wie aus Video-Recall-Analysen klar wird (Gottman, 1993b, 1994). Die Partner übersehen Positives, überschätzen Negatives und unterlegen die Interaktion mit einem negativen Subtext. Durch diese *Wahrnehmungsverzerrung* erklärt sich auch, warum Reparaturversuche bei diesen Paaren scheitern. Die Aufmerksamkeit richtet sich nur noch auf das Negative. Unglückliche Paare scheinen den Anteil an Positivität (wie sie für Außenstehende erkennbar ist) zu unterschätzen, während sie negatives Verhalten des Partners überbewerten (Baucom, Sayers & Duhe, 1989; Robinson & Blanton, 1993).

Dies hat auch mit unterschiedlichen *Attributionsmustern* zu tun (Bradbury & Fincham, 1990). Bei negativen Verhaltensweisen des Partners machen glückliche Paare eher äußere, vorübergehende Umstände verantwortlich und lokalisieren das Problem nicht in seiner Person. Unglückliche Paare dagegen schreiben Eheprobleme ihrem Partner zu und gehen dabei von globalen und stabilen Ursachen aus (Kausalattribution). Sie glauben, dass der Partner absichtlich und eigennützig handelt und geben ihm die Schuld für die Schwierigkeiten (Verantwortlichkeitszuschreibung, Bradbury & Fincham, 1992; Fincham & Bradbury, 1987). Solche Attributionsmuster sind keineswegs überdauernde Persönlichkeitseigenschaften, sondern Reaktionen auf die subjektiven Erfahrungen in der Partnerschaft (Karney & Bradbury, 2000). Wie die Partner Ereignisse in ihrer Beziehung interpretieren, bestimmt wiederum, wie sich die Beziehung weiterentwickelt. Werden die Ursachen für Probleme beim Partner lokalisiert und als unveränderbar angesehen, ist die Überzeugung, die Probleme (gemeinsam) lösen zu können, verständlicherweise sehr gering (Problemlösekompetenzüberzeugung auf Individual- und Paarebene; Doherty, 1981; Fincham & Bradbury, 1987; Fincham, Harold & Gano-Phillips, 2000). Zudem sind solche Interpretationsprozesse für ein konstruktives Problemlöseverhalten nicht gerade förderlich. Selbst bei Unterstützungsgesprächen verhalten sich Paare, die zu negativen Attributionen tendieren, dem Partner gegenüber feindselig und zurückweisend; nicht einmal auf positive Verhaltensweisen des Partners reagieren sie positiv (Bradbury & Fincham, 1992; Miller & Bradbury, 1995). Die Parallele zu den oben skizzierten Annahmen Gottmans über das Fehlschlagen von Reparaturversuchen ist offenkundig.

Auf diese Weise kommt es letztlich auch auf der Wahrnehmungsebene zu einer Kaskade, wie sie in Abbildung 2.1.1 (rechts) veranschaulicht ist. Jede Stufe spricht für die zunehmende emotionale Distanzierung der Partner, schließlich wird sogar die *Beziehungsgeschichte* „umgeschrieben" und negativ verfärbt. Im Laufe der Zeit bekommen Unzulänglichkeiten des Partners, über die zuvor wohlwollend hinweggesehen wurde, immer größeres Gewicht. Nicht nur aktuelle Interaktionen erscheinen dann in negativem Licht, sondern auch die Erinnerungen an die Anfänge der Beziehung (Buehlman, Gottman & Katz, 1992). In den meisten Fällen ist die Scheidung dann nur noch eine Frage der Zeit (Gottman, 1994). Wie Paare ihre Vergangenheit sehen, bestimmt also ihre gemeinsame Zukunft. Im Unterschied zu belasteten gelingt es glücklichen Paaren, positive Illusionen über die Beziehung, frühe Idealisierungen und Visionen aufrechtzuerhalten (Carrere, Buehlman, Gottman, Coan & Ruckstuhl, 2000; Fowers, Lyons & Montel, 1996; Wallerstein, 1994).

2.1.3 Psychophysiologische Prozesse

Auf physiologischer Ebene gehen negative Verhaltens- und Interpretationsmuster mit starker Erregung (als körperlicher Alarmreaktion) einher. Wer sich von den negativen Gefühlen des Partners überwältigt fühlt („Flooding"), greift eher auf Verhaltensweisen zurück, die letztlich Kampf- oder Fluchtreaktionen darstellen (Angriff/belligerence vs. stonewalling; Gottman, 1993b). Und je negativer das Konfliktgespräch verläuft, desto stärker ist die physiologische Erregung. Diese jedoch reduziert die Fähigkeit zur Informationsverarbeitung, so dass die Partner nicht mehr in der Lage sind, eine verbale „weiße Fahne" zu erkennen; Reparaturversuche scheitern.

Da das kardiovaskuläre System von Männern reaktiver als das von Frauen ist und sich auch langsamer von Belastungen erholt, fühlen sich Männer bei Konflikten bereits bei einem geringeren Ausmaß an negativem Affekt übererregt. Deshalb neigen Männer zum Rückzug, wenn die Auseinandersetzungen zu intensiv werden (Gottman & Levenson, 1988; Markman & Kraft, 1989; Turgeon et al., 1998). Diese geschlechtsspezifischen Unterschiede könnten evolutionspsychologisch aus der Aufgabenteilung in Jagd und Kinderaufzucht erklärt werden, denn während der Jagderfolg von der Wachsamkeit abhängig ist, gelingt die Milchproduktion im Entspannungszustand leichter.

2.1.4 Überdauernde Eigenschaften

Wie Paare miteinander umgehen, hängt auch von überdauernden Eigenschaften der Partner ab (beispielsweise Bildungsniveau, Neurotizismus, Beziehungspersönlichkeit, Bindungsstil). Unter den Persönlichkeitsmerkmalen hat sich insbesondere der *Neurotizismus* (bzw. die emotionale Labilität) der Partner als Risikofaktor der Beziehungszufriedenheit und Ehestabilität herausgestellt, selbst noch nach 20 Jahren Partnerschaft (Kelly & Conley, 1987; Kurdek, 1993). Für die Beziehungsgestaltung und -zufriedenheit spielen auch spezifische Aspekte der *Beziehungspersönlichkeit* wie das Ausmaß an Beziehungskompetenz, Empathiefähigkeit und Verletzlichkeit eine wesentliche Rolle. Wenn bei jung verheirateten Paaren beide Partner eine günstige Beziehungspersönlichkeit mitbringen, so können sie im Laufe der Jahre ihr Ausgangsniveau an Ehezufriedenheit im wesentlichen aufrechterhalten. Bei mangelhaften Beziehungskompetenzen beider sinkt die Ehezufriedenheit dagegen im Laufe der Jahre deutlich ab. Dies gilt insbesondere für Eltern (im Vergleich zu kinderlosen Paaren, Schneewind & Gerhard, in press).

Auch unterschiedliche *Bindungsstile* der Partner beeinflussen die Zufriedenheit mit der Partnerschaftsbeziehung und den Umgang mit Partnerschaftsproblemen (vgl. zum Überblick Bierhoff & Grau, 1999; Gloger-Tippelt, 2001). Wenn beide Partner sicher gebunden sind, so verläuft die Beziehung in aller Regel glücklich und stabil (Feeney, Noller & Callan, 1994; Kirkpatrick & Davis, 1994; Pistole, 1989). Die höhere Beziehungszufriedenheit sicher gebundener Personen hängt zum Teil auch von ihrem konstruktiveren Umgang mit Konflikten ab (Feeney et al., 1994). Bei emotional bedrohlichen Interaktionen mit dem Partner reagieren sicher gebundene Personen eher mit näheförderndem Verhalten und versuchen, die Probleme zu lösen. Unsicher gebundene Personen dagegen neigen eher zu Rückzugsverhalten oder Feindseligkeit und Aggressivität (Gaines et al., 1997). Zudem ist die Wahrscheinlichkeit von Missverständnissen erhöht, da sie zu Wahrnehmungsverzerrungen tendieren und weniger gut in der Lage sind, nonverbale Botschaften des Partners korrekt zu dekodieren (Feeney et al., 1994).

Wie Paare mit Konflikten umgehen, kann auch in Zusammenhang mit der „*Meta-Emotions-Philosophie*" der Partner, d.h. ihren Gedanken, Gefühlen und Einstellungen darüber, wie Emotionen ausgedrückt oder kontrolliert werden sollten, gesehen werden (Gottman, Katz & Hooven, 1997; Katz, Wilson & Gottman, 1999). Menschen unterscheiden sich in dem Ausmaß, in dem sie eigene Gefühle zulassen, die Gefühle des Gegenübers wahrnehmen, Angst vor unkontrollierten Gefühlsausbrüchen haben oder der Auffassung sind, dass emotionale Themen besprochen werden sollten. Obwohl Männer und Frauen in Konfliktsituationen ähnliche Emotionen haben und gleich gut dazu in der Lage sind, die Gefühle des anderen zu erkennen, neigen Männer eher dazu, ihre Emotionen zu verbergen, während Frauen ihre Gefühle freier in Worten, Mimik und Gestik ausdrücken. Je größer die Diskrepanzen in der Meta-Emotionsphilosophie beider Partner sind, desto größer ist das Risiko späterer Trennung und Scheidung.

2.2 Konsequenzen für Kinder

Eheprobleme der Eltern bringen für Kinder eine Vielzahl nachteiliger Folgen mit sich. Dies gilt für Kinder verschiedener Altersstufen und ist nicht nur querschnittlich, sondern auch längsschnittlich belegt (vgl. Gable, Belsky & Crnic, 1992).

Langfristige Folgen. Zu den langfristigen Nachteilen zählen:
- Bindungsunsicherheit (Gloger-Tippelt & Huerkamp, 1998; Owen & Cox; 1997)
- stressbezogene Belastungsreaktionen (erhöhter Katecholaminspiegel, Anfälligkeit für Krankheiten; Gottman & Katz, 1989)
- mangelhafte interpersonale Fertigkeiten (Parke et al., 2001)
- externalisierende Verhaltensprobleme wie Aggressivität oder Delinquenz (Mahoney, Jouriles & Scavone, 1997)
- internalisierende Verhaltensprobleme wie Ängstlichkeit und Rückzugsverhalten Rückzugsverhalten (Davies & Cummings, 1998)
- Konzentrationsschwierigkeiten und schlechtere Schulleistungen (Katz & Gottman, 1997).

Auf lange Sicht geht es den Kindern sogar besser, wenn sich ihre Eltern trennen oder scheiden lassen (Amato, Loomis & Booth, 1995). Die aufgeführten Studien weisen zwar eine große Bandbreite von Konsequenzen für die betroffenen Kinder nach, allerdings bleibt die Frage nach der Kausalitätsrichtung offen; ebenso unklar ist, ob die Effekte eher direkt oder indirekt zu verstehen sind.

Unmittelbare Auswirkungen von Konflikten

Eindeutige Belege für *direkte* Auswirkungen elterlicher Konflikte auf Kinder stammen aus Laborstudien, die ein experimentelles Design verwenden. Hier hat vor allem die Arbeitsgruppe um Mark Cummings eine Vielzahl differenzierter Forschungsbefunde erarbeitet (zur Übersicht vgl. Cummings & Davies, 1994). Meist werden die Kinder systematisch Konflikten zwischen Erwachsenen ausgesetzt. Entweder verwickelt ein Versuchsleiter die Mutter in eine konflikthafte Auseinandersetzung, die die Kinder als

Außenstehende mitbekommen, oder den Kindern werden Tonbandsequenzen simulierter Konfrontationen zwischen zwei ihnen unbekannten Erwachsenen vorgespielt („interadult anger"). Auf diese Weise lässt sich nachweisen, dass Konflikte für Kinder sämtlicher Altersgruppen eine große Belastung darstellen (Cummings, Ballard & El Sheikh, 1991). Auf physiologischer, emotionaler und Verhaltensebene zeigen die Kinder deutliche Belastungsreaktionen. Sie erstarren, bedecken ihre Augen und Ohren, fangen an zu weinen oder wollen weglaufen. Dass sie auch physiologisch erregt sind, lässt sich an Veränderungen ihrer Herzrate und Hautleitfähigkeit festmachen (El Sheikh & Cummings, 1992). Einige Kinder reagieren ärgerlich und aggressiv und greifen sogar die erwachsenen Akteure an (Cummings, Hennessy, Rabideau & Cicchetti, 1994), andere mischen sich in die Auseinandersetzungen ein und versuchen, die Mutter zu verteidigen, sie zu beruhigen, abzulenken oder zu trösten. Werden die Kinder selbst nach ihren Reaktionen gefragt, so berichten sie von Traurigkeit, Wut und Ärger, jüngere auch von Angst. Insbesondere bei kindbezogenen Konflikten erleben sie auch Schuld- und Schamgefühle (Grych & Fincham, 1993).

Da sich die Studien in der Regel nicht auf Konflikte der eigenen Eltern beziehen, stellt sich die Frage nach der Generalisierbarkeit der Ergebnisse. Doch zum einen kann man vermuten, dass Streitigkeiten zwischen den eigenen Eltern für Kinder eher noch bedrohlicher sein dürften als Differenzen zwischen Fremden; zum anderen gibt es Belege für vergleichbare Reaktionsmuster, wenn Kinder Reibereien zwischen ihren Eltern mitbekommen (Cummings et al., 1981; Cummings, Pellegrini, Notarius & Cummings, 1989). Davis, Hops, Alpert und Sheeber (1998) konnten in ihrer Beobachtungsstudie zudem zeigen, dass unmittelbare Reaktionen der Kinder bzw. Jugendlichen in deutlichem Zusammenhang zur längerfristigen Anpassung stehen. Reagieren die Kinder auf gegenseitige Sticheleien und Angriffe der Eltern selbst aggressiv und oppositionell, so nimmt ihre Aggressivität nach eigenen Angaben im Laufe eines Jahres noch zu.

2.2.1 Auswirkungen spezifischer Aspekte der Paarbeziehung auf Kinder

Während zunächst nur Zusammenhänge zwischen der globalen Ehequalität („marital adjustment") bzw. allgemeinen Eheproblemen (meist als „marital discord" bezeichnet) und der kindlichen Entwicklung untersucht worden waren (vgl. Emery, 1982; Niesel,

1995), hat in den letzten zehn Jahren neben der Suche nach vermittelnden Prozessen (auf die in Kapitel 3 eingegangen wird) auch ein größeres Bestreben nach Konstruktgenauigkeit eingesetzt, wobei insbesondere auf die Folgen unterschiedlicher Formen interparentaler Konflikte fokussiert wird (vgl. Grych & Fincham, 2001). Konflikte gehören zum Alltagsleben und müssen angesprochen werden, damit die Ehe langfristig funktionieren kann (Gottman & Krokoff, 1989). Doch wie oft Eltern sich streiten und vor allem *wie* sie das tun, bestimmt maßgeblich mit, welche Folgen das für die Kinder mit sich bringt.

Um herauszufinden, welche Aspekte der Partnerschaftsbeziehung für Kinder besonders schädliche Konsequenzen haben, sind zwei unterschiedliche methodische Zugangsweisen gewählt worden. Ein Forschungsstrang versucht nachzuweisen, dass interparentale Konflikte (z.B. Erziehungsdifferenzen oder offene Feindseligkeit) Probleme von Kindern *besser* vorhersagen können als nur die allgemeine Unzufriedenheit mit der Ehebeziehung (z.B. Mahoney et al., 1997).

In *experimentellen* Studien werden unterschiedliche Merkmale von Konflikten zwischen Erwachsenen systematisch variiert, um die Belastung der Kinder bei den verschiedenen Untersuchungsbedingungen zu vergleichen. Dabei geht es, entsprechend dem theoretischen Rahmenmodell, das Grych und Fincham (1990) in ihrem kognitiv-kontextuellen Ansatz vorgeschlagen haben, um die Frage, welche Konsequenzen es für die Kinder hat, wie oft die Eltern miteinander streiten, wie sie dabei miteinander umgehen, um welche Themen es geht und inwiefern die Konflikte gelöst werden.

Konflikthäufigkeit. Eine Reihe von Studien unterstützt die Annahme, dass häufige Konflikte zwischen den Eltern für Kinder besonders belastend und problematisch sind. Allerdings resultieren solche Befunde meist aus korrelativen Studien mit klinischen Stichproben (z.B. Emery & O'Leary, 1982; Jouriles, Bourg et al., 1991), so dass dritte Faktoren (beispielsweise ein niedriger sozioökonomischer Status) sowohl für die vermehrten Konflikte als auch die Anpassungsprobleme der Kinder verantwortlich sein könnten. Wie oft Paare streiten, scheint zudem unwichtiger zu sein als der Grad der negativen Emotionalität, in der der Streit ausgetragen wird (Buehler et al., 1998). Beispielsweise konnten Goodman und Mitarbeiter (1999) zeigen, dass die Konflikthäufigkeit nur dann relevant war, wenn es sich um eskalierendes Streitverhalten handelte.

Ärger in verschiedenen Formen und Intensitäten. Je feindseliger und destruktiver Konflikte ausgetragen werden, desto größer ist die Belastung der betroffenen Kinder (Grych & Fincham, 1993). Das Ausmaß an *Feindseligkeit und Aggression* kann emotionale und Verhaltensprobleme der Kinder sogar unabhängig von der allgemeinen Belastung der Ehebeziehung (d.h. auch wenn die globale Unzufriedenheit mit der Ehebeziehung statistisch kontrolliert wird) vorhersagen (Jenkins & Smith, 1991). Kommt zu verbalen Zusammenstößen noch *körperliche Gewalt* hinzu, sind die Kinder besonders gefährdet (McCloskey, Figueredo & Koss., 1995). Sie fühlen sich verantwortlich dafür, die gewalttätigen Auseinandersetzungen zu beenden, beispielsweise, indem sie die Polizei oder Verwandte herbeirufen (Elbow, 1982) und haben ein um das Vierfache erhöhtes Risiko, psychopathologische Störungen zu entwickeln (Jouriles et al., 1989).

Manche Eltern glauben, dass sie ihre negativen Emotionen vor den Kindern verbergen können, indem sie sie einfach nicht ansprechen. Befunde aus Analogstudien lassen diese Annahme jedoch als äußerst fragwürdig erscheinen. Denn Kinder bemerken abwertende Blicke oder verächtliche Gesten, also den *nonverbalen* Ausdruck negativer Emotionen zwischen den Partnern durchaus und reagieren mit ebenso großer Belastung wie auf verbale Äußerungen (Cummings, Ballard & El Sheikh, 1991). Unstimmigkeiten nicht anzusprechen, kann auf Dauer sogar besonders ungünstig sein, da Konflikte auf diese Weise nicht gelöst werden können, so dass eine Atmosphäre chronischer Feindseligkeit entsteht, die für Kinder zu einer ständigen Belastung wird; zudem kann man vermuten, dass das Zurückhalten von Emotionen auch Modellfunktion hat und deshalb internalisierende Probleme bei den Kindern wahrscheinlicher werden (vgl. Cummings & Davies, 1994).

Dass unterschiedliche Umgangsformen mit interparentalen Konflikten für Kinder tatsächlich mit *differentiellen Entwicklungskonsequenzen* verbunden sind, konnten Katz und Gottman (1993) in einer Längsschnittuntersuchung an 56 Familien mit Kindern im Vorschulalter nachweisen. Lässt sich bei Eltern während der Diskussion eines Konfliktthemas ein Muster *wechselseitiger Feindseligkeit* beobachten, so zeigen Kinder drei Jahre später nach Einschätzung ihrer Lehrer vermehrt externalisierende Verhaltensprobleme. Reagieren Väter jedoch nicht nur mit Feindseligkeit, sondern auch mit *Rückzugsverhalten*, so fallen die Kinder später eher durch internalisierende Probleme wie

Ängstlichkeit und sozialem Rückzug auf (vgl. auch die Befunde von Buehler et al., 1998, zu offenen vs. verdeckten Konflikten). Dass hier Prozesse des Modelllernens stattgefunden haben, ist naheliegend.

Konfliktinhalte: Die Bedeutsamkeit von Erziehungsdifferenzen. Nicht nur die Intensität negativer Emotionen, sondern auch Themen und Inhalte von Konflikten spielen für die kindlichen Reaktionsmuster eine wesentliche Rolle. Bereits im Alter von 2 Jahren bekommen Kinder mit, worum es bei den Auseinandersetzungen geht (Dunn & Munn, 1985). Drehen sich die Zwistigkeiten um *Erziehungsfragen*, so ist dies, unabhängig vom Ausmaß der allgemeinen Belastung in der Partnerschaft, mit besonders nachteiligen Folgen für die Kinder verbunden. In den Familien klinisch auffälliger Kinder sind Differenzen in Erziehungsfragen mit ihrem Partner beispielsweise doppelt so häufig in Familien mit klinisch unauffälligen Kindern (Jenkins & Smith, 1991; Dadds & Powell, 1991). Für diese Zusammenhänge sind unterschiedliche Erklärungen denkbar:

Wenn Kinder merken, dass sich Auseinandersetzungen auf sie selbst beziehen, geben sie sich eher die *Schuld* für die Streitigkeiten. Sie reagieren mit Scham und haben Angst, in die Konflikte hineingezogen zu werden. Gleichzeitig erhöht sich ihr Bestreben, direkt in die Auseinandersetzungen einzugreifen, um sie zu beenden oder zu schlichten. Diese direkten Effekte konnten Grych und Fincham (1993) in einer Analogstudie mit 45 Kindern nachweisen und damit zentrale Annahmen ihres kognitivkontextuellen Rahmenmodells (Grych & Fincham, 1990) belegen.

Konstruktive Konfliktlösung und Erklärungen für die Kinder. Konflikte müssen für Kinder nicht zwangsläufig mit nachteiligen Folgen verbunden sein. Wenn Lösungen gefunden werden, reduziert sich das Ausmaß der kindlichen Belastung, zumindest wenn dies systematisch und unter Laborbedingungen untersucht wird (Cummings & Davies, 1994). Kinder können sogar sehr subtile Variationen im *Grad der Konfliktlösung* unterscheiden. Nicht gelöste Konflikte rufen stärkere Ärgerreaktionen hervor als teilweise gelöste Konflikte (Nachgeben, Themenwechsel), wobei partielle Lösungen immer noch ungünstiger sind als vollständige Lösungen (Entschuldigung, Kompromiss; vgl. Cummings, Ballard, El Sheikh et al., 1991).

Doch es ist gar nicht erforderlich, dass Kinder die Lösung des Konfliktes tatsächlich mitbekommen. Werden die Auseinandersetzungen „hinter verschlossenen Türen" zu einem guten Ende gebracht, so können Kinder aus der veränderten *Emotionalität* auf eine Versöhnung schließen (Cummings, Simpson & Wilson, 1993). Genauso stellen verbale *Erklärungen* einen angemessenen Weg dar, um Kindern mitzuteilen, dass eine Lösung gefunden wurde (Cummings et al., 1993). Doch im realen Leben sind nicht alle Konflikte lösbar. Wenn Kindern klar gemacht wird, dass keine Lösung gefunden werden konnte, aber Meinungsverschiedenheiten normal sind und die Eltern sich trotzdem lieben, verringert sich zwar dadurch während des Konflikts ihre emotionale Verunsicherung nicht. Doch sie können die Beziehung der Eltern und deren langfristigen Verlauf optimistischer sehen, was gerade für jüngere Kinder entlastend ist (Cummings & Wilson, 1999). Beziehen sich Konfliktinhalte auf das Kind, so sind insbesondere Erklärungen, die das Kind von Schuld freisprechen, hilfreich, um ihre emotionale Belastung zu reduzieren (Grych & Fincham, 1993).

Wenn Eltern ihre Konflikte *konstruktiv* lösen, können Kinder sogar davon *profitieren*. Mitzuerleben, wie Eltern ihre Unstimmigkeiten offen diskutieren, ihre Gefühle ausdrücken und tragfähige Lösungen finden, fördert die Entwicklung wesentlicher sozialer Kompetenzen bei den Kindern (Easterbrooks et al., 1994; Cummings & Wilson, 1999). Tatsächlich konnten Goodman und Kollegen (1999) zeigen, dass Kinder über bessere Problemlösefertigkeiten verfügen, wenn ihre Eltern Konflikte vernünftig ausdiskutieren und sich anschließend wieder versöhnen.

Insgesamt gesehen gibt es bislang kaum Untersuchungen, die sich mit den Auswirkungen *positiver Aspekte* der Partnerschaft auf die kindliche Entwicklung befassen. Wenn Eltern heftige Auseinandersetzungen miteinander haben (eventuell nicht einmal vor den Augen der Kinder), diese aber durch ein hohes Maß an liebevoller Zuwendung, Wärme, Humor und Leidenschaft ausgleichen und sich wieder versöhnen (vgl. Abschnitt 2.1.1), so wachsen Kinder in einer völlig anderen *Atmosphäre* auf, als wenn Eltern kaum Konflikte miteinander austragen, aber insgesamt sehr distanziert und kühl sind (vgl. auch Grych & Fincham, 1990). Wie sich das vorherrschende emotionale Partnerschaftsklima auf die Kinder auswirkt, ist bislang noch völlig ungeklärt. „Unfortunately, there is a great deficit in the research literature about the role of positivity in families, particularly with respect to child developmental outcomes" (Wilson & Gottman, 1995, S. 43).

2.2.2 Zur Stärke der Effekte

Dass es einen Zusammenhang zwischen kindlichen Anpassungsproblemen und der Partnerschaftsbeziehung der Eltern (v.a. interparentalen Konflikten) gibt, kann inzwischen als unbestritten gelten, und wird auch durch meta-analytische Studien dokumentiert (Buehler et al., 1997; Reid & Crisafulli, 1990). Das Ausmaß der Zusammenhänge ist allerdings eher bescheiden. Allerdings handelt es sich größtenteils um Partialeffekte, die vom Einfluss wichtiger Hintergrundvariablen und des Erziehungsverhaltens bereinigt wurden, so dass sehr viel höhere Zusammenhänge gar nicht erwartet werden können. Reid und Crisafulli ermittelten bei ihrer Auswertung von 33 Studien eine durchschnittliche Effektstärke von ES = .16. Buehler und Mitarbeiter (1997) kommen dagegen auf der Basis von 68 Studien und auf eine doppelt so große durchschnittliche Effektstärke (ES = .32). Dies hat damit zu tun, dass sie sich speziell auf die Wirkungen interparentaler Konflikte konzentrieren, die in engerer Beziehung zu kindlichen Anpassungsprobleme stehen als nur die allgemeine Unzufriedenheit mit der Ehe (vgl. Abschnitt 2.2.1). Dabei sind *externalisierende* Probleme (ES = .39) der Kinder bei elterlichen Reibereien wahrscheinlicher als internalisierende Verhaltensweisen (ES = .21).

Fragebogenstudien erzielen in der Regel größere Effektstärken als Beobachtungsstudien. Wenn Mütter Auskunft über die Eheschwierigkeiten geben, so sind die Effekte sehr viel deutlicher als wenn Väter die Ehebeziehung beurteilen. Ähnliches gilt für die Datenquelle des kindlichen Problemverhaltens. Dass Einschätzungen der Ehequalität, die von Müttern gegeben werden, auch dann in stärkerem Zusammenhang zu kindlichem Problemverhalten stehen, wenn dieses von externen Datenquellen (beispielsweise Lehrern) beurteilt wird, kann nach Ansicht der Autoren zweierlei bedeuten: Entweder liegt in den Auskünften der Väter weniger Varianz oder Väter sind für das, was in der Ehe passiert, nicht die beste Datenquelle (Buehler et al., 1997). Obwohl man vermuten könnte, dass Eltern das Ausmaß, in dem Kinder elterlichen Konflikten ausgesetzt sind, möglicherweise unterschätzen und die Sichtweise der Kinder für die tatsächlichen Auswirkungen relevanter ist (vgl. Emery, 1982), fallen die Zusammenhänge nicht höher aus, wenn Auskünfte der Kinder als Datenquelle dienen.

2.2.3 Einflussfaktoren auf kindliche Reaktionsmuster

Vor allem zwei Faktoren werden immer wieder als ausschlaggebend für die Auswirkungen elterlicher Konflikte auf Kinder betrachtet (Cummings & Davies, 1994; Grych & Fincham, 1990): Der *Kontext*, in dem der Konflikt abläuft, und die *Wahrnehmungs- und Interpretationsprozesse* des Kindes, die auch vom Geschlecht, Alter/Entwicklungsstand und bisherigen Erfahrungen des Kindes abhängen. All diese Faktoren können als Risiko- bzw. Protektivfaktoren gelten (Wilson & Gottman, 1995). In den folgenden Abschnitten soll die Perspektive des Kindes näher beleuchtet werden.

Kindliche Wahrnehmungs- und Interpretationsprozesse

Wie Kinder die Auseinandersetzungen und Reibereien der Eltern erleben, hat zweifelsohne einen maßgeblichen Einfluss auf ihre Reaktionen. Die kognitiven und affektiven Verarbeitungsprozesse auf Seiten des Kindes werden in der Literatur entweder als Mediatoren (Davies & Cummings, 1994; Grych & Fincham, 1990) oder als Moderatoren (Kerig, 1998; Rossman & Rosenberg, 1992) der Auswirkungen interparentaler Konflikte auf Kinder diskutiert (zur Unterscheidung vgl. Baron & Kenny, 1986). Zwei theoretische Modelle haben besondere Beachtung gefunden und sollen deshalb kurz skizziert werden. Während Grych und Fincham (1990) vor allem auf die *kognitiven* Bewertungsprozesse fokussieren, arbeiten Davies und Cummings (1994) die Rolle der *emotionalen* Sicherheit heraus. Die beiden Rahmenmodelle schließen sich dabei keineswegs aus, sondern ergänzen sich gegenseitig.

(1) Der kognitiv-kontextuelle Ansatz. Um kindliche Reaktionen auf interparentale Konflikte besser verstehen zu können, unterscheiden Grych und Fincham (1990) in ihrem kognitiv-kontextuellen Ansatz wichtige *Konfliktdimensionen* wie Intensität, Häufigkeit und Konfliktlösung (vgl. Abschnitt 2.2.1), distale und proximale *Kontextfaktoren* und *Verarbeitungsprozesse*, die auf Seiten des Kindes stattfinden. Wenn Kinder elterliche Auseinandersetzungen beobachten, entstehen nach Auffassung der Autoren drei Fragen: „Was passiert?", „Warum passiert es?" und „Was kann ich tun?". Zunächst schätzen Kinder ein, wie *bedrohlich* oder harmlos das auftretende Ereignis ist (primäre Verarbeitung). Dann (sekundäre Verarbeitung) wollen sie entdecken, warum der Konflikt auftritt (*Kausalattribution*), wer daran schuld ist (*Verantwortlichkeitszuschreibung*) und ob sie selbst ausreichende Fertigkeiten besitzen, um damit umzugehen (*Selbstwirksamkeitserwartung*). Die Einschätzung der Ursachen und Lösungsmöglichkeiten bestimmt, wie sie reagieren werden. Inzwischen sind zahlreiche Belege für dieses Modell zusammengetragen worden (vgl. Grych & Fincham, 1993; Grych et al., 1992).

(2) Die These der emotionalen Verunsicherung. Auch Davies und Cummings (1994) davon aus, dass die Bedeutung, die Kinder den elterlichen Auseinandersetzungen beimessen, für deren unmittelbare Reaktionen und längerfristigen Anpassungsprobleme von großer Wichtigkeit ist. Elternkonflikte stellen aus dieser Perspektive eine ernste Bedrohung der emotionalen Sicherheit des Kindes dar. Diese beeinflusst zum einen, (a) wie Kinder ihre Emotionen regulieren (d.h. wie belastet, ängstlich, ärgerlich sie in der Konfliktsituation reagieren) und (b) welches Bewältigungsverhalten sie wählen (z.B. einzugreifen, die Eltern abzulenken oder aber sich zurückzuziehen), zum anderen, (c) welche internalen Repräsentationen der kurz- und langfristigen Familienbeziehungen die Kinder entwickeln, d.h. inwiefern sie annehmen, dass der Konflikt eskalieren, sich auf die Eltern-Kind-Beziehung ausweiten oder zu einer Trennung der Eltern führen wird. Die Zusammenhänge zwischen elterlichen Konflikten und externalisierendem bzw. internalisierendem Problemverhalten können nach Davies und Cummings (1998) durch die Verunsicherung des Kindes erklärt werden.

Distale Kontextfaktoren

Wie groß die Belastung durch elterlichen Auseinandersetzungen ist, hängt nicht nur von den Verarbeitungsprozessen des Kindes ab, sondern auch von distalen Kontextmerkmalen, zu denen physiologische und Temperamentsmerkmale sowie Geschlecht und Entwicklungsstand des Kindes gezählt werden können (Grych & Fincham, 1990). Diese können als Moderatorvariablen betrachtet werden, die die Stärke der Zusammenhänge zwischen elterlichen Konflikten und kindlichen Reaktionen beeinflussen.

(1) Physiologische Reagibilität. Inwieweit Konflikte der Eltern zu Schwierigkeiten in der Emotionsregulation oder gar körperlichen Krankheiten führen, hängt nach Katz und Gottman (1995, 1997) auch davon ab, wie gut Kinder ihre physiologische Erregung regulieren können.

(2) Kindliche Temperamentsmerkmale. Auch kindliche Temperamentsmerkmale können als Risiko- oder Schutzfaktoren bei elterlichen Eheschwierigkeiten gelten. Kyrios und Prior (1990) konnten pfadanalytisch nachweisen, dass Temperamentsmerkmale des Kindes die nachteiligen Auswirkungen von Persönlichkeits- und Partnerschaftsprobleme der Eltern auf die kindliche Anpassung abpuffern können. Temperamentsmäßig schwierige Kinder werden durch die Belastungen, die mit Elternkonflikten, Trennung und Scheidung verbunden sind, besonders hart getroffen; sie zeigen sowohl unmittelbar, als auch langfristig mehr Anpassungsprobleme als unkomplizierte Kinder (vgl. auch Henry, Caspi, Moffitt & Silva, 1996).

(3) Alter und Entwicklungsstand des Kindes. Bereits Kinder im Alter von einem Jahr reagieren sichtlich verstört, wenn sie Auseinandersetzungen zwischen Erwachsenen mitbekommen. Auch wenn sie die konkreten Inhalte der Auseinandersetzungen vielleicht noch nicht verstehen – den emotionalen Gehalt spüren sie sehr wohl (Cummings, Ballard & El Sheikh, 1991). Auch wenn sich gelegentlich Hinweise dafür finden, dass jüngere Kinder belasteter sind als ältere und die Konflikte als bedrohlicher erleben (Grych, 1998; Mahoney et al., 1997), kann man letztlich davon ausgehen, dass nicht eine bestimmte Altersstufe besonders vulnerabel ist, sondern sich die Probleme in jedem Alter *anders* manifestieren. Denn jüngere Kinder verfügen zwar über geringere Bewältigungsmöglichkeiten und neigen eher dazu, sich die Schuld für die Auseinandersetzungen zu geben (Grych, 1998; Wallerstein & Kelly, 1980). Doch ältere Kinder sind den Problemen oftmals bereits längere Zeit ausgesetzt; zudem sind sie sich der negativen Implikationen der Eheschwierigkeiten für die gesamte Familie (z.B. der Möglichkeit einer Trennung) stärker bewusst (Cummings, Pellegrini et al., 1989).

(4) Geschlecht des Kindes. Die Ergebnisse älterer Studien sprechen häufig dafür, dass *Jungen* auf Elternkonflikte belasteter reagieren als Mädchen (vgl. auch Reid &

Crisafulli, 1990). Doch letztlich wurde die These „Jungen leiden stärker als Mädchen" durch die Erkenntnis „Mädchen leiden anders als Jungen" ersetzt (Niesel, 1995). Häufig zeigen sich Unterschiede nur in den *Reaktionsmustern*, nicht aber im Schweregrad der Belastung, so dass man nicht von der erhöhten Vulnerabilität eines der Geschlechter ausgehen kann. Während Jungen eher zu ausagierendem Verhalten neigen und aggressiv werden, fühlen sich Mädchen für die Konflikte verantwortlich und reagieren ängstlich oder besorgt, was von Eltern schwerer zu bemerken ist (Cummings, Vogel et al., 1989; Kerig, 1998). Geschlechtsspezifische Sozialisationserfahrungen könnten hierfür verantwortlich sein. Da Aggressionen und Fehlverhalten bei Mädchen weniger toleriert werden, entwickeln sie andere Wege, um mit belastenden Situationen zurechtzukommen (Lytton & Romney, 1991).

Wiederholte Elternkonflikte

Im Gegensatz zu der naheliegenden Annahme, dass sich Kinder an die vielen Konflikte Zuhause „gewöhnen" würden, sprechen Befunde zahlreicher Untersuchungen genau für das Gegenteil: Chronische Elternkonflikte führen bei Kindern zu einer *Sensitivierung*. Wenn Kinder Zuhause häufig aggressive Streitigkeiten zwischen den Eltern miterleben müssen, so entwickeln sie die Erwartung, dass die Konflikte eskalieren werden und sie selbst nicht in der Lage sind, die Situation angemessen zu bewältigen. Deshalb empfinden sie die Situation als bedrohlicher und reagieren belasteter; häufig versuchen sie auch, die Mutter zu trösten oder ihr zu helfen (Cummings, Pellegrini et al., 1989). Da diese Tendenzen auch bei misshandelten Kindern beobachtbar sind, kann mutmaßen, dass sie dadurch verhindern wollen, dass sich die eheliche Feindseligkeit auf die Eltern-Kind-Beziehung überträgt (Hennessy, Rabideau, Cicchetti & Cummings, 1994).

Ein positives, warmes Familienklima und eine unterstützende Eltern-Kind-Beziehung können deshalb als wesentliche Schutzfaktoren betrachtet werden, die die Belastungen der Kinder bei elterlichen Auseinandersetzungen abmildern können (Grych & Fincham, 1990). Inwieweit allerdings Eltern ihre Kinder überhaupt unterstützen und fördern können, wenn sie durch ständige Reibereien mit dem Partner ausgelaugt und erschöpft sind, soll im nächsten Kapitel näher beleuchtet werden.

3 Indirekte Effekte: Erziehung und Eltern-Kind-Beziehung als Mediatoren

3.1	Die Erziehungsqualität als Einflussfaktor der kindlichen Entwicklung	37
3.1.1	Dimensionen des Elternverhaltens	37
3.1.2	Erziehungsstile und ihre Folgen	38
3.1.3	Unterschiede zwischen Müttern und Vätern	39
3.1.4	Wie viel Einfluss haben die Eltern?	40
3.1.5	Determinanten des Erziehungsverhaltens	41
3.2	Spillover von der Ehe auf die Erziehung und Eltern-Kind-Beziehung	42
3.2.1	Spillover auf die Eltern-Kind-Beziehung	42
3.2.2	Beeinträchtigung der elterlichen Disziplinierungspraktiken	43
3.2.3	Differentielle Effekte für Mütter und Väter	44
3.2.4	Meta-analytische Befunde	45
3.2.5	Direkte vs. indirekte Einflusswege	47
3.3	Die Kompensations-Hypothese	48
3.3.1	Kompensation als kindorientierter Ausgleich	48
3.3.2	Kompensation als elterliches Eigeninteresse	50
3.3.3	Triangulierung und Koalitionsbildung	51
3.3.4	Spillover- und Kompensationsprozesse	52
3.4	Die Common-Factor-Hypothese	53
3.4.1	Kontextfaktoren	54
3.4.2	Person-Ebene	55

Im vorangegangenen Kapitel sind Belege für *direkte* Effekte elterlicher Auseinandersetzungen auf Kinder zusammengetragen worden. Dennoch ist aus den bisherigen Ausführungen bereits klar geworden, dass die Bedeutsamkeit der Partnerschaftsbeziehung für die kindliche Entwicklung letztlich im Kontext des gesamten Familiensystems gesehen werden muss. Im vorliegenden Kapitel geht es um jene Prozesse, die die Auswirkungen elterlicher Konflikte auf Kinder näher erklären helfen. Eine zentrale Stellung kommt hierbei dem Erziehungsverhalten der Eltern zu (Fauber & Long, 1991). Zunächst werden relevante Dimensionen elterlicher Erziehung skizziert (Abschnitt 3.1), um dann der Verbindung von Ehe- und Eltern-Kind-Beziehung nachzugehen. Hierbei steht die Frage im Vordergrund, inwieweit sich Partnerschaftsprobleme negativ auf das Erziehungsverhalten übertragen oder Eltern versuchen, negative Erfahrungen mit dem Partner in der Beziehung zum Kind zu kompensieren (Abschnitt 3.2 und 3.3). Schließlich soll die Rolle von Hintergrundvariablen beleuchtet werden, die sich sowohl in der Partnerschaft als auch in der Eltern-Kind-Beziehung manifestieren (Abschnitt 3.4).

3.1 Die Erziehungsqualität als Einflussfaktor der kindlichen Entwicklung

Um indirekte Einflussprozesse von der Ehe auf die kindliche Entwicklung verfolgen zu können, ist es erforderlich zu wissen, welche Dimensionen des Elternverhaltens für die Entwicklung von Kindern besonders wichtig sind (vgl. Parke & Buriel, 1998).

3.1.1 Dimensionen des Elternverhaltens

„Kompetente Eltern haben auch kompetente Kinder" – Diese Formel spiegelt nach Schneewind (1999, S. 139) die Konvergenz vorliegender Forschungsbefunde zur Bedeutsamkeit elterlichen Erziehungsverhaltens wider. Zwei Dimensionen kristallisieren sich dabei immer wieder als besonders relevant heraus: die *affektive Qualität* der Eltern-Kind-Beziehung und elterliche *Disziplinierungspraktiken* (vgl. Schneewind, Walper & Graf, 2000; Shaffer, 1999).

Aus Perspektive der Bindungstheorie stellt die elterliche *Responsivität* für kindliche Bedürfnisse und Signale eine Schlüsselvariable dar. Durch die Art, wie Eltern ihren Kindern Wärme, Zuneigung, Wertschätzung, Akzeptanz und Unterstützung entgegenbringen, nehmen sie schon früh Einfluss auf die Qualität der kindlichen Bindungserfahrungen (vgl. zusammenfassend Gloger-Tippelt, 2000).

In ihrer Rolle als Erzieher geht es Eltern um die Förderung erwünschter Fähigkeiten und Eigenschaften bzw. um die Begrenzung unerwünschter Verhaltensweisen des Kindes. *Kontrollierende, fordernde* Eltern bieten ihren Kindern eine Orientierung anhand klarer Regeln sowie entwicklungsangemessene Anregungsbedingungen und Handlungsspielräume. Demgegenüber stehen Eltern, die zu Nachgiebigkeit oder *inkonsistenten* Erziehungspraktiken neigen (d.h. inkonsequentem, widersprüchlichem Erziehungsverhalten; intraparentale Inkonsistenz). Wenn Eltern nicht in der Lage sind, als kooperatives Team zusammenarbeiten („Co-Parenting") und sich gegenseitig in den Erziehungsbemühungen zu unterstützen (interparentale Inkonsistenz), führt dies bei den Kindern häufig zu Anpassungsproblemen (Belsky, Putnam & Crnic, 1996; McHale, 1995).

3.1.2 Erziehungsstile und ihre Folgen

Aus der Kombination unterschiedlicher Ausprägungen der beiden zentralen Dimensionen „responsiveness" und „demandingness" ergeben sich unterschiedliche Erziehungsstile. Die wahrscheinlich einflussreichste Typologie stammt von Baumrind (1967), die autoritative, autoritäre und permissive Eltern beschreibt. Maccoby und Martin (1983) dehnten ihren Ansatz aus und unterschieden die Permissivität nach dem Ausmaß elterlicher Wärme in Nachgiebigkeit und Vernachlässigung (vgl. Tabelle 3.1.1).

Tabelle 3.1.1. Vier Erziehungsstile nach Maccoby und Martin, 1983

	Kontrolle	
Responsivität	**hoch**	**niedrig/lax**
akzeptierend, warm	*autoritativ*	*nachgiebig*
zurückweisend, feindselig	*autoritär*	*vernachlässigend*

Autoritative Eltern gehen liebevoll mit ihren Kindern um, achten aufmerksam auf deren Bedürfnisse und stellen gleichzeitig klare, nachvollziehbare Verhaltensanforderungen, für deren Einhaltung sie konsequent sorgen. Nach der Maßgabe „Freiheit in Grenzen" gewähren sie ihren Kindern Handlungsspielräume und unterstützen ihre Selbständigkeit. Sie respektieren die Perspektive ihres Kindes und lassen sie an Entscheidungen teilhaben. Bei *autoritären* Eltern dagegen dominieren Rigidität, Kontrolle und Machtausübung. Die elterlichen Forderungen werden nicht durch Zuwendung, Unterstützung und Akzeptanz begleitet. Nach der Maxime „Grenzen ohne Freiheit" setzen sie viele Regeln, erwarten strikten Gehorsam, erklären dem Kind selten, warum es wichtig ist, all diesen

Regeln zu folgen und strafen es hart für Fehlverhalten. *Nachgiebige* Eltern gewähren ihrem Kind „Freiheit ohne Grenzen". Sie lieben ihr Kind, verlangen aber nicht viel von ihm und lassen es an Aufsicht und Kontrolle fehlen. *Vernachlässigende* Eltern ziehen es vor, so wenig wie möglich mit ihren Kindern zu tun zu haben. Sie ignorieren die kindlichen Bedürfnisse und Signale, sind uninvolviert und gleichgültig, wenn nicht sogar abweisend oder feindselig.

Als „erfolgreichster" Erziehungsstil hat sich in einer Vielzahl von Studien über unterschiedliche Kulturen hinweg immer wieder der autoritative Erziehungsstil erwiesen. Die Kinder können ein positives Selbstbild und internale Kontrollüberzeugungen aufbauen, sind beliebt bei Gleichaltrigen und zeigen gute Schulleistungen. Am ungünstigsten verläuft die Entwicklung von vernachlässigten Kindern (Glasgow, Dornbusch, Troyer, Steinberg & Ritter, 1997; Scott, Scott & McCabe, 1991).

In seinem Konzept der *Meta-Emotionsphilosophie* fokussiert Gottman insbesondere darauf, wie Eltern mit dem Emotionsausdruck ihrer Kinder umgehen (Gottman & DeClaire, 1998; Gottman et al., 1997; vgl. auch Eisenberg, Fabes & Murphy, 1996). Eltern können die „emotionale Intelligenz" ihres Kindes fördern, wenn sie seine Gefühle wahrnehmen und ihm helfen, diese zu artikulieren. Werden Kinder im Sinne des Emotionstrainings erzogen, so schneiden sie nicht nur in der Schule besser ab und verfügen über bessere soziale Kompetenzen, sondern sind auch seltener krank.

3.1.3 Unterschiede zwischen Müttern und Vätern

Nach wie vor gibt es eine weitaus umfangreichere Literatur zu Mutter-Kind- als zu Vater-Kind-Beziehungen (Asendorpf & Banse, 2000; vgl. aber Fthenakis, 1985; Parke, 1995; Werneck, 1998). Väter verbringen vor allem aufgrund ihrer zeitlich intensiveren Berufstätigkeit weniger Zeit mit ihren Kindern als Mütter. Und die Zeit, in der sie sich mit ihren Kindern beschäftigen, gestaltet sich meist auch anders. Während Mütter mit ihren Kindern häufig allein sind, findet der Kontakt von Vätern zu ihren Kindern eher in der Eltern-Kind-Triade statt. Väter fordern ihre Kinder stärker in motorischer Hinsicht, spielen „wilder" mit ihnen und übernehmen eher die angenehmeren, attraktiveren Tätigkeiten bei der Versorgung und Betreuung des Kindes, während Mütter den Großteil der täglich anfallenden Routinetätigkeiten wie Füttern, Wickeln und Baden erledigen

(Cowan & Cowan, 1988; Schneewind et al., 1996). Zudem machen Väter eher Unterschiede zwischen Söhnen und Töchtern: Sie beschäftigen sich mehr mit ihren Söhnen und bekräftigen diese stärker für geschlechtstypisches Verhalten (vgl. Fagot, 1995; Lytton & Romney, 1991).

3.1.4 Wie viel Einfluss haben die Eltern?

In der letzten Zeit mehren sich Stimmen, die die klassische Sozialisationsforschung mit ihrem Fokus auf der unidirektionalen Beeinflussung von Kindern durch ihre Eltern in Frage stellen und die jahrzehntelang vertretene Auffassung, dass Eltern eine zentrale Sozialisationsinstanz für die nachwachsende Generation sind, radikal in Zweifel ziehen. Diese Kritik bezieht sich allerdings hauptsächlich auf querschnittlich angelegte Korrelationsstudien, die offen lassen, ob Zusammenhänge zwischen elterlichem Erziehungsverhalten und kindlicher Entwicklung auf Effekten des Erziehungsstils, Effekten von Kindmerkmalen oder einer genetischen Ähnlichkeit von Eltern und Kindern beruhen.

Zum einen wird seit der einflussreichen Kritik von Bell (1968) der *aktive Beitrag* des Kindes bei der Gestaltung der Eltern-Kind-Beziehung zunehmend beachtet (vgl. Abschnitt 4.2.3). Zum anderen wird mehr und mehr betont, dass der nichtgenetische Einfluss der Eltern auf die Persönlichkeitsentwicklung ihrer Kinder stark überschätzt wurde (Asendorpf, 1997). Einige Verhaltensgenetiker gehen sogar so weit, den Eltern ihren Einfluss auf die Entwicklung ihrer Kinder gänzlich abzusprechen („die Ohnmacht der Eltern"), zumindest solange sie für ihre Kinder eine „durchschnittlich erwartbare Umwelt" bereitstellen (Harris, 2000; Scarr, 1992).

Die Bedeutsamkeit genetischer Beeinflussung wird heute nicht mehr in Zweifel gezogen, doch es besteht ein erheblicher Spielraum hinsichtlich der Manifestation kindlicher Persönlichkeitsmerkmale, der für erzieherische Einflüsse genutzt werden kann (Schneewind, 1999). Befunde aus Tieraufzuchtsexperimenten (Suomi, 1997) sowie die kritische Betrachtung der üblichen verhaltensgenetischen Designs (Stoolmiller, 1999) liefern Argumente, die für die Relevanz elterlichen Erziehungsverhaltens sprechen (zur Übersicht vgl. Collins, Maccoby, Steinberg, Hetherington & Bornstein, 2000). Vor allem Längsschnittstudien mit anspruchsvollen Auswertungsdesigns dokumentieren Auswirkungen des Erziehungsverhaltens auf die spätere kindliche Anpassung, nachdem die Effekte bestehender Kindmerkmale (zum ersten Messzeitpunkt) statistisch kontrolliert wurden – auf diese Weise werden auch genetisch vermittelte Zusammenhänge ausgeschlossen (Ge, Conger, Cadoret & Neiderhiser, 1996; Kruse, 2001).

Die stärksten Argumente stammen aus Studien zu elternzentrierten Interventionen, die belegen, dass ein optimiertes Erziehungsverhalten mit günstigen Konsequenzen für die Kinder verbunden ist. So konnte van den Boom (1995) zeigen, daß 72 Prozent hoch irritierbarer Kinder eine sichere Bindung entwickeln, wenn ihre Mütter ein Responsivitätstraining erhalten, während es in der Kontrollgruppe nur 26 Prozent waren.

3.1.5 Determinanten des Erziehungsverhaltens

In seinem Prozessmodell geht Belsky (1984) davon aus, dass das elterliche Erziehungsverhalten vor allem von drei Einflussgrößen bestimmt wird (vgl. Abbildung 3.1.1): den Merkmalen des Kindes, Persönlichkeitsmerkmalen der Eltern, die zum Teil aus der eigenen Entwicklungsgeschichte resultieren, und Kontextfaktoren, zu denen er neben dem sozialen Netz und der Arbeitssituation vor allem die Ehebeziehung rechnet.

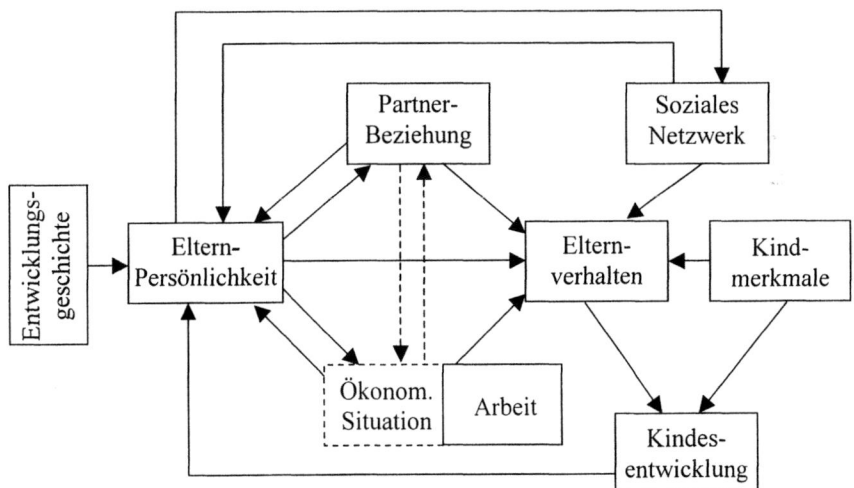

Abbildung 3.1.1.
Erweitertes Prozessmodell elterlichen Erziehungsverhaltens nach Belsky (1984)

Die Arbeiten von Conger und Elder (1994) verweisen darauf, dass zudem der ökonomischen Situation der Familien eine zentrale Rolle zukommt (vgl. die Modifikation des Modells bei Kruse, 2001). Belsky selbst geht davon aus, dass Risikomerkmale des Kindes am ehesten abgepuffert werden können, während den persönlichen Ressourcen der Eltern der höchste Stellenwert zukommt. Innerhalb der Kontextfaktoren sieht Belsky die Ehebeziehung als zentrale Größe an: „the marital relationship is the first-order support system, with inherent potential for exerting the most positive or negative effect on parental functioning" (Belsky, 1984, S. 91). Die folgenden Abschnitte widmen sich dieser Verbindung zwischen der Ehebeziehung der Partner und dem Erziehungsverhalten bzw. (allgemeiner) der Gestaltung der Eltern-Kind-Beziehung. Insbesondere geht es um die Frage, inwieweit Zusammenhänge zwischen Ehequalität und kindlicher Entwicklung über das Erziehungsverhalten der Eltern vermittelt sind.

3.2 Spillover von der Ehe auf die Erziehung und Eltern-Kind-Beziehung

Inzwischen existiert eine Vielzahl von Befunden, die Belskys Vermutung unterstützen und nachweisen, dass sich Belastungen in der Partnerschaft negativ auf die Erziehung und die Eltern-Kind-Beziehung auswirken bzw. Eltern aus einer glücklichen Ehe Kraft für eine warmherzige, feinfühlige Erziehung schöpfen können.

3.2.1 Spillover auf die Eltern-Kind-Beziehung

Mangelnde Feinfühligkeit und Unterstützung. Ohne die Ressource einer glücklichen Ehebeziehung scheint es für Eltern sehr schwer zu sein, in der Interaktion mit ihren Kindern geduldig, warmherzig, feinfühlig und responsiv zu sein (Engfer, 1988; Owen & Cox, 1997; Vandewater & Lansford, 1998); dies unterstreicht die Annahmen der Sozialisationshypothese. Belege für die *kausale* Verknüpfung zwischen Ehekonflikten und elterlichem Erziehungsverhalten stammen aus der Experimentalstudie von Kitzmann (2000). Nach Konfliktgesprächen mit der Partnerin verhalten sich Väter ihren Söhnen gegenüber weniger unterstützend als nach angenehmen Paargesprächen.

Feindseligkeit und „Detouring". Ständige Auseinandersetzungen der Partner können sogar dazu führen, dass Eltern sich ihren Kindern gegenüber feindselig und zurückweisend verhalten (Harold et al., 1997; Mann & MacKenzie, 1996). Christensen und Margolin (1988) sowie Lindahl und Malik (1999) konnten im Einklang mit familiensystemtheoretischen Annahmen zeigen, dass konfliktbelastete Paare tatsächlich dazu neigen, ihre Aufmerksamkeit auf das (Fehl-)Verhalten des Kindes zu richten, sich gegen das Kind zu verbünden und es auf diese Weise zum Sündenbock machen. Die Autoren nehmen an, dass sie durch dieses Verhalten von ihren als bedrohlich empfundenen Konflikten ablenken.

3.2.2 Beeinträchtigung der elterlichen Disziplinierungspraktiken

Intraparentale Inkonsistenz. Wenn Eltern durch Partnerschaftskonflikte belastet sind, wenden sie weniger konsistente und effektive Disziplinierungspraktiken an, was in der Folge zu kindlichen Anpassungsproblemen beiträgt (Fauber & Long, 1991; Patterson, 1982; Stoneman, Brody & Burke, 1989). Zur Erklärung können die Befunde von Dix, Reinhold und Zambarano (1990) herangezogen werden, die zeigen, dass Mütter in ärgerlicher Stimmung negativere Erwartungen, Einschätzungen und Attributionen bezüglich kindlicher Verhaltensweisen haben. Ärger aktiviert ärgerkonsistente Kognitionen, was elterliche Fehlreaktionen wahrscheinlicher werden lässt.

Interparentale Inkonsistenz. Belsky, Crnic und Gable (1995) sehen in der *Elternallianz* einen wesentlichen Erklärungsmechanismus für die indirekte Beeinflussung der kindlichen Entwicklung durch die Ehebeziehung. Obgleich ein dyadisches Konstrukt, schließt sie die Interaktion mit einem Dritten, dem Kind, mit ein. Die Elternallianz erscheint gleichsam als Brücke, die die beiden familiären Subsysteme eng miteinander verbindet. Wenn Eltern nicht in der Lage sind, ihre Partnerschaftsprobleme zu lösen, wird auch ihre Fähigkeit, sich im Erziehungsprozess gegenseitig zu unterstützen und als Team zusammenzuarbeiten („Co-Parenting"), beeinträchtigt. Es kann sogar dazu kommen, dass die Partner die Erziehungsziele des anderen unterminieren und ein kompetitives Erziehungsverhalten zeigen. Jeder versucht für sich, beim Spiel die Aufmerksamkeit des Babys zu erringen; einer sagt „Hü", der andere „Hott" (Katz & Gottman, 1996; McHale, 1995). Diese gegenseitige Behinderung führt bei den Kindern verstärkt zu Verhaltensproblemen (Bearss & Eyberg, 1998; Mahoney et al., 1997). Längsschnittlich erklärt die Elternallianz die Effekte der Ehequalität auf die Erziehung. Eine positive Ehe wirkt also deshalb förderlich auf die wahrgenommene Elternkompetenz und die Qualität der Mutter-Kind-Interaktion, weil die Fähigkeit der Partner gestärkt wird, als Erziehungsteam zu kooperieren. Für die umgekehrte Einflussrichtung ergaben sich keine Belege (Floyd et al., 1998).

3.2.3 Differentielle Effekte für Mütter und Väter

Eine Reihe von Studien und Review-Artikeln kommt zu der Schlussfolgerung, dass Spilloverprozesse Väter stärker betreffen als Mütter, dass also das väterliche Erziehungsverhalten besonders anfällig für die Belastungen einer schwierigen Ehe ist (z.B. Belsky, Youngblade et al., 1991; Owen & Cox, 1997). Warum Väter besonders vulnerabel für den Einfluss der Ehequalität sein sollten, ist noch ungeklärt. Häufig wird als Hypothese angeführt, dass Frauen ihre innerfamiliären Rollen als Ehefrau und Mutter stärker differenzieren, Ehe- und Eltern-Kind-Beziehung besser „auseinanderhalten" können, während Männer sich gegenüber Partnerin und Kind in ähnlicher Weise (engagiert, zurückgezogen, kritisierend) verhalten. Hier könnte auch der Einfluss von Drittvariablen zugrundeliegen, was sich vereinfacht auf die Formel „einige Menschen sind schlechte Partner und schlechte Eltern" bringen lässt (vgl. Belsky et al., 1989). So ist es denkbar, dass manche Männer nicht besonders familien- oder beziehungsorientiert sind, was sowohl ihrer Ehe als auch der Beziehung zu ihren Kindern abträglich sein dürfte (vgl. Abschnitt 3.4).

Die wenigsten Untersuchungen gehen explizit der Frage nach, ob die gefundenen Unterschiede in der Höhe der Zusammenhänge auch einer statistischen Überprüfung standhalten. Coiro und Emery (1998) testeten in ihrem Review-Artikel die Höhe von Korrelationskoeffizienten aus anderen Studien und fanden insbesondere bei methodisch anspruchsvollen Studien (z.B. restringierte Pfade) keine signifikanten Unterschiede in der Stärke der Einflussprozesse. Auch bei Müttern leidet das Erziehungsverhalten.

Allerdings mehren sich mittlerweile Befunde, die für unterschiedliche *Einflusswege* solcher Spilloverprozesse bei Müttern und Vätern sprechen. Während die Unzufriedenheit mit der Ehebeziehung bei Vätern zur *emotionalen Zurückweisung* ihres Kindes führt, wird bei Müttern nicht die affektive Qualität der Beziehung zum Kind beeinträchtigt, sondern die *Disziplinierungspraktiken* sind betroffen (Mann & MacKenzie, 1996). Wechselseitige Feindseligkeit in der Ehe unterminiert vor allem das *väterliche* Erziehungsverhalten und führt zu Zurückweisung, Machtanwendung und Intrusivität – externalisierende Probleme des Kindes sind die Folge. Neigen Väter in ihrer Ehe dagegen zum Rückzug, so leidet vor allem das Erziehungsverhalten der *Mütter*, die sich ihrem Kind gegenüber kritischer und intrusiver verhalten; die Kinder entwickeln internalisierende Probleme. Katz und Gottman (1996) nehmen an, dass das Rückzugsverhalten des Partners für Frauen besonders schwer zu tolerieren ist, so dass die Zurückweisung des Kindes Ausdruck ihrer ehelichen Frustration ist.

Erste Hinweise dafür, dass es lohnenswert ist, zwischen positiven und negativen Bedingungen, die sich übertragen können, zu differenzieren, liefert die bereits erwähnte Studie von Kitzmann (2000). Während sich nur Väter nach Konfliktgesprächen mit der Partnerin aus der Interaktion mit dem Sohn zurückzogen (Spillover negativer Bedingungen bei Vätern), moderierte die Ehezufriedenheit der Mütter die Reaktionen auf die Diskussion des angenehmen Paargespräches. Wenn die Frauen mit ihrer Ehebeziehung zufrieden waren, verlief die triadische Interaktion positiver und war durch mehr Wärme und Kohäsion gekennzeichnet (Spillover positiver Bedingungen bei Müttern).

3.2.4 Meta-analytische Befunde

Inzwischen liegen zwei große meta-analytische Auswertungen vor, die die Stärke von Spilloverprozessen sowie wesentliche moderierende Variablen eruieren bzw. über die Gültigkeit von Konsistenz- vs. Kompensationshypothese Aufschluss geben (Erel & Burman, 1995; Krishnakumar & Buehler, 2000). Die Richtung der Zusammenhänge spricht in beiden Studien eindeutig für die Spillover-Hypothese.

Erel und Burman ermittelten auf der Basis von 68 Studien eine durchschnittliche Effektstärke von $ES = .46$ für den Zusammenhang von *Ehebeziehung* und Eltern-Kind-Beziehung. Werden jedoch nur die 38 Studien einbezogen, in denen die Qualität der Eltern-Kind-Beziehung unabhängig von der Qualität der Ehebeziehung beurteilt wird, reduziert sich die Stärke des Zusammenhangs auf ES = .31. Dabei ist der Spillover auf die Zufriedenheit mit der Eltern-Kind-Beziehung größer ist als auf die Kontrolle der Kinder. Überraschenderweise erwiesen sich die Zusammenhänge als recht resistent gegenüber dem Einfluss potentieller Moderatorvariablen. Das Geschlecht der Eltern oder Kinder sowie die Geschwisterposition konnten als Moderatorvariablen ausgeschlossen werden.

Krishnakumar und Buehler errechneten auf Grundlage von 39 Studien eine durchschnittliche Effektstärke von ES = -.62 (bei einem Range von -2.07 bis 1.33) für die Zusammenhänge zwischen *interparentalen Konflikten* und dem Erziehungsverhalten. Die deutlichsten Bezüge ergeben sich, wenn Konflikte mit großer Feindseligkeit ausgetragen werden. Dies erklärt auch die geringeren Effekte bei Erel und Burman. Zudem zeigen sich in der Analyse von Krishnakumar und Buehler stärkere Zusammenhänge, wenn die Qualität der *väterlichen* Erziehung untersucht wird (vgl. Abschnitt 3.2.3); das gleiche gilt für Familien mit *Töchtern*.

Auch wenn mit diesen beiden Analysen für die Kompensationshypothese das Todesurteil gesprochen zu sein scheint, erscheint es doch aus folgenden Gründen verfrüht, die Kompensationshypothese bereits aufzugeben: Zum einen war nur ein sehr geringer Prozentsatz an klinischen Studien einbezogen, während dieser Hypothese gerade im klinisch-therapeutischen Kontext ein großer Stellenwert zukommt. Zum anderen war der Range der einzelnen Effektstärken sehr breit gefächert. Das bedeutet, dass zumindest einige Studien auch kompensatorische Prozesse dokumentieren, wenngleich sie in der Minderzahl waren. Zudem ist bislang keine Untersuchung explizit der Frage nachgegangen, ob sich die in der Spillover- und Kompensationshypothese angesprochenen Prozesse gegenseitig ausschließen oder aber ergänzen (vgl. Schneewind & Schmidt, 1999).

Worüber die beiden Meta-Analysen nicht Aufschluss geben können, ist die Frage, ob die dokumentierten Zusammenhänge auf Drittvariablen zurückgehen (vgl. Abschnitt 3.4). Ebenfalls ungeklärt ist, inwiefern Spilloverprozesse zur Erklärung der Zusammenhänge zwischen Ehe und kindlicher Entwicklung herangezogen werden können oder ob (auch) direkte Auswirkungen der Ehebeziehung bestehen.

3.2.5 Direkte vs. indirekte Einflusswege

Während Spilloverprozesse von der Ehe auf die Erziehung und auch direkte Auswirkungen interparentaler Konflikte auf Kinder inzwischen gut belegt sind, gibt es vergleichsweise wenige Untersuchungen, die (meist mittels Pfad- oder Strukturgleichungsmodellen) die *relative Bedeutung* direkter und indirekter Einflussprozesse abzuschätzen versuchen (vgl. Webster-Stratton & Hammond, 1999). Obwohl die in Abschnitt 2.2.1 geschilderten Analogstudien direkte Effekte von Auseinandersetzungen zwischen Erwachsenen auf die Kinder dokumentieren, finden die wenigsten Studien, die die Qualität der Erziehung bzw. Eltern-Kind-Beziehung als Mediatorvariable prüfen, ausschließlich direkte, nicht vermittelte Zusammenhänge (z.B. Jenkins & Smith, 1991).

Die weitaus größte Zahl an Untersuchungen unterstreicht die Annahmen von Fauber und Long (1991), dass die Zusammenhänge zwischen Ehe und kindlicher Entwicklung *vollständig* über die Erziehung vermittelt werden. Dabei erweisen sich insbesondere die affektive Qualität der Eltern-Kind-Beziehung, aber auch elterliche Disziplinierungsstrategien als wichtige Mediatorvariablen (vgl. z.B. Harold et al., 1997; Osborne & Fincham, 1996; Vandewater & Lansford, 1998). Auch die Befunde von Katz und Gottman (1996) sowie von Mann und MacKenzie (1996), die bereits in Abschnitt 3.2.3 dargestellt worden sind, sprechen für eine vollständige Mediation der Effekte.

Daneben gibt es auch einige Untersuchungen, die sowohl *direkte* als auch *indirekte* Einflusswege nachweisen können. Den Befunden von Webster-Stratton und Hammond (1999) zufolge wirkt sich aus Perspektive beider Eltern der dysfunktionale Umgang mit Konflikten direkt *und* vermittelt über eine wenig responsive Erziehung negativ auf die Kinder aus. Dass auch direkte Effekte gefunden werden, spricht nach Auffassung der Autorinnen gegen die Vermutung, dass Eltern ihre Kinder vor den Auswirkungen interparentaler Konflikte schützen können, indem sie ihnen viel Zuwendung entgegenbringen und positive Disziplinierungspraktiken anwenden. Denn selbst wenn die Eltern dies angesichts ihrer eigenen Probleme schaffen, leiden die Kinder auch direkt unter den elterlichen Streitigkeiten. Vergleichbare Schlussfolgerungen können auch aus den Daten von Katz und Gottman (1997) gezogen werden, die in zwei Gruppen mit gleichem Risiko Schutzfaktoren vor den negativen Folgen elterlicher Konflikte identifizierten. Wenn Eltern trotz ihrer Eheprobleme ihre Kinder mit Wärme, Unterstützung und positiver

Rückmeldung erziehen, Abwertungen vermeiden und gute „Emotionstrainer" sind, können zwar negative Auswirkungen auf die Emotionsregulation, körperliche Gesundheit, Sozialbeziehungen und Schulleistungen der Kinder abgepuffert werden – doch Verhaltensauffälligkeiten der Kinder, wie sie von Müttern oder Lehrern beurteilt werden, lassen sich nicht verhindern, selbst wenn alle Schutzfaktoren zugleich wirksam sind.

Die Frage, ob und inwieweit mit direkten oder indirekten Auswirkungen einer belasteten Ehebeziehung zu rechnen ist, lässt sich aus den bisherigen Forschungsbemühungen nicht eindeutig beantworten. Die Inkonsistenz der Befundlage kann am ehesten durch die unterschiedliche Auswahl und Operationalisierung der verwendeten Konstrukte erklärt werden. Am plausibelsten erscheint nach wie vor die Annahme direkter *und* indirekter Konsequenzen.

3.3 Die Kompensationshypothese

Mit den Meta-Analysen von Erel und Burman (1995) bzw. Krishnakumar und Buehler (2000) scheint die Frage, ob Partnerschaftsprobleme sich negativ auf das Erziehungsverhalten übertragen (Spillover), oder ob Eltern negative Erfahrungen in der Partnerschaft in der Beziehung zum Kind zu kompensieren versuchen, bereits beantwortet zu sein. Bislang existieren ihren Auswertungen zufolge keine hinreichenden Belege für die Kompensationshypothese. Dennoch kommt gerade dieser Annahme im klinisch-therapeutischen Kontext eine große Bedeutung zu, auch wenn sich bislang vergleichsweise wenige Studien damit befasst haben. Die Ausführungen in den letzten Abschnitten haben bereits verdeutlicht, dass Spilloverprozesse nicht bei allen Eltern in gleichem Ausmaß stattfinden, sondern dass manche Eltern es besser schaffen als andere, ihre Kinder vor den nachteiligen Folgen einer schwierigen Ehe zu schützen.

3.3.1 Kompensation als kindorientierter Ausgleich

Die oben erwähnten Befunde von Katz und Gottman (1997) deuten darauf hin, dass manche Eltern aktiv versuchen, die Kinder vor den Eheschwierigkeiten abzuschirmen. Zumindest einige Eltern sind in der Lage, trotz der Belastungen einer unglücklichen Ehe ihren Kindern gegenüber warmherzig, aufmerksam und unterstützend zu sein, so dass eine nachteilige Entwicklung der Kinder in vielen Bereichen verhindert werden kann. Spilloverprozesse müssen also nicht in allen Familien in gleichem Maße stattfinden.

Häufig sind es in konfliktbelasteten Partnerschaften die Frauen, denen es eher gelingt, Eheprobleme aus der Beziehung zu ihrem Kind herauszuhalten, und die sogar versuchen, die negativen Folgen solcher Schwierigkeiten wieder wett zu machen, indem sie verstärkt in die Beziehung zu ihrem Kind investieren. In den triadischen Interaktionen solcher belasteter Familien zeigt sich oftmals eine erhöhte Involviertheit der Mutter und der Rückzug des Vaters, also eine Diskrepanz im erzieherischen Engagement beider Eltern (Katz & Gottman, 1996; McHale, 1995). Obwohl es letztlich offen bleibt, ob es sich dabei tatsächlich um ausgleichende Investitionen oder aber um dysfunktionale Koalitionsbildungen im Familiensystem handelt, vermuten Brody und Kollegen (1986), dass Mütter aus belasteten Partnerschaften aktiv versuchen, einen Ausgleich für die negativen Erfahrungen des Kindes mit dem Vater zu schaffen, indem sie sich in besonders aufmerksamer Weise dem Kind widmen: Während Väter aus konflikthaften Paarbeziehungen in der Interaktion mit dem Kind übergriffiger sind und weniger positives Feedback geben (Spillover), gehen Mütter aus belasteten Partnerschaften responsiver und strukturierender mit ihren Kindern um als zufriedene Frauen.

Auch die Befunde von Belsky, Youngblade et al. (1991) sprechen für Spilloverprozesse auf Seiten der Väter und kompensatorische Prozesse bei den Müttern. Väter, die im Übergang zur Elternschaft starke Einbußen ihrer Partnerschaftsqualität erleben, verhalten sich beim Spielen mit ihren kleinen Kindern abweisender und intrusiver; bei Müttern zeigen sich jedoch gegenläufige Zusammenhangsmuster: Sie sind dann besonders warmherzig und strukturierend, wenn ihre Liebesgefühle für den Partner in den ersten drei Jahren der Elternschaft nachgelassen haben. Mit einer einzigen Ausnahme hatten sämtliche Paare, bei denen sich der Vater dem Kind gegenüber negativ, die Mutter dagegen positiv verhält, eine unglückliche Beziehungsentwicklung genommen. Dies kann als Bestätigung eines kindzentrierten Ausgleichs auf Seiten der Mütter gesehen werden. Jedoch ist es genauso denkbar, dass manche Frauen nach der Geburt des ersten Kindes ihre Zeit und Energie aus der Partnerschaft abziehen und ihre ganze Kraft dem Kind widmen – auf Kosten ihrer Partnerschaftsbeziehung. Die Hypothese eigennütziger

Kompensationsprozesse, gemeinsamer Drittvariablen oder Kindeffekte können ebenso wenig ausgeschlossen werden.

3.3.2 Kompensation als elterliches Eigeninteresse

Gerade im klinisch-therapeutischen Kontext wird häufig die Beobachtung gemacht, dass Eltern aus unglücklichen Partnerschaften ihre ganze Aufmerksamkeit auf ihr Kind richten und in der Beziehung zu ihm die Liebe und Intimität suchen, die ihnen in der Partnerschaft verwehrt bleibt (Boszormenyi-Nagy & Spark, 1981; Minuchin, 1983). Sie streben nach einem Ausgleich für die in der Partnerschaft erfahrenen Enttäuschungen und Kränkungen. Das Kind wird zum Partnerersatz, zur Quelle von Liebe, Zuneigung und Trost (Engfer, 1988; Goldberg & Easterbrooks, 1984).

Wird einem Kind die Verantwortung für das emotionale Wohlbefinden der Eltern aufgebürdet, verkehren sich die traditionellen Eltern-Kind-Rollen – auf Kosten der Entwicklungsmöglichkeiten des Kindes. Inzwischen ist eine Vielzahl negativer Auswirkungen auf die betroffenen Kinder dokumentiert worden (vgl. zur Übersicht Graf & Frank, 2001; Jurkovic, 1998).

Engfer (1988) konnte nachweisen, dass Mütter mit schwieriger Partnerschaftsbeziehung dazu tendieren, in der Beziehung zu ihrem Baby aufzugehen, das als Trost und Sinngebung dienen soll (Rollenumkehr). Sie sind zudem überängstlich um das Wohl des Kindes besorgt, so als ob sie Angst hätten, es als letzte Quelle emotionaler Unterstützung zu verlieren (ängstliche Überfürsorge). Die Partnerschaftsbeziehung wird bei einer solchen Einstellung (noch weiter) aus dem Auge verloren. Es lässt sich in den folgenden drei Jahren eine massive Abnahme von Zärtlichkeit und Erotik feststellen. Möglicherweise vermittelt die Überidentifikation dieser Frauen mit der Mutterrolle dem Partner das Gefühl, aus dem Geschehen zwischen Mutter und Kind ausgeschlossen zu sein.

Bemerkenswert erscheint, dass diese Mütter, wenn sie bei der Interaktion mit ihren Kindern beobachtet werden, keineswegs besonders feinfühlig und responsiv mit ihren Kindern umgehen, wie man bei dem hohen Stellenwert, den die Kinder für sie besitzen, vermuten könnte. Vielmehr sind Frauen mit einer solchen Erwartungshaltung weniger dazu in der Lage, einfühlsam auf ihr Kind einzugehen. Das bedeutet, dass in Abhängigkeit von der Operationalisierung und Erfassung der Konstrukte bei den gleichen Frauen entweder Belege für Kompensations- oder Spilloverprozesse gefunden werden. Wären in dieser Untersuchung lediglich Beobachtungsdaten herangezogen worden, so hätte man die kompensatorischen Prozesse übersehen. Überfürsorglichkeit kann bedeuten, aus eigenen Ängsten und Nähebedürfnissen heraus die eigentlichen Bedürfnisse des Kindes zu übersehen. Deshalb ist es denkbar, dass gerade der Wunsch nach Kompensation eine auf die Bedürfnisse des Kindes abgestimmte Erziehung vereitelt und auf diese Weise Spilloverprozesse erzeugt. Doch bislang liegen keine Untersuchungen vor, die diese Hypothese explizit überprüft haben.

3.3.3 Triangulierung und Koalitionsbildung

Ob nun elterliches Eigeninteresse oder das Wohl des Kindes als Beweggrund kompensatorischer Versuche ausschlaggebend sind: in beiden Fällen sind generationsüberschreitende Koalitionsbildungen im Familiensystem die Folge. Aus Perspektive der Familiensystemtheorie bilden die Familienmitglieder in einer gut funktionierenden Familie eine kohäsive Gruppe (Minuchin, 1983). Spannungen im Ehesystem jedoch beeinträchtigen die Allianz der Ehepartner; die Kinder werden – oder fühlen sich – dazu gedrängt, sich mit einem Elternteil gegen den anderen zu verbünden. Die Triangulation des Kindes in die Ehebeziehung hat häufig schwerwiegende Loyalitätskonflikte zur Folge (Kerig, 1995; Walper, 1998).

Als eine der wenigen nicht-klinischen empirischen Studien überprüfen Christensen und Margolin (1988) explizit die systemische Hypothese generationsüberschreitender Koalitionen in Familien mit Ehekonflikten. Sie fanden bei konfliktbelasteten Familien Belege für eine Schwäche des ehelichen Subsystems, sowohl im Vergleich zu unbelasteten Familien, als auch im Vergleich zu den anderen Dyaden des Familiensystems. Die Diskrepanzen in der Stärke von Mutter-Kind- und Vater-Kind-Allianzen deuten auf eine übermäßige Involviertheit der Mutter hin. Allerdings stellte sich heraus, dass die Beziehung der Mutter zum Kind nicht durch Unterstützung oder Überfürsorglichkeit, sondern vielmehr durch starke Feindseligkeit und Kritik gekennzeichnet war. Die Involviertheit der Mutter scheint also eher zu Konflikten mit dem Kind zu führen, nicht zu liebevoller Zuwendung oder Überfürsorge. Insofern sprechen diese Befunde nicht für die Kompensations-, sondern für die Spillover-Hypothese.

Lindahl, Clements und Markman (1997) beobachteten die Ehekommunikation von Paaren vor dem Übergang zur Elternschaft und fünf Jahre später, diesmal unter Anwesenheit des Kindes. Paare, die vor der Geburt des Kindes destruktive Interaktionssequenzen unterbrechen können, sind fünf Jahre später eher in der Lage, gleichzeitig den Bedürfnissen der Ehe und des Kindes gerecht zu werden. Sie neigen weniger dazu, das Kind in den Ehekonflikt zu verstricken (Triangulation, z.B. auf das Kindverhalten zu fokussieren oder das Kind um seine Meinung zu fragen) oder sich während des Paargesprächs mehr mit dem Kind als dem Partner zu beschäftigen (Koalitionsbildung).

Koalitionsbildungen werden nicht unbedingt aktiv von Seiten der Eltern initiiert. Die bereits in Abschnitt 2.2.1 geschilderten experimentellen Befunde weisen darauf hin, dass Kinder auch von sich aus in Konflikte eingreifen, um den für sie bedrohlichen Zustand zu beenden.

3.3.4 Spillover- und Kompensationsprozesse

Ein wichtiger Beitrag zur Überprüfung von Spillover- *und* Kompensationsprozessen stammt von Walper (1998). Pfadanalytisch konnte sie zeigen, dass Partnerschaftskonflikte die Mutter dazu veranlassen, ihr Kind in eine Koalition gegen den Partner zu drängen (Kompensation). Zusätzlich führen Konflikte einerseits zu einer vermehrten Restriktivität in der Erziehung; andererseits leidet die Einfühlsamkeit und Unterstützung der Mutter (Spillover) – mit nachteiligen Folgen für die kindliche Entwicklung. Doch die einfühlsame Unterstützung wird nicht direkt, sondern vermittelt über die Koalitionsbestrebungen der Mutter unterminiert. Das bedeutet, dass Mütter, die versuchen, ihr Kind in eine Allianz gegen den Vater einzubinden, von ihren Kindern keineswegs als besonders einfühlsam und unterstützend erlebt werden. Augenscheinlich orientieren sie sich weniger an den Bedürfnissen des Kindes, als vielmehr an ihren eigenen. Hier bestätigt die Sichtweise der Kinder die Vermutungen, die bereits aus den Beobachtungsdaten von Christensen und Margolin (1988) und Engfer (1988) abgeleitet wurden (vgl. die Abschnitte 3.3.2 und 3.3.3). Während Kinder durch die resultierenden Loyalitätskonflikte in ihrem Individuationsprozess gehemmt werden, sind Jugendliche eher in der Lage, sich dem Koalitionsdruck durch eine emotionale Distanzierung von der Mutter zu entziehen. Mit steigendem Alter wird – ganz entgegen der Bestrebungen der Mutter – ein Ablösungsprozess begünstigt, der es den Jugendlichen mehr und mehr ermöglicht, sich von den Loyalitätskonflikten zu befreien.

Was lässt sich abschließend festhalten, um die Frage nach Spillover- vs. Kompensationsprozessen zu beantworten? Bislang ist eine Vielzahl von Befunden zu Spilloverprozessen zusammengetragen worden. Andererseits gibt es auch einige Hinweise darauf, dass Eheprobleme eine verstärkte Hinwendung zum Kind begünstigen, zumindest bei einem der beiden Eltern, meist der Mutter. Mittlerweile sind solche einseitigen Koalitionsbildungen zwischen einem Elternteil und dem Kind nicht nur im klinischen Kontext beobachtet, sondern auch empirisch bestätigt worden.

Die Elternallianz kann als zentrales Konstrukt herangezogen werden, das Spillover- und Kompensationsprozesse gleichzeitig erklären hilft. Eine mangelnde Kooperation und wechselseitige Unterstützung der Partner unterminiert einerseits eine feinfühlige, konsequente Erziehung (Spillover), andererseits werden durch die schwache Allianz der Partner generationsübergreifende Koalitionsbildungen begünstigt (Kompensation). Wenn die Eltern ihr Kind dabei aus „egoistischen" Motiven in ein Bündnis gegen den anderen Elternteil drängen, dürfte dies in den wenigsten Fällen mit einer besonders feinfühligen, liebevoll zugewandten Erziehung verbunden sein, zumal die Bedürfnisse der Eltern, nicht der Kinder im Vordergrund stehen (elterliches Eigeninteresse). Doch selbst wenn manche Eltern die besten Absichten haben (kindzentrierter Ausgleich), sind sie häufig doch zu ausgelaugt, um sich wirklich den Bedürfnissen des Kindes aufmerksam widmen zu können. Obwohl es einige Eltern zu geben scheint, denen es gelingt, ihre Kinder durch eine responsive Erziehung vor den nachteiligen Konsequenzen elterlicher Konflikte abzuschirmen – kompensatorische Versuche und generationsübergreifende Koalitionen gehen wohl in den wenigsten Fällen mit einer optimalen Erziehung einher.

3.4 Die Common-Factor-Hypothese

Um zu belegen, dass die Partnerschaftsbeziehung tatsächlich für die kindliche Entwicklung relevant ist, reicht es nicht aus, Zusammenhänge zwischen Ehequalität und kindlicher Entwicklung nachzuweisen. Denn Hintergrundvariablen, die sowohl die Gestaltung der Ehe- als auch der Eltern-Kind-Beziehung beeinflussen, könnten für die Zusammenhänge verantwortlich sein (Fincham, 1998). Wie aus dem erweiterten Prozessmodell elterlichen Erziehungsverhaltens nach Belsky (1984) hervorgeht (vgl. Abbildung 3.1.1, S. 41), können dabei sowohl *Kontextfaktoren* wie finanzielle Knappheit, räumliche Enge oder Arbeitslosigkeit, als auch *Persönlichkeitsmerkmale* der Eltern, die zum Teil aus ihrer persönlichen Entwicklungsgeschichte resultieren, eine Rolle spielen. Da Persönlichkeitsdispositionen zum Teil angeboren und in unterschiedlichen Beziehungskontexten wirksam sind, ist zudem auch an eine *genetisch* vermittelte Ähnlichkeit zwischen Eltern und Kind bzw. Ehe- und Eltern-Kind-Beziehung zu denken (Asendorpf & Banse, 2000).

3.4.1 Kontextfaktoren

Zu den Kontextfaktoren, die das gesamte Familiensystem beeinflussen, sind sowohl materielle sowie soziale Ressourcen, beispielsweise das Ausmaß verfügbarer sozialer Unterstützung, finanzielle Mittel und die Situation am Arbeitsplatz zu rechnen (vgl. zum Überblick Parke & Buriel, 1998; Schneewind, Walper & Graf, 2000).

Soziale Unterstützung. Die Qualität der Beziehungen zu Freunden, Nachbarn, Kollegen und Verwandten bestimmt die Unterstützung, die Familienmitglieder in der Bewältigung alltäglicher oder außerordentlicher Anforderungen erfahren und hat einen stärkeren Einfluss auf die Befindlichkeit der Eltern als objektive Merkmale des sozialen Netzwerks (Nestmann, 1997; Sarason, Sarason & Gurung, 1997).

Die Erwerbstätigkeit der Eltern strukturiert den Tagesablauf und das Ausmaß gemeinsam verbrachter Paar- und Familienzeit. Belastungen und Erfolgserlebnisse am Arbeitsplatz beeinflussen die Befindlichkeit der Eltern und werden auf diese Weise in die familiären Interaktionen hineingetragen. Eine Erwerbstätigkeit der Mutter scheint dabei keine nachteiligen Auswirkungen mit sich zu bringen, zumal die Zeit, die erwerbstätige Mütter in gezielter Interaktion mit ihren Kindern verbringen, kaum geringer ist als bei Hausfrauen (Walper & Galambos, 1997; Crouter & McHale, 1993). Tatsächlich könnte es sich besonders bei eher labilen Frauen vorteilhaft auf ihre Selbstwahrnehmung und die familiären Beziehungen auswirken, wenn sie im Übergang zur Elternschaft belohnende Erfahrungen im Berufsleben machen würden (Schneewind et al., 1996).

Ökonomische Benachteiligung stellt einen wesentlichen Stressfaktor für die betroffenen Familien dar. Dass die finanzielle Verknappung sich nicht direkt auf die Kinder auswirkt, sondern vermittelt über die Belastungen der familiären Beziehungen, ist mittlerweile vielfach belegt. Die aus dem ökonomischen Druck resultierende Gespanntheit oder Reizbarkeit der Eltern beeinträchtigt die Partnerschaftsbeziehung und steht gleichzeitig einer einfühlsamen, unterstützenden Erziehung im Wege (Conger, Patterson & Ge, 1995; Conger, Ge, Elder & Lorenz, 1994). Ein hohes Maß an gegenseitiger Unterstützung der Partner vermag dagegen die mit der ökonomischen Benachteiligung verbundenen emotionalen Belastungen abzumildern (Conger et al., 1999).

3.4.2 Person-Ebene

Auf Personebene sind es vor allem die aktuelle Befindlichkeit der Eltern, die generelle Anpassung („adult adjustment") sowie allgemeine soziale Kompetenzen, die zum Ge- oder Misslingen von Ehe- *und* Eltern-Kind-Beziehung beitragen können.

Psychologische Anpassung. Depressive Eltern leiden oft unter kognitiven Verzerrungen und sehen nicht nur sich selbst, sondern auch ihren Partner und ihre Kinder in schwarzen Farben. So passiert es leicht, dass sie Verhaltensweisen des Partners oder Kindes als persönliche Zurückweisung missverstehen (Field, 1995; Mayer, Gaschke, Braverman & Evans, 1992). Inzwischen gibt es eine Reihe von Befunden, die darauf hinweisen, dass die Ehebeziehung für die Erziehungsqualität bedeutsam bleibt, auch wenn der Einfluss der psychosozialen Anpassung der Eltern berücksichtigt wird. Cox, Paley, Payne et al. (1999) berichten, dass sich der Rückzug aus der Ehebeziehung – unabhängig von der Depressivität und dem Bildungsstand der Eltern – besonders nachteilig auf das Engagement und die Freude in der Interaktion mit dem Kind auswirkt. Der Rückzug aus der Ehe führt also zu einem Rückzug aus der Erziehung, auch jenseits depressiver Merkmale der Eltern (vgl. auch Cowan & Cowan, 1994). Tatsächlich kann die emotionale Labilität von Müttern sogar als Bindeglied der transgenerationalen Weitergabe von Beziehungsproblemen gesehen werden (Caspi & Elder, 1988). Über vier Generationen hinweg konnten die Autoren nachweisen, dass durch persönliche Instabilität, Irritierbarkeit und Impulsivität Ehekonflikte provoziert werden, die dann vermittelt über die daraus resultierenden Erziehungsschwierigkeiten bei den betroffenen Kindern Verhaltensprobleme hervorrufen. Solche problematischen Verhaltensdispositionen bleiben bis ins Erwachsenenalter relativ stabil, so dass es zur Wiederholung der Beziehungsmuster in der nächsten Generation kommt. Denn Frauen, die als Kind schwierig waren, wählen in der Regel einen Partner, der selbst ebenfalls schwierige Persönlichkeitsdispositionen mitbringt. Unterbrochen wird der negative Zirkel nur, wenn es gelingt, einen selbstsicheren Partner zu finden.

Attributionen. Dass sich allgemeine Persönlichkeitsdispositionen in der Ehe- und Eltern-Kind-Beziehung in ähnlicher Weise manifestieren, kann auch mit zugrundeliegenden Denk- und Attributionsmustern zu tun haben. Fincham und Grych (1991) konnten nachweisen, dass Eltern Partnerschaftsereignisse und kindliche Verhaltensweisen in konsistenter Weise erklären. Belastete Paare neigen dazu, nicht nur für Schwierigkeiten mit dem Ehepartner eher globale Ursachen zu vermuten (vgl. Abschnitt 2.1.2), sondern kommen – unabhängig vom Ausmaß der eigenen Depressivität – auch bei Verhaltensweisen des Kindes zu ähnlichen Schlussfolgerungen. Auf diese Weise vergrößert sich der Einfluss negativer Ereignisse noch.

Meta-Emotionen. Eine andere Erklärung konsistenter Verhaltensweisen gegenüber Partner/in und Kindern liefern Gottman et al. (1997) mit ihrem Konzept der Meta-Emotionsphilosophie (vgl. Abschnitt 2.1.4 und 3.1.2). Emotional mit den anderen Familienmitgliedern in Verbindung zu stehen, auf die Sorgen und Ängste von Partner/in und Kind einzugehen, stellt nach Auffassung der Autoren den Schlüssel zum Gelingen der Ehe- und Eltern-Kind-Beziehung dar. Eltern, die ihrem Kind helfen, seine Gefühle zu benennen und über sie zu sprechen, verhalten sich bei Partnerschaftskonflikten zugewandter, weniger defensiv oder verächtlich und sind insgesamt mit ihrer Ehe zufriedener. Allerdings kann die Frage, was letztlich für die Entwicklung von Kindern wichtiger ist – eine glückliche Ehe oder die sozialen Kompetenzen, die man benötigt, um die Ehe zu „pflegen" und den Kindern ein gute Erziehung zu ermöglichen – anhand der vorgestellten Befunde nicht beantwortet werden.

Interpersonale Kompetenzen. Die Beziehungspersönlichkeit der Partner erweist sich als prädiktiv für die Entwicklung von Paaren *und* Kindern. Sie umfasst neben allgemeinen sozialen Kompetenzen (wie der Fähigkeit, den eigenen Standpunkt zu vertreten) auch das Einfühlungsvermögen in die Gefühle und Bedürfnisse anderer sowie die Neigung, gekränkt und nachtragend zu reagieren (vgl. Graf & Schneewind, 1998). Wenn zumindest einer der beiden Partner eine positive Beziehungspersönlichkeit (ein hohes Ausmaß an sozialen Kompetenzen, Einfühlungsvermögen und geringe Verletzbarkeit) mitbringt, sind Paare mit ihrer Beziehung zufrieden und können diese Zufriedenheit auch im Verlauf der ersten Ehejahre aufrechterhalten. Dagegen lässt sich bei Paaren mit geringen Beziehungsfertigkeiten eine verminderte Ehezufriedenheit und eine weitere Verschlechterung der Ehequalität in den nachfolgenden Jahren feststellen, insbesondere bei Paaren mit Kindern. Gleichzeitig erhöht sich für die Kinder (vor allem Jungen) das Risiko, bereits in ihren ersten Lebensjahren von den Eltern als „schwierig" erlebt zu werden, wenn mindestens einer der Partner eine labile Beziehungspersönlichkeit in die Partnerschaft einbringt (Schneewind et al., 1992; Schneewind & Gerhard, in press). Unklar bleibt, ob die Ehebeziehung über den Einfluss interpersonaler Kompetenzen hinaus ihre Relevanz für die kindliche Entwicklung behält.

4 Kindeffekte

4.1	Veränderungen der Partnerschaftsqualität im Übergang zur Erstelternschaft	59
4.1.1	Einbußen in der Partnerschaftsqualität	60
4.1.2	Unterschiede zwischen Müttern und Vätern	61
4.1.3	Einflussfaktoren auf differentielle Verläufe der Partnerschaftszufriedenheit	62
4.2	Die Bedeutsamkeit von Merkmalen des Kindes	67
4.2.1	Dimensionen des kindlichen Temperaments	67
4.2.2	Der Einfluss von Kindmerkmalen auf die Ehebeziehung	70
4.2.3	Der Einfluss von Kindmerkmalen auf die Erziehung	73

Nach Bugental und Goodnow (1998) lassen sich in der Erforschung von Sozialisationsprozessen drei unterschiedliche Phasen ausmachen. Die *klassische Sozialisationsforschung* fokussierte üblicherweise auf die unidirektionale Beeinflussung von Kindern durch ihre Eltern. Die Auswirkungen elterlichen Erziehungsverhaltens (Wärme vs. Zurückweisung, Permissivität vs. Restriktivität) auf Kinder standen im Zentrum der Aufmerksamkeit (vgl. Abschnitt 3.1). Angestoßen durch Bells (1968) Kritik folgte eine zweite Phase mit einem starken Akzent auf *Kindeffekten*. Wie Scarr und McCartney (1983) betonen, erschaffen sich Kinder ihre eigene Umwelt, entweder indem sie sich selbst bestimmte Umgebungsnischen aussuchen (aktive Genotyp-Umwelt-Kovariation) oder spezifische Reaktionen bei ihren Eltern hervorrufen (evokative Genotyp-Umwelt-Kovariation, vgl. auch Plomin, DeFries, McClearn & Rutter, 1999). Mittlerweile jedoch – und das kann als dritte Phase der Sozialisationsforschung betrachtet werden – herrscht eine *transaktionale Sichtweise* vor, in der der „aktive Beitrag" des Kindes unterstrichen wird (Engfer et al., 1994) und es um Wechselwirkungsprozesse zwischen Eltern und ihren Kindern sowie das Zusammenspiel von Risiko- und Protektivfaktoren geht. „Now there is no simple chain; instead, there may be aspects of spread, spillover, magnification, or buffering" (Bugental & Goodnow, 1998, S. 398).

Im Gegensatz zur Erforschung transaktionaler Prozesse zwischen Kindern und ihren *Eltern* gibt es bislang nur sehr wenige Untersuchungen, die systematisch den Einfluss bestimmter Merkmale des Kindes (beispielsweise sein Geschlecht oder Temperament) auf die *Ehebeziehung* betrachten (vgl. Abschnitt 4.2). Selbst in der aktuellen Übersicht von Rothbart und Bates (1998) bleiben Auswirkungen kindlicher Temperamentsmerkmale auf die elterliche Paarbeziehung unberücksichtigt. Genauso wenig rechnet Engl (1997) Merkmale des Kindes zu den Determinanten der Partnerschaftsentwicklung. Die große Mehrzahl von Studien, die sich mit den Herausforderungen des Übergangs zur Elternschaft befassen, behandelt das Kind als konstanten Stressfaktor (vgl. Abschnitt 4.1).

4.1 Veränderungen der Partnerschaftsqualität im Übergang zur Erstelternschaft

„Eine traurige Ironie liegt darin, dass viele Partner sich mit großer Energie und viel Enthusiasmus dazu entschließen, ein Kind zu bekommen, (...) nur um dann festzustellen, dass ihre Ehe brüchig geworden ist, sobald sie eine Familie geworden sind" (Cowan & Cowan, 1994, S. 154).

Wenn aus Partnern Eltern werden, so kommen – ganz unabhängig von den individuellen Merkmalen des Kindes – tiefgreifende Veränderungen in unterschiedlichsten Lebensbereichen auf sie zu. Um der neuen Aufgabe gerecht werden zu können, müssen Paare ihren Alltag und die bisher praktizierte Aufteilung von Zeit- und Energieressourcen völlig neu organisieren. Häufig werden Freizeitaktivitäten und der Kontakt zu Freunden eingeschränkt, die Möglichkeit, für sich selbst Muße und Ruhe zu finden, reduziert sich merklich. Immer noch sind es in den häufigsten Fällen die jungen Mütter, die ihren Beruf (zumindest vorübergehend) aufgeben, um sich der Betreuung und Versorgung des Kindes widmen zu können (El-Giamal, 1999; Reichle, 1996; Schneewind et al., 1992). Einerseits fallen durch die notwendigen Umstrukturierungen belohnende Rollen weg, andererseits bringt die Abhängigkeit und Hilfsbedürftigkeit des Babys eine hohe Beanspruchung mit sich, die gerade in der ersten Zeit häufig mit Schlafmangel und Erschöpfung verbunden ist (Kalicki et al., 1999). All dies geht allzu oft auf Kosten der Partnerschaft.

4.1.1 Einbußen in der Partnerschaftsqualität

Die Verschlechterung der Partnerschaftsqualität im Übergang zur Elternschaft darf zu den gut replizierten Befunden der psychologischen Forschung gerechnet werden und lässt sich sogar kulturübergreifend bestätigen (vgl. von El-Giamal, 1997; Nickel, 1999; Reichle & Werneck, 1999a). Mittlerweile dokumentieren Längsschnittstudien mit Kontrollgruppendesign, dass diese Einbußen nicht etwa einen allgemeinen Erosionseffekt widerspiegeln, der auch kinderlose Paare im Laufe der Zeit ereilt, sondern bei Eltern tatsächlich drastischer ausfallen als bei vergleichbaren kinderlosen Paaren (Gloger-Tippelt, Rapkowitz, Freudenberg & Maier, 1995; Schneewind et al., 1992).

Im Laufe der Zeit verblassen die Liebesgefühle für den Partner und ihre emotionale Verbundenheit; instrumentelle Funktionen treten in den Vordergrund (Belsky, Lang & Rovine, 1985; Schneewind et al., 1992). Besonders deutlicher Indikator einer ungünstigen Partnerschaftsentwicklung ist die Abnahme zärtlicher Gefühle und erotischer Initiativen. Väter wie Mütter erleben Zärtlichkeit, Erotik und Sexualität gleichermaßen als zunehmend problematisch (Engfer, Gavranidou & Heinig, 1988; Gloger-Tippelt & Huerkamp, 1998).

Diese ungünstige Entwicklung hat auch damit zu tun, dass den Partnern wenig an echter „*Qualitätszeit*" bleibt, die nur für die Partnerschaft reserviert ist. Denn die Zeit und Energie, die in die Versorgung des Kindes investiert wird, schmälert das, was für gemeinsame Aktivitäten der Partner übrig bleibt. Die Partner verbringen zwar nicht unbedingt weniger Zeit miteinander, wie die Daten der Freiburger Zeitstichprobenstudie zeigen, aber sie nehmen sich weniger Zeit für gemeinsame Gespräche und Zärtlichkeit (El-Giamal, 1999). Die für die Aufrechterhaltung der Partnerschaftsqualität so nötige „Beziehungspflege" kommt zu kurz. Tatsächlich belegen die Befunde von Levy-Shiff (1994), dass Männer mit der Ehe um so unzufriedener werden, je involvierter ihre Frauen in die Pflege und Betreuung des Kindes sind. Die Autorin vermutet, dass Mütter durch die intensive Beschäftigung mit dem Kind eine so enge Beziehung zu ihm entwickeln, dass sich Väter leicht als Außenseiter fühlen. So scheint schon sehr früh der Weg zu Koalitionsbildungen im Familiensystem bereitet.

Obgleich nicht zuletzt aufgrund der anfallenden Neustrukturierungen ein erhöhter Kommunikationsbedarf besteht, ist gerade dafür die erforderliche Zeit und Muße nicht vorhanden. Konflikte können deshalb oft nicht konstruktiv gelöst werden, so dass dysfunktionales Streitverhalten und Eskalationen zunehmen (Jurgan et al., 1999; Kalicki et al., 1999; Werneck & Rollett, 1999). 92 Prozent der jungen Mütter und Väter berichten nach der Geburt des Kindes mehr Konflikte und Meinungsverschiedenheiten als vorher. Dabei steht die Rollen- und Aufgabenteilung an oberster Stelle der Themenliste (Cowan & Cowan, 1988).

Obwohl die Bezeichnung „*Übergang* zur Elternschaft" die Vermutung nahe legt, dass es sich bei den beschriebenen Veränderungen um vorübergehende Turbulenzen handelt, die alsbald bewältigt werden können, lassen sie sich häufig sogar noch Jahre nach der Geburt des ersten Kindes nachweisen (Jurgan et al., 1999; Schneewind et al., 1996). Belsky (1991) macht jedoch darauf aufmerksam, dass sich trotz der Veränderungen auch eine beträchtliche Konstanz zeigt und keineswegs der Belastungsgrad therapiebedürftiger Paare erreicht wird. Dass viele Familien den Übergang zumindest ohne *größere* Schwierigkeiten meistern (White, Wilson, Elander & Persson, 1999), zeigt sich insbesondere in der differentiellen Perspektive (vgl. Abschnitt 4.1.3).

4.1.2 Unterschiede zwischen Müttern und Vätern

Cowan und Cowan (1994, S. 109) heben geschlechtsspezifische Unterschiede im Übergangserleben von Männern und Frauen hervor. Sie gehen davon aus, dass die jungen Eltern nach der Geburt ihres ersten Kindes bald feststellen, „dass sie eine Reise, von der sie meinten, sie würden sie gemeinsam machen, nach unterschiedlichen Zeitplänen und auf unterschiedlichen Routen zurücklegen". Tatsächlich deutet auch eine Reihe weiterer Befunde darauf hin, dass Frauen die nachteiligen Folgen der Elternschaft früher bemerken und/oder auch stärker unter den Veränderungen leiden als ihre Partner (vgl. z.B. Belsky et al., 1985; Shapiro, Gottman & Carrere, 2000).

Betrachtet man die Veränderungen im Identitätserleben von Müttern und Vätern, so fällt auf, dass beide Partner der neuen Rolle als Mutter bzw. Vater ein erhebliches Gewicht beimessen. Doch während der Beruf bei Vätern seine Bedeutung behält, geben Frauen ihre berufliche Identität fast vollständig zugunsten der Mutterrolle auf. Männer ziehen dagegen einen Teil ihres Engagements für die Familie aus ihrer Partnerschaft ab, die für Frauen wesentlicher Lebensbereich bleibt (Schneewind et al., 1992). Da sich die

Lebensgestaltung von Frauen durch die Elternschaft einschneidender verändert und sie in der Regel diejenigen sind, die den Großteil an Kinderversorgung und Haushaltsaufgaben übernehmen, ist es nicht überraschend, dass sie mit dieser Rollenaufteilung unzufriedener sind als ihre Partner (Cowan et al., 1985; Reichle, 1994).

Obwohl sich geringere bzw. zeitverzögerte Effekte der Elternschaft auf die Beziehungszufriedenheit der Väter auf diese Weise plausibel erklären lassen, ist die Befundlage doch nicht konsistent. Petzold (1998) berichtet sogar über eine deutlichere Abnahme der Ehezufriedenheit bei Vätern. Andere Untersuchungen dagegen finden keine Unterschiede im Erleben von Müttern und Vätern (Gloger-Tippelt et al., 1995; Jurgan et al., 1999). Erwähnenswert erscheinen in diesem Zusammenhang die Befunde von Wilkie und Ames (1986) sowie von Reichle (1994), die darauf hindeuten, dass die Elternschaft an sich zwar einen stärkeren Einfluss auf Frauen hat (nicht nur in negativer, sondern auch in positiver Hinsicht), aber schwierige Kinder, die häufig weinen, eine größere Belastung für die Väter darstellen (vgl. auch Abschnitt 4.2).

4.1.3 Einflussfaktoren auf differentielle Verläufe der Partnerschaftszufriedenheit

Die Betrachtung von Mittelwertsverläufen verschleiert die Tatsache, dass die Geburt ihres ersten Kindes nicht bei allen Paaren zwangsläufig zur Verschlechterung ihrer Ehebeziehung führt. Obwohl „im Durchschnitt" mit Einbußen der Partnerschaftsqualität zu rechnen ist, dokumentieren inzwischen einige Untersuchungen, dass viele Paare überhaupt keine Beeinträchtigungen dieser Art erleben. Bei immerhin 33 Prozent der von Shapiro et al. (2000) untersuchten Frauen blieb die Ehezufriedenheit in den ersten zwei Jahren der Elternschaft stabil oder stieg sogar noch an. In der Untersuchung von Belsky und Rovine (1990) zeigte sich im Dreijahreszeitraum sogar bei mehr als der Hälfte der Paare eine stabile bzw. verbesserte Ehequalität. Bei Berücksichtigung einer differentiellen Perspektive lassen sich also durchaus unterschiedliche Entwicklungsverläufe im Übergang zur Elternschaft feststellen.

Als zentrale Variablen mit Einfluss auf die Entwicklung der Partnerschaftszufriedenheit (Moderatorvariablen) werden immer wieder die Qualität der vorgeburtlichen Paarbeziehung (einschließlich Kommunikation und Konfliktlösung), Persönlichkeitsmerkmale der Eltern, die einsetzende Rollentraditionalisierung, die damit verbundenen Enttäuschungen und das Bewältigungsverhalten der Partner diskutiert (vgl. El-Giamal, 1997). Ob Kinder die neue Aufgabe durch ihr angenehmes, einnehmendes Wesen für ihre Eltern leicht und belohnend machen oder aber durch permanentes Schreien und mangelnde Beruhigbarkeit Zweifel an der eigenen Kompetenz hervorrufen, spielt ebenfalls eine Rolle (vgl. Abschnitt 4.2).

Qualität der vorgeburtlichen Paarbeziehung

Paare mit guter, gefestigter Partnerschaftsbeziehung bringen die besten Voraussetzungen für die schwierigen Anpassungsleistungen in der Anfangsphase der jungen Familie mit. Hat das Paarsystem viele Ressourcen, ist die Wahrscheinlichkeit am größten, dass die künftigen Belastungen abgepuffert werden können. So sprechen die differentiellen Befunde von Schneewind (1993) dafür, dass ein Kind nur dann für die Partnerschaft zum Stressor wird, wenn beide Partner ihr *Beziehungsklima* bereits vor der Geburt ihres ersten Kindes negativ erleben. Im Vergleich zu kinderlosen Paaren fällt bei diesen Eltern die Ehezufriedenheit deutlich stärker ab. Schätzen beide Partner ihr Partnerschaftsklima jedoch positiv ein, so können sie sich ihre hohe Ehezufriedenheit erhalten, unabhängig davon, ob Kinder geboren werden oder nicht. Selbst nach fünf Jahren erleben diese Paare im Vergleich zur Kontrollgruppe kinderloser Paare keine Verschlechterung ihrer Ehezufriedenheit, obwohl die meisten in der Zwischenzeit sogar mehrfache Eltern geworden sind (Schneewind & Kruse, 2002). Auch in der Untersuchung von El-Giamal (1999) erweist sich eine niedrige vorgeburtliche *Ehezufriedenheit* als Risikofaktor für die weitere Beziehungsentwicklung nach der Geburt des Kindes. Während sich zufriedene Mütter bis zum vierten Monat nach der Geburt des Kindes von vorübergehenden Einbußen vollständig „erholen" und das Ausmaß ihrer vorgeburtlichen Zufriedenheit wiedererlangen, erleben unzufriedene Mütter innerhalb des sechsmonatigen Erhebungszeitraums starke Einbrüche ihrer Beziehungszufriedenheit. Bei den Vätern sinkt die Ehezufriedenheit zwar unabhängig vom Ausgangsniveau ab, doch die zufriedeneren Väter erleben nach dem ersten Monat keinen weiteren Abfall.

Für die Aufrechterhaltung der Beziehungsqualität in solch belastenden Übergangsperioden scheinen Einstellungen und Kommunikationsfertigkeiten des Mannes von besonderer Bedeutung zu sein. Je mehr kognitiven Raum die Partnerschaft kurz nach der Heirat bei den Männern einnimmt und je deutlicher sie ihrer Partnerin *Bewunderung* und Wertschätzung mitteilen, desto zufriedener sind die Frauen in den zwei Jahren nach der Geburt ihres ersten Kindes. Ein starkes „freundschaftliches Eheband" stellt somit einen wirkungsvollen Puffer gegen die mit dem Übergang zur Elternschaft verbundenen Belastungen dar (Shapiro et al., 2000). Dabei kann der Beitrag des Mannes als unverzichtbarer Ausgleich für die Belastungen verstanden werden, von denen Frauen meist stärker betroffen sind.

Kommunikations- und *Problemlösefertigkeiten* der Partner sind in dieser schwierigen Phase, in der der Lebensalltag völlig neu strukturiert werden muss, besonders wichtig. Während Paare mit guten Kommunikationsfertigkeiten den Übergang am besten meistern, verschlechtert sich die Partnerschaftsqualität deutlich, wenn beide Partner nur geringe Kommunikationsfertigkeiten besitzen. Insbesondere das positive Interaktionsverhalten des Mannes trägt zur Ehezufriedenheit der Paare bei (Cox, Paley, Burchinal et al., 1999). Paare, die vor der Geburt ihres ersten Kindes ihre Partnerschaft als *romantische Beziehung* verstehen, sind dagegen besonders gefährdet (Belsky & Rovine, 1990).

Soziodemographische und Persönlichkeitsmerkmale der Eltern

Nach den Befunden von Belsky (1991) sind neben der vorgeburtlichen Partnerschaftsqualität vor allem Persönlichkeitsmerkmale der Eltern für das Ausmaß der nachteiligen Veränderungen ausschlaggebend. Auch soziodemographische Merkmale spielen eine Rolle. So finden sich bei jüngeren Eltern, die erst kürzere Zeit verheiratet sind, über ein geringes Einkommen verfügen und schlechter ausgebildet sind, mit höherer Wahrscheinlichkeit negative Verläufe der Partnerschaftsentwicklung. Auf Persönlichkeitsebene erweist sich immer wieder das *Selbstwertgefühl* der Eltern (bzw. ein geringes Ausmaß an emotionaler Labilität und Depressivität) als relevante Einflussgröße (Belsky & Rovine, 1990; Engfer et al., 1988). Bringen beide Partner eine positive *Beziehungspersönlichkeit* mit, so kann der Übergang zur Elternschaft in aller Regel ohne Gefährdung der Partnerschaftsbeziehung gemeistert werden; ungünstige Merkmale beider Partner stellen dagegen ein deutliches Risiko für den weiteren Partnerschaftsverlauf dar, da diesen Paaren vermutlich die dringend erforderlichen Problem- und Konfliktlösefertigkeiten abgehen (Schneewind & Gerhard, in press; vgl. Abschnitt 3.4.2). Zu den günstigen Voraussetzungen bei Frauen zählen vor allem die allgemeine Wärme und Bezogenheit (Grossmann, Pollack, Golding & Fedele, 1987), bei Männern die Fürsorglichkeit und das Interesse an den Gefühlen und Bedürfnissen anderer (Belsky & Rovine, 1990; Levy-Shiff, 1994).

Es bestätigen sich die Annahmen Belskys (1984), dass dabei *Erfahrungen in der Herkunftsfamilie* hereinspielen. Kommen beide Eltern oder zumindest die Männer aus harmonischen Familien, so erleben die Partner den geringsten Rückgang an Ehezufriedenheit; dagegen tendieren Männer aus konfliktreichen Familien zu einer Fortsetzung der dysfunktionalen Muster in ihrer eigenen Familie, was für Frauen nicht zutrifft (Cowan & Cowan, 1994) – wiederum erweisen sich die Erfahrungen von Männern als besonders ausschlaggebend. Auch nach den Befunden von Cox et al. (1998) können Paare ihre Ehequalität eher aufrechterhalten, wenn Männer entweder eine sichere Bindung an die eigenen Eltern entwickelt hatten oder eine schwierige Beziehung zu diesen überwinden konnten.

Zudem sind Einstellungen der Partner zu Elternschaft und Familie von Bedeutung. Eltern, die die Schwangerschaft *geplant* und gewünscht haben, erleben weniger Beeinträchtigungen durch die Ankunft des Kindes (Cox, Paley, Burchinal et al., 1999; Gloger-Tippelt, 1988). Wer Kindern einen hohen *Wert* beimisst (z.B. familienorientierte Väter und kinderliebende Mütter), ist eher gefeit vor den potentiellen Belastungen (Werneck & Rollett, 1999). Je positiver die erste Reaktion der Männer auf die Nachricht der Schwangerschaft ausfällt, desto eher kann die Partnerschaftsqualität aufrechterhalten werden – unabhängig von ihrem Ausgangsniveau (Kalicki et al., 1999).

Rollentraditionalisierung und enttäuschte Erwartungen

Selbst wenn vor der Geburt des Kindes eine egalitäre Aufteilung explizit angestrebt wird, führt der Übergang zur Elternschaft meist zu einer traditionellen Verteilung von Aufgaben und Rollen (Schneewind et al., 1996). Auch heute noch wird der Erziehungsurlaub fast nie von den jungen Vätern genommen – es sind die Frauen, die ihre Erwerbstätigkeit (zumindest vorübergehend) aufgeben, um sich der Versorgung und Betreuung des Kindes widmen zu können. Da Männer die Erziehungskompetenz des Paares als ebenso hoch einschätzen wie die ihrer Partnerin, erscheint ein eigener Beitrag zur Kindererziehung in ihren Augen auch nicht notwendig (Schneewind et al., 1992). Überraschenderweise kommt es zusätzlich auch noch zu einer Umverteilung der Haushaltsarbeiten; während Männer ihr diesbezügliches Engagement reduzieren, übernehmen Frauen nach der Geburt ihres Kindes einen größeren Anteil. Dieser Traditionalisierungseffekt kann zu den konsistenten Befunden in diesem Forschungsbereich gerechnet werden (Cowan & Cowan, 1988; Reichle, 1994, 1996).

Da jedoch der Rückgang der Ehezufriedenheit um so eher aufgehalten werden kann, je mehr sich Väter an der Versorgung des Kindes beteiligen (Levy-Shiff, 1994), erscheint diese Entwicklung um so fataler. Je deutlicher die Verteilung der Aufgaben den traditionellen Rollen entspricht, desto größer ist die Gefahr, dass die Partnerschaftsqualität in Mitleidenschaft gezogen wird, sich Konflikte mehren und Kommunikation und Zärtlichkeit der Partner nachlassen (Kalicki et al., 1999). Dies gilt in besonderem Maße, wenn Frauen sich selbst weniger typisch weibliche Eigenschaften zuschreiben (Belsky, Lang & Huston, 1986). Es zeigen sich deutliche Diskrepanzen zwischen Wunsch und Realität. Gerade für Paare, die geglaubt haben, durch ein Kind würde sich ihr Partnerschaftsglück noch vervollkommnen, für Paare, die die positiven Effekte des „freudigen Ereignisses" überschätzt haben, ist diese Entwicklung enttäuschend (Belsky et al., 1986; Cowan & Cowan, 1994). Allerdings scheint für die Einbrüche der Ehezufriedenheit weniger die tatsächlich praktizierte Aufgabenverteilung ausschlaggebend zu sein, als vielmehr die resultierende Unzufriedenheit mit der Rollenaufteilung (Cowan & Cowan, 1988). So gesehen macht eben der Umgang mit Veränderungen den Unterschied, nicht die Veränderungen an sich (Reichle & Montada, 1999).

Wenn die Beteiligung des Partners an den anfallenden Aufgaben (insbesondere den unangenehmeren) hinter der eigenen Erwartung zurückfällt, wird dies häufig als ungerecht erlebt und dem Partner angelastet. Aufgrund solcher innerer Schuldvorwürfe kommt es zu negativen Emotionen wie Enttäuschung, Empörung, Wut und Ärger über den Partner. Vorwürfe oder Rückzugsverhalten sind die Folge (Reichle, 1994, Reichle & Montada, 1999). Ausschlaggebend für die negative Entwicklung der Partnerschaft scheint also der Nonsupport zu sein (definiert als die Nicht-Erfüllung eines Unterstützungsbedarfs mit Verantwortlichkeitszuschreibung an die Person, von der die Unterstützung erwartet wurde). Diese „negative Seite der sozialen Unterstützung" erweist sich im

Vergleich zu positiven Unterstützungsvariablen (z.B. Aufgaben zu übernehmen, Anerkennung auszudrücken) sogar als potenterer Prädiktor der Partnerschaftsentwicklung (Reichle, in Druck).

4.2 Die Bedeutsamkeit von Merkmalen des Kindes

Obwohl es für Eltern klar ist, dass ihr Baby ein einzigartiges Wesen ist und schon eine eigene „Persönlichkeit" besitzt, ist diese Sichtweise in der Forschung eher vernachlässigt worden, wenn es um Effekte von Kindmerkmalen auf den Verlauf der Ehebeziehung geht. Doch ein „schwieriges" Temperament des Kindes gehört zu den Herausforderungen, die von den jungen Eltern bewältigt werden müssen. Das untröstbare Schreien des Säuglings kann für die Eltern zu einer echten Belastungsprobe werden; Gefühle der Hilflosigkeit und Zweifel an der elterlichen Kompetenz können die Folge sein (Papousek & von Hofacker, 1998; Pedersen, Huffman, del Carmen & Bryan, 1996; Sirignano & Lachman, 1985).

Kindliche Temperamentsmerkmale zählen neben dem Alter, Geschlecht und der Attraktivität des Kindes zu den am häufigsten untersuchten Einflussgrößen, wenn man fragt, welche Kindmerkmale als Risiko- oder Schutzfaktoren für die Sozialisationserfahrungen des Kindes und den Verlauf der Ehebeziehung in Betracht kommen (Bornstein, 1995b; Sanson & Rothbart, 1995). Im folgenden soll kurz auf das Temperamentskonzept näher eingegangen werden (vgl. zur Übersicht Rothbart & Bates, 1998; Zentner, 1998), um dann Effekte von Kindmerkmalen auf den Verlauf der Partnerschaft und die Erziehung zu betrachten.

4.2.1 Dimensionen des kindlichen Temperaments

Das Temperament eines Kindes gehört ebenso wie seine Fähigkeiten, Motive und Interessen zu seinen individuellen Besonderheiten, seiner Persönlichkeit, in der es sich von anderen, gleichaltrigen Kindern unterscheidet (Asendorpf, 1999). Während Fähigkeiten sich auf das „Was" und Motive auf das „Warum" des kindlichen Verhaltens beziehen, betreffen Temperamentsmerkmale das „Wie" (Thomas & Chess, 1980). Man kann davon ausgehen, dass solche Verhaltensdispositionen biologische, genetisch determinierte Grundlagen haben (Buss & Plomin, 1984; Kagan, 1998).

Zu den in der Forschung häufig beschriebenen Temperamentsdimensionen gehören
> die Emotionalität, Irritierbarkeit und Stimmungslage des Kindes (wie quengelig es ist und wie leicht es sich bei negativen Ereignissen erregt)
> die Beruhigbarkeit (wie leicht es sich wieder beruhigt oder beruhigen lässt)
> die Regelmäßigkeit als Vorhersagbarkeit seiner biologischen Funktionen (Schlaf-Wachrhythmus, Hunger, Stuhlgang)
> die Gehemmtheit gegenüber unvertrauten Menschen oder Situationen (Annäherungs- vs. Vermeidungsverhalten, auch als Schüchternheit oder soziale Ängstlichkeit bezeichnet)
> die Anpassungsfähigkeit an Veränderungen (die Leichtigkeit, mit der es sich an Neues gewöhnt)
> die Ausdauer oder Aufmerksamkeitspersistenz
> das Aktivitätsniveau (wie unruhig und wild es ist, vgl. Asendorpf, 1997; Sanson & Rothbart, 1995; Zentner, 1998).

Einflussreich war insbesondere die Temperamentsforschung von Thomas und Chess (1980), die in ihrer New Yorker Längsschnittstudie drei verschiedene Temperamentsprofile beschrieben. *„Einfache"* Kinder zeichnen sich durch eine heitere Stimmungslage, regelmäßig Schlaf- und Ernährungsgewohnheiten und ein positives Herangehen an Neues und Unvertrautes aus; zudem sind sie in hohem Maße anpassungsfähig an Veränderungen. Kinder mit *„schwierigem"* Temperament sind im Gegensatz dazu quengelig und weinen recht häufig und lautstark. Sie tendieren angesichts fremder Menschen und Situationen zu Vermeidungsreaktionen, können sich nur schwer an Veränderungen anpassen und haben unregelmäßige Schlaf- und Ernährungsgewohnheiten. Dagegen sind die Reaktionen der *„langsam auftauenden"* Kinder weniger extrem und heftig, beispielsweise beginnen sie bei neuen Reizen nicht gleich zu weinen, sondern schauen einfach weg. Solche Kinder können auch als schüchterne Kinder bezeichnet werden (vgl. Kagan, Reznick & Snidman, 1987; Rubin & Asendorpf, 1993). Mittlerweile hat eine vergleichbare Dreiteilung an Bedeutung gewonnen. Neben einer Gruppe von gut angepassten Kindern werden unbeherrschte, impulsive (*undercontrolled*) Kinder von überkontrollierten, gehemmten (*overcontrolled*) Kindern unterschieden (Caspi, 2000; Caspi & Silva, 1995).

In den ersten Lebensmonaten ist die zeitliche Stabilität solcher Verhaltensdispositionen gering (Rothbart & Bates, 1998; Thomas & Chess, 1980), doch vom dritten Lebensjahr sind überzufällige Vorhersagen über die Qualität der persönlichen Beziehungen, psychopathologische Auffälligkeiten und antisoziale Tendenzen im Erwachsenenalter möglich (Caspi, 2000; Caspi & Silva, 1995). Die eher moderaten Stabilitäten weisen darauf hin, dass solche Verhaltensdispositionen auch durch Erfahrungen veränderbar, durch Erziehungspraktiken modifizierbar sind (vgl. Goldsmith, Buss, Plomin & Rothbart, 1987; Zentner, 1998). Wichtig wird hier die Passung zwischen Temperamentscharakteristika und Erziehungspraktiken der Eltern (Thomas & Chess, 1980).

In den meisten Fällen sind es die Eltern, die über Temperamentsmerkmale ihrer Kinder Auskunft geben und dabei in der Regel zu einigermaßen übereinstimmenden Einschätzungen kommen (Bates, 1987; Sanson & Rothbart, 1995). Allerdings ergeben sich deutliche Diskrepanzen zwischen elternperzipierten Temperamentsmerkmalen und Beobachtungsdaten (Bates, 1987; Fagot & O'Brien, 1994), selbst wenn sich Eltern und Rater auf die gleichen Verhaltenssequenzen beziehen. Die Stimmungslage des Kindes wird dabei noch am übereinstimmendsten beurteilt (Seifer, Sameroff, Barrett & Krafchuk, 1994). Diese Unterschiede können einerseits damit zu tun haben, dass die Wahrnehmung der Eltern durch ihre Persönlichkeitsstruktur, Erwartungshaltungen und sozioökonomische Zugehörigkeit beeinflusst wird und sie nicht genügend Erfahrung mit anderen Kindern haben, um das Verhalten ihres eigenen Kindes dem breiten Verhaltensspektrum angemessen zuordnen zu können (Kagan, 1998; Seifer et al., 1994). Andererseits könnte es auch sein, dass die Eltern objektive Merkmale des Kindes sehen, die den Beobachtern in der kurzen Verhaltenssequenz, in die sie Einblick erhalten (möglicherweise sogar nur im Labor) entgehen (Bates, 1987).

Die Wahrnehmung der Eltern könnte auch Ausdruck ihrer internalen Repräsentation des Kindes sein und bestimmen, wie sie sich ihrem Kind gegenüber verhalten. „Such models may be as important as objective factors in determining how parents actually behave toward their infant" (Diener, Goldstein & Mangelsdorf, 1995, S. 188). Da die elterliche Wahrnehmung unabhängig vom „tatsächlichen" Verhalten des Kindes ihr Interaktions- und Erziehungsverhalten beeinflusst (Gordon, 1983; Reicherts, Schedle &

Diethelm, 1989), können Elternurteile durchaus als relevante Einflussgrößen betrachtet werden. Zudem kann man davon ausgehen, dass für die „Effekte" des Kindtemperaments auf das Belastungserleben und die Ehebeziehung der Eltern subjektive Wahrnehmungen sogar ausschlaggebender als objektive Merkmale des Kindes sind (Sirignano & Lachman, 1985).

4.2.2 Der Einfluss von Kindmerkmalen auf die Ehebeziehung

(1) Geschlecht. Bislang gibt es wenige Längsschnittuntersuchungen, die über die Frage Aufschluss geben können, ob mit dem Geschlecht des Kindes ein differentielles Risiko für den Verlauf der Ehequalität verbunden ist. Nach neueren Untersuchungen aus dem deutschen Sprachraum scheinen eher Söhne als Töchter zu einem Risiko für die Beziehung der Eltern zu werden. Beispielsweise zeigt sich in der Wiener Längsschnittstudie zur Familienentwicklung, dass beide Eltern drei Jahre nach der Geburt des Kindes vor allem dann über eine geringere Zärtlichkeit und schlechteres Kommunikationsverhalten des Partners berichten, wenn es sich bei den Kindern um *Söhne* handelte (Werneck, 1998; Werneck & Rollett, 1999). Dies kann auch damit zu tun haben, dass sich mit der Geburt eines Sohnes ein potentiell größeres Feld für Erziehungskonflikte eröffnet, da Väter von Jungen normalerweise stärker in die Kindererziehung involviert sind (Levy-Shiff, 1994). Allerdings gibt es auch gegenteilige Befunde, die einen Rückgang der Ehezufriedenheit bei den Eltern von *Töchtern* konstatieren, vor allem, wenn die Kinder nicht geplant waren (Cox, Paley, Burchinal et al., 1999). Diese Ergebnisse müssen jedoch aufgrund der Besonderheiten der Stichprobe relativiert werden, da die Eltern aus einer ländlichen Gegend im Südosten der USA mit stark traditioneller Orientierung und eher geringem Bildungsniveau stammten. Man kann folgern, dass bei der Interpretation von Effekten des kindlichen Geschlechts dessen Erwünschtheit berücksichtigt werden muss.

(2) Temperament. Auch die Befundlage zu den Auswirkungen schwieriger Temperamentsmerkmale auf die Ehebeziehung stellt sich uneinheitlich dar. Häufig verschwinden die Effekte, die korrelativ gefunden werden, wenn auch andere Stressoren und Ressourcen des Familiensystems, insbesondere die Qualität der Partnerschaftsbeziehung vor der Geburt des Kindes, als wichtige Einflussfaktoren berücksichtigt werden (z.B. El-Giamal, 1999). Allerdings gibt es auch einige Studien, die Effekte schwieriger Kindmerkmale auf den Verlauf der Partnerschaft selbst dann belegen können, wenn vorgeburtliche Faktoren kontrolliert werden. Das Ausmaß der Temperamentseffekte ist jedoch im Vergleich zu der Bedeutung, die der vorgeburtlichen Partnerschaftsqualität und persönlichen Ressourcen zukommt, sehr begrenzt (vgl. Tomlinson, 1987; Wright, Henggeler und Craig, 1986). Belsky und Rovine (1990) können unterschiedliche Verläufe der Partnerschaftsbeziehung in den ersten drei Jahren der Elternschaft vor allem durch solche Faktoren vorhersagen, die bereits vor der Geburt des Kindes erfasst wurden (neben soziodemographischen vor allem Persönlichkeits- und Partnerschaftsvariablen). Durch die Vorhersagbarkeit und Anpassungsfähigkeit des Kindes kann die Zugehörigkeit zu einer der beiden Verlaufsgruppen (Verschlechterung vs. Verbesserung) zumindest aus Sicht der Mütter noch etwas genauer bestimmt werden. „Wenn Kinder es den Müttern schwer machen, bei der Betreuung Alltagsroutinen zu entwickeln, sind es zuerst die Mütter, die darunter leiden, und wenn sie dann besonders auf die Mithilfe der Ehemänner angewiesen sind, können darüber vermehrt Partnerschaftskonflikte entstehen" (Belsky, 1991, S. 154). Allerdings sprechen die Befunde nicht zwangsläufig dafür, dass die Partnerschaftsqualität von Müttern durch schwierige Kinder stärker in Mitleidenschaft gezogen wird. Denn es waren die Mütter, die Auskunft über die Kindmerkmale gaben. Bei den Vätern könnten sich vergleichbare Ergebnisse einstellen, wenn ihre eigenen Einschätzungen herangezogen würden. Einige Untersuchungen finden sogar größere Effekte schwieriger Kindmerkmale auf das Belastungserleben von Vätern. Die Ergebnisse von Wilkie und Ames (1986) sowie Reichle (1994) deuten darauf hin, dass Mütter zwar insgesamt durch die Veränderungen im Übergang zur Elternschaft belasteter sind, aber schwierige Kinder oder Kinder, die viel weinen, eher von Vätern als Belastung empfunden werden.

Nicht für alle Paare wird ein schwieriges Kind zum Stressor. Inwieweit „schwierige" Kinder die Ehebeziehung tatsächlich beeinträchtigen, hängt auch von individuellen Merkmalen der Eltern ab. Beispielsweise machen die Befunde von Levy-Shiff (1994) deutlich, dass Mütter schwieriger Kinder nur dann Einbußen ihrer Ehezufriedenheit erleiden, wenn sie selbst über eine mangelhafte Impulskontrolle verfügen und sich leicht durch Belastungen überfordert fühlen. Bei den Vätern sind es diejenigen, die bereits vor der Geburt des Kindes keine positive Einstellung zur Elternschaft hatten.

Warum schwierige Kinder ein Risiko für die Entwicklung der Partnerschaftsbeziehung darstellen, könnte auch mit den Beeinträchtigungen des elterlichen Wohlbefindens zu tun haben. So führt das permanente Weinen von Säuglingen bei den Müttern zu Niedergeschlagenheit, Erschöpfung und Ärger und wird auch für die Partnerschaft zur Belastung (Papousek & von Hofacker, 1998; Wilkie & Ames, 1986). Nach Engfer (1988) werden die Effekte der elternperzipierten Kindschwierigkeit auf spätere Ehekonflikte (aus Sicht beider Partner) durch die Irritierbarkeit und depressive Erschöpfung der Mütter, die sie als Reaktion auf die Verhaltensprobleme des Kindes zeigen, vermittelt. Schwierige Kinder haben demzufolge nur dann einen negativen Einfluss auf die Ehe, wenn Mütter mit Erschöpfung und Reizbarkeit reagieren. Allerdings wurde in dem zugrundeliegenden Pfadmodell nicht berücksichtigt, dass die vorgeburtliche Qualität der Partnerschaft nicht nur für die zunehmenden Ehekonflikte, sondern auch für das verringerte Wohlbefinden der Mutter und das Problemverhalten des Kindes verantwortlich sein könnte.

Insgesamt bestätigt sich die Vermutung Belskys (1990), dass selbst sehr schwierige Kinder die Ehe ihrer Eltern nicht zwangsläufig „ruinieren", wenn die Partnerschaft vor der Geburt des Kindes gefestigt ist und die Paare über individuelle Ressourcen sowie instrumentelle und emotionale Unterstützung verfügen. Es erscheint deshalb angebracht, Kinder und ihre „Effekte" auf die Ehe eher unter einer systemischen Perspektive mit ihrem Fokus auf komplexe Wechselwirkungsprozesse und Interdependenzen verschiedener Protektiv- und Risikofaktoren zu betrachten. Dass korrelative Beziehungen zwischen Partnerschaftsqualität und Kindtemperament teilweise sogar verschwinden, wenn der Einfluss der vorgeburtlichen Beziehungsqualität berücksichtigt wird, spricht dafür, dass die kindlichen Temperamentsmerkmale zum Teil erst im familiären Kontext ausgeformt werden. Die Effekte der Partnerschaftsqualität auf die Entwicklung der Kinder scheinen also größer zu sein als dies für die umgekehrte Einflussrichtung gilt.

4.2.3 Der Einfluss von Kindmerkmalen auf die Erziehung

Dass Kinder die Ehebeziehung ihrer Eltern beeinflussen, geschieht einerseits direkt (beispielsweise bei unregelmäßigem Schlaf-Wach-Rhythmus), andererseits aber auch indirekt, über die Elternrolle (vgl. Abbildung 1.1.2). Mittlerweile liegt eine Fülle von Befunden zum aktiven Beitrag des Kindes zu den elterlichen Erziehungs- und Sozialisationspraktiken vor, die zu einem zunehmend differenzierteren Bild beigetragen haben, das an dieser Stelle nur kurz skizziert werden soll (für ausführlichere Informationen siehe Bornstein, 1995a; Sanson & Rothbart, 1995; Shaffer, 1999).

Effekte auf Elternkompetenz und Erziehungspraktiken

Kinder können Eltern ihre Erziehungsaufgabe erschweren oder erleichtern (Ambert, 1997). Geduldig, responsiv und feinfühlig zu bleiben, wenn das Kind hoch aktiv ist und ständig Aufmerksamkeit fordert, ist für Eltern nicht leicht. Tatsächlich bieten Mütter von *irritierbaren* Kindern weniger Stimulation und Körperkontakt und gehen weniger responsiv auf ihr Kind ein. Ihre anfänglichen Bemühungen, das Kind zu beruhigen, lassen mit der Zeit mehr und mehr nach; sie ziehen sich zunehmend aus der Interaktion mit ihrem Kind zurück (van den Boom & Hoeksma, 1994). Zudem beeinflussen die Temperamentsmerkmale des Kindes, wie kompetent sich die Partner in ihrer Elternrolle fühlen. Eltern von „einfachen" Kindern, insbesondere Väter, sehen sich selbst positiver als Eltern von „schwierigen" Kindern (Sirignano & Lachman, 1985). Vor allem *impulsive* Kinder mit geringer Selbstkontrolle bringen Eltern dazu, zu strengen Disziplinierungsmaßnahmen zu greifen (Kuczynski & Kochanska, 1995; O'Connor et al., 1998). Dass das aggressive Verhalten der Kinder strikte Befehle und Disziplinierungsmaßnahmen provoziert, lässt sich auch experimentell nachweisen (Anderson, Lytton & Romney, 1986; Brunk & Henggeler, 1984).

Töchter haben ein geringeres Risiko, bei ökonomischer Belastung der Familie Opfer väterlicher Zurückweisungen zu werden, wenn sie *attraktiv* sind (wobei hier die Attraktivität durch Fremdurteile erfasst wurde; Elder et al., 1985). Insgesamt erfahren attraktive Kinder mehr Zuwendung, während sich Mütter weniger attraktiver Babys eher auf pflegerische Routinen beschränken (Langlois, Ritter, Casey & Sawin, 1995).

Moderatoren und Mediatoren

Man kann davon ausgehen, dass das Ausmaß der Effekte von verschiedenen Faktoren, beispielsweise dem Alter und Geschlecht des Kindes, aber auch Merkmalen der Eltern mitbestimmt wird (Sanson & Rothbart, 1995).

(1) Alter. Während ein kleines Baby „nichts dafür kann", wird die gleiche Verhaltensweise bei Kleinkindern vielleicht schon als „lästig" empfunden (Sanson & Rothbart, 1995). Die Vorhersagbarkeit kindlichen Verhaltens wird vor allem in der Anfangszeit von großer Bedeutung sein, wenn die Eltern ihre Pflegeroutinen entwickeln, während das kindliche Aktivitätsniveau am Ende des ersten Lebensjahres, wenn die Kinder mobil werden, besonders relevant sein dürfte (Thomas & Chess, 1980). Zudem deuten einige Befunde darauf hin, dass Mütter schwieriger Kinder zunächst mit größeren Bemühungen reagieren, um ihrem Kind gerecht zu werden. Allerdings können sie dies in der Regel nicht über die Zeit hinweg aufrechterhalten (van den Boom & Hoeksma, 1994).

(2) Geschlecht. Weinen und Schüchternheit wird eher bei Mädchen, ein hohes Aktivitätsniveau eher bei Jungen toleriert (Crockenberg, 1986; Katainen, Raeikkoenen & Keltikangas-Jaervinen, 1997; Lytton & Romney, 1991). Geschlechtsspezifische Reaktionen auf Verhaltensweisen von Jungen und Mädchen könnten Ausdruck der elterlichen Überzeugung sein, dass Mädchen folgsam und kooperativ, Jungen aber „hart" und durchsetzungsfähig sein sollten. Für diese Interpretation spricht auch die Experimentalstudie von Condry und Ross (1985). Das Verhalten videographierter Kinder wurde dann als weniger aggressiv eingeschätzt, wenn die Probanden glaubten, dass es sich um Jungen handelte. Das tatsächliche Geschlecht der Kinder war aufgrund dicker Schneeanzüge nicht erkennbar.

(3) Selbstwirksamkeit. Schwierige Kinder beeinträchtigen nur dann das mütterliche Interaktionsverhalten, wenn die Mutter das Gefühl entwickelt, als Mutter nicht kompetent zu sein. Ihre Selbstzweifel führen dann tatsächlich zu einem weniger kreativen Umgang mit der Herausforderung. Dagegen behalten Mütter mit hoher Selbstwirksamkeitsüberzeugung ihr Vertrauen, auch wenn ihre üblichen Beruhigungsstrategien nicht funktionieren (Cutrona & Troutman, 1986; Teti und Gelfand, 1991).

Reziproke Effekte und das Konzept der Passung

Auch wenn bislang der Fokus auf den Effekten kindlicher Merkmale auf die elterlichen Erziehungspraktiken lag, ist die Beziehung zwischen Eltern und Kindern transaktional zu sehen (Lytton, 2000; O'Connor et al., 1998). Durch ausgedehnte Verhaltensbeobachtungen in Familien mit aggressiven Kindern konnte Patterson (1982, 1995) einen Teufelskreis aus der Aggression des Kindes, erfolglosem Kontrollversuch der Eltern und erneuter Aggression des Kindes feststellen. Dieser Prozess der gegenseitigen Nötigung ("coercive process") ist es, der die Aggressivität des Kindes aufrechterhält – nicht etwa individuelle Merkmale der Kinder oder Eltern. Wenn Kinder mit genetischem Risiko für antisoziale Tendenzen gleich nach ihrer Geburt zu Adoptiveltern gegeben werden, rufen sie bei diesen ungünstige Erziehungsverhaltensweisen hervor (evokatives Modell), wodurch sich ihre Verhaltensprobleme noch verschärfen (Wechselwirkungsmodell, vgl. Ge et al., 1996). Auch die bereits erwähnten Experimentalstudien dokumentieren transaktionale Effekte. Beispielsweise verhalten sich die Mütter verhaltensgestörter Jungen ihren eigenen Kindern gegenüber noch negativer als bei anderen verhaltensauffälligen Jungen. Vermutlich haben sich hier die Erfahrungen aus vergangenen Interaktionen niedergeschlagen (Anderson et al., 1986).

Thomas und Chess (1980) gehen davon aus, dass Eltern auf die Ausformung der kindlichen Temperamentsmerkmale einen positiven Einfluss nehmen können, indem sie ihr Erziehungsverhalten an den besonderen Erfordernissen ihres schwierigen Kindes ausrichten („Passung" oder „Goodness-of-Fit"). Kinder werden mit der Zeit einfacher, wenn die Eltern ruhig, geduldig und feinfühlig bleiben (Chess & Thomas, 1984). Eindrucksvolle Belege für die Nützlichkeit des Passungskonzepts stammen aus den Studien von Kochanska zur Bedeutung des frühkindlichen Temperaments für die moralische Entwicklung (Kochanska, 1995, 1997). Während bei schüchternen Kindern freundliche Disziplinierungspraktiken ohne Machtanwendung günstig sind, damit Kinder die mütterlichen Forderungen und Regeln internalisieren, bleiben Appelle an die Vernunft bei furchtlosen Kindern wirkungslos. Bei ihnen ist eher die Qualität der Mutter-Kind-Bindung ausschlaggebend. Vermutlich erfahren die eher ängstlichen Kinder durch die Disziplinierung ein für Lernprozesse optimales Erregungsniveau, das bei den furchtlosen Kindern nicht erreicht wird. Es zeigt sich die differentielle Wirksamkeit von Erziehungspraktiken in Abhängigkeit von kindlichen Temperamentsmerkmalen.

5 Überblick über die empirische Arbeit

5.1	Sieben Thesen zum aktuellen Forschungsstand	76
5.2	Fragestellungen der empirischen Arbeit	79
5.2.1	Allgemeine Kindeffekte im Übergang zur Elternschaft	79
5.2.2	Ehequalität und kindliche Entwicklung	80
5.2.3	Erziehung als vermittelnde Variable	83
5.2.4	Persönlichkeitsvariablen als Hintergrundvariablen	85
5.2.5	Differentielle Entwicklungsverläufe von Paaren und Kindern	86
5.2.6	Zusammenfassung	87
5.3	Stichprobe und Untersuchungsdesign	89
5.4	Eingesetzte Erhebungsinstrumente	94
5.4.1	Person-Ebene	94
5.4.2	Paar-Ebene	96
5.4.3	Elternebene	102
5.4.4	Kindliche Entwicklung	103
5.5	Auswertungsmethoden	107

In diesem Kapitel werden zunächst die Fragestellungen und Hypothesen vorgestellt, die sich aus den bisherigen Ausführungen ergeben und der vorliegenden Untersuchung zugrundeliegen. Im Anschluss wird das empirische Vorgehen (Untersuchungsdesign, Stichprobe, Erhebungsinstrumente) skizziert, das gewählt wurde, um die aufgeworfenen Fragen zu beantworten. Der letzte Abschnitt gibt einen Überblick über die Analysen und informiert über die hierbei verwendeten statistischen Auswertungsverfahren.

5.1 Sieben Thesen zum aktuellen Forschungsstand

Schlussfolgerungen aus den bisherigen Ausführungen zum aktuellen Forschungsstand kommen pointiert in den folgenden sieben Thesen zum Ausdruck (vgl. hierzu auch Belsky, 1990; Fincham, 1994; Fincham, 1998; Wilson & Gottman, 1995):

(1) Eine glückliche Ehe ist mehr als die Abwesenheit von Konflikten (vgl. Weiss & Heyman, 1997). Obwohl in den letzten 20 Jahren das Forschungsinteresse am Zusammenhang zwischen Ehe, Erziehung und kindlicher Entwicklung sehr zugenommen hat, wissen wir immer noch wenig darüber, welche Aspekte der Partnerschaftsqualität für die Eltern-Kind-Beziehung und die Entwicklung der Kinder besonders wichtig sind (Cox, Paley, Payne et al., 1999). Der Schwerpunkt bisheriger Forschungsbemühungen lag eindeutig auf den nachteiligen Folgen interparentaler Konflikte (vgl. Abschnitt 2.2.1). Dabei ist die Frage nach der *relativen Wichtigkeit* unterschiedlicher Aspekte der Ehequalität zu kurz gekommen: „there is a need to examine the relative importance of conflict and other types of marital behavior for child development" (Fincham, 1998, S. 563). Obwohl es äußerst unwahrscheinlich ist, dass eine optimale Entwicklung von Kindern allein aus der Abwesenheit negativer Merkmale der Ehebeziehung resultiert, ist es bislang kaum erforscht, inwieweit eine glückliche Partnerschaft zu einer günstigen Entwicklung der Kinder beiträgt. „Relatively little attention has been paid to the impact of healthy marriages in promoting positive child outcomes" (Fincham, 1998, S. 564). Zu vergleichbaren Schlüssen kommen auch Wilson und Gottman (1995; vgl. Abschnitt 2.2.1). Nicht zuletzt, weil das emotionale Klima in Partnerschaft und Familie vermutlich auch die Auswirkungen von Konflikten auf Kinder beeinflusst (Cummings & Davies, 1994), erscheint es besonders lohnenswert, die *Rolle partnerschaftlicher Positivität* für die kindliche Entwicklung näher zu untersuchen (vgl. H 2.1).

(2) Die Suche nach vermittelnden Prozessen steckt noch in den Kinderschuhen. Der Nachweis von Zusammenhängen zwischen Merkmalen der Ehebeziehung und der kindlichen Entwicklung führt zu der Frage, warum solche Zusammenhänge existieren. Obwohl mittlerweile Belege für direkte *und* über das elterliche Erziehungsverhalten vermittelte Auswirkungen erbracht wurden, gibt es bislang nur wenige Untersuchungen, die explizit die *relative Bedeutung* von direkten und indirekten Einflusswegen, von Spillover- und Kompensationsprozessen abzuschätzen versuchen (vgl. Abschnitt 3.2.5 und 3.3.4). Dass zum Teil nur schwache Verbindungen zwischen Ehe und Eltern-Kind-Beziehung gefunden werden, kann auch damit zu tun haben, dass sich gegenläufige Tendenzen auf Mittelwertsebene wieder aufheben und die tatsächlichen Zusammenhänge dadurch unterschätzt werden. Beispielsweise ist es denkbar, dass sich einige Eltern bei Eheproblemen ihrem Kind in ängstlich-besorgter Weise zuwenden, während andere es zum Sündenbock machen. Ob sich Spillover- und Kompensationsprozesse ausschließen oder ergänzen, ist bislang ungeklärt (vgl. H 3).

(3) Die Ehebeziehung muss nicht das Agens sein. Auch wenn Beziehungen zwischen Ehequalität und kindlicher Entwicklung, bzw. Ehequalität und Qualität der Erziehung aufgezeigt werden können, darf daraus noch nicht gefolgert werden, dass die Ehe tatsächlich bedeutsam für die Gestaltung der Eltern-Kind-Beziehung bzw. die kindliche Entwicklung ist. Denn die Zusammenhänge könnten, wie Fincham (1998) ausführt, auch „spurious" sein, d.h. auf Drittvariablen zurückgehen, die Einfluss auf alle drei Aspekte nehmen: die Ehequalität, Erziehungskompetenzen und die kindliche Entwicklung. Daher muss überprüft und sichergestellt werden, dass die Zusammenhänge nicht nur Ausdruck einer angeschlagenen Befindlichkeit oder mangelnder interpersonaler Fertigkeiten der Partner sind (vgl. H 4).

(5) Längsschnittstudien sind notwendig, um Wechselwirkungsprozesse untersuchen zu können. Es darf nicht außer acht gelassen werden, dass auch Merkmale des Kindes für das Zustandekommen von korrelativen Beziehungen zwischen Ehe und kindlicher Entwicklung ausschlaggebend sein könnten. Um reziproke Beziehungen und die Frage der Einflussrichtung klären zu können, sind längsschnittliche Untersuchungen unverzichtbar. Besonders geeignet erscheint hierfür der *Übergang zur Elternschaft*, da die Partnerschaftsqualität vor der Geburt des ersten Kindes noch unbeeinflusst von den Anforderungen der Elternschaft und den spezifischen Merkmalen des Kindes ist (Cox, Paley, Payne et al., 1999). Um komplexere theoretische Modelle, Wechselbeziehungen zwischen multiplen Prädiktoren und direkte wie indirekte Effekte überprüfen zu können, erscheint der Einsatz von *Pfad- oder Strukturgleichungsmodellen* besonders vielversprechend (vgl. H 2.3).

(6) Differentielle Entwicklungsverläufe von Kindern sind bislang nur unzureichend berücksichtigt worden. Statt nur auf Gruppenmittelwerte zu fokussieren, die die Stärke der Effekte häufig unterschätzen, da sich gegenläufige Tendenzen aufheben, erscheint es sinnvoll, unterschiedliche Anpassungsmuster und deren Bedingungen zu identifizieren (vgl. H 5).

(7) Es ist bislang noch unklar, ob vermittelnde, protektive oder kumulative Modelle das Zusammenspiel familialer Ressourcen am besten beschreiben. Während sich ein Großteil der Forschung mit vermittelnden Prozessen befasst (vgl. These 2), ist die Frage, wie unterschiedliche Protektivfaktoren zusammenspielen oder verschiedene Risiken zusammenkommen müssen, um die Entwicklung der Kinder zu fördern bzw. zu beeinträchtigen, bisher eher vernachlässigt worden (vgl. Belsky, 1991; H 5).

5.2 Fragestellungen der empirischen Arbeit

Folgende Hypothesen lassen sich ableiten (vgl. die Kurzfassung in Tabelle 5.2.1, S. 87).

5.2.1 Allgemeine Kindeffekte im Übergang zur Elternschaft (H 1)

H 1.1: Dass Eltern im Vergleich zu kinderlosen Paaren im Übergang zur Elternschaft und den Folgejahren signifikante Einbußen in ihrer Partnerschaftsqualität erleben – unabhängig von spezifischen Merkmalen des Kindes – gehört zu den konsistenten Forschungsbefunden. Da sich die Befundlage zum differentiellen Erleben der Partnerschaftsveränderungen bei Männern und Frauen weniger einheitlich darstellt, wird auf konkrete geschlechtsspezifische Hypothesen verzichtet. Das Geschlecht der Eltern soll jedoch als relevanter Faktor in die Analysen einbezogen werden, um zu prüfen, ob Männer und Frauen Veränderungen ihrer Beziehungsqualität unterschiedlich erleben, z.B. ob sich bei Männern zeitlich verzögerte oder geringere Effekte ergeben.

H 1.2: Bestimmte Aspekte der Paarbeziehung werden früher von Veränderungen betroffen sind als andere. Da sich die Qualität der sexuellen Beziehung immer wieder als besonders veränderungssensitives Maß erwiesen hat, ist hier früher mit Veränderungen zu rechnen als etwa im emotionalen Beziehungsklima. Die Sorge um das gemeinsame Kind wird das Gefühl der Eltern verstärken, aufeinander angewiesen zu sein (Kalicki et al., 1999), so dass relativ bald Einschränkungen der in der Partnerschaft erlebten Autonomie und Selbständigkeit zu erwarten sind. Da nach Gottman (1994) ein dysfunktionaler Umgang mit Konflikten auf der letzten Stufe der Kaskade zu Trennung und Scheidung steht und hierfür ein besserer Prädiktor ist als die globale Ehequalität, kann man annehmen, dass sich negative Veränderungen in diesem Bereich im Unterschied zur globalen Einschätzung der Beziehungsqualität vergleichsweise spät ergeben werden.

H 1.3: Wie stark die Ehebeziehung in den ersten Jahren der Elternschaft durch die Geburt des ersten Kindes beeinträchtigt wird, hängt in hohem Maße von der vorgeburtlichen Partnerschaftsqualität ab.

5.2.2 Ehequalität und kindliche Entwicklung (H 2)

Die komplexen Wechselwirkungsprozesse zwischen dem ehelichen Subsystem und Merkmalen des Kindes sind bislang kaum erforscht worden. In dieser Arbeit sollen sie deshalb in drei Schritten näher betrachtet werden. Zunächst geht es um die Frage, welche Aspekte der Partnerschaftsqualität für die kindliche Entwicklung förderlich bzw. abträglich sind. Danach steht die umgekehrte Einflussrichtung im Vordergrund, um zu eruieren, welche Merkmale des Kindes ein Risiko für den Verlauf der Ehebeziehung darstellen. Schließlich sollen reziproke Einflüsse zwischen Ehe und Kind im Längsschnitt beleuchtet werden.

Die Bedeutung der Partnerschaftsqualität für die kindliche Entwicklung

H 2.1.1: Eine hohe Ehezufriedenheit, Verbundenheit und Intimität der Partner wird sich günstig, eine hohe Konfliktbelastung und ein dysfunktionaler Umgang mit Konflikten ungünstig auf das Kind auswirken. Da die empfindliche Balance aus Verbundenheit und zugestandener Autonomie für Paare eine zentrale Rolle spielt, kann man vermuten, dass die in der Paarbeziehung erlebte Selbständigkeit auch für die kindliche Entwicklung von Bedeutung ist: Fühlen sich die Partner in ihrer Autonomie und Freiheit zu sehr eingeengt, wird das für das Kind eher negative Folgen haben.

H 2.1.2: Bislang existieren nur wenige Untersuchungen zur *relativen Bedeutung* einzelner Indikatoren der Partnerschaftsqualität für die kindliche Entwicklung. Der Umgang mit *Konflikten* ist meist ein besserer Prädiktor für die kindliche Entwicklung als Globalmaße der Ehezufriedenheit oder -anpassung. Dass punktuell stattfindende Ereignisse (wie etwa Konflikte), die nicht einmal zwingend vor den Augen der Kinder stattfinden, für diese eine stärkere Belastung darstellen als chronische Lebensbedingungen (etwa eine durch Unzufriedenheit und Spannungen „vergiftete" Atmosphäre), erscheint allerdings nicht sehr plausibel. Die *Ehezufriedenheit* als Globalmaß der Beziehungsqualität scheint nur eine eingeschränkte Vorhersagekraft zu besitzen. Dies kann auch damit zu tun haben, dass das Konzept zu diffus ist und sich völlig unterschiedliche Ausformungen dahinter verbergen können. Ebenso wie in der Arbeits- und Organisationspsychologie in Abhängigkeit von Ist-Soll-Diskrepanz und Anspruchsniveau unterschiedliche Formen der Arbeits(un)zufriedenheit ausdifferenziert werden (Bruggemann, Groskurth & Ulich, 1975), ist dies auch bei der Ehezufriedenheit denkbar. Gleichen Ausprägungen auf dem Globalmaß könnten dann völlig unterschiedliche Ausgestaltungen der Partnerschaftsbeziehung zugrundeliegen – mit jeweils anderen Auswirkungen auf die betroffenen Kinder. Beispielsweise würden hohe Zufriedenheitswerte auch bei einer „resignativen Zufriedenheit" (bei Senkung des Anspruchsniveaus) oder einer „Pseudozufriedenheit" (bei Verfälschung der Situationswahrnehmung) resultieren, ohne zu günstigen Konsequenzen für das Kind zu führen; andererseits dürfte eine konstruktive Unzufriedenheit im Zusammenhang mit erneuten Problemlöseversuchen für Kinder andere Folgen zeitigen als eine fixierte Unzufriedenheit. Aufgrund dieser Überlegungen erscheint es zentral, nicht die globale Ehezufriedenheit, sondern die für Kinder relevante, in der Partnerschaft vorherrschende Atmosphäre zu erfassen.

Dieses *emotionale Klima* wird für die kindliche Entwicklung ausschlaggebender sein als die globale Ehezufriedenheit oder der konkrete Umgang mit Konflikten, wobei beides zur Ausgestaltung der emotionalen Atmosphäre zwischen den Partnern beitragen dürfte. Das emotionale Beziehungsklima in den Mittelpunkt der Betrachtungen zu stellen, ist ein Versuch, der Forderung gerecht werden, die Rolle partnerschaftlicher Positivität stärker zu berücksichtigen (vgl. These 1, S. 76). Das gleiche gilt auch für die Selbständigkeit in der Partnerschaft, ohne dass Annahmen zur relativen Wichtigkeit dieses Merkmals gemacht werden sollen. *Erziehungsdifferenzen* (als Konflikte über Erziehungspraktiken, also Konflikte, die das Kind direkt betreffen) werden besonders negative Auswirkungen für die Kinder haben.

Zusätzlich wird geprüft, ob sich schon in diesem frühen Alter *geschlechtsspezifische Unterschiede* in den Reaktionsmustern der Kinder feststellen lassen. Auf konkrete Hypothesen zur Moderatorfunktion des kindlichen Geschlechts wird aufgrund der uneinheitlichen Befundlage für verschiedene Altersgruppen und unterschiedliche Indikatoren der Partnerschaftsqualität verzichtet.

Die Bedeutung von Kindtemperament und -geschlecht für die Ehebeziehung

H 2.2.1: Die Effekte eines schwierigen *Kindtemperaments* auf den Verlauf der Ehebeziehung werden eher gering ausfallen, wenn man den Einfluss von persönlichen Ressourcen und der vorgeburtlichen Partnerschaftsqualität berücksichtigt.

H 2.2.2: Die Befunde von Werneck (1998) sprechen dafür, dass *Söhne* ein größeres Risiko für nachteilige Veränderungen der Partnerschaftsqualität im Übergang zur Elternschaft darstellen als *Töchter*. Man könnte vermuten, dass Jungen „schwieriger" als Mädchen sind und deshalb die Ehebeziehung belasten. Daher soll auch geprüft werden, ob das kindliche Geschlecht die Zusammenhänge zwischen Kindtemperament und Ehequalität moderiert.

Wechselwirkungsprozesse zwischen Paaren und Kindern im Längsschnitt

Abbildung 5.2.1 veranschaulicht die theoretisch postulierten reziproken Effekte zwischen Paaren und Kindern. Bisherige Befunde deuten darauf hin, dass die Effekte Paar→Kind größer sein dürften als dies für die umgekehrte Einflussrichtung gilt (H 2.3.1). Zudem kann man annehmen, dass nicht nur Veränderungen der Partnerschaftsqualität, sondern auch „chronische" Bedingungen (positiver oder negativer Natur) die kindliche Entwicklung beeinflussen werden (deshalb die Pfade von der vorgeburtlichen Ehequalität auf die weiteren Veränderungen auf Seiten des Kindes; H 2.3.2). Das Ausgangsniveau der Partnerschaftsqualität bestimmt den weiteren Verlauf der Beziehung maßgeblich mit (deshalb der autoregressive Pfad t1→t4; H 2.3.3).

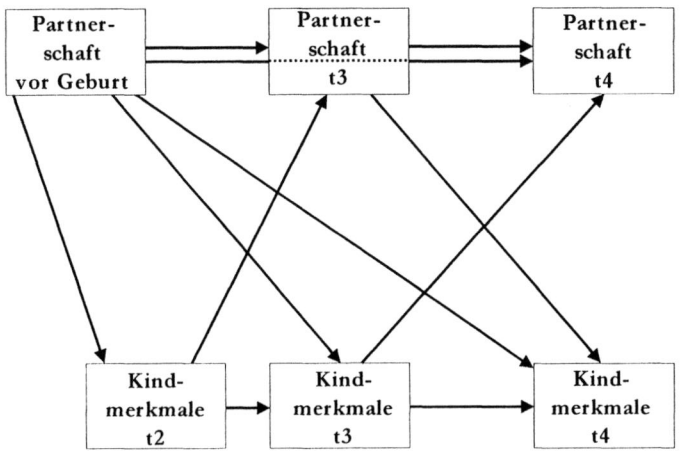

Abbildung 5.2.1. Wechselwirkungsprozesse zwischen Paaren und Kindern

5.2.3 Erziehung als vermittelnde Variable

Falls Zusammenhänge zwischen Partnerschaftsqualität und kindlicher Entwicklung nachgewiesen werden können, soll untersucht werden, *wie* diese Aspekte der Partnerschaftsbeziehung auf die Kinder wirken. Bislang liegen kaum Studien vor, die direkte und indirekte, über die Erziehungsqualität vermittelte Auswirkungen einer belasteten Ehebeziehung explizit kontrastieren (*direkte Effekte* vs. *Mediatorhypothese*). Am plausibelsten erscheint es, dass direkte *und* indirekte Einflusswege bestehen. Damit Variablen auf Elternebene überhaupt als Mediatorvariablen in Frage kommen, müssen sowohl Zusammenhänge zu Merkmalen des Kindes (H 3.1) wie auch der Paarbeziehung (H 3.2) bestehen. Dann erst können vollständige Mediatormodelle (H 3.3) in den Blick genommen werden. Abbildung 5.2.2 veranschaulicht die theoretisch postulierten Annahmen, wobei die Dicke der Pfeile die Stärke der Einflussprozesse widerspiegelt (vgl. auch die Erläuterungen in Abschnitt 5.5).

H 3.1: Erziehung→Kind. Das Erziehungsverhalten der Eltern hat auf die kindliche Entwicklung von Kindern einen bedeutsamen Einfluss. Man kann davon ausgehen, dass die Elternkompetenz beider Partner in positiver Beziehung zu kindlichen Temperamentsmerkmalen stehen wird, während sich emotionale Überforderung oder Überfürsorge eher ungünstig auswirken dürften.

H 3.2: Paarqualität→Erziehung. Einschränkungen der Partnerschaftsqualität führen sowohl zu Beeinträchtigungen der Elternkompetenz (*Spillover*) als auch zu ängstlicher Überfürsorge (*Kompensation*).

H 3.3: Mediation: Paarqualität→Erziehung→Kind. Es lassen sich sowohl *direkte* als auch über die Erziehung *vermittelte* Einflusswege nachweisen (H 3.3.1). Ob sich Spillover- und Kompensationsprozesse ausschließen oder gegenseitig ergänzen, ist bislang kaum explizit untersucht worden. Doch kompensatorische Versuche und generationsübergreifende Koalitionen werden einem auf die Bedürfnisse des Kindes abgestimmten optimalen Erziehungsverhalten eher im Wege stehen. Elterliche Überfürsorge wird sich also in der Beeinträchtigung der Elternkompetenz widerspiegeln (verdeutlicht durch den Kovarianzpfeil); die *Beeinträchtigung der Elternkompetenz ist der umfassendere Prozess*, der sich maßgeblich auf die kindliche Entwicklung niederschlägt (verdeutlicht durch den dünnen Pfad von der Überfürsorge auf die Kindmerkmale; H 3.3.2).

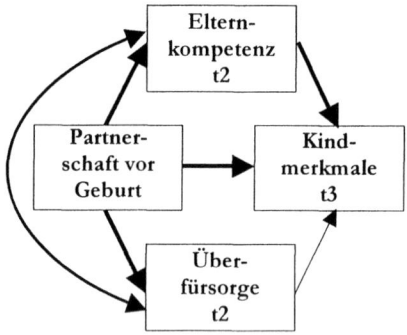

Abbildung 5.2.2. Spillover- und Kompensationsprozesse

H 3.4: Differentielle Annahmen für Väter und Mütter: Da Mütter diejenigen sind, die den Hauptteil der Pflege und Erziehung leisten, kann man erwarten, dass ihr Erleben der Partnerschaft und ihre Erziehungskompetenz stärker in Beziehung zur kindlichen Entwicklung stehen als dies bei den Vätern der Fall ist (H 3.4.1). Was die Beeinträchtigung der Erziehung durch Partnerschaftsprobleme betrifft, so wird immer wieder argumentiert, dass Väter die beiden Rollen (als Partner und Vater) weniger trennen als Mütter, so dass von stärkeren Spillover-Effekten bei Vätern auszugehen ist. Doch eine zugewandte, positive Beziehung zum Partner stellt auch für Mütter eine wesentliche Ressource für die eigenen Erziehungskompetenzen dar. Deshalb kann man davon ausgehen, dass Spillover- (bzw. Kompensations-)prozesse bei Vätern und Müttern gleichermaßen stattfinden (H 3.4.2).

5.2.4 Persönlichkeitsvariablen als Hintergrundvariablen

Die Common-factor-Hypothese lässt sich in zwei Unteraspekte ausdifferenzieren.

H 4.1: Ressourcen auf Persönlichkeitsebene spiegeln sich sowohl in der Qualität der Partnerschaft als auch in der Qualität der Eltern-Kind-Beziehung wider. So sind *Beziehungskompetenzen* (als trait-Variable) sowohl für die befriedigende Gestaltung der partnerschaftlichen Beziehung als auch für die Ausübung der Elternrolle relevant; zudem ist hier an eine genetisch bedingte Ähnlichkeit zwischen Eltern und Kindern zu denken. Die momentane *Befindlichkeit* (als state-Variable) bestimmt Wahrnehmungs-, Interpretations- und Reaktionsprozesse sowohl dem Partner als auch dem Kind gegenüber mit. Um diesen Aspekt der Hypothese nachzuweisen, genügen einfache korrelative Bezüge zwischen den betreffenden Variablengruppen. Die Mehrzahl der Untersuchungen lässt es bei diesem Schritt bewenden.

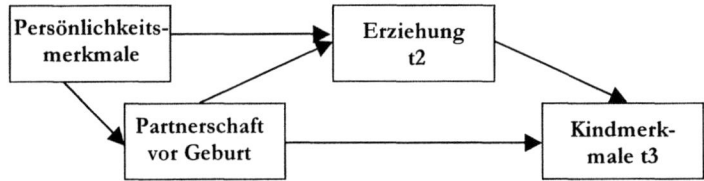

Abbildung 5.2.3. Persönlichkeitsmerkmale als Hintergrundvariablen

H 4.2: Enger gefasst bedeutet die Common-factor-Hypothese, dass „in Wirklichkeit" nicht Merkmale der Ehebeziehung, sondern Hintergrundvariablen auf Persönlichkeitsebene ausschlaggebend sind. „Auswirkungen" der Ehequalität sind demzufolge nur ein Artefakt und verschwinden, wenn solche Drittvariablen berücksichtigt werden. Systemisch gesehen ist jedoch das Ganze mehr als die Summe der einzelnen Teile, das Paarsystem umfassender als die Addition der Persönlichkeiten der beiden Partner. Daher wird angenommen, dass die Paarbeziehung auch bei Kontrolle der persönlichen Ressourcen ihre Relevanz behält. Die Common-factor-Hypothese im engeren Sinn kann dann abgelehnt werden, wenn die Zusammenhänge zwischen Ehequalitiät und kindlicher Entwicklung bzw. Ehequalität und Erziehung trotz Auspartialisierung möglicher Hintergrundvariablen bestehen bleiben (wie in Abbildung 5.2.3 durch die durchgezogenen, nicht-gepunkteten Pfeile verdeutlicht ist). Die Untersuchung dieser Fragestellung ist deshalb von großer Bedeutung, da sie weitreichende praktische Implikationen mit sich bringt. Erweisen sich die Zusammenhänge als Artefakt, so erübrigen sich Interventionen auf Paar- bzw. Elternebene – es genügt die Arbeit mit dem Individuum.

5.2.5 Differentielle Entwicklungsverläufe von Paaren und Kindern

Die bisherigen Hypothesen bezogen sich auf Prozesse, die sich bei der Mehrzahl der Familien in ähnlicher Weise ergeben (variablenorientiertes Vorgehen). Diese allgemeinen Verläufe spiegeln zwar die Erfahrungen „durchschnittlicher" Kinder und „durchschnittlicher" Eltern wider, doch möglicherweise werden dadurch abweichende oder sogar entgegengesetzte Entwicklungen verdeckt, so dass das Ausmaß, indem Paare und Kinder sich gemeinsam entwickeln (Ko-Entwicklung) unterschätzt wird (H 5.4). Plakativ gesagt: „Man kann nicht alle Eltern und alle Kinder über einen Kamm scheren".

H 5.1: Es ergeben sich differentielle Verläufe der Partnerschaftsqualität; nicht alle Eltern leiden gleichermaßen unter Einbußen ihres Partnerschaftsglücks. Insbesondere Ressourcen oder Risiken auf Individual- und Paarebene bestimmen darüber, wie Paare die ersten Jahre der Elternschaft meistern, während Merkmale des Kindes demgegenüber wahrscheinlich nur eine untergeordnete Rolle spielen.

H 5.2: Im Vergleich zu kinderlosen Paaren zeigen sich zwar bei Ersteltern häufiger negativere Verläufe, doch wenn Paare den Weg in die Elternschaft mit positivem Beziehungsklima beginnen, können sie ihre Beziehungsqualität aufrechterhalten.

H 5.3: Auch Kinder entwickeln sich nicht alle einheitlich in dieselbe Richtung. Einige sind in den ersten Lebensjahren durchgängig quengelig und unruhig, andere von klein auf gut gelaunt und unkompliziert. Wieder andere werden im Laufe der Zeit immer irritierbarer und einige „schwierige" Babys können durch eine liebevolle, umsichtige Pflege im Sinne des Passungskonzepts aufgefangen werden. In Anlehnung an die Befunde von Belsky, Fish und Isabella (1991) kann man erwarten, dass sich solche differentiellen Verlaufsmuster in hohem Maße aus den vorhandenen Ressourcen des

Familiensystems ergeben. Hier kann also der Frage nachgegangen werden, inwieweit verschiedene Risiken zusammenkommen bzw. unterschiedliche Protektivfaktoren zusammenspielen müssen, damit die Entwicklung von Kinder beeinträchtigt oder aber gefördert wird (vgl. These 7).

5.2.6 Zusammenfassung

Tabelle 5.2.1 zeigt die Hypothesen dieser Arbeit im Überblick.

Tabelle 5.2.1. Überblick über die Hypothesen

1.	**Allgemeine Kindeffekte im Übergang zur Elternschaft**
1.1	Eltern erleben im Vergleich zu kinderlosen Paaren im Übergang zur Elternschaft und den Folgejahren signifikante Einbußen in ihrer Partnerschaftsqualität.
1.2	Zunächst wird die partnerschaftliche Selbständigkeit, dann die Zufriedenheit, Verbundenheit und Intimität und schließlich der Umgang mit Konflikten in Mitleidenschaft gezogen.
1.3	Die Stärke der Beeinträchtigungen hängt von der vorgeburtlichen Ehequalität ab.
2.	**Ehequalität und kindliche Entwicklung**
2.1	**Paar→Kind**
2.1.1	Ehezufriedenheit, ein positives Partnerschaftsklima sowie die Selbständigkeit der Partner wirken sich günstig, Konfliktbelastung und dysfunktionale Konfliktbewältigung ungünstig auf das Kind aus.
2.1.2	Das emotionale Partnerschaftsklima ist wichtiger als Erziehungsdifferenzen, dysfunktionale Konfliktbewältigung und die globale Ehezufriedenheit. In dieser Reihenfolge spiegelt sich die zunehmend geringere Bedeutsamkeit der genannten Merkmale wider.
2.2	**Kind→Paar**
2.2.1	Die Effekte „schwieriger" Kinder auf den Verlauf der Ehebeziehung sind eher gering, wenn Ressourcen auf Paar- und Persönlichkeitsebene berücksichtigt werden.
2.2.2	Söhne stellen ein größeres Risiko für nachteilige Veränderungen der Ehequalität dar als Töchter.
2.3	**Wechselwirkungsprozesse im Längsschnitt**
2.3.1	Die Effekte Paar→Kind sind größer als die Effekte Kind→Paar.
2.3.2	Nicht nur Veränderungen der Partnerschaftsqualität, sondern auch chronische Bedingungen beeinflussen die Entwicklung von Kindern.
2.3.3	Das Ausgangsniveau der Partnerschaftsqualität bestimmt maßgeblich den weiteren Verlauf der Ehebeziehung.

Tabelle wird fortgesetzt

Fortsetzung der Überblickstabelle über die Hypothesen

3. Erziehung als vermittelnde Variable

3.1 **Erziehung→Kind**: Die Elternkompetenz wirkt sich positiv, emotionale Überforderung oder Überfürsorge negativ auf Kinder aus.

3.2 **Ehe→Erziehung**: Es lassen sich sowohl Spillover- (Elternkompetenz, Überforderung), als auch Kompensationsprozesse (Überfürsorge) nachweisen.

3.3 **Ehe→Erziehung→Kind**:
3.3.1 Es existieren sowohl direkte wie indirekte, über die Erziehung vermittelte Einflusswege.
3.3.2 Die Beeinträchtigung der Erziehungskompetenz (Spillover) ist der im Vergleich zu Kompensationsversuchen umfassendere Prozess, der sich maßgeblich auf die kindliche Entwicklung niederschlägt.

3.4 **Differentielle Annahmen für Mütter und Väter**
3.4.1 Die von den Müttern erlebte Partnerschaftsqualität und Elternkompetenz steht in engerer Beziehung zu Kindmerkmalen als das Erleben der Väter.
3.4.2 Dagegen finden sich Spillover- und Kompensationsprozesse bei beiden Eltern.

4. Persönlichkeitsvariablen als Common-factor

4.1 Ressourcen auf Persönlichkeitsebene (soziale Kompetenzen, subjektive Befindlichkeit) spiegeln sich sowohl im Erleben der Partnerschaftsbeziehung, der Elternrolle als auch in der kindlichen Entwicklung wider.

4.2 Auch wenn der Einfluss solcher Hintergrundvariablen berücksichtigt wird, bleibt die Bedeutung der Ehequalität für Erziehung bzw. kindliche Entwicklung bestehen.

5. Differentielle Entwicklungsverläufe von Paaren und Kindern

5.1 Bei Paaren lassen sich differentielle Verlaufsmuster herauskristallisieren, die in hohem Maße durch Stärken der Partnerschaft sowie individuelle Ressourcen auf Personebene vorhersagbar sind. Bei positiven Ausgangsbedingungen kann die Beziehungsqualität eher aufrechterhalten werden.

5.2 Dennoch zeigen sich bei Erstelltern im Vergleich zu kinderlosen Paaren häufiger negative Verläufe.

5.3 Bei Kindern ergeben sich differentielle Entwicklungsverläufe, die in hohem Maße aus den vorhandenen Ressourcen des Familiensystems (auf Individual-, Paar- und Elternebene) vorhergesagt werden können.

5.4 Durch die Betrachtung dieser differentiellen Verläufe erhöht sich das Ausmaß nachweisbarer Ko-Entwicklung von Paaren und Kindern.

5.3 Stichprobe und Untersuchungsdesign

Um die aufgeworfenen Forschungsfragen beantworten zu können, werden Daten aus dem groß angelegten Verbundprojekt „Optionen der Lebensgestaltung junger Ehen und Kinderwunsch" (Schneewind et al., 1992, 1996) herangezogen, das sich mit den Bedingungen und Konsequenzen der Elternschaft befasst und 1988 vom damaligen Bundesministerium für Familien und Senioren in Auftrag gegeben wurde. Im Rahmen eines prospektiven Ansatzes im Fünfjahreslängsschnitt sollte der Familienentwicklungsprozess junger Eltern im Kontrast zu vergleichbaren kinderlosen Paaren beschrieben werden.

Erhebungswellen		Anzahl teilnehmender Paare
MZP 1	Frühjahr 1989	180 Paare
MZP 2	1 Monat nach der Niederkunft (Sommer 89)	179 Paare
MZP 3	3 Monate nach der Niederkunft (Herbst 89)	174 Paare
MZP 4	Frühjahr 1990	173 Paare
MZP 5	Frühjahr 1991	150 Paare
MZP 6	Frühjahr 1992	138 Paare
MZP 7	Frühjahr 1993	138 Paare
MZP 8	Frühjahr 1994	125 Paare

Abbildung 5.3.1. Erhebungswellen und Stichprobenentwicklung

Aus einer Screeningstichprobe von 1100 Paaren wurden insgesamt *180 frisch verheiratete Paare* aus dem Wohnraum München unter Berücksichtigung folgender Kriterien ausgewählt:

➢ Die Eheschließung erfolgte zwischen dem 1.8.1987 und dem 31.10.1988.
➢ Beide Partner gehörten dem Geburtsjahrgang 1953 bis 1970 an.
➢ Bis zum Untersuchungsbeginn war die Ehe noch kinderlos.
➢ Zur Realisierung eines quasiexperimentellen Designs wurden Gruppen von Paaren mit unterschiedlicher Nähe zum Kinderwunsch gebildet; 48 Paare waren zur ersten Erhebungswelle bereits *werdende* Eltern (im letzten Schwangerschaftstrimester, „Gruppe 1").

Die Paare wurden beginnend im Januar 1989 bis zum Frühjahr 1994 fünf Jahre lang begleitet. Insgesamt wurden zu 8 Messzeitpunkten Daten erfasst (vgl. Abbildung 5.3.1): zusätzlich zum Jahresrhythmus auch ein und drei Monate nach der Niederkunft der Mütter aus Gruppe 1 (Sommer und Herbst 1989).

Demographische Merkmale der Stichprobe

Um die Fragen der vorliegenden Untersuchung beantworten zu können, wird der Entwicklungsverlauf der „Gruppe1"-Eltern ($n = 48$ Ersteltern) kontrastiert mit den Paaren, die bis zum Ende der Untersuchung kinderlos geblieben sind ($n = 90$ Vergleichsgruppenpaare). Da das Timing der kindbedingten Veränderungen bei den Paaren, die erst im weiteren Verlauf der Untersuchung Kinder bekamen, abweicht, wurden sie aus den Analysen ausgeschlossen (vgl. Schneewind et al., 1992). Die folgende Beschreibung der Stichprobencharakteristika bezieht sich dennoch im Wesentlichen auf die Gesamtstichprobe, da sich die beiden Substichproben in den hier besprochenen Merkmalen kaum von der Gesamtstichprobe unterscheiden, wie ein Blick auf Tabelle 5.3.1 (S. 93) zeigt.

Alter. Zu Beginn der Studie waren die Teilnehmer zwischen 18 und 36 Jahren alt, das Durchschnittsalter betrug 27 Jahre ($SD = 3.6$). Dabei sind die Ersteltern etwa ein Jahr älter als die Paare, die im Laufe der fünf Jahre kinderlos blieben ($t = -2.58$, $p < .05$).

Sozioökonomischer Status. Die gesamte Stichprobe ist durch ein überdurchschnittliches *Bildungsniveau* gekennzeichnet. Fast zwei Drittel der Teilnehmer befanden sich zum ersten Erhebungszeitpunkt im Studium, hatten bereits ein Hochschulstudium absolviert oder waren auf dem Weg zur Promotion. Knapp ein Viertel der Teilnehmer konnte eine abgeschlossene Lehre vorweisen. Was den *beruflichen Status* betrifft, ordnete sich knapp die Hälfte der Befragten der Kategorie „einfache/mittlere Angestellte" zu. 16 Prozent waren als leitende Angestellte, Führungskräfte oder Beamte im höheren Dienst beschäftigt. Während 60 Prozent der werdenden Mütter sich zum ersten Messzeitpunkt bereits im Mutterschutz befanden, waren ihre Ehemänner nahezu ausnahmslos Vollzeit berufstätig und arbeiteten wöchentlich zum Teil mehr als 50 Stunden.

Zur Analyse der *finanziellen* Situation wurde nicht das verfügbare Netto-Einkommen, sondern das Äquivalenzeinkommen (im Sinne der Wohlstandsäquivalenz von Haushalten unterschiedlicher Größe) als gewichtetes Prokopf-Einkommen herangezogen (vgl. Krause, 1994). Zu Beginn der Untersuchung waren die meisten Ehepaare bei einem durchschnittlichen monatlichen Nettoeinkommen von rund 2000 DM finanziell eher gut gestellt. Dies entspricht dem subjektiven Empfinden der Teilnehmer, keine oder nur geringfügige finanzielle Probleme zu haben. Bereits im ersten Jahr der Elternschaft zeigt sich jedoch die ökonomische Benachteiligung von Eltern, die in den Folgejahren immer weiter zunimmt ($\text{Eta}^2_{t4} = .22$, $\text{Eta}^2_{t6} = .30$, $\text{Eta}^2_{t8} = .43$, $p < .0001$). Nach fünf Jahren stehen den Eltern monatlich etwa 1850 DM weniger zur Verfügung als der Vergleichsgruppe der kinderlosen Paare.

Partnerschaft. Bei den meisten Paaren (60 Prozent) ging der Eheschließung eine mindestens dreijährige Partnerschaftsbeziehung voraus. In der Regel hatten die Paare bereits vor der Eheschließung in einer nichtehelichen Lebensgemeinschaft zusammengelebt. Die Paare waren zu Beginn der Untersuchung knapp 1 Jahr miteinander verheiratet. Hinsichtlich wichtiger Merkmale der Beziehungsqualität wie Ehezufriedenheit, Verbundenheit oder Selbständigkeit (vgl. Abschnitt 5.4) unterscheiden sich die Gruppe der Ersteltern und die Vergleichsgruppe der kinderlosen Paare zu Untersuchungsbeginn nicht – sie alle können als glückliche Paare bezeichnet werden.

Generativität. Unter den Erstgeborenen der Elterngruppe (Gruppe 1) sind 26 Jungen und 22 Mädchen. Die meisten Eltern haben im Untersuchungszeitraum noch ein oder sogar zwei weitere Kinder bekommen: Es sind 12 Einkind-, 31 Zweikind- und 5 Dreikindfamilien entstanden.

Ausfälle. Wie nicht anders zu erwarten, gab es im Verlauf der 5 Jahre einen Stichprobenschwund. Nach drei Jahren konnten noch Daten von insgesamt 138 Paaren erfasst werden (bzw. 42 von 48 Gruppe1-Paare). An der letzten Erhebung nahmen noch 125 Paare an der Studie teil (bzw. 36 Gruppe1-Paare). 107 Paare (bzw. 30 Gruppe1-Paare) konnten zu sämtlichen Messzeitpunkten befragt werden. Das entspricht 60 Prozent der Ausgangsstichprobe. Wenn man berücksichtigt, dass sich im Laufe der Zeit 20 Paare getrennt oder geschieden hatten, beträgt der Stichprobenschwund zum letzten Messzeitpunkt 19 Prozent, was im Hinblick auf die sehr zeitintensiven Erhebungen durchaus als günstiges Ergebnis betrachtet werden kann (vgl. Schneewind & Sierwald, 1999). Es fällt auf, dass sich nur 2 Paare der Erstelterngruppe, aber 17 Paare der kinderlosen Vergleichsgruppe getrennt haben ($\chi^2 = 5.72$, $p < .05$). Kinder stellen insofern einen Schutzfaktor für die Stabilität der Ehe dar.

Um zu überprüfen, ob es einen systematischen drop-out gibt, wurden die Paare, die an sämtlichen Erhebungswellen teilgenommen hatten, mit denen kontrastiert, die zeitweise ihre Teilnahme unterbrochen oder ganz aufgegeben hatten. Getrennte bzw. geschiedene Paare wurden aus den Analysen ausgeschlossen. Mit Ausnahme der Trennungs- bzw. Scheidungsrate zeigten sich keine Unterschiede in der Teilnahme- bzw. Ausfallrate bei Ersteltern vs. kinderlosen Paaren. Ausfaller unterscheiden sich zum ersten Messzeitpunkt weder in der Beziehungsqualität, noch in Alter, Bildung oder finanzieller Lage von den Paaren, die kontinuierlich teilgenommen hatten. Auch hinsichtlich anderer Partnerschaftsmerkmale (wie der Dauer der Partnerschaft vor der Eheschließung) lassen sich keine Divergenzen ausmachen.

Zusammenfassende Kurzcharakteristik. Die 180 Paare der vorliegenden Untersuchung sind junge Paare kurz nach ihrer Eheschließung, die überdurchschnittlich gebildet und im Vergleich zur Gesamtbevölkerung ökonomisch eher besser gestellt sind. Die Rekrutierung war auf den Wohnraum München beschränkt. Darüber hinaus zeigen erste Analysen, dass die Paare zu Untersuchungsbeginn in der Regel glücklich und mit ihrer Beziehung zufrieden sind. Alle teilnehmenden Paare waren bereit, sich intensiv mit persönlichen Themen auseinanderzusetzen und dafür einen hohen zeitlichen Aufwand in Kauf zu nehmen. Man kann davon ausgehen, dass dies ein großes Interesse an der Fragestellung und ein hohes persönliches Engagement voraussetzt. Diese Besonderheiten der Stichprobe müssen bei der Beurteilung der Ergebnisse grundsätzlich mitberücksichtigt werden.

Tabelle 5.3.1. Soziodemographische und partnerschaftsbezogene Angaben

	Gesamt-stichprobe $n = 360$		Erstelten (Gruppe 1) $n = 96$		Kinderlose Paare $n = 180$	
	M	SD	M	SD	M	SD
Alter (in Jahren)	27	3.6	28	3.6	27	3.5
Gewichtetes Prokopf-Einkommen (in DM)						
MZP 1	2024	732	2002	613	1987	787
MZP 4	2123	843	1525	427	2310	845
MZP 6	2470	1088	1747	601	2977	1112
MZP 8	2639	1294	1770	642	3624	1282
Partnerschaftsqualität t1						
Ehezufriedenheit	4.46	.36	4.50	.32	4.42	.40
Verbundenheit	6.98	1.86	6.79	1.79	7.02	1.81
Selbständigkeit	6.35	2.03	6.15	1.91	6.54	2.02
	n	%	n	%	n	%
Schulbildung						
Lehre	83	23.4	27	23.4	39	22.3
Berufsfachschule	26	7.3	8	7.3	14	8.0
Meister/Fachschule	36	10.2	13	10.2	16	9.1
Hochschule	209	59.0	47	59.0	106	60.6
Dauer der Partnerschaft vor der Eheschließung						
weniger als 1 Jahr	47	13.1	13	13.5	22	12.2
1 bis 3 Jahre	99	27.5	33	34.4	49	27.2
3 bis 5 Jahre	73	20.3	19	19.8	38	21.1
mehr als 5 Jahre	141	39.2	31	32.3	71	39.4
Kinderzahl (bis t8)						
1 Kind	41	22.8	12	25.0	-	-
2 Kinder	44	24.4	31	64.6	-	-
3 Kinder	5	2.8	5	10.4	-	-

5.4 Eingesetzte Erhebungsinstrumente

Zu sämtlichen Messzeitpunkten gaben *beide* Partner Auskunft zu Person, Partnerschaft, Elternschaft und kindlicher Entwicklung. Im folgenden werden die Erhebungsinstrumente und Konstrukte kurz beschrieben, auf deren Grundlage die aufgeworfenen Fragestellungen beantwortet werden sollen. Anhang 14.1 bietet eine Zusammenstellung des Itemwortlauts pro Skala einschließlich der verwendeteten Rekodierungsanweisungen. Ein Großteil der eingesetzten Instrumente wurde im Rahmen des Projektes „Optionen junger Ehen und Lebensgestaltung" neu entwickelt oder adaptiert. Ausführlichere Angaben zur Itemherkunft sowie sämtliche Originalfragebögen sind in den Materialbänden der Verbundstudie dokumentiert. Werden mittlere Konsistenzen oder mittlere Jahresstabilitäten berichtet, so liegt jeweils die übliche Fisher's z-Transformation zugrunde. Sämtliche eingesetzten Skalen wurden hinsichtlich ihrer faktoriellen Validität und der grundlegenden Verteilungscharakteristika überprüft (vgl. auch Anhang 14.2). Eine erste Übersicht über die wichtigsten verwendeten Konstrukte bietet Tabelle 5.4.1.

Tabelle 5.4.1. Übersicht über die wichtigsten Konstrukte

Person-Ebene	Paar-Ebene	Eltern-Ebene	Kind-Ebene
➢ Subjektives Wohlbefinden ➢ Beziehungspersönlichkeit	➢ Positive Zugewandtheit ➢ Selbständigkeit ➢ Dysfunktionaler Konfliktstil	➢ Elternkompetenz (Selbst) ➢ Partnerkompetenz ➢ Überfürsorge	➢ Temperamentscharakteristik („einfaches Kind") ➢ Stimmung ➢ Emotionalität

5.4.1 Person-Ebene

Relevante Ressourcen auf Individualebene wurden zum einen durch die aktuelle Befindlichkeit (als state-Variable), zum anderen durch allgemeine Beziehungskompetenzen, wie sie sich als trait-Variable in der Beziehungspersönlichkeit manifestieren, erfasst.

Aktuelle Befindlichkeit. Der Fragebogen misst mit 25 Items die Befindlichkeit einer Person in den letzten vier Wochen. Es liegen die von Abele-Brehm und Brehm (1986) postulierten Dimensionen positive Spannung (Aktiviertheit), positive Lösung (Ruhe), negative Spannung (Ärger) und negative Lösung (Energielosigkeit, Deprimiertheit) zugrunde. Die Items wurden zu einer sehr konsistenten Globalskala *Subjektives Wohlbefinden* zusammengefasst (Cronbach's α = .92), die wiedergibt, wie ausgeglichen und tatkräftig oder energielos, gereizt und missmutig sich die Probanden in der letzten Zeit gefühlt haben. Dem state-Charakter der Variable entsprechend, fallen die Jahresstabilitäten deutlich geringer aus als bei den anderen Instrumenten (r_{tt} = .39); bei Frauen sind sie zum Teil nicht einmal signifikant.

Beziehungspersönlichkeit. Zentrale Aspekte der „Beziehungspersönlichkeit" wurden anhand der drei SEBE-Skalen Allgemeine soziale Kompetenz, Empathie und Verletzbarkeit (Vierzigmann, 1995) erfasst. Die Skala *Allgemeine soziale Kompetenz* misst mit 12 Items eine allgemeine Grundkompetenz in sozialen Beziehungen sowie das Selbstvertrauen in die eigene Kontakt- und Problemlösefähigkeit (*„Ich habe volles Selbstvertrauen in meine Kontaktfähigkeit"*). Die Skala *Einfühlungsvermögen* differenziert davon mit 10 Items eine Disposition zu einfühlendem, unterstützendem Verhalten (*„Im allgemeinen habe ich ein gutes Gespür dafür, wie anderen zumute ist"*). Die Skala *Verletzbarkeit* erfasst mit 10 Items die Tendenz, im Kontakt zu anderen aggressiv, nachtragend oder ausfallend zu reagieren (*„Wenn jemand meine Gefühle verletzt hat, kann ich das lange Zeit nicht vergessen"*). Dass die zeitliche Stabilität dieser Merkmale tatsächlich höher ausfällt als bei Partnerschafts- oder Elternvariablen, unterstreicht, dass es sich hierbei tatsächlich um Konstrukte auf Persönlichkeitsebene handelt (r_{tt} = .79, .81, .72). Die durchschnittlichen internen Konsistenzen sind gerade für die ersten beiden Skalen sehr gut (Cronbach's α = .89, .88, .74).

Um jede Person einem Beziehungspersönlichkeitstypus zuordnen zu können, wurden – separat für jeden Messzeitpunkt – Clusteranalysen durchgeführt (zur Erläuterung siehe Abschnitt 5.5). Es konnten jeweils drei etwa gleich große Cluster ermittelt werden (vgl. Abbildung 5.4.1 sowie Graf & Schneewind, 1998; Schneewind & Graf, 1998). Die erste Gruppe ist gekennzeichnet durch sehr geringe Ausprägungen an sozialer Kompetenz und Einfühlungsvermögen bei gleichzeitiger Verletzbarkeit und Kränkbarkeit. Personen dieser Gruppe erscheinen als „abweisend-selbstunsicher". Die Skalenkonfiguration der Gruppe 3 verhält sich dazu spiegelbildlich: Personen dieser Gruppe haben die höchsten Kompetenzwerte, sind einfühlsam und gleichzeitig kaum verletzbar oder nachtragend. Diese Gruppe wird als „sozial kompetent" bezeichnet. Die zweite Gruppe hat ebenfalls hohe Empathiewerte, gleichzeitig sind die Personen dieser Gruppe aber sehr kränkbar und nachtragend (sogar in stärkerem Maße als Personen aus Gruppe 1) und weniger kompetent als die Personen der dritten Gruppe. Personen dieser zweiten Gruppe können als „einfühlsam-verletzlich" gelten. Die so gebildete dreistufige Variable wird als ordinale Variable aufgefasst, da der Beziehungsstil der Gruppe 1 eher dysfunktional erscheint, während Gruppe 3 durch ein günstiges Muster an Beziehungseigenschaften gekennzeichnet ist und Gruppe 2 dazwischen angesiedelt ist. Die Jahresstabilitäten des Konstrukts *Beziehungspersönlichkeit* liegen bei $r = .80$ (für Männer) bzw. $r = .70$ für Frauen, entsprechend dem trait-Charakter der Variable.

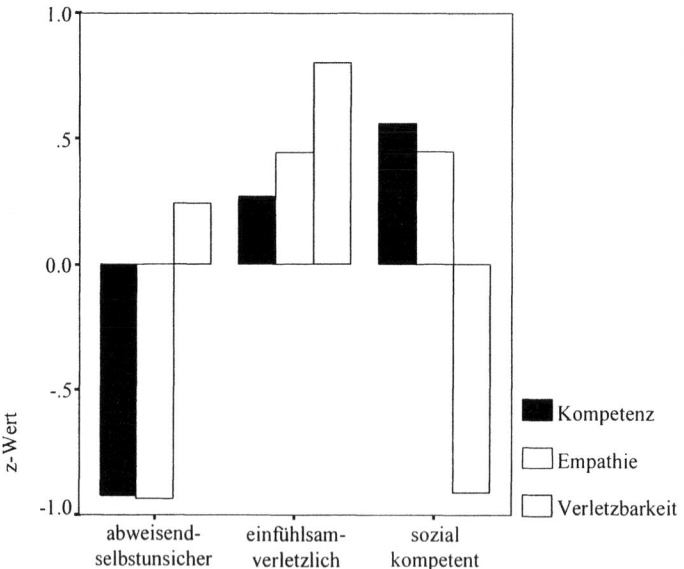

Abbildung 5.4.1. 3 Gruppen der „Beziehungspersönlichkeit"

5.4.2 Paar-Ebene

Zur Beschreibung der Beziehungsqualität der Paare wurden drei zentrale Bereiche erfasst:

1. die erlebte Intimität, Verbundenheit oder Zugewandtheit der Partner als Maß für die *Kohäsion* in der Paarbeziehung

2. die erlebte Selbständigkeit in der Paarbeziehung als Maß für die zugestandene *Autonomie*

3. der *Umgang mit Konflikten* als verhaltensnaher, proximaler Indikator der Beziehungsqualität.

Ehezufriedenheit. Der Fragebogen ist die deutschsprachige Adaptation der „Relationship Assessment Scale" (Hendrick, 1988) und erfasst mit 7 Items, wie zufrieden die befragte Person mit ihrer Partnerschaft ist (*„Wie gut ist Ihre Ehe, verglichen mit den meisten anderen?"*). Dabei geht es nicht um mögliche Ursachen der Beziehungszufriedenheit (beispielsweise die Streithäufigkeit), sondern nur um die subjektive Bewertung der Beziehung.

Intimität. Die Skala *Intimität* erfasst mit 11 Items, wieviel Liebe, Vertrauen, Respekt und Selbstmitteilungsbereitschaft die Partner in der Beziehung empfinden. Sie entstammt dem für den deutschen Sprachraum adaptierten Fragebogen „Personal Authority in the Family System-Questionnaire" (PAFS-Q, Bray et al., 1984).

Sexuelle Intimität. Es wird erfragt, wie die Partner ihre sexuelle Beziehung erleben. Die Items 1 bis 5 entstammen der Skala „Sexual Intimacy" (aus "PAIR", Personal Assessment of Intimacy in Relationships, Schaefer & Olson, 1981). Item 6 („Ich bin nicht besonders an Sex interessiert") wurde zusätzlich neuformuliert.

Paarklima. Die Paarklimaskalen (Schneewind & Kruse, 2002) sind eine Adaptation der Familienklimaskalen (Moos & Moos, 1986; Schneewind, Beckmann & Hecht-Jackl, 1985) für das Subsystem Ehe. Dabei werden keine ich- oder partnerorientierten Items vorgegeben, sondern wir-orientierte Feststellungen, so dass das Beziehungsklima der Partnerschaft, an dem beide Partner beteiligt sind, im Zentrum der Beurteilung steht. In der vorliegenden Untersuchung wird auf die Primärskala *Selbständigkeit* sowie die beiden Globalskalen *Verbundenheit* und *Aktivität* rekurriert. Die an der Eichstichprobe ermittelten internen Konsistenzen dieser drei Skalen sind mit Cronbach's α = .75, .89 und .76 sehr zufriedenstellend und in ihrer Höhe mit den an unserer Paarstichprobe ermittelten vergleichbar (Cronbach's α = .76, .86, .72). Entsprechend den Normwerten des Manuals wurden die Skalen stentransformiert (Skalenmittel = 5.5; SD = 2; Range 1 bis 10).

Die in der Partnerschaft wahrgenommene *Selbständigkeit* bezieht sich mit 6 Items auf die Freiheit der Partner, individuellen Interessen und Bedürfnissen nachzugehen, ohne sich durch Verstimmungen des anderen oder übermäßige Rücksichtnahme eingeengt zu fühlen. Diese Form der Unabhängigkeit kann als Maß der gegenseitig gewährten Autonomie verstanden werden („*In unserer Ehe kann jeder seinen eigenen Interessen und Vorlieben nachgehen, ohne dass der andere deswegen sauer wäre*"). Demgegenüber geht es bei der *Verbundenheit* in der Partnerschaft mit 8 Items um das Zusammengehörigkeits- und Solidaritätsgefühl der Partner, ein harmonisches Miteinander ohne viel Reibereien. Beide Partner sind von der Anteilnahme und dem offenen Ohr des anderen überzeugt. Paare mit hohen Werten auf der Skala *Aktivität/Anregung* (8 Items) bemühen sich aktiv um gemeinsame Erfahrungen im kulturellen und Freizeitbereich. Sie pflegen ihre Beziehung, indem sie gemeinsamen Interessen nachgehen und sich darüber austauschen.

Problemlösekompetenzüberzeugung. Die Skala erfasst mit 5 Items auf der Wir-Ebene die Überzeugung der Paare, potentielle Probleme in der Partnerschaft lösen zu können. Sie entstand in Anlehnung an die von Schwarzer (1986) herausgegebenen „Befindlichkeitsskalen" und das Instrument „Familiäre Belastungen, Elternverhalten und kindliche Entwicklung" (Peterander, Banzer, Bailer & Henrich, 1987). Im Unterschied zu den bisher vorgestellten Maßen der emotionalen Verbundenheit der Partner wird diese Skala als Indikator der kognitiven Bewertung der Beziehungsqualität verstanden.

Konflikte. Der Fragebogen zu Konfliktbereichen und Konfliktlösestrategien wurde für das Projekt neu entwickelt. Zum einen geht es darum, wie konflikthaft die eheliche Beziehung im Hinblick auf acht verschiedene Themen (wie Finanzen, Freizeit, Arbeitsteilung, Politik, Freunde) erlebt wird. Diese wurden zu einem Index des *Konfliktpotentials* in der Partnerschaft zusammengefasst. Da Konflikte in einem Bereich nicht zwangsläufig mit Konflikten in anderen Bereichen einhergehen müssen, kann hier keine sehr hohe interne Konsistenz erwartet werden (Cronbach's α = .65). Zum anderen wird erfragt, welche Problemlösestrategien die Ehepartner im Umgang mit Konflikten in den Lebensbereichen Arbeitsteilung und Sexualität anwenden. Die Subskalen Konfliteskalation, Konfliktvermeidung, Mangelnde Lösungsumsetzung und Konstruktive Problemlösung (umgepolt) wurden aufgrund faktorieller Analysen zu einer sehr zuverlässigen Globalskala *Dysfunktionaler Konfliktstil* zusammengefasst, die aus 14 Items besteht (Cronbach's α = .88, vgl. Tabelle 5.4.2). Schließlich wird auch die *Zufriedenheit* mit dem Konfliktlöseverhalten in den angesprochenen Bereichen erfasst (Cronbach's α = .60 bei nur zwei Items).

Tabelle 5.4.2. Beispielitems und Faktorladungen* für die Globalskala Dysfunktionaler Konfliktstil

	Dysfunktionaler Konfliktstil	t1	t8
Konflikt-vermeidung	*Wir vermeiden es, darüber zu sprechen.*	.85	.89
Konflikteskalation	*Wir streiten uns, bis einer von uns „an die Decke geht".*	.79	.78
Mangelnde Lösungsumsetzung	*Wir einigen uns momentan auf ein Ergebnis, aber setzen es nicht in die Tat um.*	.78	.79
Konstruktives Problemlösen	*Wir reden darüber und diskutieren es aus, bis wir eine Lösung gefunden haben, die uns beide befriedigt.*	-.69	-.80

* Hauptkomponentenanalyse (1. und 8. MZP)

Abbildung der partnerschaftlichen Zugewandtheit

Um auf die Rolle partnerschaftlicher Positivität zu fokussieren, wurde mit der Globalskala *Positive Zugewandtheit* theoriegeleitet ein umfassendes Maß des positiven Beziehungsklimas in der Partnerschaft gebildet (vgl. Tabelle 5.4.3): Als Maße der *emotionalen Zugewandtheit* werden die partnerschaftliche Intimität und Verbundenheit herangezogen. Als Indikator der *kognitiven Bewertung* der Beziehungsqualität geht die Überzeugung ein, potentielle Probleme in der Partnerschaft lösen zu können. Die Qualität der *sexuellen Beziehung* wird einbezogen, da sie als besonders veränderungssensibler Bereich der Partnerschaft, gerade im Übergang zur Elternschaft, gilt. Die Skala Gemeinsame Aktivität repräsentiert eine Form der *aktiven Beziehungspflege*, die sich oftmals als besonders schwieriges, gleichzeitig aber sehr wichtiges Unterfangen für neue Eltern erwiesen hat. Die internen Konsistenzen (Cronbach's α aus den 5 Einzelskalen) liegen im Mittel bei .80. Damit können sie als gut bezeichnet werden. Zusätzlich wird das Messmodell durch die ausgezeichneten Fit-Indizes der konfirmatorischen Faktorenanalysen bestätigt (χ^2 = 5.50, df = 4, p = .24, AGFI = .98 für den 1. Messzeitpunkt).

Tabelle 5.4.3. Beispielitems und Faktorladungen* für die Globalskala Zugewandtheit

	Positive Zugewandtheit	t1	t8
Intimität	Mein Mann und ich können einander vertrauen, in dem, was wir einander erzählen	.87	.90
Verbundenheit	Wir kommen wirklich gut miteinander aus	.75	.76
Sexuelle Intimität	Ich bin mit der Sexualität in unserer Ehe zufrieden	.61	.76
Gemeinsame Aktivität	Wir gehen oft ins Kino, besuchen Sportveranstaltungen oder machen Ausflüge	.41	.52
Problemlösekompetenzüberzeugung	Wenn wir Probleme in unserer Partnerschaft haben, finden wir immer einen Weg, sie zu lösen	.79	.86

*Hauptkomponentenanalyse (1. und 8. MZP)

Konsistenz, Stabilität und Übereinstimmung in der Wahrnehmung der Partnerschaftsqualität

Interne Konsistenz. Insgesamt können die internen Konsistenzen der Indikatoren für die Partnerschaftsqualität als befriedigend betrachtet werden (vgl. Tabelle 5.4.4). Am besten schneidet die Skala Problemlösekompetenzüberzeugung ab, am schlechtesten die Konflikthaftigkeit in den verschiedenen Lebensbereichen. Da die verschiedenen Lebensbereiche nicht unbedingt gleichermaßen konfliktbelastet sein müssen, ist dieser Befund nicht überraschend. Im Verlauf der Jahre werden die internen Konsistenzen größer. Ein Grund für dieses Ansteigen kann darin liegen, dass im Lauf der Zeit die Variabilität in der Stichprobe zunimmt, während die Paare zu Beginn der Untersuchung letztlich alle „glückliche" Paare kurz nach ihrer Hochzeit waren, was die Varianz zum ersten Messzeitpunkt einschränkt.

Stabilität. Die Globalskala Positive Zugewandtheit erscheint als besonders stabil. Die Skala Sexuelle Intimität erweist sich dagegen erwartungsgemäß als veränderungssensitives Maß der Partnerschaftsqualität. Obwohl der Umgang mit Konflikten auf der Ebene des konkreten Verhaltens erfragt wurde, bleiben die Konfliktstile insgesamt recht stabil.

Insgesamt zeigt sich in den fünf Jahren der Untersuchung in der Beziehungsqualität der Erseltern eine beträchtliche interindividuelle Stabilität.

Partnerübereinstimmung. Männer und Frauen beurteilen ihre Paarbeziehung insgesamt recht ähnlich. Die deutlichste Übereinstimmung ergibt sich für die Globalskala Positive Zugewandtheit. Der Umgang mit Konflikten wird interessanterweise am unterschiedlichsten beschrieben, obwohl hier konkrete Verhaltensweisen erfragt wurden, die eher objektivierbar sein müßten als abstraktere Konstrukte wie das Paarklima. Die Partner beurteilen die emotionale Atmosphäre und das Klima der Beziehung ähnlicher als die Selbständigkeit in der Beziehung oder den Umgang mit Konflikten.

Tabelle 5.4.4. Konsistenz, Stabilität und Übereinstimmung der Partner in der Wahrnehmung der Partnerschaftsqualität für die Gesamtgruppe und die Gruppe der Erseltern

	Interne Konsistenz[a]	Jahres-stabilitäten[b]		Übereinstimmung[c]	
		M 1[d]	M 2[e]	M 1[d]	M 2[e]
Positive Zugewandtheit[f]	.80	.76	.80	.60	.66
Ehezufriedenheit	.85	.65	.72	.54	.61
Intimität	.86	.70	.74	.56	.64
Verbundenheit	.86	.68	.69	.50	.57
Sex. Intimität	.70	.65	.63	.52	.51
Aktivität	.72	.74	.77	.57	.56
Problemlösekompetenz	.91	.67	.64	.48	.47
Selbständigkeit	.76	.67	.62	.34	.41
Dysfunkt. Konfliktstil	.88	.74	.74	.38	.38
Konfliktpotential	.65	.60	.63	.35	.42

[a] Interne Konsistenz: Cronbach's α für die Gesamtstichprobe
[b] Jahresstabilitäten: Pearson-Korrelationen, alle Werte sign. ($p < .01$)
[c] Übereinstimmung der Partner: Intraclass-Korrelationen,
[d] M1: Mittel für die Gesamtstichprobe
[e] M2: Mittel für die Gruppe der Erseltern
[f] interne Konsistenz für die Skala Zugewandtheit auf Skalenebene (5 Skalen)

5.4.3 Elternebene

Auf Elternebene interessiert das Ausmaß, in dem sich beide Partner bei ihrer Erziehungsaufgabe unterstützen, die emotional gefärbten Einstellungen dem Kind gegenüber sowie die selbstperzipierte Kompetenz im Umgang mit ihm (vgl. Tabelle 5.4.5).

Elternallianz. Der Fragebogen wurde für das Projekt neu entwickelt und fragt ab dem dritten Lebensjahr des Kindes nach der Qualität der elterlichen Kooperation in der Erziehung des Kindes. Die Partner geben dabei Auskunft über (a) die Häufigkeit und (b) Konflikthaftigkeit von Ereignissen, die die gegenseitige Unterstützung bei der Erziehungsaufgabe untergraben können. Faktorenanalytisch wurden drei Subskalen entwickelt. *Differenzen im Erziehungsstil* liegen vor, wenn die Art und Weise, wie der Partner mit dem Kind umgeht (z.B. etwas erlaubt, verbietet, das Kind bestraft) nicht den eigenen Vorstellungen genügt und von den eigenen Erziehungspraktiken abweicht. Die Skala *Mangelnde Unterstützung* erfaßt das Gefühl, vom Partner hängen gelassen zu werden, da dieser Absprachen nicht einhält und nur angenehmere Aufgaben übernimmt. Die Skala *Partner-Kind-Koalition* erfasst das Ausmaß, in dem ein Partner sich ausgeschlossen fühlt, wenn der andere mit dem Kind zusammen ist. Die internen Konsistenzen sind mit Cronbach's α = .80, .83 und .77 gut, ebenso wie die über r_{tt} = .60 liegenden Jahresstabilitäten.

Elternkompetenz. Die Skala Elternkompetenz wurde eigens für das Projekt entwickelt und erfragt mit acht Items auf der Ich-Ebene, in welchem Ausmaß sich die Eltern selbst im Umgang mit dem Kind für kompetent halten, d.h. sich befähigt sehen, das Kind zu pflegen, es zu beruhigen, ihm etwas beizubringen und Grenzen zu setzen. Darüber hinaus geht es um das Einfühlungsvermögen in kindliche Bedürfnisse sowie die Fähigkeit, bei Problemen die Ruhe zu bewahren. Auf der Du-Ebene wird mit fünf Items die Kompetenz des Partners eingeschätzt (*Partnerkompetenz*). Beide Skalen zeichnen sich durch sehr gute Reliabilitäten aus.

Elterneinstellungen. Um die emotionalen Einstellungen der Eltern zu ihrem Kind zu erfassen, wurden ausgewählte und gekürzte Skalen aus dem „Einstellungsfragebogen für Mütter mit Kleinstkindern" (EMKK) von Codreanou (1984) vorgegeben. Da sich die Skalen Freude und Frustrationstoleranz faktorenanalytisch nicht klar trennen ließen, wurden sie zu einer aus 10 Items bestehenden reliablen Globalskala *Emotionale Überforderung* zusammengefasst. Personen mit hohen Werten auf dieser Skala erleben im Umgang mit dem Kind Gefühle der Frustration und Überlastung sowie einen Mangel an Freude und Begeisterung. Um eventuell stattfindende Kompensationsprozesse untersuchen zu können, wird die Skala *Ängstliche Überfürsorge* herangezogen, die mit 5 Items eine übertriebene Sorge um das Wohl des Kindes abbildet. Beide Skalen sind hinreichend konsistent und stabil.

Tabelle 5.4.5. Beispielitems für die Elternskalen

Skala	Beispiel	Alpha[a]	Stabilität[b]
Erziehungsdifferenzen	*Wenn es darum geht, unseren Kindern etwas zu erlauben oder zu verbieten, tut mein Mann dies auf eine andere Weise als ich.*	.83	.63
(Eigene)Elternkompetenz	*Es gelingt mir leicht, mein Kind zu beruhigen, wenn es schreit und sich unwohl fühlt.*	.87	.71
Partnerkompetenz	*Mein Ehemann weiß ziemlich genau, worauf er achten muss, damit es unserem Kind wirklich gut geht.*	.84	.69
Überforderung	*Es macht mir viel Spaß, mit meinem Kind zu spielen (umgepolt).*	.78	.70
Überfürsorge	*Ich bin ständig in Sorge, dass meinem Kind etwas zustoßen könnte.*	.76	.68

[a] Interne Konsistenz: Cronbach's α für die Ersteltern
[b] Jahresstabilitäten: Pearson-Korrelationen, alle Werte sign. ($p < .01$)

5.4.4 Kindliche Entwicklung

Die von den Eltern wahrgenommenen Merkmale des kindlichen Temperaments werden ab dem dritten Lebensmonat des Kindes mittels einer Adaptation der „Perception of Baby Temperament Scales" (PBT, Pedersen, Zaslow, Cain, Anderson & Thomas, 1980) erfasst. Neu entwickelt wurden die Skalen Beruhigbarkeit, Schmusigkeit und Körperliche Robustheit. Der Konzeption liegt die Annahme zugrunde, dass Aussagen von Eltern über das Temperament ihres Kindes immer sowohl Merkmale des Kindes („objektive"

Merkmale) als auch der Eltern (subjektive Wahrnehmung) beinhalten. Jede der acht Skalen besteht aus sechs Items, die konkrete kindliche Verhaltensweisen in Alltagssituationen beschreiben (vgl. Tabelle 5.4.6). Das Instrument wurde zunächst als Kartensortierungsverfahren, später in der Fragebogenversion vorgelegt. Zur Auswertung wird das Auftreten bzw. Ausbleiben von Verhaltensweisen pro Verhaltensdimension ausgezählt. Risiko- oder Belastungsindizes vergleichbar geht es hier um additive Effekte der verschiedenen Verhaltensweisen. Da man kann nicht von Homogenität innerhalb einzelner Temperamentsdimensionen ausgehen kann, ist die ansonsten übliche Reliabilitätsprüfung (Cronbach's α zur Beurteilung der Zuverlässigkeit der Messung bei kovariierenden Items einer Skala) bei diesen Dimensionen des kindlichen Temperaments nicht angebracht.

Tabelle 5.4.6. Beispielitems für die 8 Skalen des elternperzipierten Kindtemperaments

Positive Stimmung	*Im Laufe eines Tages kommt es häufig vor, dass sie gut gelaunt ist und sich vergnügt mit irgendetwas beschäftigt.*
Beruhigbarkeit	*Wenn er wegen irgendetwas weint, lässt er sich leicht trösten.*
Aktivitätsniveau	*Wenn ich sie füttere, hält sie meistens ganz still. Selten windet sie sich hin und her oder strampelt mit Armen oder Beinen.*
Vorhersagbarkeit	*Gewöhnlich hält er jeden Tag ungefähr zur selben Zeit ein Schläfchen. Die Zeit für sein Schläfchen verschiebt sich höchstens um eine halbe Stunde von einem Tag zum anderen.*
Anpassungsfähigkeit	*Wenn ich irgendetwas in ihrer täglichen Routine ändere (z.B. Essenszeiten, Schlafenszeiten) fällt es ihr leicht, sich daran zu gewöhnen.*
Annäherung	*Wenn ich ihn zu Freunden mitnehme, zeigt er großes Interesse für all die neuen Dinge in seiner Umgebung.*
Schmusigkeit	*Sie genießt es richtig, wenn ich sie streichle und zärtlich zu ihr bin.*
Körperl. Robustheit	*Kleinere Krankheiten (z.B. Schnupfen, Fieber) kommen bei ihm selten vor.*

Antwortformat: „Mein Kind ist..."   1 = genauso 2 = manchmal 3 = überhaupt nicht so

Ein Index zur Erfassung der globalen „Kindeinfachheit"

Um das breite Spektrum der kindlichen Temperamentsmerkmale möglichst umfassend abzubilden, wurde ein Index aus allen 48 Einzelitems herangezogen. Items der Skala Aktivität gehen umgepolt ein. Folgende Überlegungen sind für diese Vorgehensweise bedeutsam: Kinder mit Auffälligkeiten in mehreren Verhaltensbereichen werden wahrscheinlich für ihre Eltern eher zur Belastung als Kinder, die nur in einem Bereich Probleme zeigen; dagegen sind Kinder, die viele positive Verhaltensweisen an den Tag legen, für die Eltern wahrscheinlich besonders belohnend; einzelne Auffälligkeiten können durch Stärken in anderen Bereichen (z.B. durch ein hohes Ausmaß an Schmusigkeit) ausgeglichen werden. Zudem werden zu verschiedenen Altersstufen jeweils andere Verhaltensweisen relevant sein. So ist ein eher vermeidendes und wenig anpassungsfähiges Kind für die Eltern im Säuglingsalter meist weniger problematisch als später, wenn es in den Kindergarten gehen soll (Thomas & Chess, 1980). Maximum-Likelihood-Faktorenanalysen zeigen, dass es angemessen ist, die einzelnen Dimensionen zu einer Globalskala der wahrgenommenen Kindeinfachheit zusammenzufassen.

Erfassung der kindlichen Emotionalität

Man kann davon ausgehen, dass die Stimmung des Kindes und seine Beruhigbarkeit zwei Facetten des kindlichen Temperaments darstellen, die eng miteinander zusammenhängen, was auch die vergleichsweise hohen Interkorrelationen der beiden Skalen bestätigen. Explorative Maximum-Likelihood-Faktorenanalysen anhand des gesamten Itempools zeigen, daß die Items der Skalen Positive Stimmung und Beruhigbarkeit zu allen Messzeitpunkten einen einzigen stabilen Faktor ergeben. Die Goodness-of-Fit-Indizes sprechen für die einfaktorielle Struktur ($\chi^2 = 49.52$; $df = 44$; $p = .26$ für MZP 8). Die in Anlehnung an Belsky (1991) als „Emotionalität" bezeichnete Dimension vereinigt Aspekte der emotionalen Gestimmtheit und Emotionsregulation (vgl. Tabelle 5.4.7). Die internen Konsistenzen sind durchgängig sehr gut (Cronbach's α im Mittel bei .81).

Übereinstimmung der Eltern

In ihrer Beurteilung des kindlichen Temperaments stimmen die beiden Eltern wie zu erwarten in moderatem Ausmaß überein. Die Stimmungslage des Kindes beurteilen sie noch am ähnlichsten (bis zu $r = .64$). Vor allem für die drei Monate alten Säuglinge ergeben sich Diskrepanzen in der Wahrnehmung der Eltern ($r = .36$, $p < .05$). Es ist anzunehmen, dass die Eltern zu diesem frühen Messzeitpunkt noch nicht so viel Gelegenheit gehabt haben, Erfahrungen mit dem Kind zu sammeln und sich darüber auszutauschen.

Dies zeigt sich auch in dem häufigen Gebrauch der Antwortkategorie „(dieses Verhalten) *kenne ich nicht*" zu diesem Messzeitpunkt.

Tabelle 5.4.7. Wortlaut und Faktorladungen* der Items für die Skala Emotionalität

Itemwortlaut	8. MZP
Sie beruhigt sich schnell wieder, wenn sie irgendetwas irritiert hat.	.79
Wenn sie wegen irgendetwas weint, lässt sie sich leicht trösten.	.71
Sie ist so gut wie nie launisch oder quengelig, es sei denn, sie ist müde oder hat Hunger.	.70
Sie ist die meiste Zeit ein zufriedenes und fröhliches Kind.	.66
Es kommt eigentlich so gut wie jeden Tag vor, dass sie wegen irgendetwas ärgerlich wird.	-.64
Im Laufe eines Tages kommt es häufig vor, dass sie gut gelaunt ist und sich vergnügt mit irgendetwas beschäftigt.	.60
Wenn sie etwas aus der Ruhe gebracht hat, dauert es lange, bis sie sich wieder beruhigt hat.	-.57
Wenn sie mal heftig weint und schreit, ist es schwer, sie zu besänftigen.	-.56
Wenn sie sich irgendwie wehgetan hat, muss ich schon eine Menge „Tricks" anwenden, um sie zu trösten.	-.53
Wenn sie sich erschreckt hat, dauert es nicht lange, und sie ist wie vorher.	.40
Wenn ich keine Zeit für sie habe, wird sie rasch unruhig und quengelig.	-.40

* Maximum-Likelihood-Faktorenanalyse

Stabilitäten und Mittelwerte der Temperamentsdimensionen

In ihrer gesamten Temperamentscharakteristik verändern sich die Kinder am wenigsten, hier liegen die Jahresstabilitäten durchschnittlich über $r = .60$. Einzelne Dimensionen weisen dagegen geringere Stabilitäten auf. Mütter sehen insgesamt mehr Veränderungen als Väter. Dagegen ergeben sich keine Unterschiede auf Mittelwertsebene; Väter nehmen ihre Kinder durchschnittlich also nicht als anstrengender oder pflegeleichter wahr als ihre Frauen. Mittelwerte und Standardabweichungen können im Anhang eingesehen werden (vgl. Tabelle 14.3.1 im Anhang). Die meisten Eltern unserer Stichprobe empfinden ihr Kind zunächst als „einfach"; doch im Laufe der Zeit beurteilen sie es als zunehmend schwieriger. Der Unterschied beträgt annähernd eine Standardabweichung und wird zum 4. Lebensjahr des Kindes signifikant ($t = 3.7$; $df = 79$; $p < .001$). Trotz dieser Tendenz zur Verschlechterung liegen die Durchschnittswerte auch im 5. Lebensjahr über 2.0, was bedeutet, dass die Kinder von ihren Eltern immer noch positiv wahrgenommen werden.

5.5 Auswertungsmethoden

In diesem Abschnitt werden die statistischen Auswertungsverfahren skizziert, die zur Überprüfung der aufgeworfenen Fragestellungen herangezogen werden sollen. Ausführlichere Informationen zu den angewandten Verfahren finden sich in Anhang 14.2.

Um die Partnerschaftsentwicklung von Eltern und kinderlosen Paaren kontrastieren zu können (Hypothese 1.1 und 1.2), werden Varianzanalysen durchgeführt, die Mittelwertsunterschiede zwischen den beiden Gruppen sowie Unterschiede im zeitlichen Entwicklungsverlauf aufdecken sollen. Ein „Haupteffekt" liegt vor, wenn ein Effekt (z.B. das Nachlassen der Partnerschaftsqualität) nur auf einen einzigen Faktor zurückzuführen ist (beispielsweise den Elternstatus). Wenn zwei Variablen in ihrem Einfluss zusammenwirken, wird dies als „Interaktionseffekt" bezeichnet (z.B. wenn das Verstreichen von Zeit für Eltern andere Auswirkungen mit sich bringt als für kinderlose Paare). Das Ausgangsniveau der Partnerschaftsqualität zum ersten Messzeitpunkt wird als Kovariate berücksichtigt, d.h. der Einfluss, der auf diese Variable zurückgeht, wird herausgerechnet. Als Maß für die Stärke jedes Effektes wird der Anteil erklärter Varianz (Eta^2) betrachtet.

Regressionsanalysen bieten die Möglichkeit, Ausprägungen einer (Outcome-) Variable aus den Werten anderer (Prädiktor-)Variablen vorherzusagen. Sie werden herangezogen, um zu prüfen, in wieweit sich Merkmale des Kindes aus der Qualität der Paarbeziehung vorhersagen lassen (Hypothese 2.1), bzw. um Effekte des Kindtemperaments auf den Verlauf der Partnerschaft zu ermitteln (Hypothese 2.2). Der Determinationskoeffizient R^2 gibt über den Anteil der erklärten Varianz und damit über die Stärke der Zusammenhänge Aufschluss.

Um wechselseitige Einflüsse zwischen Paaren und Kindern zu verfolgen (Hypothese 2.3, vgl. Abbildung 5.2.1), werden Pfadmodelle gerechnet. Die Höhe der Pfadkoeffizienten steht dabei für die Stärke des Zusammenhangs; Pfeile geben die Einflussrichtung an. Die hypothetische Modellstruktur wird vorgegeben und daraufhin überprüft, ob und inwieweit sie den zugrundeliegenden Daten entspricht (d.h. wie gut der „Fit" bzw. die Passung zwischen theoretisch postuliertem und empirischem Modell ist). Kennzeichen eines optimal angepassten Modells sind: ein nicht signifikanter χ^2-Wert (als Zeichen dafür, daß keine signifikante Abweichung zwischen theoretischem und empirischen Modell vorliegt), CFI- und AGFI-Werte von 1.00 (für die Güte der Passung) sowie RMSEA-Werte unter .10 (für einen geringen Fehler).

Um zu prüfen, ob für Mütter und Väter dieselbe *Modellstruktur* gilt, werden Gruppenvergleichstests gerechnet. Ein nicht signifikanter χ^2-Wert bedeutet dann, dass die getestete Modellstruktur sowohl für die Daten der Mütter als auch der Väter angemessen ist. Zusätzlich wird untersucht, ob die *Höhe* der Pfadkoeffizienten sich in den beiden Gruppen unterscheidet. Dazu werden alle Pfade restringiert, d.h. in beiden Gruppen gleichgesetzt. Ein χ^2-Vergleichstest gibt Aufschluss darüber, ob sich die Modellgüte durch die Restriktionen signifikant verschlechtert. Ein signifikanter χ^2-Differenzwert weist darauf hin, dass sich die Pfadhöhen bei Männern und Frauen signifikant voneinander unterscheiden.

Zur Überprüfung vermittelnder Mechanismen (Hypothese 3.3) werden Mediatorhypothesen getestet. Es wird untersucht, ob der Zusammenhang zwischen zwei Variablen (z.B. Partnerschaftsqualität und Kindtemperament) durch eine dritte Variable (z.B. die Erziehung) erklärt werden kann, die insofern „Bindeglied" oder Vermittler ist. Eine Variable fungiert dann als Mediatorvariable, wenn sie für die Beziehung zwischen Prädiktor- und Outcome-Variable verantwortlich ist. Während Moderatoren spezifizieren, wann bestimmte Effekte auftreten, erklären Mediatoren, wie oder warum solche Effekte auftreten. Abbildung 5.5.1 zeigt die Ursachenkette, die Mediatormodellen zugrunde liegt. Zum Nachweis von Mediatoreffekten müssen nach Baron und Kenny (1986) folgende Kriterien erfüllt sein:

1. Variationen in der Prädiktorvariable erklären Variationen in der Mediatorvariable (Pfad a)
2. Variationen in der Mediatorvariable erklären Variationen in der Outcome-Variable (Pfad b)
3. Wenn die Pfade a und b kontrolliert, d.h. beide mit in das Vorhersagemodell einbezogen werden, so wird die zuvor signifikante Beziehung zwischen Prädiktor und Outcome-Variable insignifikant bzw. reduziert sich deutlich.

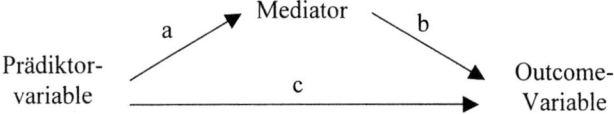

Abbildung 5.5.1. Mediatormodell (Baron & Kenny, 1986)

Der stärkste Nachweis für Mediation liegt vor, wenn Pfad c Null wird. Eine signifikante Reduktion zeigt, dass der Mediator wirksam ist, aber weder eine notwendige noch eine hinreichende Bedingung für das Auftreten des Effektes ist. Bezogen auf die in Abschnitt 5.2.3 aufgeführten Hypothesen bedeutet dies: Direkte Effekte der Partnerschaftsqualität auf die kindliche Entwicklung werden bestätigt, wenn die Zusammenhänge trotz Einführung einer vermittelnden Erziehungsvariable bestehen bleiben. Ein Mediatoreffekt liegt dann vor, wenn sie sich merklich reduzieren (partieller Mediatoreffekt) oder völlig insignifikant werden (vollständiger Mediatoreffekt).

Darüber hinaus sollen auch Moderatoreffekte getestet werden. Beeinflusst eine Variable die Richtung und/oder Stärke der Beziehung zwischen Prädiktor- und Outcome-Variable, gilt sie als Moderatorvariable (Baron & Kenny, 1986). Würden beispielsweise nur „schwierige" Jungen, nicht aber „schwierige" Mädchen die Eltern belasten, könnte das Geschlecht des Kindes als Moderator bezeichnet werden.

Um differentielle Entwicklungsverläufe von Kindern bzw. Paaren zu eruieren (Hypothesenblock 5), kommen clusteranalytische Verfahren zum Einsatz. Clusteranalysen erlauben es, Personen anhand ihrer Merkmalsausprägungen in unterschiedliche Gruppen („Cluster") einzuteilen, so daß sich Personen einer Gruppe ähnlich, Personen verschiedener Gruppen unähnlich sind. Um die Entwicklungsgruppen aus den Ressourcen des Familiensystems vorherzusagen (Hypothese 5.1 und 5.3), wird auf logistische Regressionsanalysen zurückgegriffen (weil es um die Vorhersage einer nicht-kontinuierlichen, kategorialen Variable wie der Gruppenzugehörigkeit geht).

6 Ergebnisse für die Gesamtgruppe der Ersteltern

6.1	Veränderung der Partnerschaftsqualität in der Gesamtgruppe der Ersteltern	111
6.1.1	Eltern und kinderlose Paare im Vergleich	112
6.1.2	Die Bedeutung der vorgeburtlichen Partnerschaftsqualität für die Entwicklung der Paare	117
6.1.3	Zusammenfassung und Interpretation der Befunde	118
6.2	Die Bedeutung der Ehebeziehung für die kindliche Entwicklung	120
6.2.1	Einflüsse der vorgeburtlichen Partnerschaftsqualität auf die kindliche Entwicklung	120
6.2.2	Die Bedeutung nachgeburtlicher Partnerschaftsmerkmale	125
6.2.3	Zusammenfassung und Interpretation der Befunde	130
6.3	Die Bedeutung von Kindtemperament und -geschlecht für die Ehebeziehung	132
6.3.1	Der Einfluss des kindlichen Geschlechts	133
6.3.2	Die Bedeutung des Kindtemperaments	135
6.3.3	Zusammenfassung und Interpretation der Befunde	139
6.4	Die längsschnittliche Entwicklung von Partnerschaftsqualität und Kindtemperament	141
6.4.1	Positive Zugewandtheit und Kindtemperament im 2-Jahreslängsschnitt	142
6.4.2	Positive Zugewandtheit und Kindtemperament im 5-Jahreslängsschnitt	145
6.4.3	Partnerschaftliche Selbständigkeit und Kindtemperament	146
6.4.4	Zusammenfassung und Interpretation der Befunde	151
6.5	Mediatoreffekte: Überprüfung vermittelnder Prozesse	152
6.5.1	Der Einfluss der Erziehungsqualität auf die kindliche Entwicklung	153
6.5.2	Die Bedeutung der Partnerschaftsqualität für die Erziehung	154
6.5.3	Positive Zugewandtheit und Kindtemperament: Überprüfung von Mediatoreffekten	156

6.5.4	Selbständigkeit und Kindtemperament: Überprüfung von Mediatoreffekten	162
6.5.5	Zusammenfassung und Interpretation der Befunde	168
6.6	Überprüfung der Common-factor-Hypothese	171
6.6.1	Zusammenhangsmuster	172
6.6.2	Zur Bedeutung der partnerschaftlichen Zugewandtheit	173
6.6.3	Zur Bedeutung der partnerschaftlichen Selbständigkeit	176
6.6.4	Zusammenfassung und Interpretation der Befunde	184

Die Darstellung der Ergebnisse erfolgt in zwei großen Teilen. Das vorliegende Kapitel ist den Befunden gewidmet, die sich für die Gesamtgruppe der Ersteltern ergeben (Hypothesenblöcke 1 bis 4); im nächsten Kapitel werden differentielle Entwicklungsverläufe (Hypothesenblock 5) beschrieben.

6.1 Veränderung der Partnerschaftsqualität in der Gesamtgruppe der Ersteltern

In diesem Abschnitt wird die Entwicklung der Partnerschaftsqualität der Ersteltgruppe im Fünfjahres-Längsschnitt betrachtet. Im Mittelpunkt steht die Frage, welche Effekte die Geburt des ersten Kindes auf die Elterngruppe dieser Studie hat (Hypothesenblock 1). Um sicher zu gehen, dass beobachtete Veränderungen im Laufe der Jahre nicht einfach auf den Faktor Zeit zurückgehen, ist es notwendig, als Vergleichsgruppe eine Gruppe kinderloser Paare heranzuziehen. Nur ein solcher Kontrollgruppenvergleich erlaubt die Entscheidung der Frage, ob die Einschränkung der Paarqualität tatsächlich aus der Elternschaft resultiert (also als „Kind-Effekt" zu betrachten ist), oder einfach nur eine Erosion mit zunehmender Beziehungsdauer darstellt, die sich bei allen Paaren ergibt. Die Gruppe der Ersteltern wird deshalb im folgenden kontrastiert mit einer Gruppe von Paaren, die im gesamten Zeitraum kinderlos geblieben ist. Es wurde postuliert, dass die Gruppe der Ersteltern im Vergleich zu kinderlosen Paaren im Übergang zur Elternschaft signifikante Einbußen in der Partnerschaftsqualität erlebt (H 1.1), wobei vermutlich bestimmte Aspekte der Partnerschaftsqualität früher von Veränderungen betroffen sind (z.B. die wahrgenommene Selbständigkeit) als andere (z.B. die positive Zugewandtheit der Partner oder der Umgang mit Konflikten; H 1.2).

Die Überprüfung erfolgt in zwei Schritten. Zunächst werden in multivariaten Varianzanalysen die Effekte der Elternschaft (Gruppe der Erstelltern vs. kinderlose Paare als Zwischensubjektfaktor), der Zeit (als Messwiederholungsfaktor, im jährlichen Abstand, also 6 Messzeitpunkte) und des Geschlechts der Partner (da es sich um Paare, also abhängige Stichproben handelt, als Messwiederholungsfaktor modelliert) sowie deren Interaktionen geprüft. Es handelt sich somit um ein 2 (Gruppe) x 2 (Geschlecht) x 6 (Zeit)-Design. Da diese Methode jedoch keine Information darüber zur Verfügung stellt, *wann* genau signifikante Veränderungen im Vergleich zur Gruppe der kinderlosen Paare auftreten, folgen univariate Kovarianzanalysen getrennt für die einzelnen Messzeitpunkte (also 6 Einzelvergleiche). Um das Ausgangsniveau der Paarqualität zum ersten Messzeitpunkt zu kontrollieren, wird dieses (aus Sicht beider Partner) stets als Kovariate in die Analysen einbezogen. Deskriptive Statistiken finden sich in Anhang 14.3; die Ergebnisse der Varianzanalysen in Anhang 14.4.

6.1.1 Eltern und kinderlose Paare im Vergleich

Positive Zugewandtheit. Abbildung 6.1.1 veranschaulicht die Entwicklung der Positiven Zugewandtheit in den beiden Gruppen. Wenn nur der zeitliche Verlauf innerhalb der Gruppe der Erstelltern betrachtet wird, dann zeigt sich, dass die partnerschaftliche Zugewandtheit bis zum ersten Jahr der Elternschaft, vom ersten zum zweiten und vom zweiten zum dritten Jahr jeweils signifikant abnimmt ($p < .01$). Der augenscheinliche Rückgang vom dritten zum vierten Jahr verfehlt die Signifikanz, danach bleibt das Niveau stabil. Doch nur der Vergleich mit der Kontrollgruppe der kinderlosen Paare kann darüber Aufschluss geben, ob diese Veränderungen einfach auf das Verstreichen von Zeit zurückzuführen sind oder tatsächlich Auswirkungen der Geburt des Kindes darstellen. Die multivariate Varianzanalyse erbringt einen signifikanten Haupteffekt für die Gruppe der Eltern vs. kinderlosen Paare ($Eta^2 = .24$) sowie einen signifikanten Haupteffekt für den Faktor Zeit ($Eta^2 = .67$). Zudem zeigt sich auch der erwartbare Interaktionseffekt Gruppe x Zeit ($Eta^2 = .30$).

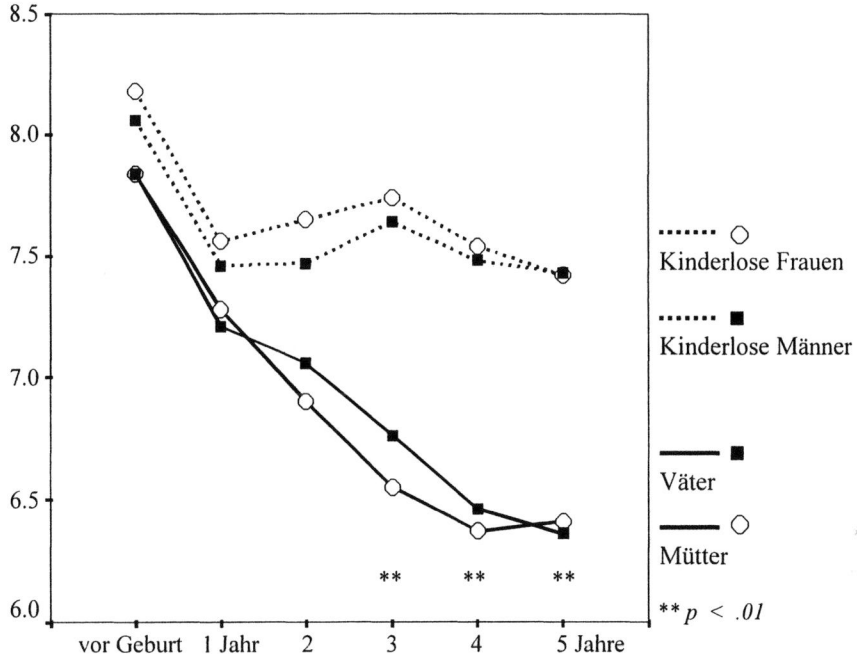

Abbildung 6.1.1. Positive Zugewandtheit bei Eltern und kinderlosen Paaren

Wie in Abbildung 6.1.1 zu erkennen ist, können die Paare unserer Stichprobe zu Beginn der Untersuchung als glückliche Paare betrachtet werden; sie empfinden die Zugewandtheit in ihrer Partnerschaft bei einer Ausprägung von $M = 8$ innerhalb des möglichen Wertebereichs von 1 bis 10 als weit überdurchschnittlich. Die Gruppe der werdenden Eltern schneidet zwar geringfügig schlechter ab als die kinderlosen Paare, doch sind diese Unterschiede nicht statistisch signifikant (vgl. Anhang 14.4). Im Laufe der Zeit erleben alle Paare – unabhängig vom Status der Elternschaft – Einbußen ihrer Partnerschaftsqualität (Haupteffekt Zeit), doch diese sind in der Gruppe der Ersteltern stärker als in der Vergleichsgruppe der kinderlos gebliebenen Paare (Interaktionseffekt Gruppe x Zeit). Dies gilt für Väter und Mütter gleichermaßen (keine Effekte für das Geschlecht der Partner). Während die Zugewandtheit der kinderlosen Paare nach fünf Jahren immer noch als überdurchschnittlich bezeichnet werden kann ($M = 7.42$) und nur im ersten Untersuchungsjahr um etwas mehr als eine halbe Standardabweichung (bezogen auf die Verteilung in der vorliegenden Stichprobe) sinkt, danach aber stabil bleibt, nimmt die

Zugewandtheit der Elternpaare bis zum vierten Jahr der Elternschaft immer weiter ab und kann dann mit $M < 6.5$ nur noch als durchschnittlich betrachtet werden. Die Einbußen sind doppelt so groß wie bei den kinderlosen Paaren.

Durch nachfolgende Kontraste kann eruiert werden, ab welchem Zeitpunkt sich Eltern und kinderlose Paare tatsächlich signifikant unterscheiden. Im ersten Lebensjahr des Kindes (t4) zeigen sich noch keine statistisch bedeutsamen Unterschiede; im zweiten Lebensjahr geht die Entwicklung der beiden Gruppen dann sichtbar auseinander. Ohne Einbeziehung des Ausgangsniveaus der partnerschaftlichen Zugewandtheit als Kovariate wären diese Unterschiede signifikant ($p < .05$); wird jedoch das Ausgangsniveau kontrolliert, so wird die Signifikanz verfehlt. Erst ab dem dritten Lebensjahr des Kindes ergibt sich auch bei Kontrolle des Ausgangsniveaus ein signifikanter Haupteffekt für den Faktor Gruppe ($Eta^2 = .18$). Das gleiche gilt für die folgenden beiden Jahre. Dass die Einbußen bis zum dritten Erhebungsjahr bei Eltern tatsächlich sehr viel stärker ausgeprägt sind als bei kinderlosen Paaren, verdeutlichen auch die Unterschiede im Anteil der durch den Faktor Zeit erklärten Varianz in den beiden Gruppen, der bei Vätern das Zweifache, bei Müttern sogar fast das Dreifache beträgt ($Eta^2 = .56$ für Väter gegenüber $Eta^2 = .28$ für kinderlose Männer; $Eta^2 = .63$ für Mütter gegenüber $Eta^2 = .23$ für kinderlose Frauen).

Es lässt sich festhalten, dass die Paare unserer Stichprobe zu Beginn der Untersuchung als glückliche Paare gelten können. Während die Zugewandtheit bei kinderlosen Paaren im Laufe der Zeit nur geringfügig zurückgeht, sinkt sie in der Elterngruppe durch die Geburt des ersten Kindes auf ein durchschnittliches Niveau ab. Diese negativen Veränderungen sind keineswegs kurzfristig und vorübergehend, sondern deuten sich im Vergleich zu kinderlosen Paaren erst im 2. Lebensjahr des Kindes an, werden im 3. Lebensjahr des Kindes offenkundig und bleiben bis zum fünften Lebensjahr des Kindes bestehen.

Subskalen der Zugewandtheit. Betrachtet man nun die fünf zugehörigen Subskalen (Intimität, Verbundenheit, Sexuelle Intimität, Problemlösekompetenzüberzeugung und Aktivität) separat, erkennt man, dass die Elterngruppe in sämtlichen Bereichen im Verlauf der fünf Jahre deutlichere Verschlechterungen erlebt als die Kontrollgruppe der kinderlosen Paare. Eine Ausnahme bildet die Sexuelle Intimität; überraschenderweise werden in diesem Bereich kinderlose Paare ebenso wie Eltern im Laufe der Zeit immer unzufriedener; insbesondere Männer erleben diesen Aspekt der Beziehung im Verleich zu ihren Partnerinnen als weniger befriedigend, unabhängig vom Status der Elternschaft. In den anderen Bereichen ergeben sich ab dem dritten Lebensjahr des Kindes signifikante Unterschiede zur Kontrollgruppe, die auch in den folgenden Jahren bestehen bleiben bzw. sich tendenziell sogar weiter verschärfen. Fragt man danach, welche Aspekte der partnerschaftlichen Zugewandtheit im gesamten Zeitraum bei den Eltern besonders stark von Einbußen betroffen sind, so erweist sich die emotionale Intimität der partnerschaftlichen Beziehung bei den Eltern im Vergleich zu kinderlosen Paaren als besonders stark beeinträchtigt ($Eta^2 = .34$). Es folgen die Verbundenheit ($Eta^2 = .17$) und die Problemlösekompetenzüberzeugung ($Eta^2 = .21$).

Konflikte. Im Umgang mit Konflikten und der Konfliktbelastung unterscheiden sich Eltern und kinderlos gebliebene Paare erwartungsgemäß erst später als in der emotionalen und kognitiven Bewertung ihrer Partnerschaftsqualität. So ergeben sich im dritten Lebensjahr des Kindes überhaupt keine signifikanten Gruppenunterschiede, wenn das Ausgangsniveau als Kovariate berücksichtigt wird. Erst vier Jahre nach der Geburt sind die Eltern deutlich belasteter durch Konflikte in den verschiedenen Lebensbereichen ($Eta^2 = .11$) und wenden tendenziell dysfunktionalere Umgangsformen im Umgang mit Konflikten an als kinderlose Paare; der ungünstigere Umgang mit Konflikten ist im fünften Lebensjahr des Kindes dann offenkundig ($Eta^2 = .14$).

Selbständigkeit. Von allen untersuchten Aspekten der Beziehungsqualität empfinden Eltern die Selbständigkeit in der Partnerschaft im Vergleich zu kinderlosen Paaren am frühesten als beeinträchtigt. Bereits im ersten Lebensjahr des Kindes erleben Väter und Mütter gleichermaßen signifikante Einbußen in diesem Bereich ($Eta^2 = .09$). Diese bleiben im gesamten Erhebungszeitraum (bei dieser Skala bis t6) bestehen; im dritten Lebensjahr des Kindes sind die Unterschiede am größten ($Eta^2 = .14$). Abbildung 6.1.2 zeigt den Verlauf der Selbständigkeit bei den Paaren mit und ohne Kind. In beiden Gruppen ist die Selbständigkeit zu Beginn der Untersuchung leicht überdurchschnittlich ausgeprägt (im Vergleich zum Stenskalenmittel von 5.5 und dem Range von 1 bis 10), wenngleich deutlich geringer als die Positive Zugewandtheit. Bei den Eltern fällt die empfundene Selbständigkeit im 1. Lebensjahr des Kindes bereits knapp unter den Durchschnitt. Die Entwicklung von kinderlosen Frauen und Müttern bzw. kinderlosen Männern und Vätern verläuft auffallend parallel, wenngleich auf unterschiedlichem Ausprägungsniveau: Männer (mit und ohne Kind) empfinden im Laufe der Jahre die Selbständigkeit in der Beziehung als geringer als ihre Partnerinnen. Dieser Unterschied im Erleben von Männern und Frauen wird im 3. Jahr tendenziell signifikant (Haupteffekt Geschlecht; Eta² = .07). Ohne Berücksichtigung des unterschiedlichen Ausgangsniveaus der Selbständigkeit bei den Partnern wäre dies – wie die Abbildung es auch suggeriert – bereits ein Jahr früher der Fall.

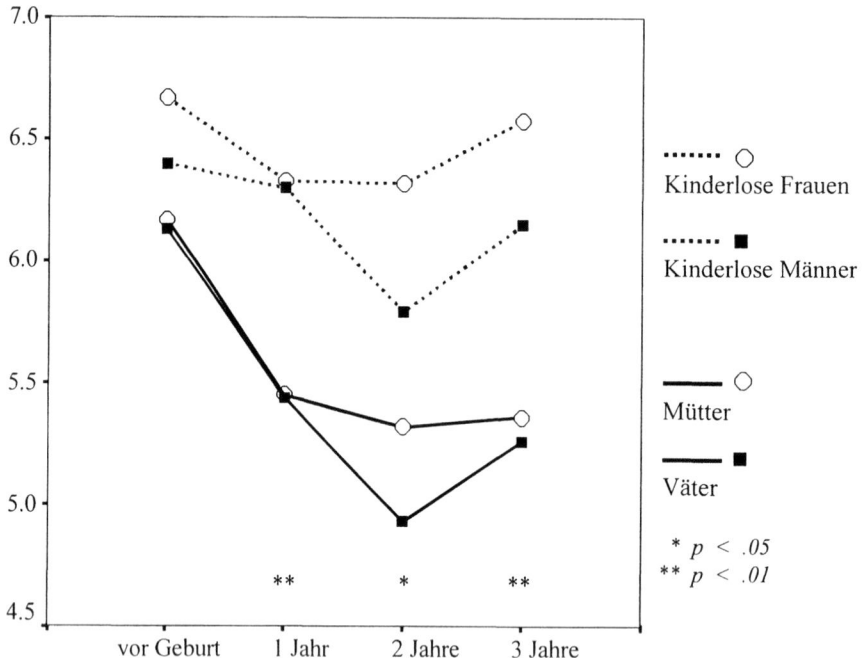

Abbildung 6.1.2. Selbständigkeit bei Eltern und kinderlosen Paaren

6.1.2 Die Bedeutung der vorgeburtlichen Partnerschaftsqualität für die Entwicklung der Paare

Da Eltern in sämtlichen untersuchten Bereichen der Partnerschaftsqualität im Laufe der fünf Jahre des Untersuchungszeitraums Einbußen erleben, stellt sich die Frage, welche vorgeburtlichen Merkmale der Partnerschaftsqualität diesen Entwicklungsverlauf vorherzusagen vermögen (H 1.3). Korrelative Befunde deuten darauf hin, dass das emotionale Klima der Partnerschaft vor der Geburt des ersten Kindes langfristig auch den Verlauf der Ehezufriedenheit und die Qualität der Konfliktlösung mitbestimmt ($r > .38$), während es die Selbständigkeit der Partner ist, die langfristig die Entwicklung des Beziehungsklimas beeinflusst ($r = .53$ für Väter; $r = .37$ für Mütter; vgl. Tabelle 14.5.5 und Tabelle 14.5.6, S. 301 f. im Anhang). Hierarchische Regressionsanalysen zur Vorhersage der Veränderung der Partnerschaftsqualität bis zum fünften Lebensjahr des Kindes (Differenzwert t8 – t1) unter Kontrolle des Ausgangsniveaus (zu t1) bestätigen dieses Bild. Im ersten Block wurde die jeweilige Partnerschaftsvariable eingegeben, im zweiten Block wurden weitere Partnerschaftsindikatoren zu t1 getestet, um zu prüfen, ob sie zusätzlich zur Erklärung der Veränderungen beitragen können.

Positive Zugewandtheit. Bester Prädiktor der Veränderung des emotionalen Beziehungsklimas bis zum fünften Lebensjahr des Kindes ist erwartungsgemäß das vorgeburtliche Ausgangsniveau ($R^2 = .17$ für Väter; $R^2 = .14$ für Mütter); es können jedoch sowohl bei den Vätern als auch bei den Müttern noch zusätzliche 23 bzw. 18 Prozent der Varianz durch die vorgeburtliche Selbständigkeit erklärt werden ($p < .01$). Das bedeutet, dass die vor der Geburt erlebte Selbständigkeit der Partner mitbestimmt, inwieweit sich das Beziehungsklima bis zum fünften Jahr der Elternschaft verschlechtert.

Selbständigkeit. Die Veränderung der Selbständigkeit, die nur bis zum dritten Lebensjahr des Kindes erfasst wurde, lässt sich jedoch nur aus dem vorgeburtlichen Ausgangsniveau selbst, nicht durch weitere Paarvariablen zu t1 erklären.

Konflikte. Ob die Paare fünf Jahre nach der Geburt ihres ersten Kindes Konflikte dysfunktionaler austragen als vorher, hängt aus Sicht der Väter (neben den vorgeburtlichen Konfliktstilen) auch vom Ausmaß der Positiven Zugewandtheit vor der Geburt des Kindes ab ($\Delta R^2 = .18$, $p < .01$), aus Sicht der Mütter auch von der vorgeburtlichen Selbständigkeit ($\Delta R^2 = .19$, $p < .01$). Je besser das vorgeburtliche Beziehungsklima und je höher die vorgeburtliche Selbständigkeit sind, desto geringer ist die Gefahr, dass Konflikte im fünften Lebensjahr des Kindes dysfunktionaler ausgetragen werden als vor der Geburt.

Ehezufriedenheit. Die Veränderung der Ehezufriedenheit im Laufe der fünf Jahre lässt sich besser aus dem vorgeburtlichen Beziehungsklima als aus dem Ausgangsniveau an Ehezufriedenheit selbst vorhersagen. Bei Vätern spielt darüber hinaus noch die vorgeburtliche Selbständigkeit eine wichtige Rolle; wiederum können zusätzliche 18 Prozent der Varianz aufgeklärt werden.

6.1.3 Zusammenfassung und Interpretation der Befunde

Partnerschaftsentwicklung von Eltern und kinderlosen Paaren. Die Ankunft des ersten Kindes bringt für die Partnerschaftsqualität der Eltern im Vergleich zu kinderlos gebliebenen Paaren signifikante Einbußen mit sich. Damit ist Hypothese 1.1 zu allgemeinen Kindeffekten im Übergang zur Elternschaft bestätigt. Die erlebten Einschränkungen sind in der Regel nicht kurzfristig oder vorübergehend, sondern langfristig und anhaltend. Wie in Hypothese 1.2 erwartet, erleben die Paare bereits im ersten Lebensjahr des Kindes eine Einschränkung ihrer persönlichen Autonomie und Freiheit; sie fühlen sich stärker aufeinander angewiesen und müssen mehr Rücksicht aufeinander nehmen. Nach und nach lassen die positiven Gefühle für den Partner nach und die Eltern erleben ihre Partnerschaft in emotionaler, kognitiver und sexueller Hinsicht unbefriedigender als kinderlose Paare. Schließlich werden Konflikte mit viel Kritik und Verächtlichkeit ausgetragen bzw. gänzlich vermieden. Diese Abfolge gleicht der Kaskade, die häufig für den Weg zur Trennung und Scheidung beschrieben wird (Gottman, 1994). Das negative Austragen von Konflikten steht demnach als bester Prädiktor der Ehestabilität auf der letzten Stufe vor der nachfolgenden Auflösung der Beziehung. Mütter und Väter erleben diese Veränderungen in gleicher Weise. Allerdings empfinden Männer (mit oder ohne Kind) die sexuelle Beziehung weniger befriedigend als ihre Partnerinnen und erleben auch die Selbständigkeit in der Partnerschaft zunehmend als eingeschränkt.

Prädiktoren der Beziehungsentwicklung bei Eltern. Entsprechend den Annahmen aus Hypothese 1.3 werden die Veränderungen der elterlichen Paarbeziehung bis zum fünften Lebensjahr des Kindes in hohem Maße von der Qualität der Partnerschaft vor der Geburt mitbestimmt. Wie stark die Einbußen in der Positiven Zugewandtheit der Partner sind, hängt sowohl vom Ausgangsniveau an Zugewandtheit als auch von der vorgeburtlichen Selbständigkeit ab. Der Verlauf der Ehezufriedenheit lässt sich besser aus dem emotionalen Beziehungsklima vor der Geburt vorhersagen als aus der vorgeburtlichen Zufriedenheit selbst. Inwieweit Konflikte im fünften Lebensjahr des Kindes dysfunktionaler ausgetragen werden als vor der Geburt, wird aus Sicht der Väter ebenfalls vom vorgeburtlichen Beziehungsklima, aus Sicht der Mütter von der vorgeburtlichen Selbständigkeit mitbestimmt. Dass die partnerschaftliche Selbständigkeit den Verlauf des emotionalen Beziehungsklimas maßgeblich mitbestimmt, unterstreicht die Bedeutung zugestandener Autonomie für die langfristige Aufrechterhaltung der Verbundenheit. Das Konzept der bezogenen Individuation (Stierlin et al., 1992) spiegelt dieses Zusammenspiel von Autonomie und Bezogenheit wider. Die Einschränkungen der Selbständigkeit bis zum dritten Lebensjahr des Kindes können zu einem großen Teil aus dem Ausmaß der vorgeburtlichen Selbständigkeit erklärt werden; andere Partnerschaftsindikatoren haben hier keinen zusätzlichen Erklärungswert. Insgesamt betrachtet erweisen sich die vorgeburtliche Zugewandtheit und Selbständigkeit der Partner als potente Schutzfaktoren vor den im Übergang zur Elternschaft drohenden Einbußen in verschiedenen Bereichen der Partnerschaftsqualität (Hypothese 1.3).

Abschließend noch eine methodische Anmerkung: Ohne die Einbeziehung des Ausgangsniveaus der Partnerschaftsqualität als Kovariate und ohne Adjustierung des α-Niveaus in den univariaten Kontrasten würden die Kindeffekte auf die Partnerschaftsqualität häufig schon früher statistisch bedeutsam werden. Wenn die Analysen getrennt für Mütter und Väter durchgeführt werden, so zeigen sich bei den Müttern die Effekte früher, bei den Vätern zeitlich verzögert. Diese geschlechtsspezifischen Unterschiede verschwinden, wenn man die Abhängigkeit der Partner (Geschlecht als Innersubjektfaktor) sowie das eventuell bereits zu Untersuchungsbeginn unterschiedliche Ausgangsniveau der erlebten Partnerschaftsqualität im Auswertungsdesign berücksichtigt. Inkonsistente Befunde aus anderen Studien können zum Teil auf solch unterschiedliche Auswertungsstrategien zurückgeführt werden.

6.2 Die Bedeutung der Ehebeziehung für die kindliche Entwicklung

In diesem Kapitel wird die Bedeutung der Partnerschaftsqualität für die kindliche Entwicklung in den ersten fünf Lebensjahren untersucht (Hypothesenblock 2.1). Vor allem geht es um die Frage, welche Merkmale der Paarbeziehung sich im Vergleich als besonders bedeutsam herauskristallisieren: Ist beispielsweise die Positive Zugewandtheit der Partner tatsächlich wichtiger als der Umgang mit Konflikten? Haben Erziehungsdifferenzen schädlichere Folgen als Konflikte im allgemeinen? Der Schwerpunkt der Analysen liegt auf vorgeburtlichen Aspekten der Partnerschaftsqualität, da hier Kindeffekte noch nicht berücksichtigt werden müssen (vgl. Abschnitt 6.2.1). In Abschnitt 6.2.2 werden dann auch nachgeburtliche Indikatoren der Partnerschaftsqualität mit der kindlichen Entwicklung in Beziehung gesetzt.

6.2.1 Einflüsse der vorgeburtlichen Partnerschaftsqualität auf die kindliche Entwicklung

Dieser Abschnitt widmet sich der Frage, welche Aspekte der *vorgeburtlichen* Paarbeziehung für die kindliche Entwicklung besonders relevant sind bzw. unter welchen partnerschaftlichen Bedingungen Kinder von ihren Eltern eher als „schwierig" oder „einfach" wahrgenommen werden. Die Ergebnisse werden separat für Mütter und für Väter berichtet, da die Zusammenhangsmuster sich unterscheiden. Zunächst wurde geprüft, ob das kindliche Geschlecht die Zusammenhänge zwischen Partnerschaftsqualität und Kindtemperament moderiert. Dazu wurden in hierarchischen Regressionsanalysen zur Vorhersage des Kindtemperaments im letzten Block die jeweiligen Interaktionsterme aus Partnerschaftsvariable x Geschlecht des Kindes auf Signifikanz getestet. Es ergaben sich keine signifikanten Interaktionseffekte. Das bedeutet, dass die Zusammenhänge zwischen Partnerschaftsqualität und Kindtemperament für Jungen und Mädchen gemeinsam betrachtet werden können.

Zusammenhangsmuster

Von allen Einzelindikatoren des Kindtemperaments weist die kindliche Stimmungslage die deutlichste und durchgängigste Verbindung zu Merkmalen der Partnerschaftsbeziehung auf. Die Zusammenhänge zwischen kindlicher Stimmung bzw. dem Temperamentsindex „einfaches Kind" einerseits und den verwendeten Indikatoren der Partnerschaftsqualität andererseits gehen in die erwartete Richtung (H 2.1.1; vgl. die korrelativen Befunde in Tabelle 14.5.1, S. 297 im Anhang): Die vorgeburtliche Positive Zugewandtheit, Ehezufriedenheit und Selbständigkeit der Partner gehen einher mit der Wahrnehmung des Kindes als gut gelaunt und einfach, eine hohe Konfliktbelastung und der dysfunktionale Umgang mit Konflikten hängen mit der Wahrnehmung des Kindes als quengelig und schwierig zusammen. Allerdings sind das Konfliktpotential bzw. der Umgang mit Konflikten für die Ausprägung der kindlichen Temperamentsmerkmale nur sehr kurzfristig, d.h. nur für den 3. Lebensmonat des Kindes von Relevanz. Das gleiche gilt für die Ehezufriedenheit, und auch das nur für Mütter. Zwei Aspekte der Partnerschaft scheinen dagegen von zentraler Bedeutung für die kurz- und langfristige Ausformung der kindlichen Temperamentsmerkmale zu sein: aus Perspektive der Mütter die Positive Zugewandtheit der Partner, aus Perspektive der Väter die in der Paarbeziehung wahrgenommene Selbständigkeit.

Unterschiede zwischen Vätern und Müttern. *Mütter*, die das emotionale Klima in der Partnerschaft vor der Geburt des Kindes als positiv und zugewandt beschreiben, nehmen ihre Kinder mit hoher Wahrscheinlichkeit als gut gelaunt und einfach wahr (in den ersten beiden Lebensjahren liegen die Zusammenhänge zur Kindeinfachheit zwischen $r = .43$ und $r = .57$). *Väter*, die in der vorgeburtlichen Beziehung viel Freiheit und Autonomie erleben, empfinden ihre zwei-, drei- und vierjährigen Kinder als einfach ($.32 < r < .40$). Während aus Perspektive der Mütter die Selbständigkeit der Partner weder kurz- noch langfristig relevant zu sein scheint, ergeben sich aus Sicht der Väter auch deutliche Bezüge zwischen der Positiven Zugewandtheit der Partner und dem kindlichen Temperament; langfristig erweist sich jedoch für die Väter die Selbständigkeit als zentrales Kriterium der Paarqualität (.32 < r < .39 für das dritte bis fünfte Lebensjahr des Kindes).

Zur relativen Bedeutung unterschiedlicher Partnerschaftsindikatoren

Um unterschiedliche Indikatoren der Partnerschaftsqualität in ihrer relativen Bedeutung für die kindliche Entwicklung zu untersuchen, werden hierarchische Regressionsanalysen sowie Pfadanalysen gerechnet.

Pfadmodelle. Die folgenden Pfadmodelle zur Vorhersage der kindlichen Stimmungslage im Alter von 3 Monaten veranschaulichen exemplarisch die wichtigsten Befunde. Als Prädiktoren werden die partnerschaftlichen Zugewandtheit, Selbständigkeit, der Umgang mit Konflikten sowie das Konfliktpotential herangezogen. Abbildung 6.2.1 zeigt die Ergebnisse für die Mütter; Abbildung 6.2.2 für die Väter. Aufgrund der Multikollinearität der Prädiktoren wurden die Kovarianzen zwischen den vier Prädiktoren mitmodelliert. Um einen Freiheitsgrad zu erhalten, wurde auf die Kovarianz mit der geringsten Ausprägung (hier zwischen Selbständigkeit und Konfliktstilen) verzichtet. In der Darstellung werden aus Gründen der Übersichtlichkeit nur die signifikanten Kovarianzpfeile dargestellt, Pfadkoeffizienten und Fit-Indizes beziehen sich aber auf das komplette Modell.

Aus Perspektive der *Mütter* erweist sich die vorgeburtliche Zugewandtheit der Partner mit einem Pfadkoeffizienten von .69 als starker und einzig signifikanter Prädiktor der kindlichen Stimmung im Alter von 3 Monaten (der positive Pfad der Konfliktstile ist deutlich nicht signifikant). Es können 35 Prozent der Variabilität der kindlichen Stimmungslage aufgeklärt werden. Der χ^2-Wert von .27 bei einem Freiheitsgrad ist mit $p = .60$ deutlich von der Signifikanz entfernt. Mit einem AGFI- bzw. CFI-Wert von (nahezu) 1 und einem RMSEA-Wert von Null ist die Güte des Modells ausgezeichnet.

Das Modell für die *Väter* erzielt mit $p = .32$ und RMSEA = .00 ebenfalls eine ausgezeichnete Anpassung an die Daten. Einzig signifikanter Prädiktor der kindlichen Stimmungslage ist die von den werdenden Vätern in der Partnerschaft erlebte Selbständigkeit. Es können 25 Prozent der Varianz in der Stimmungslage des dreimonatigen Kindes aufgeklärt werden.

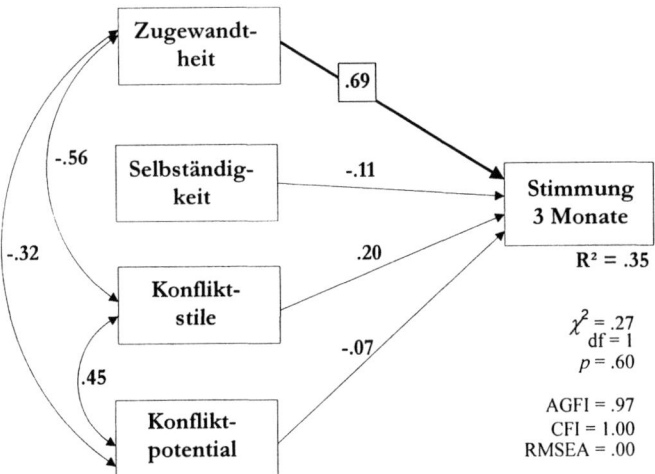

Abbildung 6.2.1. Prädiktion der mutterperzipierten kindlichen Stimmung aus vorgeburtlichen Merkmalen der Paarbeziehung

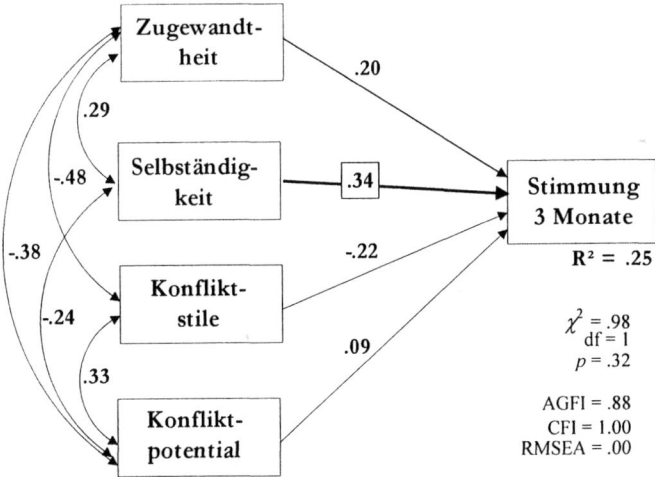

Abbildung 6.2.2. Prädiktion der vaterperzipierten kindlichen Stimmung aus vorgeburtlichen Merkmalen der Paarbeziehung

Regressionsanalytische Befunde für Mütter. Auch hierarchische Regressionsanalysen erlauben es, die relative Bedeutsamkeit unterschiedlicher Partnerschaftsindikatoren zu untersuchen. Die Prädiktorvariablen werden dabei nacheinander in Blöcken eingegeben, um einen eventuellen Zugewinn an Varianzaufklärung (ΔR^2) durch das Hinzufügen eines weiteren Prädiktors zu eruieren. Indem die Reihenfolge der Schritte vertauscht wird, lässt sich herausfinden, welche der Variablen einen über die andere Variable hinausgehenden Beitrag zur Varianzaufklärung zu leisten vermag. Mit dieser Vorgehensweise bestätigt sich aus Perspektive der Mütter die Positive Zugewandtheit als überlegene Prädiktorvariable, sowohl im Vergleich zur Ehezufriedenheit, als auch im Vergleich zum Konfliktpotential und dem Umgang mit Konflikten (vgl. Tabelle 14.6.1, S. 307 im Anhang für die Modelle mit Positiver Zugewandtheit im 1. Block). Mit der Positiven Zugewandtheit im ersten Block leistet keine der anderen Variablen einen darüber hinausgehenden Beitrag zur Varianzaufklärung; mit der Positiven Zugewandtheit an zweiter Stelle können dagegen weitere Varianzanteile aufgeklärt werden. Für die Vorhersage der kindlichen Temperamentsmerkmale im Alter von drei Monaten sind dies zusätzlich zum dysfunktionalen Umgang mit Konflikten 11 Prozent, zusätzlich zur globalen Ehezufriedenheit ebenfalls 11 Prozent ($p < .01$). Insgesamt können bis zu 31 Prozent der Variabilität kindlicher Temperamentsmerkmale durch die Positive Zugewandtheit erklärt werden. Zudem beeinflusst sie nicht nur, wie einfach oder schwierig das Kind in den ersten Lebensjahren wahrgenommen wird, sondern auch, ob es sich vom 3. Lebensmonat bis zum 1. Lebensjahr bzw. vom 1. zum 2. Lebensjahr eher positiv weiterentwickelt oder zunehmend schwieriger wird. Für *Veränderungen* vom 4. zum 5. Lebensjahr wird allerdings erstmals auch die von den werdenden Müttern erlebte Selbständigkeit relevant: Sie beeinflusst, ob sich die Stimmungslage der Kinder langfristig verschlechtert ($\Delta R^2 = .09$, $\beta = .31$, $p < .05$, vgl. Tabelle 14.6.2 im Anhang). Die vorgeburtliche Selbständigkeit der Partner scheint also auch aus Sicht der Mütter langfristig der kindlichen Entwicklung förderlich zu sein.

Regressionsanalytische Befunde für Väter. Im Vergleich zur Ehezufriedenheit oder dem Umgang mit Konflikten erweist sich auch aus Sicht der Väter die Positive Zugewandtheit der Partner als potenterer Prädiktor der kindlichen Entwicklung. Wie schon in den Korrelationsanalysen deutlich wurde, spielt aus Sicht der Väter vor allem die vorgeburtliche Selbständigkeit eine Rolle für die langfristige kindliche Entwicklung, während sich kurzfristig die Positive Zugewandtheit und Selbständigkeit in der Vorhersage der kindlichen Temperamentsmerkmale ergänzen. Beide Aspekte leisten in den ersten Lebensmonaten einen eigenständigen Beitrag zur Varianzaufklärung. Ab dem 3. Lebensjahr ist dann die Selbständigkeit der relevantere Prädiktor der kindlichen Temperamentsmerkmale ($R^2 = .13$, $p < .05$ im dritten Jahr bzw. $R^2 = .08$, $p < .05$ im vierten Jahr; vgl. Tabelle 14.6.2 im Anhang); die Zugewandtheit ist nicht mehr signifikant. Insgesamt ist der Anteil erklärbarer Varianz aus Sicht der Väter etwas geringer als aus Sicht der Mütter.

6.2.2 Die Bedeutung nachgeburtlicher Partnerschaftsmerkmale

Um auch die Rolle von Erziehungsdifferenzen (also auf das Kind bezogene Konflikte) zu untersuchen (vgl. H 2.1.2) und zu prüfen, wie sich die in Abschnitt 6.1 beschriebenen Veränderungen der Partnerschaft auf die Kinder auswirken, werden kurz auch nachgeburtliche Paarmerkmale mit der kindlichen Entwicklung in Beziehung gesetzt. Hierbei ist allerdings zu beachten, dass bereits Kindeffekte wirksam geworden sein können, was die Interpretation der Befunde erschwert.

Pfadmodelle für das fünfte Lebensjahr. Exemplarisch sollen die Befunde zu nachgeburtlichen Prädiktoren des kindlichen Temperaments zunächst anhand von Pfadmodellen veranschaulicht werden. Entsprechend den Modellen zur Prädiktion der elternperzipierten kindlichen Stimmung im Kindesalter von 3 Monaten wird die Stimmungslage im fünften Lebensjahr aus der Positiven Zugewandtheit, den Erziehungsdifferenzen (anstelle des generellen Konfliktpotentials) und den Konfliktstilen im fünften Jahr sowie der erlebten Selbständigkeit im dritten Jahr der Elternschaft (die danach nicht mehr erfasst wurde) vorhergesagt. Abbildung 6.2.3 zeigt das Modell für die Mütter, Abbildung 6.2.4 das Modell für die Väter. Die Fit-Indizes sprechen für die sehr gute Anpassung beider Modelle an die Daten. Aus Sicht der Mütter spielt die Positive Zugewandtheit nach wie vor eine wichtige Rolle, verliert aber ihre Position als einziger und stärkster Prädiktor. Dafür gewinnen die Selbständigkeit und Erziehungsdifferenzen an Bedeutung. Insgesamt beträgt der Anteil erklärter Varianz 45 Prozent. Bei den Vätern bleibt die Selbständigkeit stärkster Prädiktor, doch auch hier kommen die Erziehungsdifferenzen als relevante Prädiktorvariable hinzu. Insgesamt können 26 Prozent der Varianz aufgeklärt werden. Dies ist – ebenso wie bei den Modellen für den dritten Lebensmonat – weniger als bei den Müttern. Die Modelle bestätigen, (a) dass die partnerschaftliche Zugewandtheit aus Perspektive der Mütter für Kinder bedeutsamer ist als der konkrete Umgang mit Konflikten, (b) dass Erziehungsdifferenzen für Kinder relevanter sind als der konkrete Umgang mit Konflikten und zusätzlich zur Positiven Zugewandtheit Varianz aufklären können (H 2.1.2) und (c) dass nicht nur für Männer, sondern auch für Frauen die in der Partnerschaft erlebte Selbständigkeit die kindliche Entwicklung maßgeblich beeinflusst.

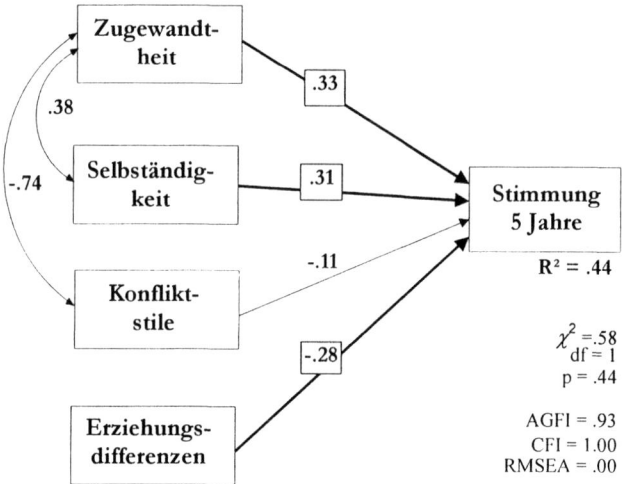

Abbildung 6.2.3.
Prädiktion der mutterperzipierten kindlichen Stimmung im 5. Lebensjahr

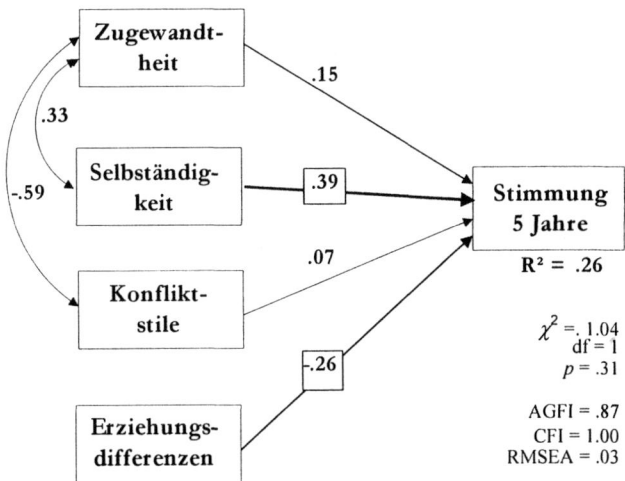

Abbildung 6.2.4.
Prädiktion der vaterperzipierten kindlichen Stimmung im 5. Lebensjahr

Erziehungsdifferenzen. Dass Differenzen in Erziehungsfragen (die ab dem 3. Lebensjahr des Kindes erfasst wurden) sowohl aus Sicht der Mütter, als auch aus Sicht der Väter an Bedeutung gewinnen, zeigen auch die Regressionsanalysen. Bei den *Vätern* gilt dies bereits für den zeitgleichen Zusammenhang im dritten Lebensjahr ($r = -.34$, $p < .05$). Allerdings leisten Erziehungsdifferenzen keinen über die Positive Zugewandtheit hinausgehenden Beitrag zur Varianzaufklärung; umgekehrt gilt das gleiche. Bei den *Müttern* ergeben sich erst im vierten Lebensjahr des Kindes bedeutsame Zusammenhänge zwischen den Meinungsverschiedenheiten in Erziehungsfragen und Merkmalen des Kindes ($r = -.35$, $p < .05$). Im fünften Lebensjahr des Kindes leisten diese sogar einen über die Positive Zugewandtheit hinausgehenden Beitrag zur Varianzaufklärung des kindlichen Temperaments; das gleiche gilt für die umgekehrte Reihenfolge. Das bedeutet, dass beide Aspekte einen einzigartigen Beitrag zur Varianzaufklärung beisteuern, wobei die Positive Zugewandtheit stärkere prädiktive Kraft besitzt. Sie klärt im zweiten Block zusätzlich 20 Prozent auf, während die Erziehungsdifferenzen im 2. Block nur 11 zusätzliche Prozent erklären können (vgl. H 2.1.2).

Partnerschaftliche Selbständigkeit. Die Selbständigkeit der Partner ist der einzige Bereich, in dem die Eltern bereits im ersten Lebensjahr des Kindes im Vergleich zu den Nichteltern signifikante Einbußen erleben (vgl. Abschnitt 6.1). Genau solche Einschränkungen sind es jedoch, die sich langfristig ungünstig auf Stimmung und Temperament des Kindes auswirken. Dies belegen hierarchische Regressionsanalysen mit den Kindmerkmalen im ersten Block (als Kontrollvariable) und der konkurrenten (zeitgleichen) Selbständigkeit im zweiten Block. Beispielsweise erklärt das Ausmaß an partnerschaftlicher Selbständigkeit im zweiten Lebensjahr des Kindes 6 bzw. 12 Prozent der Veränderungen der kindlichen Stimmungslage bis zum fünften Lebensjahr (vgl. Tabelle 14.6.3, S. 308 im Anhang). Die Ergebnisse für Mütter und Väter sind hier recht ähnlich. Bei der Interpretation dieser Befunde muss die Schwankungsbreite an partnerschaftlicher Selbständigkeit in unserer Stichprobe berücksichtigt werden. „Je mehr, desto besser" gilt langfristig keineswegs. Vielmehr kommen nach der Geburt des Kindes sehr hohe Selbständigkeitswerte (Sten-Werte über 7) kaum vor. Die kindliche Entwicklung wird vor allem dann beeinträchtigt, wenn die Selbständigkeit unter ein bestimmtes Maß abfällt. Dies zeigen Korrelationsanalysen für Subgruppen unterschiedlich hoher Selbständigkeit (z.B.: bei Sten-Werten kleiner 5 gilt: $r = .82$, $p < .01$, $n = 11$ für den Zusammenhang von Selbständigkeit t4 und Kindtemperament t5 für Mütter; $r = .68$, $p < .05$, $n = 13$ für den Zusammenhang von Selbständigkeit t5 und Kindtemperament t8 für Väter).

Veränderungen der Zugewandtheit. Werden Veränderungen der Positiven Zugewandtheit im Laufe der fünf Jahre in Beziehung gesetzt zu Veränderungen der kindlichen Temperamentsmerkmale, so zeigen sich interessante Unterschiede zwischen Müttern und Vätern. Aus Perspektive der Väter gehen Veränderungen der Paarbeziehung vom 2. zum 3. Lebensjahr des Kindes mit Veränderungen der kindlichen Anpassung in diesem Zeitraum einher, aus Sicht der Mütter sind es dagegen Veränderungen vom 4. zum 5. Jahr der Elternschaft (vgl. Tabelle 14.6.4 im Anhang). Um diesen Befund erklären zu können, ist es erforderlich, sich nochmals den Entwicklungsverlauf der Positiven Zugewandtheit in Erinnerung zu rufen (Abbildung 6.1.1, S. 113). Bis zum dritten Erhebungsjahr finden bei nahezu allen Elternpaaren mehr oder weniger große Einbußen statt, danach kommt es in der Gesamtgruppe der Ersteltern nicht mehr zu einem weiteren

Rückgang der Beziehungsqualität. Während sich die Partnerschaft bei einigen Paaren vom vierten bis fünften Jahr der Elternschaft weiter verschlechtert ($n = 18$), können andere ihre Beziehung wieder verbessern ($n = 18$), so dass der Verlauf in der Gesamtgruppe stabil erscheint. Korrelationsanalysen getrennt für Subgruppen mit wahrgenommener Beziehungsverschlechterung bzw. -verbesserung bringen unterschiedliche Zusammenhangsmuster zum Vorschein:

Erleben Väter eine *Verschlechterung* ihrer Partnerschaftsbeziehung bis zum dritten Jahr der Elternschaft, so sehen sie auch ihr Kind negativer; je stärker die Positive Zugewandtheit nachlässt, desto schwieriger wird das Kind im dritten Lebensjahr wahrgenommen ($r = .47, p < .05, n = 40$; vgl. Abbildung 6.2.5, links). Bei den Müttern ($n = 41$) ist dies nicht der Fall.

Diejenigen Mütter, die in der Zeitspanne vom vierten bis fünften Lebensjahr des Kindes eine *Verbesserung* ihrer Partnerschaftsqualität erleben, sehen auch ihr Kind im fünften Lebensjahr wieder positiver ($r = .53, p < .05, n = 18$; vgl. Abbildung 6.2.5, rechts). Dies gilt jedoch nicht für Väter. Bei der Interpretation dieser Befunde muss berücksichtigt werden, dass nur zwei Drittel der Paare in der Wahrnehmung der Partnerschaftsentwicklung übereinstimmen. Was das Ausmaß der Verbesserungen betrifft, so darf man nicht davon ausgehen, dass im fünften Jahr der Elternschaft ein Ausmaß an Zuwendung erreicht werden kann, das das vorgeburtliche übertrifft. Tatsächlich ist die Positive Zugewandtheit auch bei den Müttern, die vom vierten zum fünften Jahr der Elternschaft wieder eine Verbesserung ihres Beziehungsklimas erleben, immer noch geringer ausgeprägt als vor der Geburt des Kindes ($M_{t8-t1} = -1.15$).

Diese differentiellen Befunde legen die Schlussfolgerung nahe, dass sich die von beiden Partnern wahrgenommene Verschlechterung der Partnerschaftsqualität (erfasst durch die Positive Zugewandtheit) in den ersten drei Lebensjahren des Kindes nur aus Sicht der Väter negativ auf die Kinder überträgt, während Mütter eher in der Lage sind, solche negativen Einflüsse abzupuffern. Dagegen profitieren die Kinder aus Sicht der Mütter, wenn sich die Partnerschaftsqualität in ihren Augen bis zum fünften Lebensjahr des Kindes wieder verbessert.

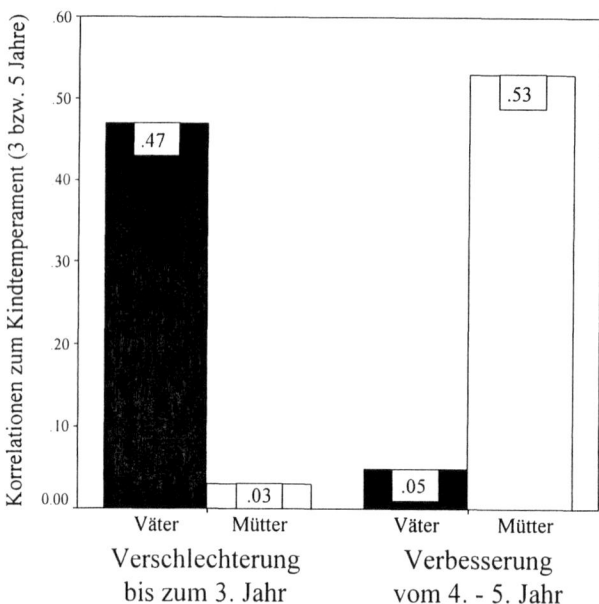

Abbildung 6.2.5. Veränderungen von Positiver Zugewandtheit und Kindtemperament (im 3. bzw. 5. Lebensjahr)

6.2.3 Zusammenfassung und Interpretation der Befunde

Dieses Kapitel befasste sich mit der Frage, welche Aspekte der Partnerschaft kurz- und langfristig für die Ausformung der kindlichen Temperamentsmerkmale relevant sind. Es zeigte sich, dass das kindliche Geschlecht das Ausmaß der Zusammenhänge nicht moderiert; deshalb wurden die Analysen für Jungen und Mädchen gemeinsam durchgeführt. Vereinfacht gesagt erweist sich aus Sicht der Mütter die Positive Zugewandtheit, aus Sicht der Väter die Selbständigkeit der Partner als wichtigster Prädiktor der kindlichen Entwicklung.

Vorgeburtliche Zugewandtheit. Erleben die werdenden Mütter viel Zugewandtheit in ihrer Partnerschaft, so haben sie mit hoher Wahrscheinlichkeit Kinder, die sie als gut gelaunt, unkompliziert und einfach beschreiben; umgekehrt haben Mütter, die die emotionale Atmosphäre der partnerschaftlichen Beziehung vor der Geburt negativ sehen, ihrer Wahrnehmung nach eher quengelige, anstrengende und schwierige Kinder. Die vorgeburtlich erlebte Positive Zugewandtheit beeinflusst nicht nur die Stimmungslage der Neugeborenen, sondern auch, ob „schwierige" Kinder bis zum 1. bzw. 2. Lebensjahr eher einfacher werden oder aber einfache Kinder schwieriger. Dies gilt aus Sicht der Mütter sogar auch für Veränderungen vom 4. zum 5. Lebensjahr. In ihrer Vorhersagekraft scheint die Positive Zugewandtheit bedeutsamer und umfassender zu sein als der konkrete Umgang mit Konflikten oder die globale Ehezufriedenheit – dies gilt für beide Eltern gleichermaßen. Auch aus Perspektive der Väter kommt der Positiven Zugewandtheit eine wesentliche Bedeutung für die Ausprägung und Veränderung der kindlichen Temperamentsmerkmale in den ersten beiden Lebensjahren des Kindes zu, wenngleich der Anteil erklärbarer Varianz geringer ist als bei Müttern. Vor allem langfristig erscheint aus ihrer Perspektive die Selbständigkeit relevanter.

Selbständigkeit der Partner. Väter, die sich vor der Geburt ihres ersten Kindes in ihrer Partnerschaft als autonom und selbständig empfinden, werden mit hoher Wahrscheinlichkeit Kinder haben, die sie langfristig als gut gelaunt, einfach und unkompliziert beschreiben. Fühlen sich die werdenden Väter jedoch unfrei und eingeschränkt, so haben sie aus ihrer Sicht quengelige, komplizierte und anstrengende Kinder bzw. Kinder, die mit der Zeit immer „schwieriger" werden. Gerade die Einbußen an Autonomie und Freiheit in den frühen Jahren der Elternschaft wirken sich aber nicht nur aus Sicht der Väter, sondern auch aus Sicht der Mütter ungünstig auf die weitere Entwicklung der Kinder aus.

Erziehungsdifferenzen erweisen sich hypothesenkonform im Vergleich zum allgemeinen Konfliktpotential oder dem Umgang mit Konflikten als bedeutsamer für die Entwicklung der Kinder. Kurzfristig besitzt die Beeinträchtigung der Elternallianz sogar zusätzlich und über die Zugewandtheit der Partner hinaus prädiktive Kraft zur Vorhersage der kindlichen Temperamentsmerkmale.

Veränderungen der Zugewandtheit. Die von der Mehrzahl der Paare erlebten Einbußen an partnerschaftlicher Zugewandtheit bis zum dritten Jahr der Elternschaft wirken sich nur aus Sicht der Väter negativ auf die Entwicklung der Kinder aus, während Mütter die Kinder von diesen negativen Einflüssen eher abschirmen (vgl. Belsky, 1991; Belsky, Youngblade et al., 1991). Verbessert sich dagegen das Beziehungsklima bis zum fünften Lebensjahr des Kindes wieder, so profitieren auch die Kinder davon – dies gilt jedoch aus Sicht der Mütter, nicht aus Sicht der Väter. Ob sich die emotionale Zugewandtheit der Partner wieder verbessert oder nicht, hängt in hohem Maße von der vorgeburtlichen Selbständigkeit ab. Dies erklärt, warum sich die Selbständigkeit langfristig nicht nur bei Vätern, sondern auch bei Müttern als bedeutsam für die kindliche Entwicklung erweist.

Fazit. Es spielen also nicht nur Aspekte der Verbundenheit eine Rolle, sondern in zunehmendem Umfang gewinnt auch die Individuation der Partner an Bedeutung. Dieses Zusammenspiel kann wiederum im Sinne einer „verbundenen Individuation" oder „individuierten Verbundenheit" interpretiert werden (Stierlin et al., 1992). Für diese Interpretation spricht einerseits, dass Veränderungen des emotionalen Beziehungsklimas (als Maß der Verbundenheit) durch die Selbständigkeit (als Maß für die Individuation) mitbestimmt sind. Zudem wirkt sich nicht die Losgelöstheit der Partner (bei Extremwerten der Selbständigkeit), sondern ein mittleres Ausmaß an Selbständigkeit förderlich bzw. die Einschränkung der Selbständigkeit negativ auf die Kinder aus. Insgesamt bestätigen die Befunde die in Hypothese 2.1.1 und 2.1.2 postulierten Annahmen und differenzieren sie weiter aus, insbesondere was die Bedeutung der partnerschaftlichen Selbständigkeit betrifft, zu der bislang noch keine Befunde vorlagen.

6.3 Die Bedeutung von Kindtemperament und -geschlecht für die Ehebeziehung

Nachdem im vorangegangenen Kapitel Einflüsse der Ehebeziehung auf die kindliche Entwicklung untersucht worden waren, steht nun die umgekehrte Einflussrichtung im Mittelpunkt der Betrachtungen. In Abschnitt 6.1.1 war gezeigt worden, dass die Eltern unserer Stichprobe im Vergleich zu kinderlosen Paaren zunächst einen Einbruch ihrer in der Partnerschaft wahrgenommenen Selbständigkeit erleben, sodann Einbußen in ihrer Positiven Zugewandtheit und Ehezufriedenheit hinnehmen müssen und schließlich Konflikte dysfunktionaler austragen. Inwieweit diese Einbußen durch das Geschlecht oder ein „schwieriges" Temperament des Kindes erklärt werden können, ist Gegenstand dieses Kapitels (vgl. H 2.2.1 und H 2.2.2). Um Kindeffekte nicht fälschlicherweise zu überschätzen, müssen die Ausgangsbedingungen, unter denen das Paar die „Reise" in die Elternschaft antritt, berücksichtigt werden. Denn Veränderungen der Partnerschaft werden in hohem Maße von der Qualität der Partnerschaft vor der Geburt des Kindes und anderen Ressourcen der werdenden Eltern mitbestimmt. Insbesondere die Positive Zugewandtheit und Selbständigkeit der Partner haben sich in den eigenen Analysen als prädiktiv für die weitere Entwicklung der Partnerschaft erwiesen (vgl. Abschnitt 6.1.2).

6.3.1 Der Einfluss des kindlichen Geschlechts

Um zu untersuchen, welche Bedeutung das kindliche Geschlecht als Einflussfaktor auf die Entwicklung der Partnerschaftsqualität der Eltern hat, wird zunächst geprüft, ob Jungen von ihren Eltern im Vergleich zu Mädchen als schwieriger wahrgenommen werden. T-Tests (für unabhängige Stichproben) erbringen keinerlei signifikante Unterschiede für die Beurteilung bzw. Wahrnehmung von Söhnen und Töchtern, und zwar zu keinem Zeitpunkt und für keines der untersuchten Temperamentsmerkmale. Allerdings spricht die reine Betrachtung der Mittelwerte dafür, dass – sofern überhaupt unterschiedliche Einschätzungen resultieren – Mädchen etwas besser abschneiden als Jungen. Diese geringfügigen Unterschiede sind aber nicht signifikant. Um die 26 Eltern von Jungen mit den 22 Eltern von Mädchen in ihrem Erleben der Partnerschaftsbeziehung zu kontrastieren, werden zunächst multivariate Kovarianzanalysen (mit dem Geschlecht der Eltern als Innersubjektfaktor, dem Geschlecht des Kindes als Zwischensubjektfaktor, der Zeit als Innersubjektfaktor und dem Ausgangsniveau der Partnerschaftlichen Zugewandtheit als Kovariate) durchgeführt. Mittelwerte und Standardabweichungen können im Anhang eingesehen werden (vgl. Tabelle 14.3.8).

Varianzanalysen. Von allen untersuchten Aspekten der Partnerschaftsqualität ergeben sich nur für den Umgang mit Konflikten und die Elternallianz Geschlechtseffekte. Im Bereich der *Elternallianz* zeigen sich sowohl Haupteffekte für das Geschlecht des Kindes, als auch für das Geschlecht der Eltern, aber keine Interaktionseffekte zwischen dem Geschlecht der Eltern und dem des Kindes (vgl. Tabelle 6.3.1). Stets sind es die

Jungen, die in dieser Hinsicht für ihre Eltern ein Risiko darstellen (Haupteffekte Kindgeschlecht). Bei den Eltern ergeben sich plausible Unterschiede: Während Mütter mehr *Erziehungsdifferenzen* erleben und sich von ihrem Partner weniger *unterstützt* sehen, sind es die Väter, die häufiger über *Koalitionen* berichten und sich aus der Mutter-Kind-Beziehung ausgeschlossen fühlen (Haupteffekt Elterngeschlecht). Im Laufe der drei Jahre verschärfen sich diese Probleme noch (Haupteffekt Zeit). Was den *Umgang mit Konflikten* betrifft, so ergibt sich ein dreifacher Interaktionseffekt zwischen dem Geschlecht der Eltern, dem Geschlecht des Kindes und dem Faktor Zeit ($F_{(25, 5)} = 2.98$, Eta² = .11, $p < .05$). Mütter von Söhnen erleben also im Laufe der Jahre einen stärkeren Anstieg dysfunktionaler Konfliktstrategien in ihrer Partnerschaft.

Tabelle 6.3.1. Multivariate Kovarianzanalysen für die Elternallianz bei Eltern von Söhnen und Töchtern mit der vorgeburtlichen Zugewandtheit als Kovariate

Quelle der Varianz	Erziehungsdifferenzen			Mangelnde Unterstützung			Partner-Kind-Koalition		
	df	F	Eta²	df	F	Eta²	df	F	Eta²
Geschlecht des Kindes	27,1	5.88*	.18	27,1	4.94*	.16	27,1	7.91**	.23
Geschlecht der Eltern	27,1	14.18**	.34	27,1	17.13**	.38	27,1	8.31**	.24
Zeit	26,2	4.04*	.24	26,2	4.73*	.27	26,2	4.63*	.26

** $p < .01$ * $p < .05$

Regressionsanalysen. Um zu prüfen, ob das Geschlecht des Kindes bei der Vorhersage von *Veränderungen* der Partnerschaftsqualität eine Rolle spielt, werden hierarchische Regressionsanalysen, getrennt für Mütter und Väter, berechnet. Im ersten Block wird dabei das vorgeburtliche Ausgangsniveau der zu prüfenden Paarvariable eingegeben. Im zweiten Block folgen weitere pränatale Indikatoren der Partnerschaftsqualität bzw. Ressourcen auf der Persönlichkeitsebene, die den Verlauf der Ehebeziehung mitbestimmen. Im dritten Block wird die Bedeutung des kindlichen Geschlechts, im vierten Block der Einfluss des kindlichen Temperaments (mit drei bzw. 12 Monaten) untersucht. Im abschließenden fünften Block wird geprüft, ob dem kindlichen Geschlecht eine Moderatorfunktion zukommt (d.h. ob nur *schwierige Söhne* die Ehe belasten) – hier wird der Interaktionsterm zwischen Kindgeschlecht und Kindtemperament geprüft.

Aus Perspektive der *Mütter* erweist sich das Geschlecht des Kindes als relevant für eine Zunahme dysfunktionaler Konflikte im ersten Jahr der Elternschaft ($\Delta R^2 = .09$, β = -.34, $p < .05$), sowie einer weiteren Steigerung bis zum zweiten Jahr ($\Delta R^2 = .06$, β = -.32, $p < .05$; vgl. Tabelle 6.3.2, S. 139). Da Jungen mit „1" und Mädchen mit „2" kodiert sind, bedeutet das negative Beta-Gewicht, dass es die Jungen sind, die der Konfliktbewältigung aus Sicht der Mütter abträglich sind. Dies entspricht den Ergebnissen der Varianzanalysen. *Väter* fühlen sich in der Zeit vom vierten bis fünften Lebensjahr des Kindes zunehmend aus der Mutter-Kind-Beziehung ausgeschlossen, wenn das Kind ein Sohn ist – auch dies entspricht den varianzanalytischen Befunden. Der Effekt bleibt auch dann bestehen, wenn vorgeburtliche Ausgangsvoraussetzungen auf Paar- und Personebene (Positive Zugewandtheit, Selbständigkeit, Beziehungskompetenzen, Wohlbefinden) kontrolliert werden ($\Delta R^2 = .08$, β = -.29, $p < .05$). Andere Aspekte der Partnerschaftsqualität werden nicht durch das kindliche Geschlecht beeinflusst, sofern vorgeburtliche Ressourcen mitberücksichtigt werden.

Der Interaktionsterm Kindgeschlecht x Temperament wurde für keine der untersuchten Paarindikatoren und Temperamentsdimensionen signifikant. Somit hat das Geschlecht des Kindes *keine Moderatorfunktion* für die Effekte des Kindtemperaments auf die Paarqualität, die im nächsten Abschnitt beschrieben werden.

6.3.2 Die Bedeutung des Kindtemperaments

Überblicksarbeiten betonen immer wieder, dass ein „schwieriges" Kindtemperament die Ehequalität unterminieren kann. Dennoch lässt der aktuelle Forschungsstand eher geringfügige Effekte des Kindtemperaments auf die Ehe erwarten, wenn die Ausgangsvoraussetzungen, mit denen Paare ihren Weg in die Elternschaft beginnen, berücksichtigt werden (H. 2.2.1).

Zusammenhangsmuster. Betrachtet man nur die Korrelationen zwischen frühen Kindmerkmalen und späteren Partnerschaftsdimensionen, so gewinnt man den Eindruck nachhaltiger Kindeffekte. Mütter einfacher Babys beschreiben fünf Jahre später ein hohes Ausmaß an positiver Zugewandtheit ($r = .53$), Ehezufriedenheit ($r = .43$) und angemessener Konfliktlösung ($r = -.50$) bei geringer Ausprägung von Erziehungsdifferenzen ($r = -.46$) und allgemeiner Konfliktbelastung ($r = -.47$). Väter, die ihr Neugeborenes als schwierig wahrnehmen, empfinden drei Jahre später die Selbständigkeit in der Partnerschaft als beeinträchtigt ($r = .43$). Eine negative Stimmungslage des Kindes geht langfristig (fünf Jahre später) auch aus ihrer Perspektive mit vermehrten Erziehungsdifferenzen einher ($r = -.48$). Die Merkmale des einjährigen Kindes korrelieren mit der Positiven Zugewandtheit ($r = .51$), Ehezufriedenheit ($r = .34$), Selbständigkeit ($r = .38$) und dem Konfliktpotential ($r = -.39$) zwei Jahre später. Ob diese korrelativen Befunde einer regressionsanalytischen Prüfung unter Berücksichtigung der vorgeburtlichen Ressourcen standhalten, wird im folgenden untersucht. Tabelle 6.3.2 (S. 139) zeigt die Effekte von Kindgeschlecht und -temperament, die auch nach Kontrolle der vorgeburtlichen Ausgangsbedingungen signifikant bleiben.

Selbständigkeit in der Partnerschaft. Bereits im ersten Jahr der Elternschaft erleben Eltern im Vergleich zu kinderlosen Paaren Einbußen ihrer Selbständigkeit. Während sich aus Perspektive der Mütter weder Geschlecht noch Temperament des Kindes auf die Entwicklung in diesem Bereich auswirken, beeinträchtigt aus Sicht der *Väter* ein schwieriges Temperament des dreimonatigen Babys die Selbständigkeit der Partner im ersten Jahr der Elternschaft, auch nach Kontrolle von Ausgangsbedingungen auf Personebene (Befindlichkeit, Beziehungspersönlichkeit) sowie der vorgeburtlichen Selbständigkeit, der Positiven Zugewandtheit und des kindlichen Geschlechts ($\Delta R^2 = .05$, $p < .05$). Auch für die Veränderungen bis zum zweiten Jahr der Elternschaft bleibt dieser Einfluss bestehen (vgl. Tabelle 6.3.2). Von allen Einzelmerkmalen scheint aus Perspektive der Väter besonders die mangelnde Beruhigbarkeit des Kindes ungünstig zu sein ($\Delta R^2 = .09$, $\beta = .33$, $p < .01$; nicht in der Tab. aufgeführt).

Positive Zugewandtheit. Wie schon die Selbständigkeit, wird auch die Positive Zugewandtheit aus Sicht der Mütter im Lauf der Zeit weder durch das Geschlecht, noch durch kindliche Temperamentsmerkmale beeinträchtigt, wenn zusätzlich zum vorgeburtlichen Beziehungsklima auch die individuellen Beziehungskompetenzen der werdenden Mütter (Soziale Kompetenz, Empathie, Verletzbarkeit) kontrolliert werden – obwohl die bivariate Korrelation des Kindtemperaments im Alter von drei Monaten mit der Positiven Zugewandtheit im fünften Lebensjahr $r = .53$ beträgt. Aus Sicht der Väter scheint die Zugewandtheit der Partner bis zum dritten Jahr der Elternschaft vor allem dann beeinträchtigt zu werden, wenn Kinder mit einem Jahr sehr zappelig und unruhig sind ($\Delta R^2 = .06$, $\beta = -.26$, $p < .05$). Dass die Annahme von Kindeffekten hier jedoch trügerisch ist, stellt sich heraus, wenn zusätzlich individuelle Beziehungskompetenzen (wie Empathie oder geringe Verletzbarkeit) der werdenden Väter als Kontrollvariablen einbezogen werden. Für Veränderungen des emotionalen Beziehungsklimas im Erleben von Müttern und Vätern können also weder das Geschlecht noch Temperamentsmerkmale des Kindes verantwortlich gemacht werden.

Konflikte. Was dysfunktionale Konfliktstrategien der Partner betrifft, scheint nicht das „schwierige" Temperament des Kindes, sondern die Qualität des vorgeburtlichen Beziehungsklimas zu bestimmen, inwiefern Eltern im Laufe der Zeit ungünstiger mit Konflikten umgehen. Denn augenscheinliche Effekte der kindlichen Temperamentsmerkmale verschwinden, wenn die vorgeburtliche Positive Zugewandtheit der Partner als Kontrollvariable einbezogen wird. Eine Ausnahme stellt die *körperliche Robustheit* des einjährigen Kindes dar. Sind die Kinder im ersten Lebensjahr häufig krank, so trägt dies aus Sicht der Väter zu einer Zunahme dysfunktionaler Konflikte bis zum 2. Jahr bei; sogar nach Kontrolle der Ressourcen auf Personebene werden immerhin 12 Prozent durch den Gesundheitszustand des Kindes erklärt ($\Delta R^2 = .12$, $\beta = -.36$, $p < .01$; vgl. Tabelle 6.3.2).

Ehezufriedenheit. Auch Mütter werden davon beeinflusst, wenn ihr Baby im Alter von drei Monaten häufig kränkelt. Allerdings leidet bei ihnen die Ehezufriedenheit, die im Vergleich zum vorgeburtlichen Ausgangsniveau bereits im ersten Lebensjahr des Kindes signifikant reduziert ist ($M_{prä} = 4.55$, $M_{1Jahr} = 4.23$, $t = 5.09$, $p < .001$) und im Folgejahr noch weiter abnimmt ($M_{2Jahre} = 4.07$, $t = 2.25$, $p < .05$). Auch bei Kontrolle der Ausgangsbedingungen bleiben die Effekte der körperlichen Robustheit auf die Ehezufriedenheit im zweiten Jahr der Elternschaft bestehen ($\Delta R^2 = .11$, $\beta = .38$, $p < .01$; vgl. Tabelle 6.3.2). Wenn Babys häufig krank sind, werden Mütter also unzufriedener mit ihrer Ehebeziehung, während Väter einen Anstieg dysfunktionaler Konflikte erleben. Bei den Vätern ergeben sich keine Effekte des Kindtemperaments auf die Ehezufriedenheit, die einer Kontrolle der vorgeburtlichen Ausgangsbedingungen (insbesondere der Zugewandtheit der Partner) standhalten.

Elternallianz. Veränderungen in allen Aspekten der Elternallianz (Erziehungsdifferenzen, Mangelnde Unterstütztung, Koalitionsbildung) sind unabhängig von kindlichen Temperamentsmerkmalen. Erziehungsdifferenzen scheinen zwar insbesondere bei mangelnder Beruhigbarkeit des Kindes zuzunehmen (mit 11 Prozent zusätzlicher Varianzaufklärung). Bei den Vätern verschwinden diese Effekte jedoch, wenn die vorgeburtliche Selbständigkeit kontrolliert wird; bei den Müttern ist eher die vorgeburtliche Ärgerneigung ausschlaggebend.

Tabelle 6.3.2. Effekte von Kindgeschlecht und Kindtemperament auf Veränderungen der Paarqualität [a]

	Väter					Mütter				
Prädiktor	r	β [b]	ΔR²	R²	adj. R²	Prädiktor	r	β	ΔR²	R²	adj. R²
Block	**Selbständigkeit (t1 bis t4)**					**Konfliktstile (t1 bis t4)**				
1 Selbst.1 [c]	.55**	.49**	.30**	.30**	.28**	Konflikte 1	.71**	47**	.50**	.50**	.49**
2 Befinden 1 [d]	.41**	.30**				Befinden 1	-.22	.14	.05	.55**	.49**
Bez.per. 1 [e]	.15	-.07				Bez.per. 1	-.38*	-.27ˣ			
Zugew. 1 [f]	.34*	.04	.13*	.43**	.37**	Zugew. 1	-.53*	-.16			
						Selbst. 1	.01	.18			
3 Geschlecht [g]	-.12	-.17	.04	.47**	.40**	Geschlecht	-.34*	-.34*	.09**	.64**	.58**
4 Temp. 3 [h]	.43**	**.25***	.05*	.52**	.45**	Temp. 3	-.42*	-.07	.00	.64**	.57**
Block	**Selbständigkeit (t4 bis t5)**					**Konfliktstile (t4 bis t5)**				
1 Selbständ.1	.73**	.55**	.57**	.57**	.55**	Konflikte 1	69**	36**	.65**	.65**	.63**
Selbst.4 [c]	.59**	.21				Konflikte 4	77**	39**			
2 Befinden 1	.16	-.11	.00	.58**	.52**	Befinden 1	-.21	.16	.04	.69**	.63**
Bez.per. 1	.07	-.08				Bez.per. 1	-.38**	-.19			
Zugew. 1	.12	-.01				Zugew. 1	-.53**	-.07			
						Selbständ. 1	-.07	-.03			
3 Geschlecht	.13*	.13	.01	.59**	.51**	Geschlecht	-.38**	-.32*	.06*	.75**	.69**
4 Temp. 3	.44**	**.28***	.05*	.64**	.56**	Temp. 4	-.22	-.01	.00	.75**	.68**
Block	**Konfliktstile (t4 bis t5)**					**Ehezufriedenheit (t1 bis t5)**				
1 Konflikte 1	.62**	.20	.55**	.55**	.53**	Ehezufr. 1	56**	.27	.32**	.32**	.30**
Konflikte 4	.73**	.36*									
2 Befinden 1	-.41**	.10	.10	.65**	.59**	Befinden 1	.34*	-.10	.20*	.51**	.44**
Bez.per. 1	-.34*	.05				Bez.per. 1	.02	-.14			
Zugew. 1	-.63**	-.44**				Zugew. 1	.67**	.49*			
Selbständ. 1	.11	.11				Selbständ. 1	.06	.03			
3 Geschlecht	.02	-.07	.00	.65**	.57**	Geschlecht	.30*	.18	.03	.54**	.46**
4 Robusth. 4 [i]	-.42**	**-.36****	.12*	.77**	.71**	Robusth. 3 [j]	.31*	**.38***	.11*	.66**	.58**

[a] Hierarchische Regressionsanalyse [b] Beta-Gewichte im letzten Block
[c] Selbständigkeit, vorgeburtlich (t1) bzw. im ersten Lebensjahr (t4)
[d] Wohlbefinden t1 [e] Beziehungspersönlichkeit t1 [f] Zugewandtheit [g] Geschlecht d. Kindes
[h] Kindtemperament 3 Monate [i,j] Körperliche Robustheit mit 3 Monaten (t3) bzw. 1 Jahr (t4)
** $p < .01$ * $p < .05$ ˣ $p < .10$

6.3.3 Zusammenfassung und Interpretation der Befunde

Dieses Kapitel widmete sich der Frage, inwieweit Geschlecht und Temperament des Kindes für Einbrüche der Partnerschaftsqualität im Übergang zur Elternschaft verantwortlich gemacht werden können. Im großen und ganzen spielen Kindmerkmale keine ausschlaggebende Rolle dafür, inwieweit die Paare in den ersten Jahren der Elternschaft Einbußen ihrer Beziehungsqualität erleben. Ausgangsvoraussetzungen auf Paar- und Persönlichkeitsebene, unter denen Paare die Elternschaft antreten, sind sehr viel potentere Prädiktoren der Partnerschaftsentwicklung als Merkmale des Kindes, die maximal 12 Prozent Varianz zusätzlich aufklären können.

Geschlecht des Kindes. Aus Sicht beider Eltern stellen Söhne ein potentielles Risiko für die Partnerschaftsentwicklung dar. Die vorliegenden Ergebnisse weiten die Befunde von Werneck (1998, 1999) aus und verweisen darauf, dass insbesondere die *Elternallianz* betroffen ist. Eltern von Söhnen sind sich uneiniger in Erziehungsfragen, sehen sich in ihren Erziehungsbemühungen eher vom Partner hängen gelassen und fühlen sich häufiger aus der Beziehung des Partners zum Kind ausgeschlossen. Besonders Väter erleben letzteres in zunehmendem Maße. Damit bestätigt sich Hypothese 2.2.2, allerdings spezifiziert auf die Bereiche Elternallianz und Konfliktstile. Temperamentsmerkmale des Kindes können für diese Effekte nicht verantwortlich gemacht werden, denn Jungen zeigen in den Augen ihrer Eltern kein schwierigeres Verhalten als Mädchen; ebensowenig fungiert das Geschlecht des Kindes als Moderatorvariable der Zusammenhänge zwischen Kindtemperament und Partnerschaftsqualität. Es sind unterschiedliche Gründe für diesen Effekt des kindlichen Geschlechts denkbar, die in Abschnitt 8.1.3 diskutiert werden sollen.

Kindtemperament. Väter sind im Vergleich zu Müttern eher anfällig für Einbrüche der Partnerschaftsqualität, wenn ihre Kinder „schwierig" sind. Dies entspricht den Befunden von Wilkie und Ames (1986) sowie Reichle (1994). Aus Sicht der Mütter wirkt sich nur ein kränkelndes Baby einschränkend auf die Ehezufriedenheit bis zum 2. Lebensjahr des Kindes aus; Väter erleben in diesem Fall eine Zunahme dysfunktional ausgetragener Konflikte. Zudem ist in den Augen der Väter ein schwieriges Temperament, insbesondere die mangelnde Beruhigbarkeit des Babys teilweise für die Einbußen an partnerschaftlicher Selbständigkeit in den ersten zwei Jahren der Elternschaft verantwortlich. Es lässt sich festhalten, dass Effekte des Kindtemperaments auf den Verlauf der Partnerschaftsbeziehung überschätzt werden, (a) wenn nur korrelative Zusammenhänge zwischen frühen Kindmerkmalen und späteren Aspekten der Paarqualität betrachtet werden; (b) wenn regressionsanalytisch nur das Ausgangsniveau der jeweiligen Outcomevariable kontrolliert wird, ohne noch weitere Startbedingungen auf Paar- und Persönlichkeitsebene zu berücksichtigen. Gerade diese Befunde unterstützen die Annahme Belskys (1984), dass andere Protektivfaktoren im Familiensystem, insbesondere hohe persönliche Ressourcen der Partner (hier Beziehungskompetenzen) und ein funktionierendes eheliches Unterstützungssystem (hier Positive Zugewandtheit und Selbständigkeit) „schwierige" Temperamentsmerkmale des Kindes abpuffern können (vgl. H 2.2.1).

6.4 Die längsschnittliche Entwicklung von Partnerschaftsqualität und Kindtemperament

In den beiden vorangegangenen Kapiteln wurden Effekte der Partnerschaftsqualität auf das Kind bzw. des Kindes auf die Partnerschaft separat betrachtet. Um Wechselwirkungsprozessen zwischen dem ehelichen Subsystem und der kindlichen Entwicklung auf die Spur zu kommen, erscheinen Pfadanalysen als Methode der Wahl, da sie die Überprüfung umfassenderer Modelle unter Berücksichtigung von Auspartialisierungen und indirekten Effekten ermöglichen. Gegenstand dieses Kapitels ist die längsschnittliche Ko-Entwicklung von Paaren und Kindern (H 2.3); vermittelnden Prozessen und Hintergrundvariablen wird im nächsten Kapitel nachgegangen. Im Vergleich zu anderen Aspekten der Paarqualität haben sich die Positive Zugewandtheit und partnerschaftliche Selbständigkeit als besonders relevant erwiesen, auf Seiten des Kindes sollen die gesamte Temperamentscharakteristik (Index „einfaches Kind") sowie die kindliche Stimmungslage betrachtet werden. Gerade für die Untersuchung langfristiger Prozesse erscheint die gesamte Temperamentscharakteristik des Kindes als besonders geeignet, da man davon ausgehen kann, dass in den verschiedenen Entwicklungsphasen jeweils andere Temperamentsaspekte durch die Partnerschaftsqualität beeinflusst werden bzw. auf diese Einfluss nehmen.

Da die Stichprobengröße die Anzahl der zu schätzenden Parameter aus methodischer Sicht begrenzt, werden gleichzeitig nur drei Messzeitpunkte (und somit sechs Variablen) modelliert, zumal im Folgekapitel zusätzlich vermittelnde Variablen einbezogen werden. Ausgangspunkt der Modellierung ist stets die vorgeburtliche Partnerschaftsqualität. Zunächst werden die Prozesse in den ersten zwei Jahren der Elternschaft analysiert (Abschnitt 6.4.1), anschließend wird die Entwicklung innerhalb der Fünfjahresspanne des gesamten Untersuchungszeitraums betrachtet, dann allerdings etwas grobmaschiger im Zwei- bzw. Dreijahresabstand (Abschnitt 6.4.2.). Die zugrundeliegenden Korrelationsmuster finden sich im Anhang 14.5.

6.4.1 Positive Zugewandtheit und Kindtemperament im 2-Jahreslängsschnitt

Abbildung 6.4.1 (S. 148) zeigt – getrennt für Mütter und Väter – Wechselwirkungsprozesse zwischen partnerschaftlicher Zugewandtheit und Kindtemperament in den ersten zwei Lebensjahren des Kindes. Modelliert wurden die jeweiligen Stabilitäten (Autoregressionen) über die drei Messzeitpunkte, die Stationaritäten (die jeweils zeitgleichen Beziehungen der beiden Variablen) sowie zeitversetzte („cross-lagged") Kreuzregressionen, die über die gegenseitige Beeinflussung von Partnerschaft und Kindmerkmalen Aufschluss geben sollen (vgl. das theoretische Ausgangsmodell, Abbildung 5.2.1, S. 83). Da das Ausgangsniveau der Partnerschaftsqualität vor der Geburt des Kindes für die weitere Entwicklung der Partnerschaft im Übergang zur Elternschaft zentral ist, wird zusätzlich zu den Stabilitäten im Jahresabstand die Autoregression von der pränatalen Zugewandtheit auf die partnerschaftliche Zugewandtheit zwei Jahre später mitmodelliert (vgl. H 2.3.3). Zusätzlich zu den Kreuzregressionen im Jahresabstand soll auch geprüft werden, ob eher das Ausgangsniveau der Partnerschaftsqualität oder aber Veränderungen derselben für Veränderungen in der kindlichen Entwicklung ausschlaggebend sind. Deshalb werden zusätzliche Kreuzpfade von der pränatalen Zugewandtheit auf die kindlichen Temperamentsmerkmale mit einem und zwei Jahren getestet (vgl. H 2.3.2). Das Modell entspricht insofern nicht dem klassischen cross-lagged-panel-analysis-Design. In der Abbildung sind alle Residualterme und Stationaritäten aus Gründen der Übersichtlichkeit entfernt; die Fit-Indizes beziehen sich aber auf das komplette Modell. Zur Veranschaulichung sind signifikante Pfade fett gezeichnet; darüber hinaus sind signifikante Pfadkoeffizienten der Kreuzregressionen umrahmt. Die Koeffizienten über den Partnerschafts- bzw. unter den Kindvariablen sind die quadrierten multiplen Korrelationen und geben somit den Anteil aufgeklärter Varianz der betreffenden Variable wieder.

Modellgüte. Die Fit-Indizes des Gruppenvergleichstests (in der Abb. unten links) weisen darauf hin, dass das postulierte Modell aus Sicht von Müttern *und* Vätern eine ausgezeichnete Anpassung an die Daten aufweist. Der χ^2-Wert von 5.73 ist bei 4 Freiheitsgraden deutlich von der statistischen Signifikanz entfernt; der CFI-Wert als weiteres Maß für die Güte der Modellanpassung ist mit 1.00 optimal. RMSEA-Werte (als „Badness-of-Fit"-Index) unter .10 sind nach Browne und Cudeck (1993) akzeptabel, wenngleich Werte unter .05 wünschenswert wären. Betrachtet man die Höhe der Pfadkoeffizienten im Modell für Mütter bzw. Väter, so ist zu erkennen, dass die Positive Zugewandtheit aus Sicht der Mütter die Entwicklung der kindlichen Temperamentsmerkmale stärker beeinflusst, als dies aus Perspektive der Väter der Fall ist. Um zu prüfen, ob dieser augenfällige Befund einer statistischen Überprüfung standhält, wurden sämtliche Pfade des Modells in beiden Gruppen gleichgesetzt. In der Abbildung sind rechts unten die resultierenden χ^2-Wert des so restringierten Modells aufgeführt („Gruppenvergleich – restringierte Pfade"). Der Differenzwert der beiden χ^2-Werte ist nicht signifikant, d.h. die Restriktion führt *nicht* zu einer Verschlechterung der Modellgüte. Die unterschiedliche Höhe der Pfadkoeffizienten im Modell für Mütter bzw. Väter ist also statistisch nicht bedeutsam. Dennoch werden im folgenden auch Unterschiede der beiden Modelle beschrieben, da einzelne Pfadkoeffizienten (teilweise bei den Müttern doppelt so groß wie bei den Vätern) Hinweise auf praktisch bedeutsame Unterschiede geben. Dass diese Unterscheidungen sich nur auf lokaler Modellebene ergeben und auf globaler Modellebene statistisch nicht abgesichert sind, muss dabei berücksichtigt werden.

Stabilitäten. Zunächst fällt auf, dass die Autoregressionen auf Paarebene deutlich höher liegen als auf Kindebene. Erwartungsgemäß bestimmt das Ausgangsniveau der Partnerschaftsqualität vor der Geburt des Kindes in hohem Maße die Positive Zugewandtheit der Partner im ersten Jahr der Elternschaft und darüber hinaus auch, wie sich die Partnerschaft vom ersten zum zweiten Lebensjahr des Kindes verändert. Dagegen sehen die Eltern auf Seiten des Kindes mehr Spielraum für Veränderung; aus Perspektive der Mütter verändern sich die Kinder vom dritten Lebensmonat bis zum ersten Lebensjahr sogar so stark, dass die Autoregression die Signifikanz verfehlt.

Kindeffekte. Angesichts der hohen Stabilität auf Paarebene ist es nicht verwunderlich, dass das Kindtemperament keinen Einfluss auf die Entwicklung der Partnerschaftsqualität in den ersten zwei Jahren der Elternschaft nimmt – weder aus Perspektive der Mütter noch der Väter. Ohnehin hatten sich zu diesem Zeitpunkt gegenüber der Vergleichsgruppe der kinderlosen Paare noch keine signifikanten Unterschiede ergeben. Um zu prüfen, ob Kindeffekte sich vielleicht eher langfristig einstellen und es Zeit braucht, bis die Auswirkungen spürbar werden, wurde die Kreuzregression vom Kindtemperament (1 Jahr) auf die Partnerschaftsqualität (2 Jahre) ebenfalls getestet; sie erwies sich jedoch nicht als statistisch bedeutsam.

Effekte der Partnerschaftsqualität. Umgekehrt zeigt sich gerade aus Sicht der Mütter die überragende Bedeutung der vorgeburtlichen Zugewandtheit der Partner für die kindliche Entwicklung. Die im letzten Schwangerschaftstrimester erfasste Partnerschaftsqualität erkärt aus Perspektive der Mütter immerhin 23 Prozent der Varianz der kindlichen Temperamentsmerkmale mit 3 Monaten. Darüber hinaus beeinflusst die vorgeburtliche Positivität der Partner Veränderungen des Kindes bis zum ersten Lebensjahr sowie zwischen dem ersten und zweiten Lebensjahr. Angesichts der hohen Autokorrelationen auf Paarebene sind die *Veränderungen der Partnerschaftsqualität* zu geringfügig, um sich auf die Kinder auszuwirken. Ausschlaggebend dafür, ob Kinder in den ersten zwei Lebensjahren zunehmend einfacher oder schwieriger werden, sind also nicht Veränderungen auf der Paarebene, sondern „chronische" Bedingungen, wie sie durch das pränatale Ausgangsniveau der Partnerschaftsqualität vorgezeichnet werden.

Unterschiede zwischen den Eltern. Aus Perspektive der Väter erscheint die Bedeutung der vorgeburtlichen Zugewandtheit der Partner geringer als bei den Müttern. Der Anteil erklärter Varianz des Kindtemperaments mit drei Monaten liegt mit 6 Prozent deutlich geringer als bei den Müttern (23 Prozent); der Pfad vom pränatalen Paarklima zu den Temperamentsmerkmalen des zweijährigen Kindes ist nicht signifikant. Doch auch aus Sicht der Väter wirkt sich eine glückliche vorgeburtliche Paarbeziehung positiv darauf aus, wie die Kinder im dritten Lebensmonat wahrgenommen werden und ob die Kinder bis zum ersten Lebensjahr eher komplizierter oder einfacher werden. Bei der Interpretation dieser Befunde ist zu berücksichtigen, dass die Unterschiede zwischen Vätern und Müttern nicht signifikant sind und sich die vorgeburtliche Partnerschaftsqualität im restringierten Modell auch bei den Vätern für die kindliche Entwicklung mit drei, 12 und 24 Monaten als bedeutsam erweist.

6.4.2 Positive Zugewandtheit und Kindtemperament im 5-Jahreslängsschnitt

Nachdem im vorausgegangenen Abschnitt die Entwicklung von Positiver Zugewandtheit und Kindtemperament in den ersten zwei Lebensjahren des Kindes betrachtet wurde, stellt sich die Frage, ob sich langfristig vergleichbare Befunde ergeben oder ob Kindeffekte im Laufe der Zeit stärker hervortreten. Analog zum bisherigen Vorgehen werden pfadanalytische Gruppenvergleiche zur Überprüfung von Wechselwirkungsprozessen durchgeführt. Die Befunde für den Dreijahreslängsschnitt entsprechen denen für die Zweijahreszeitspanne und sollen hier nicht weiter vorgestellt werden. Da sich die Einbrüche der partnerschaftlichen Zugewandtheit im Vergleich zu den kinderlos gebliebenen Paaren ab dem dritten Jahr der Elternschaft deutlich abzeichnen, wird im folgenden die Entwicklung bis zum dritten Lebensjahr des Kindes sowie die Weiterentwicklung in den folgenden zwei Jahren betrachtet. Abbildung 6.4.2 (S. 149) zeigt die Befunde für den Fünfjahreslängsschnitt, getrennt für Väter und Mütter. Die Gütekriterien (unten links) weisen darauf hin, dass die Modellstruktur sowohl für die Daten von Müttern als auch Vätern angemessen ist. Der χ^2-Vergleichstest (unten rechts) zeigt, dass *keine* signifikanten Unterschiede des Modells für Mütter bzw. Väter nachgewiesen werden können.

Aus Sicht beider Eltern hat die signifikante *Verschlechterung* der Partnerschaftsqualität bis zum dritten Jahr der Elternschaft keine negativen Auswirkungen auf die weitere Entwicklung des Kindes bis zum fünften Lebensjahr. Von Bedeutung erweist sich wiederum die Qualität der *vorgeburtlichen* Paarbeziehung, zumindest aus Perspektive der Mütter: Vermissen Mütter vor der Geburt ihres ersten Kindes die Zugewandtheit ihres Partners, so entwickeln sich ihre Kinder vom dritten zum fünften Lebensjahr ungünstig und werden zunehmend als schwierig erachtet. Aus Sicht der Väter hat die vorgeburtliche Zugewandtheit keine so weitreichenden Konsequenzen. Allerdings halten diese Unterschiede zwischen Müttern und Vätern einer statistischen Überprüfung (zumindest in dieser kleinen Stichprobe) nicht stand. Insgesamt bestätigt sich der Eindruck, der bereits für den Zweijahreszeitraum gewonnen wurde, nämlich (a) dass die Positive Zugewandtheit, wie sie von den (werdenden) Müttern erlebt wird, in stärkerer Beziehung zur kindlichen Entwicklung steht als dies aus Sicht der Väter der Fall ist und (b) dass „schwierige" Kinder nicht für das Nachlassen der partnerschaftlichen Zugewandtheit verantwortlich gemacht werden können. Im Modell für die Mütter scheint zwar der Pfadkoeffizient von $\beta = .20$ auf Kindeffekte hinzuweisen – die Partnerschaft verbessert sich langfristig eher dann, wenn die Kinder bis zu ihrem dritten Lebensjahr als zunehmend einfacher wahrgenommen werden. Allerdings verfehlt dieser Koeffizient knapp die Grenze der statistischen Signifikanz ($p < .10$) und sollte deshalb nicht überinterpretiert werden.

6.4.3 Partnerschaftliche Selbständigkeit und Kindtemperament

Gerade aus Sicht der Väter hatte sich die partnerschaftliche Selbständigkeit als weitere wesentliche Prädiktorvariable der kindlichen Entwicklung, insbesondere der Stimmungslage, erwiesen. Zudem waren in diesem Bereich bereits im ersten Lebensjahr des Kindes Einbußen im Vergleich zur Kontrollgruppe der kinderlos gebliebenen Paare aufgetreten. Die Entwicklung von Selbständigkeit in der Paarbeziehung und kindlicher Stimmungslage wird deshalb pfadanalytisch im Zweijahreslängsschnitt überprüft (analog zum Vorgehen in Abschnitt 6.4.1; vgl. Abbildung 6.4.3, S. 150).

Modellgüte. Die Gütekriterien des Modells (unten links) sprechen für eine hervorragende Anpassung des Modells an die Daten, sowohl aus Sicht der Mütter als auch der Väter. Auf den ersten Blick stechen unterschiedliche Kreuzpfade bei Müttern und Vätern ins Auge. Jedoch verfehlen diese Unterschiede die statistische Signifikanz, wie der nicht signifikante χ^2-Differenzwert bei Restriktion sämtlicher Pfade belegt (unten rechts). Dementsprechend sind die differentiellen Befunde für Mütter und Väter mit Vorsicht zu interpretieren und können nur deskriptiv verstanden werden. Dennoch verdienen die Pfade Beachtung, die im einen Modell signifikant sind, im anderen aber nicht.

Befunde für Mütter. Wie aufgrund der regressionsanalytischen Befunde zu erwarten, hat die von den werdenden Müttern erlebte Selbständigkeit keinen Einfluss auf die kindliche Entwicklung in den ersten Lebensjahren. Der Kreuzpfad auf die Stimmungslage des zweijährigen Kindes beträgt .24, ist aber eindeutig insignifikant. Umgekehrt jedoch tragen sehr quengelige Babys dazu bei, dass Mütter im ersten Jahr der Elternschaft ihre Selbständigkeit als eingeschränkt empfinden (β = .22, p < .05), obgleich die Selbständigkeit im ersten Lebensjahr des Kindes auch in hohem Maße vom vorgeburtlichen Ausgangsniveau abhängt. Es erscheint sehr plausibel, dass Mütter, die mit missgelaunten und quengeligen Kindern konfrontiert sind, sich stärker auf ihren Partner angewiesen fühlen. Diese Einschränkung wirkt sich jedoch nicht nachteilig auf die Kinder aus.

Befunde für Väter. Bei den Vätern dagegen zeigt sich eine zweifache Wirkung der partnerschaftlichen Selbständigkeit auf die kindliche Stimmungslage, während umgekehrt keine Effekte der Stimmung auf die Selbständigkeit festgestellt werden können. Zum einen beurteilen Väter, die sich bereits vor der Geburt ihres Kindes in ihrer Partnerschaft nicht frei und autonom gefühlt haben, ihr Kind im Alter von drei Monaten im Vergleich zu Vätern mit hohen Selbständigkeitswerten als missgestimmter. Zum anderen wirkt sich die weitere Einschränkung der partnerschaftlichen Selbständigkeit bis zum ersten Jahr der Elternschaft nochmals nachteilig auf die Entwicklung der kindlichen Stimmungslage vom ersten zum zweiten Lebensjahr aus. Väter, die durch die Geburt des ersten Kindes in ihrer Partnerschaft einen Einbruch an Autonomie und Unabhängigkeit erleben, haben Kinder, deren Stimmungslage sich bis zum zweiten Lebensjahr zunehmend verschlechtert.

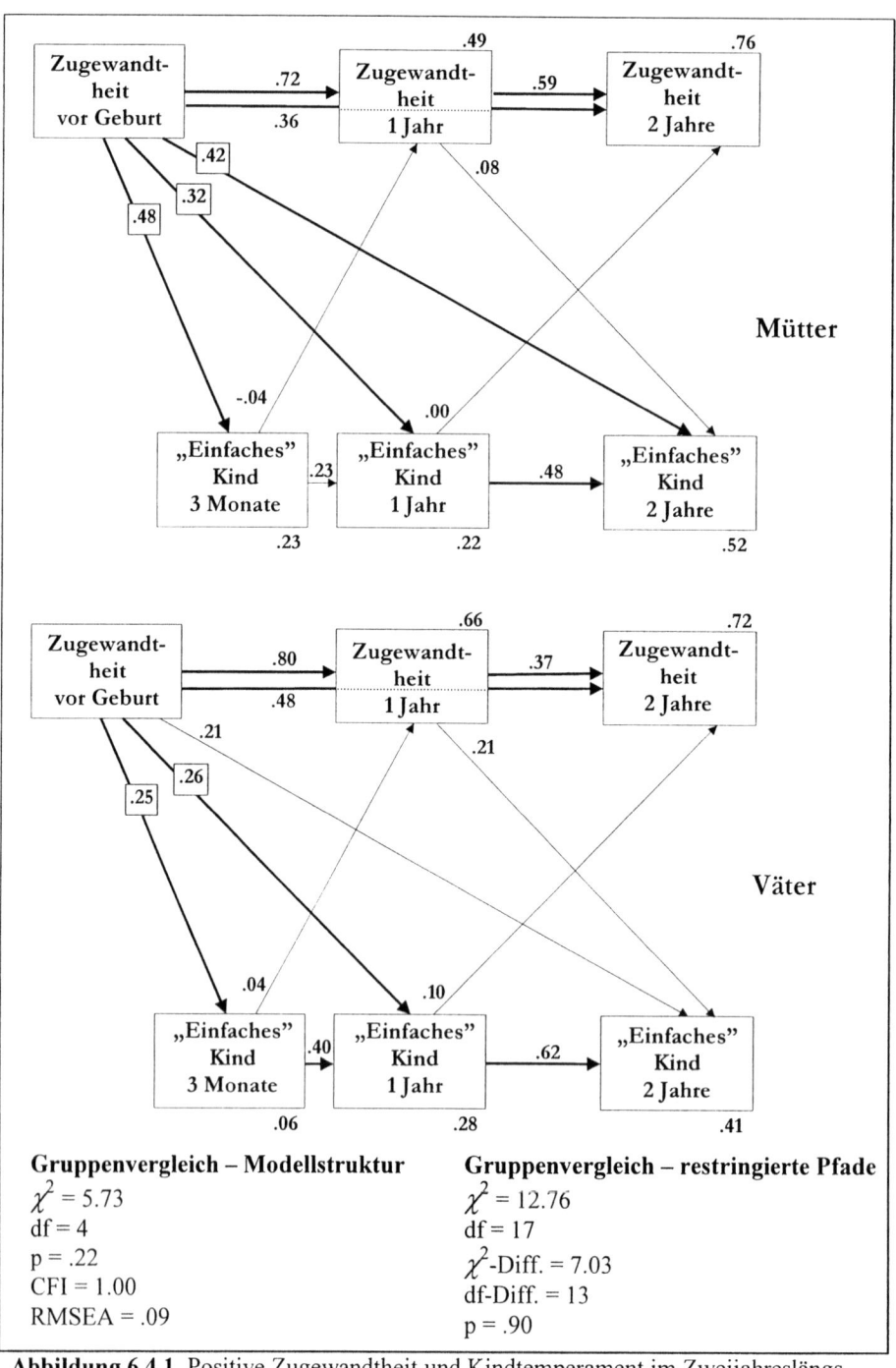

Abbildung 6.4.1. Positive Zugewandtheit und Kindtemperament im Zweijahreslängsschnitt

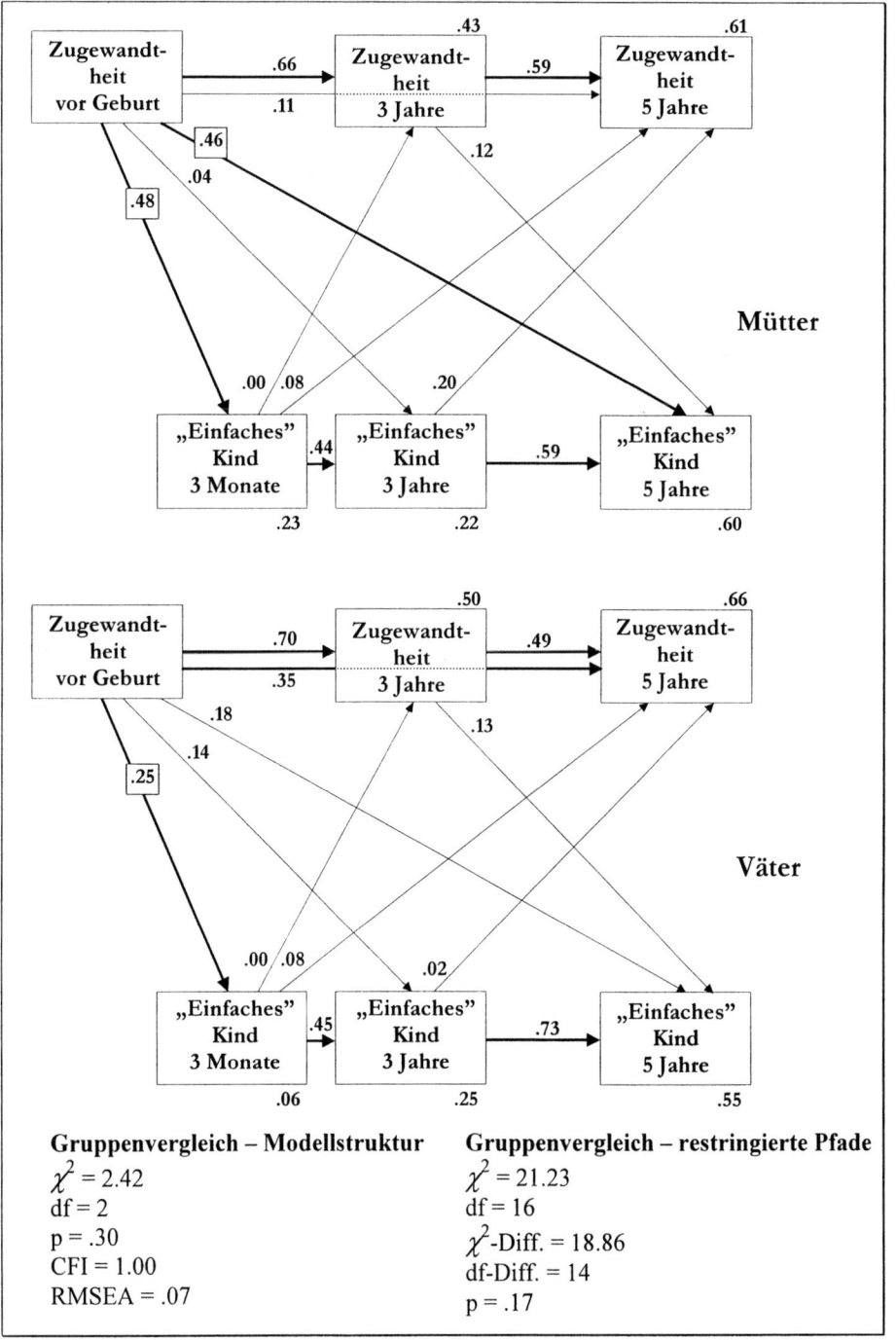

Abbildung 6.4.2. Positive Zugewandtheit und Kindtemperament im Fünfjahreslängsschnitt

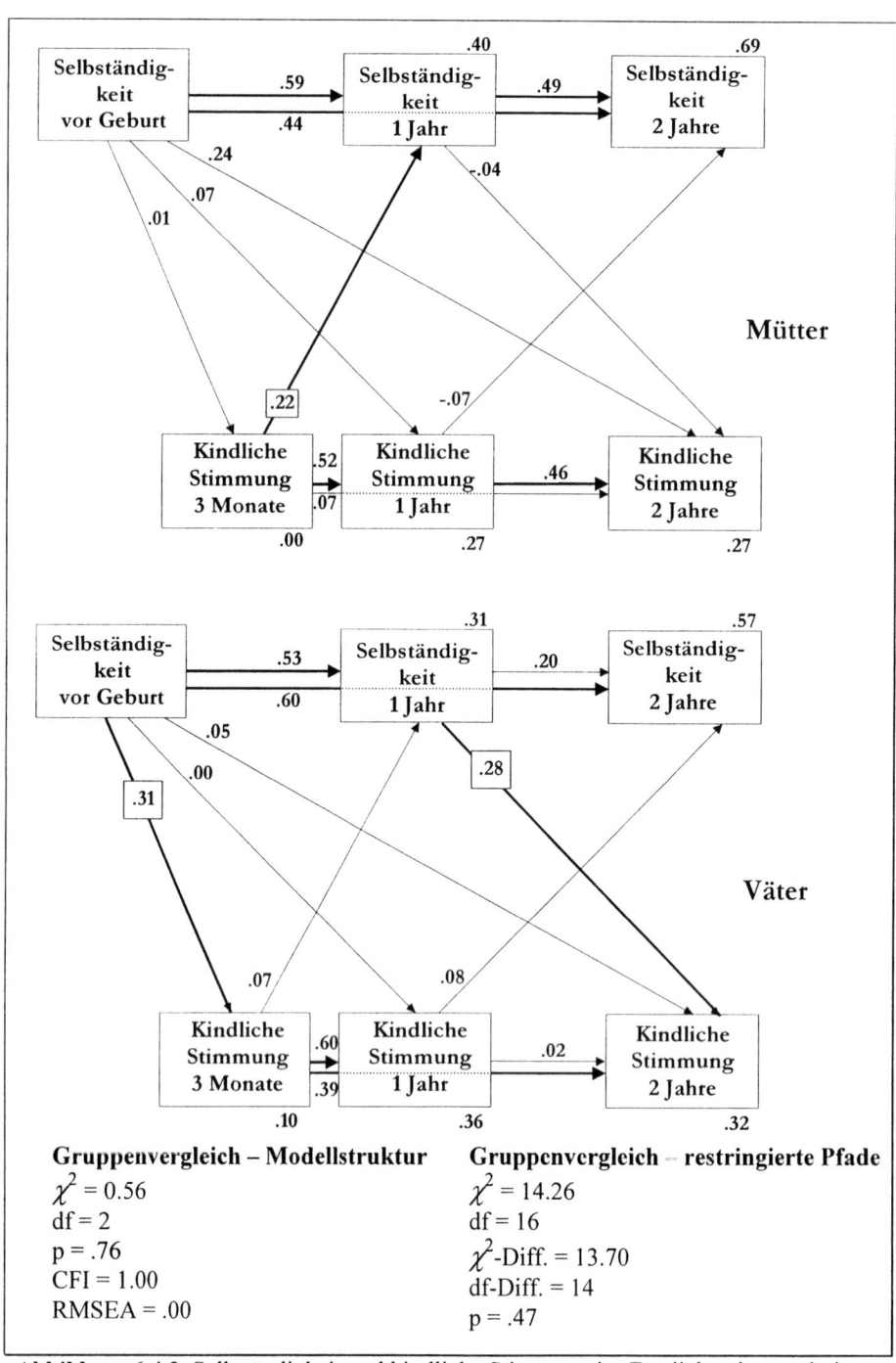

Abbildung 6.4.3. Selbständigkeit und kindliche Stimmung im Zweijahreslängsschnitt

6.4.4 Zusammenfassung und Interpretation der Befunde

In diesem Kapitel wurden Wechselwirkungsprozesse in der Entwicklung von Paaren und Kindern längsschnittlich (jeweils über drei Messzeitpunkte hinweg) mittels Pfadanalysen untersucht. Aus Sicht beider Eltern bestätigt sich die zentrale Bedeutung der *vorgeburtlichen Zugewandtheit* der Partner für die Entwicklung des Kindes. Paare, die in ihrer Beziehung vor der Geburt ihres ersten Kindes viel Zugewandtheit erleben, nehmen ihre Kinder im Alter von drei Monaten insgesamt als einfach und unkompliziert wahr. Darüber hinaus werden Kinder, die zunächst temperamentsmäßig schwierig sind, mit der Zeit unkomplizierter, wenn Eltern ihre Partnerschaft vor der Geburt des Kindes als befriedigend und zugewandt erleben; Kinder mit schwierigen Temperamentsmerkmalen können also durch eine glückliche Paarbeziehung aufgefangen werden. Umgekehrt werden einfache, unkomplizierte Kinder mit der Zeit schwieriger, wenn Eltern ihre Partnerschaft bereits vor der Geburt des Kindes als unbefriedigend empfinden.

Ausschlaggebend für Veränderungen in der kindlichen Entwicklung sind *nicht Veränderungen* des Beziehungsklimas, das in den ersten Jahren der Elternschaft in unserer Stichprobe recht stabil ist, sondern *„chronische" Bedingungen* auf Paarebene, die durch das pränatale Ausgangsniveau der Partnerschaftsqualität vorgezeichnet sind. Selbst die signifikanten Einbußen an Beziehungsqualität bis zum dritten Lebensjahr des Kindes wirken sich in der Gesamtstichprobe nicht nachteilig auf die weitere Entwicklung des Kindes aus. Dass solche chronischen Bedingungen für die Entwicklung des Kindes von Bedeutung sein werden, war im Einklang mit Hypothese 2.3.2 erwartet worden; allerdings sind die Effekte von Veränderungen in der Partnerschaft unerwartet gering, was mit der hohen Stabilität der Partnerschaftsqualität in der vorliegenden Stichprobe zu tun hat (vgl. H 2.3.3).

Durchgängig lässt sich bestätigen, dass die Auswirkungen der Partnerschaftsqualität auf die kindliche Entwicklung größer sind als dies für die umgekehrte Einflussrichtung gilt (H 2.3.1). Sofern überhaupt Effekte eines „schwierigen" Kindtemperaments auf den Verlauf der Paarbeziehung festgestellt werden können, treten diese nur in sehr geringem Umfang auf. Selbst vergleichsweise schwierige Kinder stellen insofern keine Bedrohung für die recht stabile Partnerschaftsqualität in den ersten Jahren der Elternschaft dar. Anders formuliert: Selbst einfache Kinder können eine unglückliche Ehe nicht „retten".

Obwohl die Struktur der getesteten Modelle den Daten von Müttern und Vätern entspricht, zeigen sich auf lokaler Modellebene einige Unterschiede, die erwähnenswert sind und darauf hinauslaufen, dass der Einfluss des Beziehungsklimas aus Sicht der Mütter stärker und langfristiger ist als aus Sicht der Väter. Sämtliche Pfadkoeffizienten von der vorgeburtlichen Zugewandtheit auf das kindliche Temperament fallen in den Modellen für die Mütter höher aus. Erleben die werdenden Mütter das Beziehungsklima als wenig zugewandt, so trägt das dazu bei, dass sich die Kinder aus ihrer Sicht nicht nur bis zum ersten, sondern auch bis zum zweiten und sogar fünften Lebensjahr immer ungünstiger entwickeln. In den Augen der Väter hat die vorgeburtliche Beziehungsqualität keine so weitreichenden Konsequenzen.

Im Gegensatz zu den Müttern erweist sich aus Perspektive der Väter auch die in der Partnerschaft erlebte *Selbständigkeit* als wichtige Einflussquelle auf die kindliche Entwicklung. Väter, die sich bereits vor der Geburt des Kindes in ihrer Partnerschaft unfrei und eingeengt gefühlt haben, nehmen ihr Neugeborenes eher als missgestimmt und quengelig wahr. Zudem verschlechtert sich die Stimmungslage der Kinder bis zum zweiten Lebensjahr noch, wenn Väter im ersten Jahr der Elternschaft einen Einbruch an Autonomie und Unabhängigkeit erleben.

6.5 Mediatoreffekte: Überprüfung vermittelnder Prozesse

In den vorangegangenen Kapiteln haben sich insbesondere die Positive Zugewandtheit und Selbständigkeit der Partner als bedeutsam für die kindliche Entwicklung herauskristallisiert. Dieses Kapitel widmet sich der Frage, *wie* diese Aspekte der Partnerschaftsbeziehung auf die Kinder wirken. Am plausibelsten erscheint es, dass es sowohl *direkte* wie *indirekte*, über die Erziehung vermittelte Einflusswege gibt (H 3.3.1). Da als vermittelnde Variablen nur diejenigen Aspekte der Erziehung in Betracht kommen, die auch tatsächlich mit den erfassten Temperamentsmerkmalen in Zusammenhang stehen, werden zunächst Zusammenhangsmuster zwischen Erziehung und Kindtemperament vorgestellt (H 3.1, vgl. Abschnitt 6.5.1). Danach steht die Kontrastierung von Spillover- und Kompensationsprozessen im Mittelpunkt der Betrachtungen (H 3.2, vgl. Abschnitt 6.5.2). Nach diesen Voranalysen können dann vollständige Mediatormodelle getestet werden (H 3.3 und H 3.4, vgl. die Abschnitte 6.5.3 und 6.5.4).

6.5.1 Der Einfluss der Erziehungsqualität auf die kindliche Entwicklung

Bevor vermittelnde Prozesse überprüft werden können, muss geklärt werden, welche Variablen auf Elternebene mit der kindlichen Entwicklung in Zusammenhang stehen (vgl. H 3.1). Als potentielle Mediatorvariablen kommen die Elternkompetenz (Selbstbild), die der Partnerin bzw. dem Partner zugeschriebene Elternkompetenz (Partnerkompetenz), die emotionale Überforderung mit der Pflege und Fürsorge für das Kind sowie eine Neigung zur Überfürsorge (als Form der Kompensation) in Frage. Skaleninterkorrelationen zeigen, dass die Elternkompetenz durchgängig und am deutlichsten mit den anderen Elternvariablen zusammenhängt. Eltern, die sich selbst ein hohes Ausmaß an Erziehungskompetenz zuschreiben, sehen auch ihren Partner bzw. ihre Partnerin als kompetent im Umgang mit dem Kind an, empfinden weniger emotionale Überforderung und tendieren weniger zu ängstlicher Überfürsorge. Emotionale Überforderung und Überfürsorge sind dagegen an sämtlichen Messzeitpunkten unkorreliert.

Eine Übersicht der Zusammenhangsmuster der Elternvariablen mit den kindlichen Temperamentsmerkmalen findet sich im Anhang (Tabelle 14.5.2, S. 298). Zum einen werden zeitgleiche Korrelationen dargestellt, zum anderen auch Korrelationen der Elternvariablen mit späteren Kindmerkmalen. Die Zusammenhangsmuster gehen alle in die erwartete Richtung (H 3.1). Aus Sicht beider Eltern steht die Elternkompetenz am deutlichsten in Beziehung zu kindlichen Temperamentsmerkmalen, insbesondere wenn langfristige Zusammenhänge betrachtet werden (r bis zu .70). Eltern, die sich selbst als kompetent erachten, nehmen ihr Kind eher als einfach, unkompliziert und gut gelaunt wahr. Für Mütter gilt dies meist noch deutlicher als für Väter. Daneben erachten Männer die Elternkompetenz der Partnerin als mindestens ebenso wichtig für die kindliche Entwicklung wie ihre eigene Kompetenz, während dies umgekehrt nicht zutrifft (vgl. H 3.4.1). Bei den Müttern steht dagegen die emotionale Überforderung deutlicher und durchgängiger mit kindlichen Temperamentsmerkmalen in Zusammenhang als bei den Vätern. Mütter, die ihr Kind als anstrengend und quengelig beurteilen, sind häufiger frustiert und empfinden es eher als Last. Doch gerade langfristig erscheint auch aus Sicht der Mütter die Elternkompetenz als bedeutsamer. Ängstliche Überfürsorge weist die geringsten und seltensten Zusammenhänge zu Kindmerkmalen auf.

6.5.2 Die Bedeutung der Partnerschaftsqualität für die Erziehung

Bevor in den nächsten beiden Abschnitten Mediatormodelle überprüft werden können, sollen die Zusammenhänge zwischen Partnerschaftsqualität und Erziehung untersucht werden. Im Anhang (Tabelle 14.5.3, S. 299) finden sich die Korrelationsmuster der partnerschaftlichen Zugewandtheit bzw. Selbständigkeit zur zeitgleichen und nachfolgenden Qualität der Erziehung. Der Fokus liegt auf den kurz- und langfristigen Auswirkungen der *vorgeburtlichen* Partnerschaftsqualität. Zunächst fällt auf, dass die partnerschaftliche Zugewandtheit aus Sicht beider Eltern deutlicher mit der Erziehung des Kindes in Zusammenhang steht als die partnerschaftliche Selbständigkeit.

Bedeutung der Zugewandtheit. Aus Sicht beider Eltern stellt die Positive Zugewandtheit eine wichtige Ressource für die Elternkompetenz sowie einen Schutzfaktor vor emotionaler Überforderung bzw. Überfürsorge dar. Das Ausmaß der Zusammenhänge reicht bis zu $r = .64$ bei Vätern bzw. $r = .55$ bei Müttern. Die Elternkompetenz ist bei beiden Partnern am deutlichsten betroffen. Paare, die ihre Beziehung vor der Geburt des ersten Kindes als zugewandt und verbunden empfinden, erleben sich selbst und auch den Partner im Umgang mit dem Kind als kompetent. Insbesondere Väter empfinden dem Kind gegenüber mehr Freude und weniger Frustration, wenn sie eine positive Beziehung zu ihrer Partnerin haben. Erwähnenswert erscheint, dass bei den Müttern die konkurrenten (zeitgleichen) Korrelationen nicht höher, sondern bisweilen sogar geringer ausfallen als die Zusammenhänge zwischen vorgeburtlicher Zugewandtheit und späterer Erziehungsqualität. Während beispielsweise die Zugewandtheit im dritten Lebensjahr des Kindes wenig über die Elternkompetenz zwei Jahre später aussagt, steht die vorgeburtliche Zugewandtheit mit $r = .41$ in deutlichem Zusammenhang zur Elternkompetenz im fünften Lebensjahr. Dies legt die Schlussfolgerung nahe, dass sich bei den Müttern das Nachlassen der Partnerschaftsqualität im Übergang zur Elternschaft nicht beeinträchtigend auf die Elternkompetenz auswirkt, sondern das vorgeburtliche Ausgangsniveau ausschlaggebend ist. Erinnert man sich an die Befunde aus Abschnitt 6.2 (Abbildung 6.2.5, S. 130), denen zufolge die Verschlechterung der Beziehungsqualität bei den Müttern keine negativen Folgen für die kindliche Entwicklung nach sich zieht, kann nun die Vermutung aufgestellt werden, dass dies deshalb so ist, weil die Elternkompetenz nicht beeinträchtigt wird. Allerdings ist dies solange als Vermutung zu betrachten, bis sich die Annahme pfadanalytisch belegen lässt.

Insgesamt können diese Befunde als Bestätigung von *Spillover-Effekten* gelten. Doch auch *kompensatorische Prozesse* lassen sich nachweisen. Ein hohes Ausmaß an Positiver Zugewandtheit beugt einer überfürsorglichen Haltung dem Kind gegenüber vor. Wird die Zuwendung des Partners dagegen vermisst, so ist die Tendenz größer, sich stattdessen dem Kind in ängstlicher Sorge zuzuwenden. Für das kurze Zeitintervall vom letzten Schwangerschaftstrimester bis zum ersten Lebensmonat des Kindes ist dies bei beiden Elternteilen besonders deutlich ($r = -.45$ bzw. $-.50$). Die Bezüge zur Überfürsorge sind jedoch geringer ausgeprägt als zur Elternkompetenz.

Bedeutung der Selbständigkeit. Die partnerschaftliche Selbständigkeit wirkt sich in erster Linie förderlich auf die Wahrnehmung des Partners bzw. der Partnerin als kompetent im Umgang mit dem Kind aus. Teilweise deckt sich dies auch mit der Einschätzung der eigenen Kompetenz. Darüber hinaus tendieren Paare, die sich gegenseitig wenig Freiraum zugestehen, auch dem Kind gegenüber eher zu einer klammernden, überängstlichen Haltung. Die Bedeutsamkeit der vorgeburtlichen Selbständigkeit als Schutzfaktor gegen eine überfürsorgliche Haltung reicht bei den Müttern sogar bis zum dritten, vierten und fünften Jahr der Elternschaft.

Fazit. Auch wenn die Zusammenhänge von Positiver Zugewandtheit und partnerschaftlicher Selbständigkeit zur Überfürsorge insgesamt etwas geringer ausfallen als zur Elternkompetenz, lassen sich im Einklang mit Hypothese 3.2 sowohl Spillover- als auch Kompensationsprozesse nachweisen, und zwar bei beiden Eltern. Spilloverprozesse scheinen bei Vätern bisweilen etwas ausgeprägter, ohne dass sich die Unterschiede statistisch absichern ließen (vgl. H 3.4.2).

6.5.3 Positive Zugewandtheit und Kindtemperament: Überprüfung von Mediatoreffekten

Nachdem die Zusammenhangsmuster auf den Ebenen Paar-Kind, Paar-Eltern und Eltern-Kind geklärt sind, kann nun pfadanalytisch überprüft werden, ob die Partnerschaftsqualität sich eher direkt auf die kindliche Entwicklung auswirkt, oder aber vermittelt über die Erziehungskompetenz. Dieser Abschnitt widmet sich den Auswirkungen der Positiven Zugewandtheit, der nächste denen der Selbständigkeit. Da die Anzahl der zu schätzenden Parameter im Verhältnis zur Stichprobengröße durch die Einführung von zusätzlichen Variablen kritisch wird, sollen nicht nur die bereits vorgestellten Pfadmodelle durch potentielle Mediatoren ergänzt, sondern auch weniger komplexe Mediatormodelle überprüft werden. Bei der Modellierung ist zu beachten, dass es nur dort Sinn macht, vermittelnde Prozesse zu überprüfen, wo direkte Beziehungen bereits nachgewiesen wurden (Baron & Kenny, 1986).

Belege für Spillover und Kompensation

Im folgenden wird eine Reihe einfacher Pfadmodelle vorgestellt, die – jeweils mit der vorgeburtlichen Zugewandtheit als Ausgangspunkt – für verschieden große Zeitintervalle die Wirkungen von Spillover- und Kompensationsprozessen direkt miteinander vergleichen. Auf die Auswirkungen der *vorgeburtlichen* Zugewandtheit wird deshalb fokussiert, weil zum einen noch keine Effekte von kindlichen Temperamentsmerkmalen wirksam geworden sein können und sich zum anderen in den bislang vorgestellten Analysen auch langfristig eher das Ausgangsniveau der Partnerschaftsqualität und weniger die Veränderungen derselben als relevant für die kindliche Entwicklung erwiesen hat. Darüber hinaus bieten sich zu diesem frühen Zeitpunkt die besten Ansatzpunkte für mögliche Interventionen auf Paarebene. Einschränkend muss darauf hingewiesen werden, dass in diesen Modellen mögliche Kindeffekte auf die Erziehungsqualität nicht berücksichtigt sind. Diese werden erst in den folgenden komplexeren Modellen mitmodelliert.

Abbildung 6.5.1 (S. 165) zeigt die Auswirkungen der vorgeburtlichen Zugewandtheit kurz- (3 Monate), mittel- (2 Jahre) und langfristig (5 Jahre), links für die Mütter, rechts für die Väter. Als Mediatorvariablen werden die Elternkompetenz (zur Überprüfung der

Spillover-Hypothese) sowie die elterliche Überfürsorge (als Form der Kompensation) einbezogen. Die Interkorrelation zwischen diesen beiden Elternvariablen wurde mitmodelliert (vgl. das theoretische Ausgangsmodell, Abbildung 5.2.2, S. 84). Um den Vergleich zwischen direktem und Mediatormodell zu vereinfachen, wurde in der Abbildung der Pfadkoeffizient, wie er sich ohne vermittelnde Variablen ergibt, in Klammern und Kursivdruck dazu gesetzt; ebenso der Anteil erklärter Varianz der Kindmerkmale ohne Mediation. Auf diese Weise lässt sich leicht erkennen, ob sich der Pfadkoeffizient im Mediatormodell deutlich reduziert bzw. sich der Anteil erklärter Varianz der kindlichen Temperamentsmerkmale durch Einbeziehung der Mediatorvariablen erhöht.

Modellgüte. Zur Überprüfung von Hypothese 3.3.2 und um je einen Freiheitsgrad (im Mutter- und Vatermodell) zu gewinnen, wird der Pfad von der Überfürsorge auf die Kindmerkmale restringiert und auf Null gesetzt – obwohl sämtliche bivariaten Korrelationen zumindest bei den Müttern eindeutig signifikant sind ($-.34 < r < -.40$). Wäre dieses Vorgehen für die Daten nicht angemessen, so würde sich das in den Fit-Indizes widerspiegeln; insbesondere der RMSEA würde als „Badness-of-Fit"-Index das Prozedere mit Werten über .10 „bestrafen". Sämtliche Modelle weisen jedoch eine sehr gute Anpassung an die Daten auf, und zwar sowohl für die Daten der Mütter als auch der Väter. Die Unterschiede zwischen den Eltern sind auf globaler Modellebene nicht statistisch bedeutsam, obwohl sich auf lokaler Ebene konsistente Abweichungen erkennen lassen, die im folgenden auch beschrieben werden.

Spillover vs. Kompensation. Für die verschieden großen Zeitintervalle ergeben sich recht konsistente Befunde. Die Positive Zugewandtheit der Partner vor der Geburt des Kindes fördert kurz-, mittel- und langfristig den kompetenten Umgang mit dem Kind; gleichzeitig tendieren Paare, die die Zuwendung des Partners vermissen, zu einer überfürsorglichen Haltung dem Kind gegenüber. Es lassen sich also nicht nur Spillover-, sondern auch Kompensationsprozesse nachweisen, bei Müttern und Vätern gleichermaßen (H 3.4.2). Doch die Überfürsorglichkeit ist keine Komponente der familiären Umwelt, die sich – über das emotionale Beziehungsklima der Partnerschaft und die allgemeine Elternkompetenz hinausgehend – auf die kindlichen Temperamentsmerkmale auswirkt (H 3.3.2). Dies belegt der auf Null gesetzte Pfad von der Überfürsorge zum Kindtemperament.

Befunde für Mütter. Aus Sicht der Mütter wirkt die partnerschaftliche Zugewandtheit vor der Geburt des Kindes sowohl direkt, als auch vermittelt über die Beeinflussung der erzieherischen Kompetenz auf die kindlichen Temperamentsmerkmale. Der Anteil erklärter Varianz erhöht sich durch Einbeziehung der Elternkompetenz als Mediatorvariable. Langfristig können sogar 44 Prozent aufgeklärt werden. Dass neben den vermittelten auch direkte Effekte bestehen bleiben, bedeutet, dass noch andere Aspekte der Partnerschaftsqualität für die kindliche Entwicklung wirksam sind als diejenigen, die sich auf die Elternkompetenz niederschlagen und dadurch das Kind beeinflussen. Für die Mütter kann Hypothese 3.3.1 also bestätigt werden.

Befunde für Väter. Dagegen gilt diese Annahme aus Perspektive der Väter nicht und muss folgendermaßen differenziert werden: Die ohnehin geringeren direkten Effekte der Positiven Zugewandtheit verschwinden, wenn Elternvariablen einbezogen werden. Die Väter sehen ihren Einfluss auf die Ausformung der kindlichen Temperamentsmerkmale in den ersten Jahren allerdings als vergleichsweise gering an, so dass man nicht von vermittelnden Prozessen sprechen kann. Es ergibt sich nur dann ein Mediatoreffekt für das zweite Lebensjahr des Kindes, wenn statt der Kompetenz des Vaters die Kompetenz der Mutter (aus seiner Sicht beurteilt) als vermittelnde Variable fungiert (β = .35 und .48). Die Positive Zugewandtheit wirkt also nicht vermittelt über die Elternkompetenz des Vaters, sondern der Mutter auf die kindliche Entwicklung. Für das fünfte Lebensjahr zeigt sich nur noch ein indirekter Effekt der Zugewandtheit, die langfristig Einfluss auf die väterliche Kompetenz nimmt, was der Entwicklung des Kindes zugute kommt. Obwohl sich also aus Sicht beider Eltern sowohl Spillover- als auch Kompensationsprozesse nachweisen lassen, ist der Anteil erklärter Varianz in den Kindmerkmalen aus Sicht der Väter auch nach Einführung von Elternvariablen geringer als bei Müttern, was nach Hypothese 3.4.1 auch erwartet werden konnte.

Komplexere Pfadmodelle für den Zweijahreslängsschnitt

Die bislang vorgestellten Pfadmodelle zur Überprüfung von Mediatoreffekten stellen insofern eine Vereinfachung der Wirklichkeit dar, als keine Wechselwirkungsprozesse zwischen Partnerschaftsqualität, Erziehung und Kindtemperament berücksichtigt wurden. Zudem konnte die Bedeutsamkeit von Veränderungsprozessen nicht untersucht werden. Im folgenden werden deshalb die in Kapitel 6.4 beschriebenen Pfadmodelle um die Elternkompetenz als potentielle Mediatorvariable ergänzt. Dabei werden die direkten Pfade von der Paarqualität auf die kindlichen Temperamentsmerkmale beibehalten; zusätzlich werden über die Elternkompetenz vermittelte Wege geprüft. Neben Kindeffekten auf die Paarbeziehung werden auch Effekte auf die Elternkompetenz getestet. Dass die Anzahl der zu schätzenden Parameter im Verhältnis zur Stichprobengröße durch die Komplexität des Modells kritisch wird, muss bei der Interpretation der im folgenden beschriebenen Ergebnisse berücksichtigt werden.

Modellgüte. Abbildung 6.5.2 (S. 166) zeigt die Ergebnisse für den Zweijahreslängsschnitt. Die resultierenden Fit-Indizes (unten links) sprechen für die Angemessenheit der Modellstruktur sowohl für Mütter als auch für Väter, wenngleich der relativ hohe RMSEA-Wert von .10 darauf aufmerksam macht, dass ein gewisser Teil der vorhandenen Varianz durch das Modell nicht aufgeklärt wird. Die bisherigen Ergebnisse lassen vermuten, dass dies wahrscheinlich damit zu tun hat, dass im Vatermodell die Erziehungskompetenz der Mutter (Partnerkompetenz) als relevante Einflussgröße fehlt. Um zu vergleichen, ob sich die Höhe der Pfadkoeffizienten in den Modellen von Vätern und Müttern unterscheidet, wurden in einem zweiten Schritt sämtliche Pfadkoeffizienten für Mütter und Väter gleichgesetzt. Dieses restringierte Modell erweist sich als nicht angemessen ($p = .03$) und mit einem χ^2-Differenzwert von 35.65 (bei 24 Freiheitsgraden) als signifikant schlechter ($p = .06$) als das nicht restringierte Modell (unten rechts). Während die Unterschiede zwischen Müttern und Vätern in dem Ausgangsmodell ohne Mediatorvariablen nicht ausreichten, um signifikant zu werden, zeigt sich nun, dass für Mütter und Väter zwar ähnliche Einflussprozesse gelten, aber die *Höhe der Einflüsse* unterschiedlich ist.

Befunde für Mütter. Kurzfristig (bis zum dritten Lebensmonat) zeigen sich – entsprechend den Befunden der einfachen Mediatormodelle – sowohl direkte Effekte der Positiven Zugewandtheit als auch über die Elternkompetenz vermittelte Effekte. Ob Kinder bis zum ersten Jahr zunehmend einfacher werden, hängt aus Sicht der Mütter direkt vom partnerschaftlichen Beziehungsklima ab. Bis zum zweiten Lebensjahr des Kindes zeichnet sich ein Mediatoreffekt ab: Mütter, die in ihrer Partnerschaft viel Zuwendung erfahren, sind in der Lage, während des ersten Lebensjahres des Kindes in ihrer Elternrolle dazuzulernen (β = .26). Dieser Zugewinn an Elternkompetenz beeinflusst seinerseits die kindliche Entwicklung positiv, die Kinder werden bis zu ihrem zweiten Lebensjahr zunehmend unkomplizierter (β = .28). Veränderungen der partnerschaftlichen Zugewandtheit bis zum ersten Jahr der Elternschaft haben dagegen weder auf die kindliche Entwicklung noch auf Veränderungen der Erziehungskompetenzen einen Einfluss. Genausowenig treten Effekte des Kindtemperaments auf die Erziehung auf.

Befunde für Väter. Die vorgeburtliche Zugewandtheit der Partner wirkt sich auch aus Sicht der Väter förderlich auf die Erziehungskompetenzen im Kindesalter von einem Monat aus und auch darauf, ob die Väter im ersten Lebensjahr des Kindes in ihrer Vaterrolle mehr und mehr Kompetenzen erwerben. Die partnerschaftliche Zugewandtheit stellt insofern zwar eine Ressource für die Erziehung des Kindes dar, doch die Erziehungskompetenzen des Vaters nehmen zumindest in diesem ausgewählten Zeitraum keinen signifikanten Einfluss auf die kindliche Entwicklung. Vielmehr geben Väter der Einschätzung der Mütter recht, dass es der Zugewinn an Elternkompetenz auf Seiten der Partnerin ist, der sich positiv auf die kindliche Entwicklung auswirkt (der Pfadkoeffizient der Partnerkompetenz mit einem Jahr auf die Kindmerkmale mit zwei Jahren beträgt in dem so modifizierten Modell .29). Dies ist konsistent mit den Befunden der einfacheren Mediatormodelle. Was dort jedoch nicht zu erkennen war, sind Effekte des Kindtemperaments auf die Erziehungskompetenzen sowie der Elternkompetenz auf die Entwicklung der Partnerschaftsqualität. Einfache Kinder erleichtern ihren Vätern die Erziehungsaufgabe. Oder genauer: Wenn Kinder im ersten Lebensjahr zunehmend unkomplizierter werden, fördert das das Kompetenzgefühl der Väter. Werden die Kinder dagegen im Laufe des ersten Lebensjahres schwieriger (was bei einem negativen Beziehungsklima eher der Fall ist), so leidet auch die Erziehungskompetenz. Im Gegensatz zur Perspektive der Mütter zeigen sich bei den Vätern Wechselwirkungen zwischen Partnerschaftsqualität und Elternkompetenz: Die Positive Zugewandtheit der Partner fördert den Erwerb von Erziehungskompetenzen, was wiederum positiv auf das Erleben der Partnerschaft zurückwirkt. Anders formuliert wird das Risiko eines bereits vor der Geburt des Kindes negativ gefärbten Beziehungsklimas deutlich, das die Erziehungskompetenzen mehr und mehr beeinträchtigt, bis diese Beeinträchtigung sich dann auch wieder auf die Partnerschaft niederschlägt. Interessanterweise sind also mangelnde Erziehungskompetenzen des Vaters in diesem Zeitraum weniger für das Kind als vielmehr für die partnerschaftliche Beziehung abträglich.

Komplexere Pfadmodelle für den Fünfjahreslängsschnitt

Für den Fünfjahreszeitraum das gleiche Modell für Mütter und Väter zu testen, erscheint nicht sinnvoll, da sich bei den Vätern keine direkten Effekte auf die kindliche Entwicklung bis zum fünften Lebensjahr ergeben hatten. Deshalb ist es nicht angebracht, sowohl direkte wie indirekte Pfade zu überprüfen.

Befunde für Mütter. Das Modell für die Mütter ist identisch wie das Zweijahresmodell aufgebaut. Es erbringt keine wesentlichen neuen Informationen und wird deshalb nicht zusätzlich abgebildet. Bei sechs Freiheitsgraden und einem χ^2-Wert von 4.73 hat es ausgezeichnete Fit-Indizes ($p = .58$, CFI = 1.00, RMSEA = .00). 62 Prozent der Varianz der kindlichen Temperamentsmerkmale im fünften Lebensjahr werden aufgeklärt. Relevant ist, dass – wie schon im einfachen Modell aus Abbildung 6.5.1 ersichtlich – der *direkte Pfad* von der vorgeburtlichen Zugewandtheit auf die Kindmerkmale im fünften Lebensjahr bestehen bleibt. Mütter, die den Weg in die Elternschaft mit vielen Ressourcen aus ihrer Paarbeziehung beginnen, können – selbst wenn diese Beziehung im Laufe der Jahre leidet – wesentlich dazu beitragen, dass sich die Kinder vom dritten bis zum fünften Lebensjahr positiv weiterentwickeln.

Befunde für Väter. Bei den Vätern hatte sich keine so weitreichende Bedeutung der vorgeburtlichen Zugewandtheit gezeigt. Erwähnenswert ist aber die Tatsache, dass die *Verschlechterung* der Paarqualität bis zum dritten Jahr der Elternschaft bei den Vätern zu einer Beeinträchtigung der Elternkompetenz vom dritten bis fünften Lebensjahr des Kindes beiträgt ($\beta = .27, p < .05$), während sich bei den Müttern das Nachlassen der Beziehungsqualität nicht negativ auf die Elternkompetenz überträgt ($\beta = -.03$, n.s.). Dies ergänzt die in Kapitel 6.2 vorgestellten Befunde zur differentiellen Wirksamkeit von Partnerschaftsveränderungen bei Müttern und Vätern. Dort hatte sich gezeigt, dass die Einschränkung der Beziehungsqualität bis zum dritten Jahr der Elternschaft bei den Müttern keine negativen Folgen für die kindliche Entwicklung nach sich zieht, bei den Vätern jedoch schon (vgl. Abbildung 6.2.5, S. 130). In Abschnitt 6.5.2 wurde die Hypothese aufgestellt, dass dies deshalb so ist, weil das Nachlassen der Partnerschaftsqualität die Elternkompetenz der Mütter nicht beeinträchtigt. Pfadanalytisch lässt sich nun untermauern, dass sich bei den Vätern die Verschlechterung der Beziehungsqualität auf die Erziehungskompetenz niederschlägt, während es Müttern eher gelingt, diese Einschränkungen wettzumachen.

6.5.4 Selbständigkeit und Kindtemperament: Überprüfung von Mediatoreffekten

Neben der Positiven Zugewandtheit erwies sich die partnerschaftliche Selbständigkeit als relevant für die kindliche Entwicklung. In diesem Abschnitt soll untersucht werden, auf welche Weise die in der Partnerschaft erlebte Selbständigkeit Einfluss auf die kindliche Entwicklung nimmt. Da die vorgeburtliche Selbständigkeit nur aus Sicht der Väter, nicht aber aus Sicht der Mütter in direktem Zusammenhang mit den kindlichen Temperamentsmerkmalen steht, erübrigt es sich, vermittelnde Prozesse aus Sicht der Mütter zu prüfen. Die Ausführungen dieses Abschnitts beschränken sich deshalb auf die Perspektive der Väter. Als potentielle Mediatorvariablen kommen die Überfürsorge und die Partnerkompetenz (die vom Vater der Mutter zugeschriebene Elternkompetenz) in Frage (vgl. Abschnitt 6.5.2).

Einfache Modelle. In Anlehnung an das Vorgehen im vorangegangenen Abschnitt werden die Auswirkungen der vorgeburtlichen Selbständigkeit auf die kindliche Stimmungslage mit 3 Monaten und 2 Jahren sowie auf die kindlichen Temperamentsmerkmale mit 3 Jahren überprüft. Die väterliche Überfürsorge lässt sich – wie schon im vorangegangenen Abschnitt im Kontext der Positiven Zugewandtheit – *nicht* als vermittelnde Variable bestätigen. Sie verliert ihre prädiktive Kraft für die kindliche Entwicklung, wenn die Selbständigkeit als direkter Einflussfaktor einbezogen ist. Mit der *Elternkompetenz der Mutter* aus Sicht des Vaters lassen sich dagegen vollständige Mediatoreffekte nachweisen (vgl. Abbildung 6.5.3 S. 167). Um einen Freiheitsgrad zu erhalten, der für die Berechnung der Modellgüte erforderlich ist, wurde der direkte Pfad durch ein Regressionsgewicht von Null restringiert. Die Fit-Indizes sprechen für die ausgezeichnete Anpassung dieser Modelle an die Daten der Väter. Die Restriktion des direkten Pfades erweist sich damit als angemessen. Für die unterschiedlichen Zeitspannen ergibt sich das gleiche Bild: Väter, die in ihrer Partnerschaft vor der Geburt des Kindes ein hohes Maß an Selbständigkeit erleben, nehmen ihre Partnerin als kompetent im Umgang mit dem Kind wahr. Die Kompetenz der Mutter wirkt sich wiederum förderlich auf die kindlichen Temperamentsmerkmale aus. Durch Einbeziehung dieser Mediatorvariable erhöht sich der Anteil erklärter Varianz für das Dreijahresintervall sogar um 19 Prozent.

Wechselwirkungsmodell. Abschließend soll noch das zum Mediationsmodell erweiterte Pfadmodell zur Entwicklung von Selbständigkeit und kindlicher Stimmungslage im Zweijahreslängsschnitt vorgestellt werden, das eine ausgezeichnete Anpassung an die Daten aufweist (vgl. Abbildung 6.5.4, S. 168). Im Ausgangsmodell hatte sich die vorgeburtliche Selbständigkeit als relevant für die kindliche Stimmungslage im Alter von drei Monaten erwiesen; darüber hinaus war die Einbuße an partnerschaftlicher Selbständigkeit im ersten Lebensjahr des Kindes prädiktiv für dessen weitere Entwicklung. Somit können zwei Effekte mediatoranalytisch überprüft werden. Was die Auswirkungen auf die kindliche Stimmungslage mit drei Monaten betrifft, so bestätigen sich die Befunde, die sich bereits im entsprechenden einfachen Mediatormodell ergeben hatten: Der direkte Pfad wird insignifikant, der Effekt der Selbständigkeit wird vollständig vermittelt über die Erziehungskompetenz der Mutter. Zur Erklärung der Wirkungsweise der eingeschränkten Selbständigkeit im ersten Jahr der Elternschaft jedoch kann die Mutterkompetenz nicht herangezogen werden (und auch keine andere hier erfasste Elternvariable). Der direkte Effekt auf die kindliche Stimmungslage bleibt bestehen. Darüber hinaus erscheint in diesem Zusammenhang die Erkenntnis von Bedeutung, dass nicht etwa wenig kompetente Mütter in den Augen der Väter zu den in der Partnerschaft erlebten Einschränkungen an Selbständigkeit beitragen (β = .00 bzw. .08), sondern die Einflussrichtung umgekehrt ist: Die Einbuße an partnerschaftlicher Selbständigkeit beeinträchtigt in den Augen der Väter die erzieherische Kompetenz der Mutter. Zudem fördern gut gestimmte Kinder aus Sicht der Väter tendentiell (β = .19, p < .10) die Wahrnehmung zunehmender Mutterkompetenz.

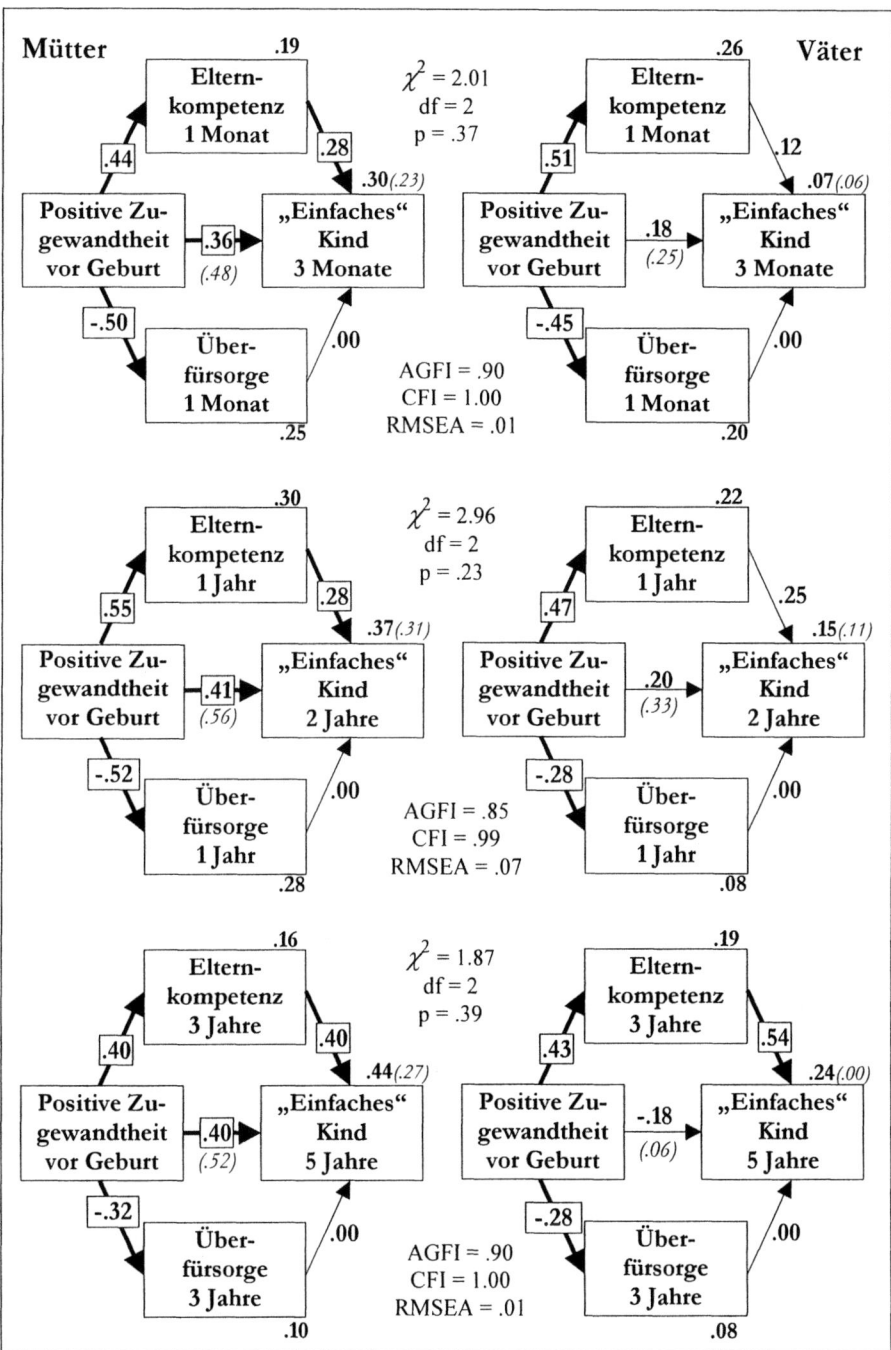

Abbildung 6.5.1. Zugewandtheit und Kindtemperament: Spillover- (Elternkompetenz) und Kompensationsprozesse (Überfürsorge)
(direkter Pfadkoeffizient bzw. Anteil erklärter Varianz ohne Mediation in Klammern)

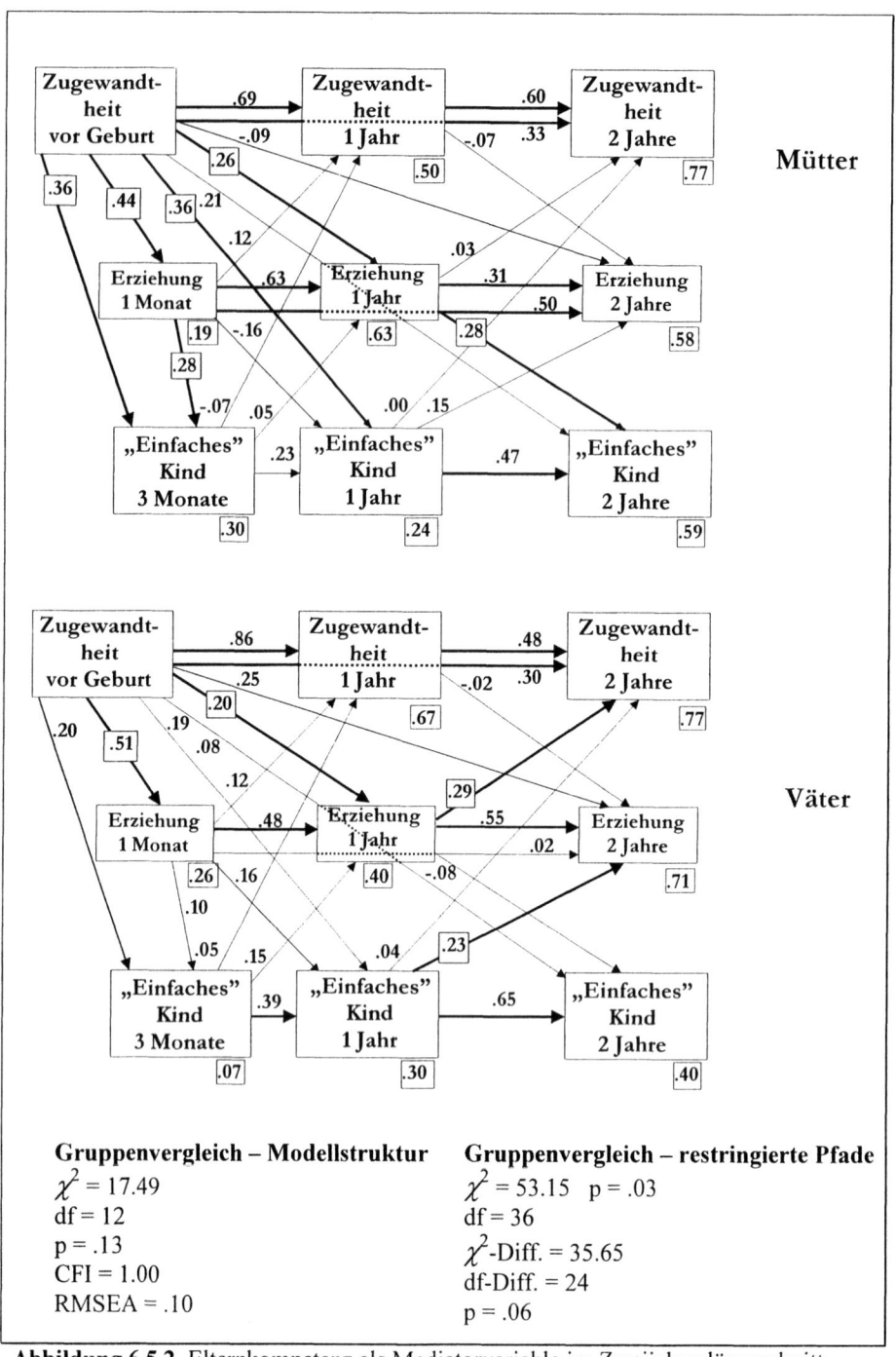

Abbildung 6.5.2. Elternkompetenz als Mediatorvariable im Zweijahreslängsschnitt

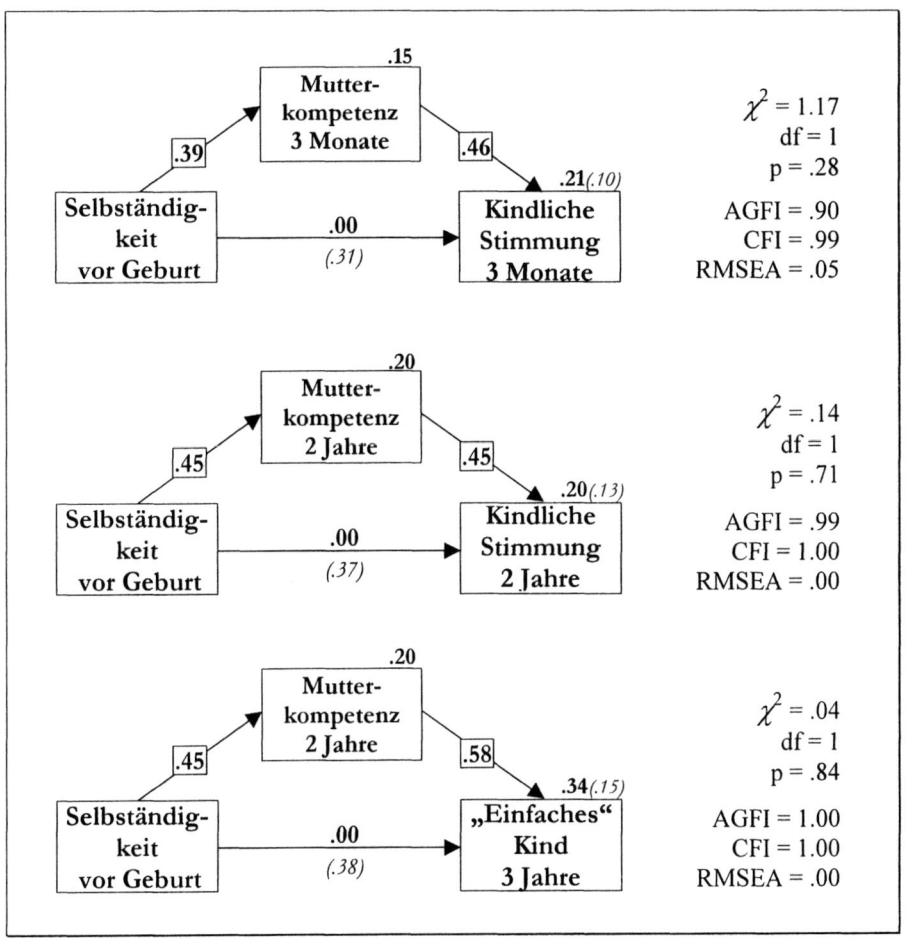

Abbildung 6.5.3. Selbständigkeit und kindliche Stimmungslage aus Perspektive der Väter: Elternkompetenz der Mutter als vermittelnde Variable in verschiedenen Zeitspannen
(direkter Pfadkoeffizient bzw. Anteil erklärter Varianz ohne Mediation in Klammern)

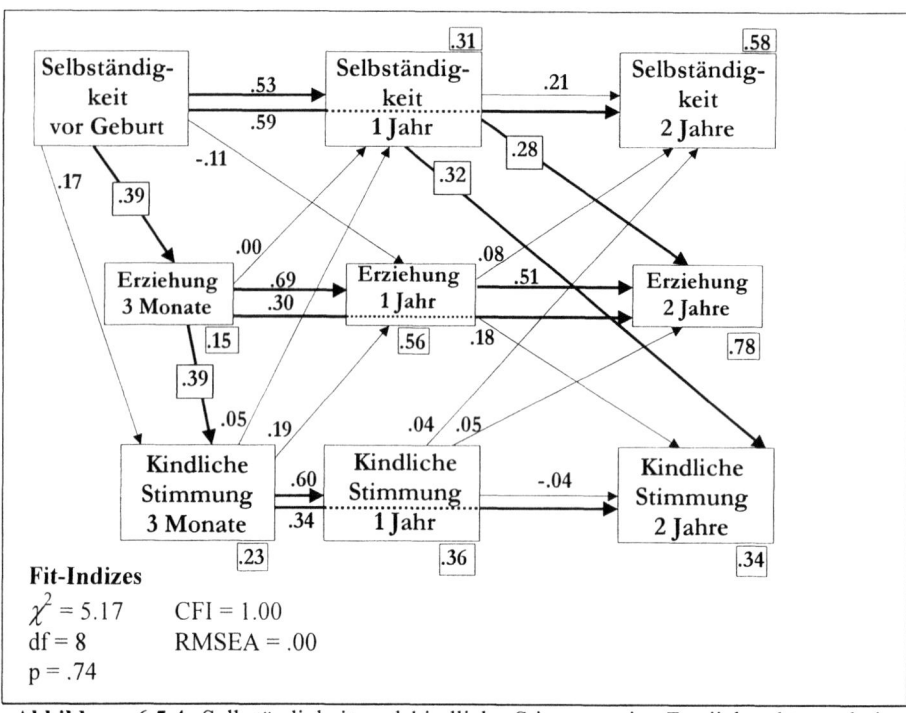

Abbildung 6.5.4. Selbständigkeit und kindliche Stimmung im Zweijahreslängsschnitt (Vaterperspektive): Elternkompetenz der Mutter („Erziehung") als Mediatorvariable

6.5.5 Zusammenfassung und Interpretation der Befunde

Dieses Kapitel widmete sich der Frage, wie die Bedeutsamkeit der Partnerschaftsqualität für die kindliche Entwicklung erklärt werden kann. Die pfadanalytischen Befunde sprechen dafür, dass sich für Mütter und Väter zwar ähnliche Einflüsse ergeben (die postulierte Modellstruktur ist den Daten beider Geschlechter angepasst). Doch das *Ausmaß* der Einflüsse unterscheidet sich signifikant. Von den potentiellen Mediatorvariablen steht die *Elternkompetenz* (Selbstbild) aus Sicht beider Eltern, gerade langfristig, am deutlichsten in Beziehung zur kindlichen Entwicklung. Daneben sehen Väter auch die Elternkompetenz ihrer Partnerin (Fremdsicht) als wesentlichen Einflussfaktor, während Mütter nur ihre eigenen, nicht aber die Kompetenzen des Vaters als relevant erachten. Deutlich schwächer sind die Auswirkungen ängstlicher Überfürsorge auf die Kinder.

Spillover und Kompensation. In Einklang mit Hypothese 3.2 lassen sich für Männer und Frauen gleichermaßen sowohl Spillover- als auch Kompensationsprozesse nachweisen. Partner, die ihre Beziehung vor der Geburt des ersten Kindes als zugewandt und verbunden empfinden, sehen sich selbst und den Partner bzw. die Partnerin kurz- und langfristig dazu in der Lage, das Kind zu beruhigen, wenn es sich unwohl fühlt, ihm Grenzen zu setzen, seine Bedürfnisse zu erkennen und angemessen darauf einzugehen. Darüber hinaus neigen sie weniger dazu, sich dem Kind in ängstlicher, überfürsorglicher Weise zuzuwenden. Wenn sich die Partner jedoch gegenseitig wenig Freiraum zugestehen, tendieren sie auch dem Kind gegenüber zu einer klammernden, überängstlichen Haltung. Zudem wirkt sich die partnerschaftliche Selbständigkeit vor allem förderlich auf die Wahrnehmung des Partners bzw. der Partnerin als kompetent im Umgang mit dem Kind aus. Vereinfacht kann man sagen: Zugewandte Paare sind auch kompetente Eltern (Selbstbild); Selbständige Partner werden als kompetente Eltern wahrgenommen (Fremdbild). Die Überfürsorglichkeit stellt jedoch im Einklang mit Hypothese 3.3.2 keine Komponente der familiären Umwelt dar, die sich – über das emotionale Beziehungsklima der Partnerschaft und die allgemeine Elternkompetenz hinausgehend – auf die kindlichen Temperamentsmerkmale auswirkt. Die Elternkompetenz erweist sich insofern als umfassenderes Konstrukt, in dem auch Kompensationsprozesse aufgehen.

Uneigennützige Kompensation nur bei Müttern. Im vorangegangenen Kapitel war klar geworden, dass erlebte Einschränkungen der Beziehungsqualität bis zum dritten Jahr der Elternschaft nur bei Vätern negative Folgen für die kindliche Entwicklung nach sich ziehen. In diesem Kapitel konnte bestätigt werden, dass dies an den differentiellen Auswirkungen auf die elterliche Erziehungskompetenz liegt. Während sich bei den Vätern die Verschlechterung der Partnerschaftsbeziehung nachteilig auf die Erziehung niederschlägt (Spillover), gelingt es Müttern, diese Einschränkungen wettzumachen, ihr Erziehungsverhalten wird nicht beeinträchtigt („uneigennützige" Kompensation).

Direkte und vermittelte Effekte bei Müttern. Aus Sicht der Mütter kommt die partnerschaftliche Zugewandtheit vor der Geburt des Kindes der kindlichen Entwicklung sowohl direkt, als auch vermittelt über die Förderung der erzieherischen Kompetenz zugute, was nach Hypothese 3.3.1 auch erwartet wurde. Mütter, die in ihrer Partnerschaft viel Zuwendung erfahren, lernen im Laufe der Zeit in ihrer Elternrolle dazu, was sich wiederum günstig auf die Kinder auswirkt. Dagegen sind „einfache" Kinder nicht für diesen Zugewinn an Elternkompetenz verantwortlich. Sogar für den Fünfjahreszeitraum bleiben direkte Effekte einer glücklichen Partnerschaft bestehen. Vermutlich ist es das emotionale Beziehungsklima, das für das Kind – auch jenseits der Erziehungspraktiken – spürbar wird.

Befunde für Väter. Die partnerschaftliche Zugewandtheit stellt zwar auch aus Sicht der Väter eine Ressource für die Erziehung des Kindes und das Dazulernen in der Elternrolle dar, doch die Väter sehen ihren Einfluss auf die Ausformung der kindlichen Temperamentsmerkmale als relativ gering an. Mediationseffekte lassen sich nur dann nachweisen, wenn statt der eigenen Kompetenz die der Partnerin als vermittelnde Variable fungiert. Somit sind sich Väter und Mütter in der Einschätzung einig, dass es die (zunehmende) Elternkompetenz der Mutter ist, die sich positiv auf die kindliche Entwicklung auswirkt. Zumal die Mütter diejenigen sind, die den Hauptteil der Kinderversorgung und -erziehung leisten, ist es plausibel, dass der Anteil erklärter Varianz in den Kindmerkmalen aus Sicht der Väter auch nach Einführung von Elternvariablen geringer ist als bei Müttern (vgl. H 3.4.1).

Direkte und vermittelte Effekte der Selbständigkeit. Väter, die in ihrer Partnerschaft vor der Geburt des Kindes ein hohes Maß an Selbständigkeit erleben, nehmen ihre Partnerin als kompetent im Umgang mit dem Kind wahr. Deren Kompetenz wirkt sich wiederum förderlich auf die Kinder aus. Zur Erklärung der nachteiligen Folgen des Verlusts an Selbständigkeit im ersten Jahr der Elternschaft kann jedoch die Mutterkompetenz nicht verantwortlich gemacht werden (und auch keine andere hier erfasste Elternvariable). Die Zusammenhänge zwischen der von den werdenden Vätern erlebten Selbständigkeit, der Elternkompetenz der Partnerin und der kindlichen Entwicklung sind unterschiedlich interpretierbar. Frauen, die ihrem Partner ein hohes Maß an Autonomie einräumen, beanspruchen ihn auch für die Kindererziehung weniger, was sie in seinen Augen als kompetent erscheinen lässt. Männer, die ihrer Partnerin ein hohes Maß an Selbständigkeit gewähren, lassen ihr auch in der Kindererziehung freie Hand, was es ihr erleichtert, eine kompetente Mutter zu sein. Eventuell liegt auch eine bestimmte Persönlichkeitseigenschaft der Mutter zugrunde, die sich sowohl auf die Partnerschaftsbeziehung als auch auf die Erziehung günstig auswirkt. Dieser Frage kann im nächsten Kapitel nachgegangen werden.

Fazit. Insgesamt betrachtet ergeben sich für die unterschiedlichen Zeitintervalle recht konsistente Ergebnisse, die die Verlässlichkeit der getroffenen Schlussfolgerungen erhöhen. Dass die einfacheren Modelle die Befunde der komplexeren Modelle unterstützen, spricht – trotz der im Verhältnis zur Stichprobengröße beträchtlichen Anzahl an Parameterschätzungen – für die Zuverlässigkeit der Resultate. Allerdings muss sich – trotz des Nachweises direkter Effekte – das Beziehungsklima nicht zwangsläufig „direkt" auf das Kind auswirken. Eventuell wurden relevante vermittelnde Variablen, beispielsweise die elterliche Responsivität und Wärme, nicht erfasst. Zudem könnten die direkten Effekte der partnerschaftlichen Zugewandtheit ein Artefakt der mütterlichen „Wahrnehmungsbrille" darstellen. So ist es denkbar, dass manche Mütter durch eine „rosarote Brille" blicken: Sie führen in ihren Augen eine glückliche Paarbeziehung, verfügen über gute Erziehungskompetenzen und haben einfache Kinder. Andere sehen alles in dunkleren Farben. Der nächste Abschnitt befasst sich mit dieser Frage.

6.6 Überprüfung der Common-factor-Hypothese

Auch wenn Beziehungen zwischen Ehequalität und kindlicher Entwicklung bzw. Ehequalität und Erziehung aufgezeigt werden konnten, darf daraus noch nicht gefolgert werden, dass die Ehe tatsächlich relevant für die Gestaltung der Eltern-Kind-Beziehung bzw. die kindliche Entwicklung ist. Denn Ressourcen auf Persönlichkeitsebene (z.B. allgemeine Beziehungskompetenzen oder aktuelle Befindlichkeit) werden sich sowohl im Erleben der Partnerschaft, der Elternrolle als auch in der kindlichen Entwicklung widerspiegeln (H 4.1). Um die Bedeutsamkeit der Ehequalität zu belegen, muss nachgewiesen werden, dass die Zusammenhänge zwischen Ehequalität und Erziehung bzw. Ehequalität und Kindtemperament nicht vollständig auf solche Drittvariablen zurückgeführt werden können, sondern auch bei Kontrolle dieser Hintergrundvariablen bestehen bleiben (H 4.2, vgl. die postulierte Modellstruktur in Abbildung 5.2.3, S. 85). Der erste Aspekt der Common-factor-Hypothese (H 4.1) wird überprüft, indem korrelative Beziehungen dieser Persönlichkeitsaspekte zu relevanten Variablen auf Paar-, Eltern- und Kindebene analysiert werden. Im nächsten Schritt werden die bereits vorgestellten Mediatormodelle modifiziert, indem Anteile der Persönlichkeit auspartialisiert werden. Auf diese Weise lässt sich testen, ob die vorher gefundenen Zusammenhangsmuster bestätigt werden können oder sich maßgeblich reduzieren (H 4.2).

6.6.1 Zusammenhangsmuster

Tabelle 14.5.4 (im Anhang S. 300) zeigt Zusammenhangsmuster von individueller Beziehungspersönlichkeit und aktuellem Wohlbefinden (beide vorgeburtlich erfasst) zu den relevanten Variablen auf Paar-, Eltern- und Kind-Ebene. Da man annehmen kann, dass für das Erleben und Gestalten der Partnerschaft bzw. der Elternrolle nicht nur die eigene Befindlichkeit und eigene Kompetenzen maßgeblich sind, sondern auch die des Partners, sind auch Korrelationen zwischen Persönlichkeitsvariablen der Mutter und dem Erleben des Vaters bzw. Persönlichkeitsaspekten des Vaters und dem Erleben der Mutter aufgeführt. Erwartungsgemäß geht ein hohes Maß an Beziehungskompetenzen mit hohem individuellen Wohlbefinden einher ($r = .45$ für Frauen, $r = .41$ für Männer, $p < .01$).

Beide Aspekte spielen hypothesenkonform für die Zugewandtheit der Partner, die Elternkompetenz und die kindlichen Temperamentsmerkmale eine wesentliche Rolle und wirken einer überfürsorglichen Haltung dem Kind gegenüber entgegen (r bis über .60). Differenzierend soll erwähnt werden, dass die Beziehungspersönlichkeit stärker mit Merkmalen des Kindes zusammenhängt als die Befindlichkeit – auch dann, wenn nicht die vorgeburtliche Befindlichkeit, sondern die jeweils konkurrente (d.h. zeitgleich erfasste) betrachtet wird (nicht in der Tabelle aufgeführt). Männer, die selbst über individuelle Beziehungskompetenzen verfügen, sehen auch ihre Partnerin eher als kompetent im Umgang mit dem Kind an (umgekehrt gilt dies nicht). Frauen mit positiver Beziehungspersönlichkeit berichten kurz- und mittelfristig auch ein hohes Maß an partnerschaftlicher Selbständigkeit ($r = .34$ bis $.43$). Dagegen ist für die von den werdenden Vätern erlebte Selbständigkeit nicht die eigene Befindlichkeit oder Beziehungskompetenz ausschlaggebend, sondern ob ihre Frauen sich wohlfühlen ($r = .32$) und über Beziehungskompetenzen ($r = .40$) verfügen. Es stellt sich die Frage, ob die in Kapitel 6.5 beschriebenen Spillover-, Kompensations- und Mediatoreffekte sowie die direkten Zusammenhänge zwischen Partnerschaftsqualität und kindlicher Entwicklung einer Auspartialisierung dieser zentralen Einflussvariablen standhalten.

6.6.2 Zur Bedeutung der partnerschaftlichen Zugewandtheit

Die Beziehungspersönlichkeit hat sich als stabiles Persönlichkeitsmerkmal erwiesen, weshalb es genügt, die vorgeburtliche Ausprägung zu berücksichtigen. Die individuelle Befindlichkeit muss aufgrund des state-Charakters zusätzlich auch konkurrent zur Elternkompetenz bzw. Überfürsorge kontrolliert werden. Um das ohnehin schon sehr komplexe Modell im Zweijahreslängsschnitt nicht mit so vielen weiteren Parameterschätzungen zu überlasten, wird hier lediglich die vorgeburtliche Beziehungspersönlichkeit als Kontrollvariable eingeführt. In den einfacheren Mediatormodellen dagegen ist es möglich, beide Aspekte einzubeziehen. Auf diese Weise lässt sich überprüfen, ob state-Aspekte über die trait-Aspekte (wie sie in der Beziehungspersönlichkeit abgebildet sind) hinausgehend zusätzliche Varianz aufklären können. Demgegenüber besteht der Vorteil des komplexeren Modells darin, dass der Einfluss der Beziehungspersönlichkeit auch auf *Veränderungen* im Paar- oder Elternsystem getestet werden kann. Theoretisch sind auch direkte Pfade der Persönlichkeitsvariablen auf die kindlichen Temperamentsmerkmale denkbar (aufgrund der genetischen Ähnlichkeit zwischen Eltern und Kindern bzw. der stimmungsabhängigen Beurteilung des Kindtemperaments; für Prozesse des Modell-Lernens sind zumindest die Babys noch zu jung). Diese haben sich in Voranalysen sämtlich als insignifikant erwiesen und werden daher in den einfacheren Modellen nicht mitmodelliert, im komplexeren Modell jedoch zugelassen.

Modellgüte. Die Abbildungen 6.6.1 bis 6.6.4 (S. 178 f.) zeigen die so erweiterten Modelle, die in ihrer Struktur an die Daten von Müttern und Vätern angepasst sind. Die Restriktion sämtlicher Pfade erweist sich jedoch als nicht angemessen ($p = .03$). Somit gilt zwar für Väter und Mütter die gleiche Modellstruktur, doch die Höhe der Pfadkoeffizienten unterscheidet sich signifikant. Das komplexere Fünfjahreslängsschnittsmodell wird (ebenso wie das Ausgangsmodell ohne Hintergrundvariable) nicht abgebildet, weist aber – getrennt für Väter und Mütter – eine ausgezeichnete Anpassung an die Daten auf (CFI = 1.00; p = .76 für Mütter; p = .24 für Väter). Es würde zu weit führen, sämtliche Modelle detailliert zu beschreiben. Deshalb sollen alle Analysen zusammen betrachtet werden, um auf drei Fragen zu fokussieren: **(1)** Inwiefern beeinflussen Beziehungspersönlichkeit und Wohlbefinden sowohl die partnerschaftliche Zugewandtheit, als auch die Elternkompetenz und Überfürsorge? **(2)** Bleiben die Auswirkungen der Ehequalität auf die Elternkompetenz und Überfürsorge bestehen? **(3)** Bleiben die direkten Effekte der Ehequalität auf die Kindmerkmale (aus Sicht der Mütter) erhalten? Zusätzlich sollen mögliche Unterschiede zwischen kurz- und langfristigen Prozessen im Kontext der anderen Fragen herausgearbeitet werden.

Zu 1. Den Befunden der Korrelationsanalysen entsprechend beeinflussen die einbezogenen Hintergrundvariablen sowohl die partnerschaftliche Zugewandtheit als auch die Erziehungsvariablen. Bei der mütterlichen Elternkompetenz erhöht sich die Varianzaufklärung kurzfristig um 19 Prozent, mittel- und langfristig um 11 bzw. 12 Prozent. Der Zugewinn an Varianzaufklärung der väterlichen Elternkompetenz wird langfristig immer deutlicher. Hier können kurzfristig sieben, mittelfristig 15 und langfristig sogar 29 Prozent der Varianz zusätzlich erklärt werden. Kurzfristig (im Dreimonatsmodell) wirkt sich bei den Vätern nur die (aktuelle) Befindlichkeit förderlich auf die Wahrnehmung der partnerschaftlichen Zugewandtheit und der Elternkompetenz aus, nicht aber die Beziehungspersönlichkeit.

Zu 2. Aus Perspektive der *Väter* zeigt sich in den einfacheren Modellen neben der zunehmenden Bedeutung der Beziehungspersönlichkeit für die Elternkompetenz, dass der Einfluss der partnerschaftlichen Zugewandtheit auf die Elternkompetenz mit der Zeit geringer wird und schließlich ganz verschwindet (β = .42 für den Einmonats-, β = .24 für den Einjahres- und β = .04 für den Dreijahreszeitraum; vgl. Abbildung 6.6.2). Ohne Kontrolle der Hintergrundvariablen schien das Paarklima sehr viel relevanter für die väterliche Erziehungskompetenz zu sein (β = .51, β = .47, β = .43). Während kurzfristig also vor allem das partnerschaftliche Beziehungsklima für die Vaterkompetenz ausschlaggebend ist (auch nach Kontrolle der individuellen Befindlichkeit), werden längerfristig die allgemeinen Beziehungskompetenzen der Väter immer relevanter. Dasselbe gilt für die Auswirkungen des Paarklimas auf die Überfürsorge (die ohnehin geringer sind als auf die Elternkompetenz): bereits ab dem ersten Jahr der Elternschaft wird der Kompensationseffekt durch die Auspartialisierungen insignifikant. Im komplexeren Modell des Zweijahreslängsschnitts kann man erkennen, dass nicht die partnerschaftliche Zugewandtheit (wie im Mediatormodell angenommen, Abbildung 6.5.2, $\beta = .20$), sondern die allgemeinen Beziehungskompetenzen, die Partnerschaft *und* Erziehung bereichern, für den Zugewinn an Elternkompetenz im ersten Lebensjahr des Kindes ausschlaggebend sind ($\beta = .40$ für die Beziehungskompetenzen, der Pfad des Paarklimas reduziert sich auf .03; vgl. Abbildung 6.6.1). Dies bestätigt sich auch im komplexeren Fünfjahresmodell (ohne Abbildung): die allgemeinen Beziehungskompetenzen fördern den Zugewinn an Elternkompetenz bis zum dritten Jahr der Elternschaft ($\beta = .42$), was wiederum für die kindliche Entwicklung vom dritten bis fünften Lebensjahr günstig ist ($\beta = .22$). Die *Einbußen* an partnerschaftlicher Zugewandtheit bis zum dritten Jahr der Elternschaft wirken sich jedoch auch nach Kontrolle der allgemeinen Beziehungskompetenzen nachteilig auf die väterliche Erziehungskompetenz im Kindesalter von fünf Jahren aus (der Pfadkoeffizient bleibt unverändert .32, selbst wenn eine mögliche Veränderung der Beziehungsfertigkeiten im Modell berücksichtigt wird).

Auch bei den *Müttern* werden die Effekte der Ehequalität auf die Elternkompetenz bzw. Überfürsorge durch die Kontrolle der Beziehungspersönlichkeit und des individuellen Wohlbefindens reduziert ($\beta = .24$ statt .44 für die Elternkompetenz im ersten Monat, $\beta = .37$ statt .55 im ersten Jahr, $\beta = .16$ statt .40 im dritten Jahr; entsprechendes gilt für die Überfürsorge). Doch für einen Zugewinn an Elternkompetenz im ersten Jahr der Elternschaft ist im Unterschied zu den Vätern nicht die Beziehungspersönlichkeit, sondern das partnerschaftliche Beziehungsklima wichtiger ($\beta = .05$ bzw. $\beta = .24$, vgl. Abbildung 6.6.1).

Zu 3. Die direkten Effekte des partnerschaftlichen Beziehungsklimas auf die kindliche Entwicklung bleiben aus Perspektive der Mütter nahezu unverändert bestehen, auch wenn Beziehungskompetenzen und individuelles Wohlbefinden kontrolliert werden. Dieser Befund bestätigt sich für den Dreimonats- ($\beta = .36$), Einjahres- ($\beta = .36$), Zweijahres- ($\beta = .41$) und Fünfjahreszeitraum ($\beta = .40$). Im komplexeren Fünfjahreslängsschnitt, ohne Abbildung, bleibt der Pfadkoeffizient der vorgeburtlichen Zugewandtheit auf die kindliche Veränderung vom dritten bis fünften Lebensjahr mit .46 völlig unverändert; berücksichtigt man mögliche Veränderungen der Beziehungsfertigkeiten, so bleibt der Pfad ebenfalls bestehen, wenngleich mit .39 geringfügig reduziert.

Zuletzt soll noch darauf aufmerksam gemacht werden, dass aus Perspektive der Väter auch direkte Effekte der Beziehungspersönlichkeit auf die kindlichen Temperamentsmerkmale belegt werden können (vgl. Abbildung 6.6.1). Ob Kinder in den Augen der Väter im Laufe des ersten Lebensjahres (β = .41, bzw. im Laufe der ersten drei Jahre, β = .29, im komplexeren Fünfjahresmodell, ohne Abb.) einfacher oder schwieriger werden, hängt diesen Befunden zufolge direkt von den Beziehungskompetenzen der Väter ab (nicht indirekt über deren Einfluss auf Partnerschaft und Elternkompetenz).

6.6.3 Zur Bedeutung der partnerschaftlichen Selbständigkeit

Wie bereits aus den Korrelationsanalysen deutlich wurde, sind weder das individuelle Wohlbefinden des werdenden Vaters, noch seine Beziehungskompetenzen für das Erleben von Selbständigkeit in der Partnerschaft relevant. Auf Seiten der Väter ist also keine der hier erfassten Hintergrundvariablen in der Lage, die Zusammenhänge zwischen Selbständigkeit, wahrgenommener Mutterkompetenz und kindlicher Stimmungslage zu erklären. Dementsprechend gering sind die Veränderungen, die sich im Zweijahreslängsschnitt ergeben, wenn die Bedeutung der Beziehungspersönlichkeit des Vaters für die Selbständigkeit in der Partnerschaft und die Wahrnehmung der Partnerin als kompetente Mutter kontrolliert werden. Abbildung 6.6.5 (S. 182) zeigt, dass sämtliche Pfadkoeffizienten im Vergleich zum Ausgangsmodell (Abbildung 6.5.4) nahezu unverändert sind. Allgemeine Beziehungskompetenzen des Vaters beeinflussen lediglich, ob Mütter in ihrer Elternrolle während des ersten Jahres der Elternschaft aus Sicht der Väter dazulernen. Die Bedeutung der vorgeburtlichen Selbständigkeit für die Stimmung des dreimonatigen Babys (vermittelt über die Mutterkompetenz) bzw. der Einbuße an Selbständigkeit im ersten Jahr der Elternschaft für die weitere Entwicklung des Kindes bis zum zweiten Lebensjahr bleibt bestehen.

Mütterliche Beziehungskompetenzen als Hintergrundvariable. Die Variable, die am deutlichsten mit der von den werdenden Vätern erlebten Selbständigkeit korreliert, ist die Beziehungspersönlichkeit der Partnerin. Um doch zu prüfen, ob der Zusammenhang zwischen Selbständigkeit, wahrgenommener Mutterkompetenz und kindlicher Stimmungslage ein Artefakt ist, wird in die einfacheren Mediatormodelle (aus Abbildung 6.5.3) neben der Beziehungspersönlichkeit des Vaters auch die der Mutter in das Modell aufgenommen (vgl. Abbildung 6.6.6, S. 183). Denn möglicherweise tragen allgemeine Beziehungskompetenzen der Frauen dazu bei, dass Männer sich in der Partnerschaft autonom fühlen *und* ihre Partnerin als kompetente Mutter wahrnehmen, so dass der Zusammenhang zwischen beidem verschwindet, wenn der Einfluss allgemeiner Beziehungskompetenzen der Frauen auspartialisiert wird. Bei der Modellierung wird die Restriktion des direkten Pfades von der Selbständigkeit auf die kindliche Stimmung entsprechend den Ausgangsmodellen beibehalten. Die Beziehungspersönlichkeit von Männern und Frauen ist unkorreliert, so dass die Kovarianz nicht mitmodelliert werden muss. Auf diese Weise ergeben sich zwei Freiheitsgrade. Für alle drei Zeiträume weisen die Modelle eine ausgezeichnete Anpassung an die Daten auf.

Gerade langfristig werden die Beziehungskompetenzen beider Eltern für die mütterliche Erziehungskompetenz immer wichtiger, da sie in den Augen der Väter beeinflussen, ob Mütter im Laufe der Zeit in ihrer Elternrolle dazulernen. Doch selbst nach Kontrolle der Beziehungskompetenzen beider Eltern bleibt die Bedeutung der partnerschaftlichen Selbständigkeit bestehen. Sie kommt nach wie vor – vermittelt über die mütterliche Erziehungskompetenz – der kindlichen Stimmungslage zugute, wenngleich sich das Ausmaß der Zusammenhänge reduziert (von $\beta = .39$ auf $.23$ bzw. von $\beta = .45$ auf $.23$).

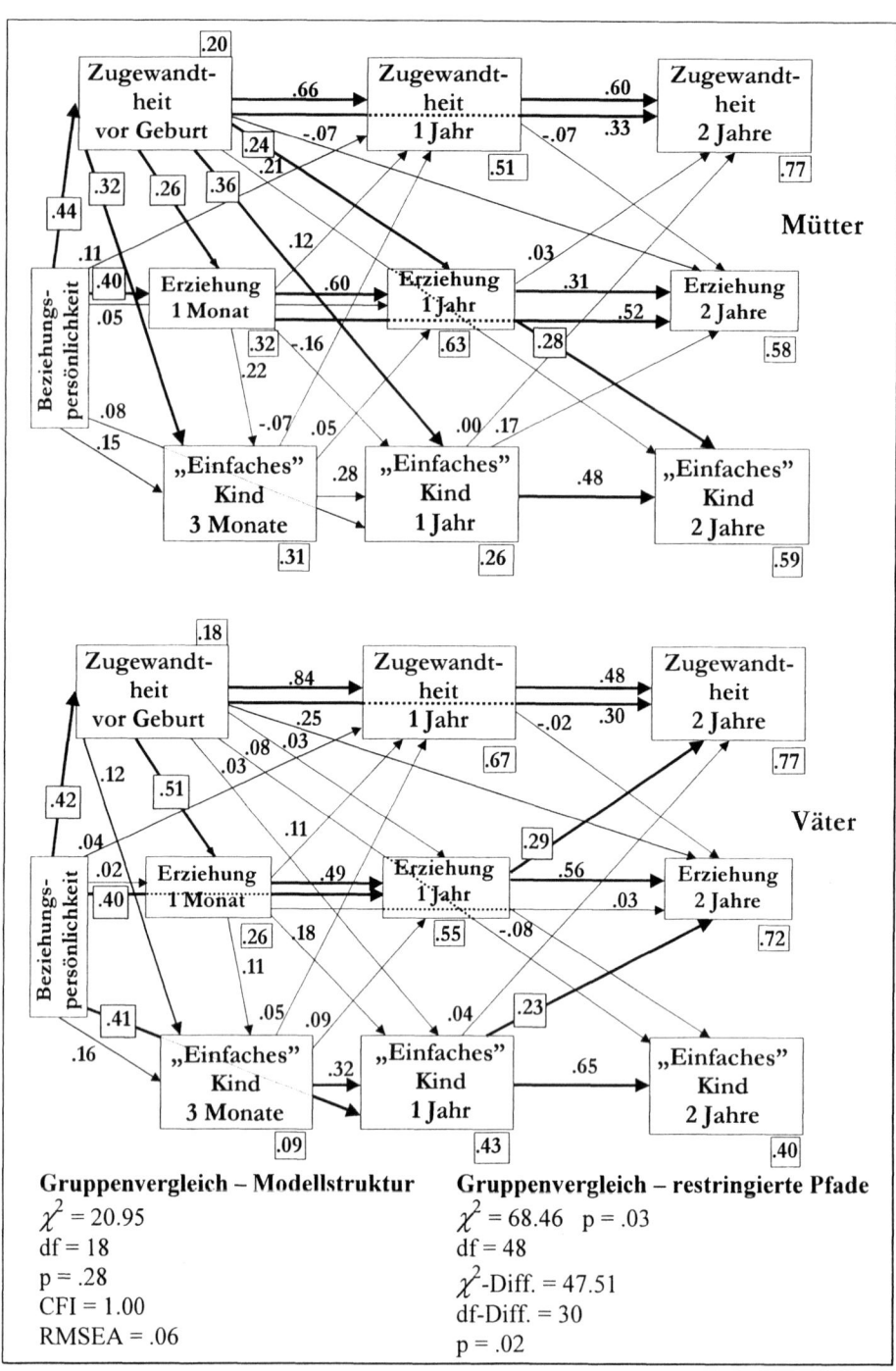

Abbildung 6.6.1. Beziehungspersönlichkeit als Hintergrundvariable (Zweijahreslängsschnitt)

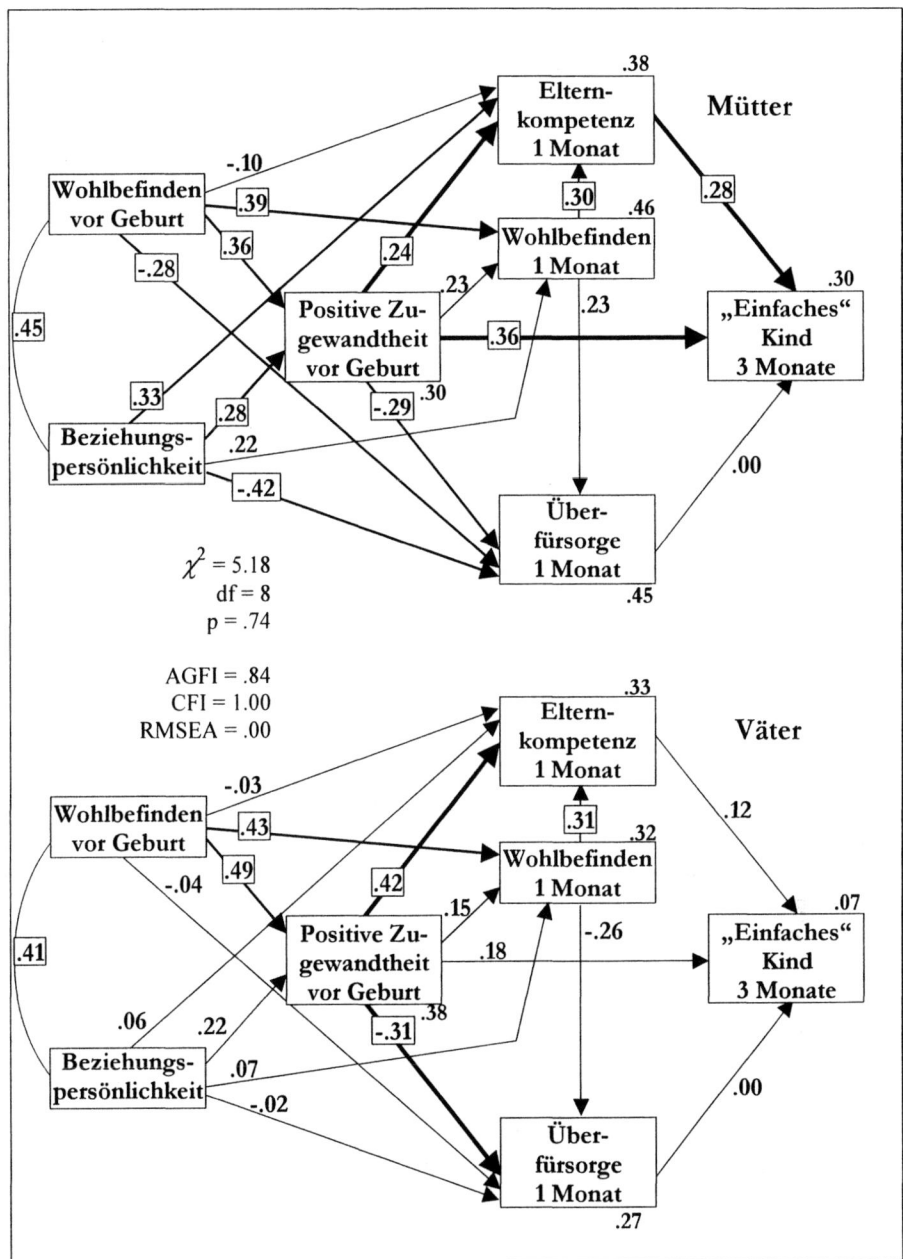

Abbildung 6.6.2. Beziehungspersönlichkeit und Wohlbefinden als Hintergrundvariablen in der Dreimonatszeitspanne

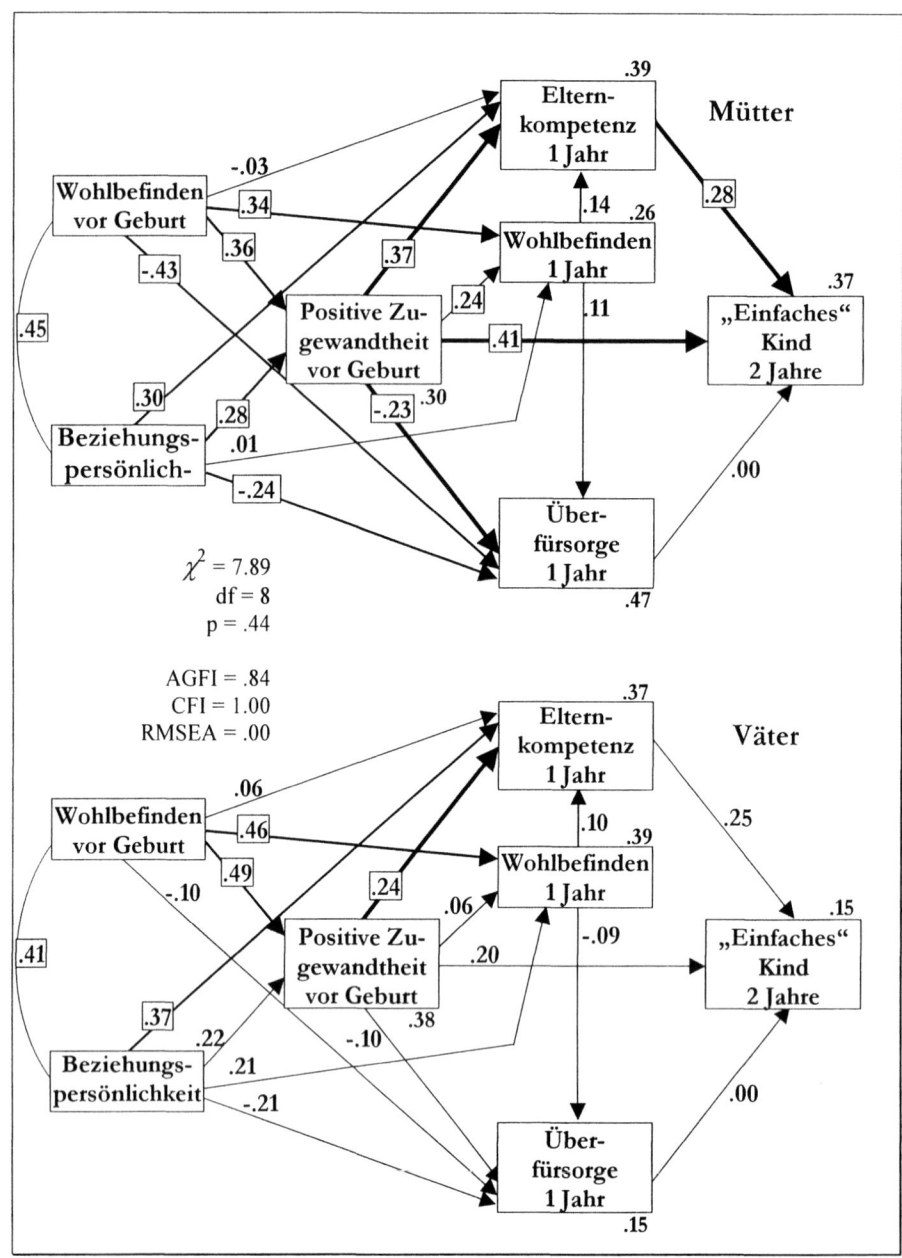

Abbildung 6.6.3. Beziehungspersönlichkeit und Wohlbefinden als Hintergrundvariablen in der Zweijahreszeitspanne

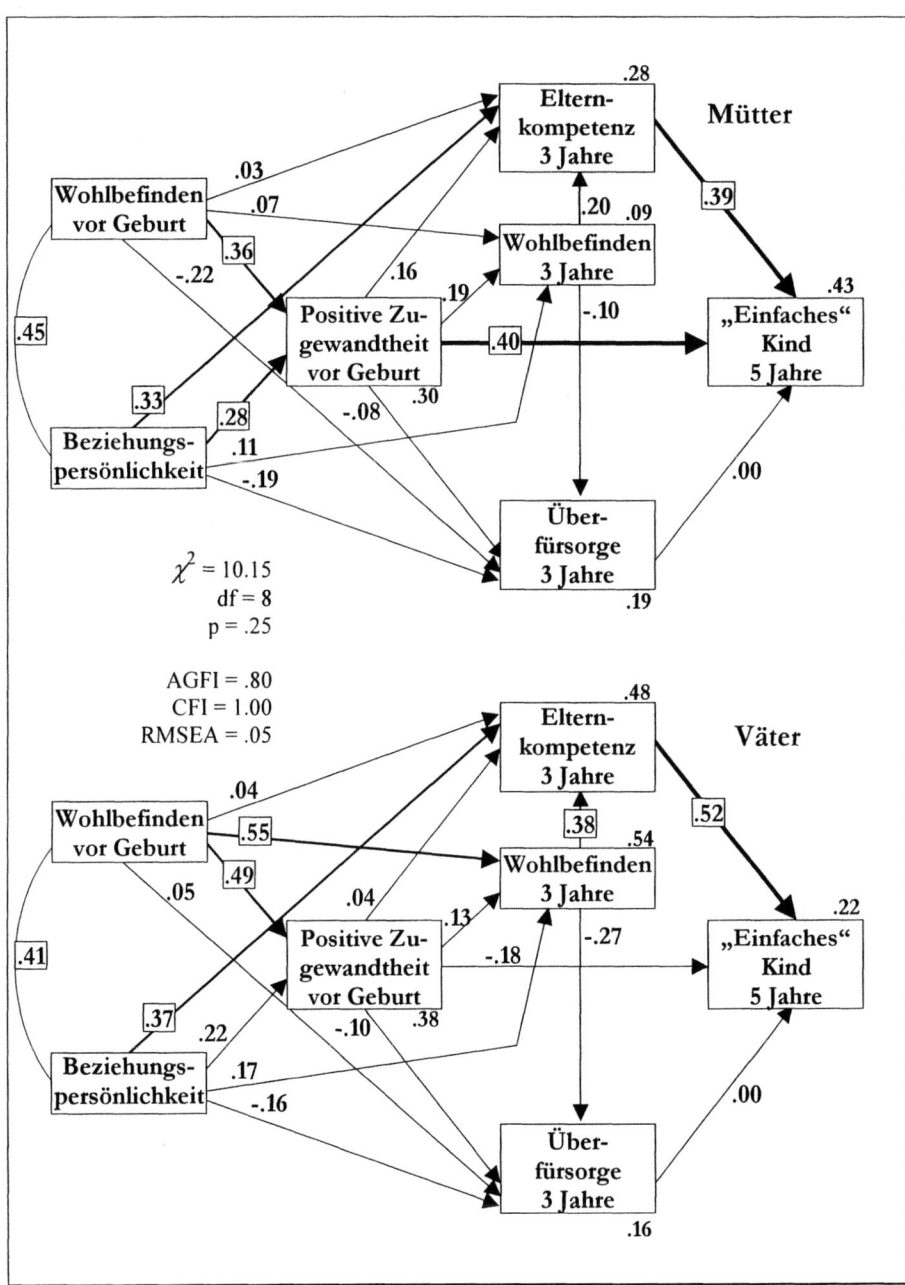

Abbildung 6.6.4. Beziehungspersönlichkeit und Wohlbefinden als Hintergrundvariablen in der Fünfjahreszeitspanne

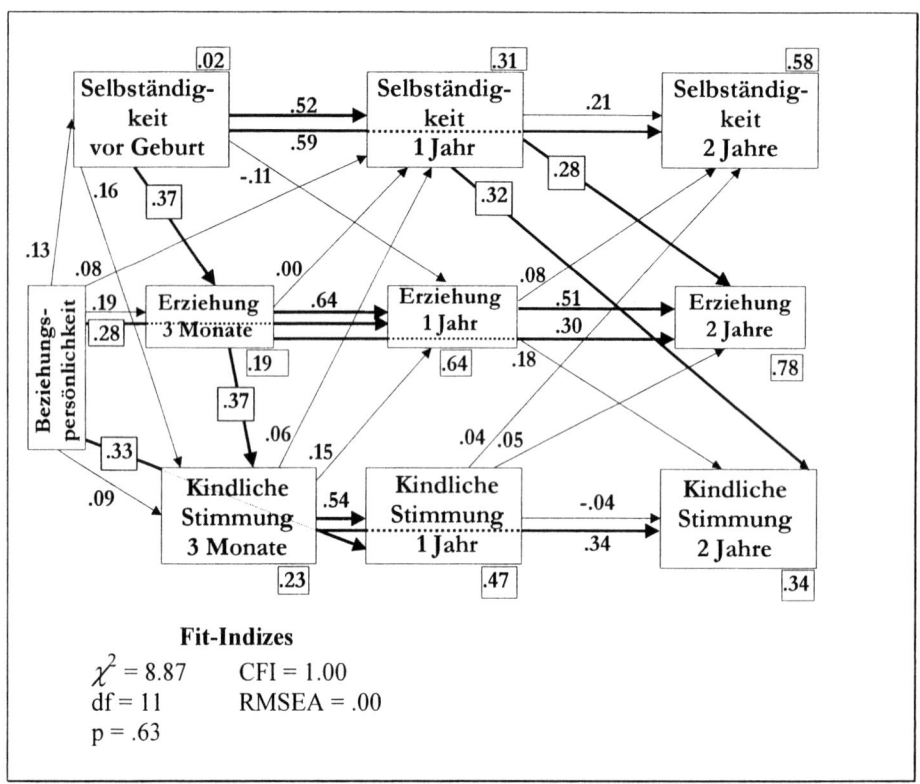

Abbildung 6.6.5. Selbständigkeit und kindliche Stimmung (Vaterperspektive): Elternkompetenz der Mutter als Mediatorvariable, Beziehungspersönlichkeit des Vaters als Hintergrundvariable

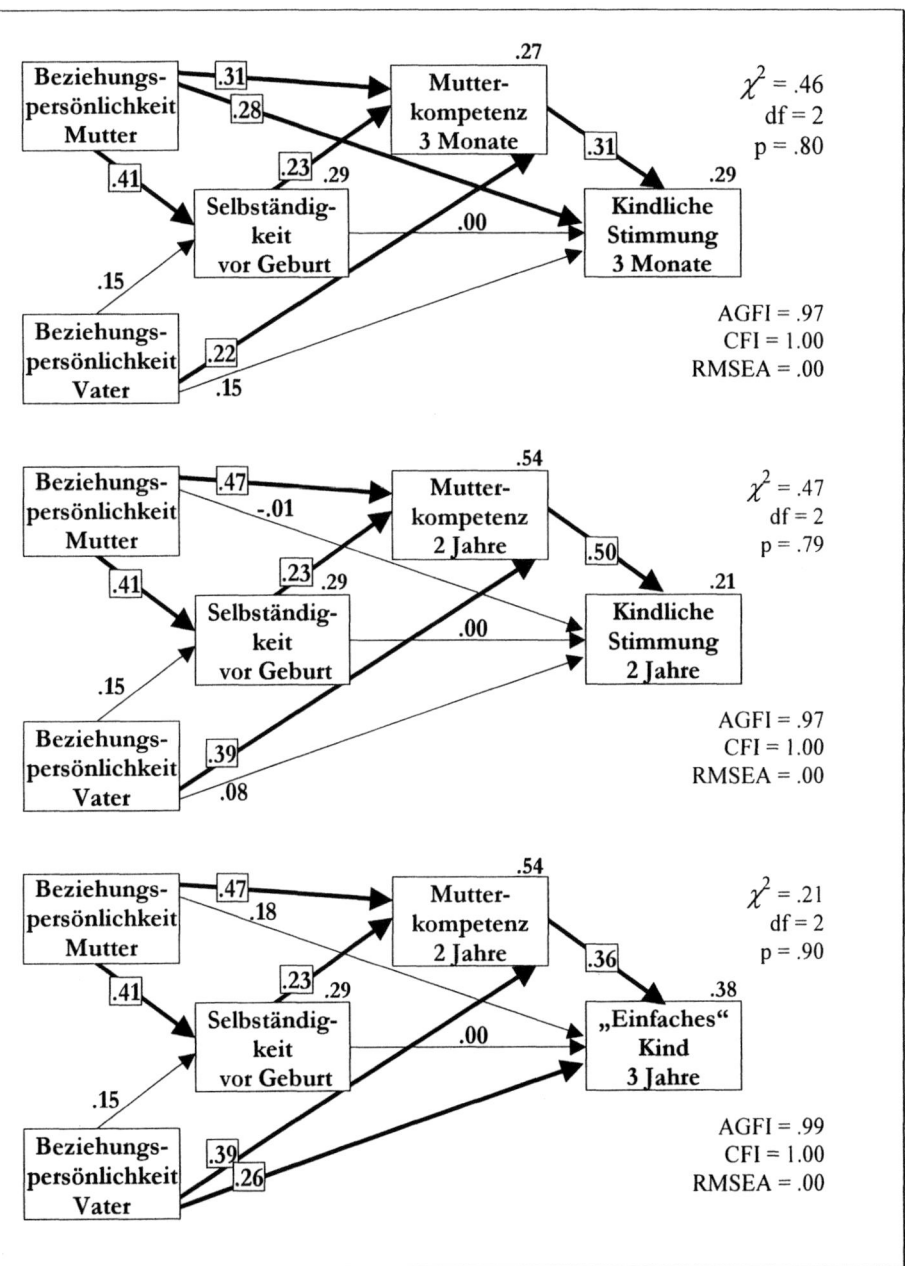

Abbildung 6.6.6. Selbständigkeit und kindliche Stimmungslage aus Perspektive der Väter: Beziehungskompetenzen der Eltern als Hintergrundvariablen

6.6.4 Zusammenfassung und Interpretation der Befunde

Dieses Kapitel befasste sich mit der Frage, ob sich Ressourcen auf Persönlichkeitsebene sowohl im Erleben der Partnerschaftsbeziehung, der Elternrolle sowie in den kindlichen Temperamentsmerkmalen widerspiegeln und die Ehequalität auch dann ihre Relevanz für die Erziehung und kindliche Entwicklung auch dann behält, wenn solche Persönlichkeitsmerkmale berücksichtigt werden. Zur Überprüfung dieser Fragestellung wurden zum einen allgemeine Beziehungskompetenzen, wie sie sich in der Beziehungspersönlichkeit (als trait-Variable) manifestieren, zum anderen das subjektive Wohlbefinden (als state-Variable) herangezogen. Wie nach Hypothese 4.1 zu erwarten, gehen Beziehungskompetenzen und Wohlbefinden mit einem befriedigenden Erleben der partnerschaftlichen Beziehung und der Elternrolle einher. Was die Selbständigkeit betrifft, so muss Hypothese 4.1 modifiziert werden: Denn die werdenden Väter unserer Stichprobe scheinen interessanterweise nicht imstande zu sein, aus ihren persönlichen Ressourcen heraus (zumindest denen, die hier erfasst wurden) zur Gestaltung einer selbständigen Partnerschaft beizutragen. Vielmehr sind Beziehungskompetenzen und Befindlichkeit der Partnerin dafür ausschlaggebend, ob sie sich in der Beziehung frei und autonom fühlen. Insgesamt gesehen lässt sich die Relevanz der Ehequalität für die Erziehung und die kindliche Entwicklung auch nach Kontrolle solch wichtiger Hintergrundvariablen auf Personebene bestätigen (H 4.2), wenngleich einige differenzierende Anmerkungen angebracht sind, die im folgenden ausgeführt werden.

Befunde für Väter. Die partnerschaftliche Zugewandtheit ist aus Perspektive der Väter nach wie vor relevant für die Elternkompetenz kurz nach der Geburt des Kindes. Doch im Laufe der Jahre zeigt sich, dass die Beziehungspersönlichkeit für die Elternkompetenz immer wichtiger wird, während der Einfluss der partnerschaftlichen Zugewandtheit abnimmt und schließlich ganz verschwindet. Dies liegt daran, dass allgemeine Beziehungskompetenzen und nicht das Paarklima mitbestimmen, ob Väter in ihrer Elternrolle dazulernen. Die *Einbußen* an partnerschaftlicher Zugewandtheit bis zum dritten Jahr der Elternschaft wirken sich jedoch auch nach Kontrolle der Beziehungspersönlichkeit nachteilig auf die väterlichen Erziehungskompetenzen aus. Es erscheint plausibel, dass Beeinträchtigungen der Elternkompetenz im fünften Jahr der Elternschaft weniger mit den (sehr stabilen) Beziehungsfertigkeiten als vielmehr mit dem nachlassenden Partnerschaftsglück zu tun haben.

Befunde für Mütter. Auch aus Perspektive der Mütter reduziert sich die Bedeutsamkeit der Ehequalität für die Erziehungskompetenz, wenn persönliche Ressourcen, die in beiden Bereichen wirksam sind, berücksichtigt werden. Doch für einen Zugewinn an Elternkompetenz im ersten Jahr der Elternschaft ist im Unterschied zu den Vätern nicht die Beziehungspersönlichkeit, sondern das partnerschaftliche Beziehungsklima wichtiger. Mütter scheinen also im Gegensatz zu Vätern für ihre Erziehungsaufgabe eher Kraft aus der Partnerschaft als aus ihren allgemeinen Beziehungskompetenzen zu schöpfen. Darüber hinaus bleiben die *direkten Folgen* des partnerschaftlichen Beziehungsklimas für die Kinder nahezu unvermindert bestehen. Im letzten Kapitel konnte die Vermutung, dass manche Mütter vielleicht durch eine „rosarote Brille" auf ihr Familienleben blicken, weder bestätigt noch widerlegt werden. Dass die Zusammenhänge zwischen Positiver Zugewandtheit und kindlicher Entwicklung erhalten bleiben, auch wenn das subjektive Wohlbefinden kontrolliert wird, bedeutet, dass es sich nicht um eine Wahrnehmungsverzerrung der Mütter, sondern um „tatsächliche" Auswirkungen des emotionalen Beziehungsklima handelt. Dies unterstreicht die Gültigkeit von Hypothese 4.2.

Zur Bedeutung der Selbständigkeit. Verfügen die werdenden Mütter über allgemeine Beziehungskompetenzen, so fördert das in den Augen ihrer Partner sowohl die Selbständigkeit in der Partnerschaft wie auch die mütterliche Erziehungskompetenz. In diesem Sinne wirkt die Beziehungspersönlichkeit der Frauen durchaus als „common factor" (H 4.1). Darüber hinaus tragen auch Beziehungskompetenzen des Vaters zu einer Wahrnehmung der Partnerin als kompetent im Umgang mit dem Kind bei und sind einem Zugewinn an Mutterkompetenz im Laufe der Jahre förderlich. Doch die partnerschaftliche Selbständigkeit wirkt sich nach wie vor – vermittelt über die mütterliche Erziehungskompetenz – positiv auf die kindliche Stimmungslage aus. Die Zusammenhänge werden nicht vollständig durch die Einbeziehung der Kontrollvariablen erklärt, wenngleich sich ihr Ausmaß reduziert. Dies bestätigt die in Hypothese 4.2 formulierten Annahmen auch für die Auswirkungen der partnerschaftlichen Selbständigkeit.

Direkte Effekte der Beziehungspersönlichkeit. Abschließend soll erwähnt werden, dass sich aus Perspektive der Väter auch direkte Effekte der Beziehungspersönlichkeit auf die kindliche Entwicklung ergeben, die nicht über die Partnerschaft oder die Erziehungskompetenz der Eltern vermittelt sind. Verfügen Väter über ein hohes Ausmaß an Beziehungskompetenzen, so werden die Kinder im Laufe der Jahre in ihren Augen zunehmend unkomplizierter und einfacher. Während im ersten Lebensjahr noch nicht von Prozessen des Modell-Lernens ausgegangen werden kann, könnte eine zunehmende genetisch bedingte Ähnlichkeit zwischen Vater und Kind dafür verantwortlich sein. Da sich aber keine entsprechenden Befunde für die Mütter ergeben haben, ist es auch denkbar, dass die für die Väter relevanten vermittelnden Variablen (beispielsweise das Ausmaß an Involviertheit oder wildere Formen des Spiels) nicht erfasst wurden und deshalb direkte Zusammenhänge bestehen bleiben.

7 Differentielle Entwicklungsverläufe

7.1	Entwicklungsverläufe von Paaren und Kindern	187
7.1.1	Verläufe der kindlichen Emotionalität	188
7.1.2	Verläufe der partnerschaftlichen Zugewandtheit	190
7.1.3	„Ko-Entwicklung" von Paaren und Kindern	191
7.2	Vorhersage der Entwicklungsverläufe von Paaren und Kindern	197
7.2.1	Vorhersage der Paarverläufe	197
7.2.2	Bedingungen der kindlichen Entwicklungsverläufe	198
7.3	Zusammenfassung und Interpretation der Befunde	211

Die bisherigen Ausführungen waren auf die Gesamtgruppe der Ersteltern ausgerichtet und bezogen sich auf Prozesse, die sich bei der Mehrzahl der Familien in ähnlicher Weise ergeben (variablenorientiertes Vorgehen). Diese allgemeinen Verläufe spiegeln zwar die Erfahrungen eines durchschnittlichen Kindes und durchschnittlicher Eltern oder Ehepaare der vorliegenden Stichprobe angemessen wider, doch möglicherweise werden dadurch abweichende oder sogar entgegengesetzte Entwicklungen verdeckt, so dass das Ausmaß der Zusammenhänge unterschätzt wird (vgl. H 5.4). Gerade für die Anwendungspraxis erscheint es unabdingbar, nicht nur mehrheitliche, sondern differentielle Entwicklungsverläufe zu betrachten (personorientiertes Vorgehen) und die zugrundeliegenden Startbedingungen zu eruieren, um mögliche Risikofaktoren rechtzeitig zu erkennen und Ressourcen frühzeitig stärken zu können. Dieses Kapitel widmet sich deshalb der Abbildung und Vorhersage differentieller Entwicklungsverläufe von Paaren und Kindern.

7.1 Entwicklungsverläufe von Paaren und Kindern

Um differentielle Verlaufsmuster der Partnerschafts- und Kindesentwicklung abbilden zu können, wurden auf auf Basis der Ausprägungen der partnerschaftlichen Zugewandtheit bzw. der kindlichen Emotionalität Clusteranalysen durchgeführt (mit den Werten zu t1 bzw. t3 und t4, t5, t6). Die Beschränkung auf die ersten drei Jahre erfolgte aus zwei

Gründen. Zum einen würde die Ausdehnung des Zeitintervalls auf fünf Jahre die Anzahl der Erstelternpaare, die an sämtlichen Erhebungswellen teilgenommen haben, noch weiter reduzieren und die Stichprobe dadurch empfindlich schmälern; zum anderen hatten sich in der Gesamtgruppe der Ersteltern bis zu diesem Zeitpunkt im Vergleich zu den kinderlos gebliebenen Paaren signifikante Einbußen der Zugewandtheit ergeben, so dass dieses Zeitintervall ausreichend groß erscheint, um relevante Veränderungsprozesse zu erfassen. Im ersten Schritt wurde anhand des hierarchischen Verfahrens der Ward-Methode mit Hilfe von Dendrogramm und Agglomerationsschema jeweils die geeignete Zahl der Untergruppen ermittelt. Im zweiten Schritt wurde die Clusterzugehörigkeit mit Hilfe des k-means-Algorithmus nach MacQueen optimiert. Da die Zuordnung zu einer Subgruppe von der Reihenfolge der Personen abhängt, wurde die Lösung akzeptiert, die bei verschiedenen Startpartitionen am häufigsten bestätigt wurde.

7.1.1 Verläufe der kindlichen Emotionalität

Abbildung 7.1.1 (S. 193) zeigt die Verlaufsgruppen kindlicher Emotionalität aus Perspektive der 37 Mütter und Väter, die an sämtlichen Erhebungswellen in den ersten drei Jahren teilgenommen haben. Auf den ersten Blick kann jeweils eine Gruppe von Kindern mit positiver Emotionalität von einer Gruppe mit negativer Emotionalität unterschieden werden; darüber hinaus gibt es aus Sicht der Mütter eine dritte Gruppe von Kindern, die als Babys ebenso positiv beurteilt werden wie die stabil positive Gruppe, dann jedoch immer irritierbarer werden und bereits im zweiten Lebensjahr der von Beginn an negativeren Gruppe nicht mehr nachstehen.

Multivariate Varianzanalysen mit der Clusterzugehörigkeit als Zwischensubjektfaktor und der Zeit als Innersubjektfaktor erbringen den erwartbaren Haupteffekt für die Gruppenzugehörigkeit ($F_{(34, 2)} = 37.79$, $p < .0001$, Eta² = .69 für Mütter; $F_{(35, 1)} = 91.65$, $p < .0001$, Eta² = .72 für Väter). Zudem ergibt sich ein signifikanter Interaktionseffekt Gruppe x Zeit ($F_{(34, 2)} = 28.48$, $p < .0001$, Eta² = .63 für Mütter; $F_{(33, 3)} = 4.00, p < .05$, Eta² = .27 für Väter), der dafür spricht, dass es tatsächlich *unterschiedliche* Entwicklungsverläufe sind und nicht einfach drei bzw. zwei Gruppen auf unterschiedlichem Niveau.

Beschreibung der Entwicklungsgruppen. Bei den Kindern mit positiver Emotionalität finden aus Perspektive beider Eltern keine signifikanten Veränderungen im Laufe der Zeit statt („stabil positive Gruppe"). Die Kinder mit negativer Emotionalität sind aus Sicht der Mütter langfristig ebenso irritierbar, wie sie es schon als Babys waren; aus Sicht der Väter werden schwierige Kinder bis zu ihrem vierten und fünften Lebensjahr sogar noch irritierbarer ($F_{(15, 1)}$ = 5.14, $p < .05$, Eta² = .26; „negative Gruppe"). Bei den Kindern mit abfallender Emotionalität ist die augenfällige Verschlechterung bis zum dritten Lebensjahr der Kinder tatsächlich hochsignifikant ($F_{(8, 1)}$ = 34.78, $p < .001$, Eta² = .81). Der Unterschied beträgt etwa zwei Standardabweichungen („abfallende Gruppe"). Für Mädchen und Jungen gibt es kein erhöhtes Risiko, zu einer der ungünstigeren Entwicklungsgruppen zu gehören.

Übereinstimmung zwischen den Eltern. Die Klassifizierung der Kinder stimmt aus Sicht von Müttern und Vätern mit hoher Wahrscheinlichkeit überein (χ^2 = 14.51, $df = 1, p < .001; r = .64$). 90 Prozent der Kinder, die die Mütter von Beginn an als missgestimmt und schlecht beruhigbar beschreiben, werden auch aus Sicht der Väter der Gruppe mit negativer Emotionalität zugeteilt. Für die Kinder mit positiver Emotionalität gilt dies zu 83 Prozent. Zwei Drittel der Kinder mit zunehmender Irritierbarkeit (Mutterperspektive) werden von den Vätern bereits von Anfang an als schwierig wahrgenommen. Obwohl Väter augenscheinlich weniger zu differenzieren scheinen als Mütter, würden sich vermutlich bei größerem Stichprobenumfang aus Sicht der Väter ebenfalls drei Gruppen ergeben. Denn bei einer Dreiclusterlösung zeigen sich vergleichbare Verlaufsmuster; jedoch ist Gruppe mit deutlich abfallender Emotionalität mit n = 3 zu gering besetzt, um eine separate Betrachtung sinnvoll erscheinen zu lassen. Die drei Kinder dieser Gruppe befinden sich auch in der Gruppeneinteilung aus Sicht der Mütter in der abfallenden Gruppe; bei der hier vorgestellten Zweiclusterlösung werden sie aus Sicht der Väter der Gruppe mit negativer Emotionalität zugeteilt.

7.1.2 Verläufe der partnerschaftlichen Zugewandtheit

Abbildung 7.1.2 (S. 194) zeigt die Verlaufsgruppen partnerschaftlicher Zugewandtheit sämtlicher Paare; der Anteil der Ersteltern pro Gruppe ist in Klammern angegeben. Aus Sicht beider Partner lassen sich drei Gruppen unterscheiden. Auf den ersten Blick sticht ins Auge, dass alle drei Paargruppen ihr Beziehungsklima zum ersten Erhebungszeitpunkt im Vergleich zum theoretischen Skalenmittel von $M = 5.5$ als überdurchschnittlich gut beurteilen. Obwohl alle Paare über die Zeit hinweg einen Rückgang an Positivität erleben (Haupteffekt Zeit; Eta² = .54 für Frauen; Eta² = .46 für Männer), ist das Ausmaß der Einbußen abhängig vom Ausgangsniveau (Interaktionseffekt Gruppe x Zeit; $F_{(131, 2)} = 14.60$, $p < .0001$, Eta² = .18 für Frauen; $F_{(131, 2)} = 5.47$, $p < .001$, Eta² = .08 für Männer), wie Kontraste der drei Gruppen bestätigen: Je geringer die partnerschaftliche Zugewandtheit in der ersten Erhebungswelle ausgeprägt ist, desto größer ist der Zeiteffekt im Laufe der fünf Jahre (Eta² = .39, .53, .66 in den drei Frauengruppen; Eta² = .47, .52, .85 in den drei Männergruppen). Bereits im ersten Jahr erlebt die Gruppe von Frauen mit dem vergleichsweise „schlechtesten" Ausgangsniveau einen stärkeren Rückgang an Positivität als die Gruppe mit dem höchstem Niveau im gesamten Fünfjahreszeitraum. Bis zum zweiten Jahr geht der Abfall dann noch einmal in gleichem Ausmaß weiter (insgesamt sind es etwa zwei Standardabweichungen, bezogen auf die Verteilung in der vorliegenden Stichprobe). Der Einfachheit halber sollen die Verläufe dieser drei Paargruppen als „positiv", „mittel" und „negativ" bezeichnet werden. Die Befunde gelten entsprechend für die Ersteltern. Obwohl also in der Gesamtstichprobe der Eltern eine deutliche Abnahme der partnerschaftlichen Zugewandtheit bis zum dritten Jahr der Elternschaft feststellbar war, zeigt sich unter differentieller Perspektive in Einklang mit Hypothese 5.1, dass das Ausmaß der Einbußen bei Paaren mit sehr hoher vorgeburtlicher Zugewandtheit viel geringer ist.

Partnerübereinstimmung. Partner befinden sich überwiegend in derselben Verlaufsgruppe ($\chi^2 = 12.07$, $df = 1$, $p < .001$; $r = .56$). Dass Väter die Beziehung als positiv erleben, obwohl die Partnerin der Gruppe mit ungünstigstem Verlauf angehört, kommt nicht vor; ebensowenig die umgekehrte Konstellation, dass Mütter die Beziehung als positiv erleben, während ihr Partner sich in der „schlechtesten" Gruppe befindet. Beurteilen Mütter den Verlauf ihrer Partnerschaftsbeziehung als vergleichsweise negativ, so gilt dies auch für über zwei Drittel der Männer.

Eltern vs. Kinderlose Paare. In der Gruppe mit dem ungünstigsten Partnerschaftsverlauf befinden sich (prozentual gesehen) dreimal so viele Mütter wie kinderlose Frauen und sogar viermal mehr Väter als kinderlose Männer (vgl. vgl. Abbildung 7.1.3, S. 195). Umgekehrt ist die durchgängig positive Verlaufsgruppe im Vergleich zu den Ersteltern mit dreieinhalbmal so vielen kinderlosen Frauen bzw. doppelt so vielen kinderlosen Männern besetzt. Erwartungsgemäß sind die Zusammenhänge zwischen Status der Elternschaft und Partnerschaftsentwicklung hoch signifikant (H 5.2).

7.1.3 „Ko-Entwicklung" von Paaren und Kindern

Nun stellt sich die Frage, inwieweit diese differentiellen Entwicklungsverläufe von Paaren und Kindern kovariieren (vgl. H 5.4) und aus welchen Partnerschaften die Kinder der drei bzw. zwei Entwicklungsgruppen stammen. Abbildung 7.1.4 (S. 196) zeigt einen Überblick über die Übereinstimmung der Partnerschafts- und Kindverläufe.

Wenn Mütter der Gruppe mit dem vergleichbar ungünstigsten Partnerschaftsverlauf angehören, besteht für ihre Kinder nur eine sehr geringe Chance, dass sie sich langfristig positiv entwickeln. Nur zwei Kinder (20 Prozent) können unter diesen Umständen eine positive Emotionalität aufbauen und aufrechterhalten, alle anderen sind entweder gleich nach der Geburt irritierbar (60 Prozent) oder werden es im Laufe der Zeit (20 Prozent). Dagegen haben Mütter mit dem günstigsten Partnerschaftsverlauf mit hoher Wahrscheinlichkeit (67 Prozent) Kinder, die sich langfristig ebenfalls günstig entwickeln. Nur in einem einzigen Fall gehört das Kind der negativen Gruppe an; und nur zwei Kinder (22 Prozent) aus sehr guten Partnerschaften werden im Laufe der Jahre immer missgestimmter und schwerer beruhigbar.

Auch aus Perspektive der Väter sprechen die Befunde deutlich für eine Ko-Entwicklung von Partnerschaftsqualität und kindlicher Emotionalität. Beurteilen Väter die Partnerschaftsbeziehung als vergleichsweise negativ, besteht zu 75 Prozent das Risiko, dass sich auch die Kinder nachteilig entwickeln. Bei besonders positivem Beziehungsklima nehmen dagegen mit hoher Wahrscheinlichkeit (73 Prozent) auch die Kinder eine positive Entwicklung. Selbst wenn Väter zur Gruppe mit mittlerer Beziehungsqualität gehören, befindet sich die Mehrzahl der Kinder (57 Prozent) in der positiven Entwicklungsgruppe. Allerdings reichen diese Bedingungen bei immerhin 43 Prozent der Kinder nicht für eine dauerhaft positive Entwicklung aus.

Aus Sicht beider Eltern stimmen die Entwicklungsverläufe von Paaren und Kindern durchschnittlich mit 68prozentiger Wahrscheinlichkeit überein, wenn die Kinder mit zunehmend negativer Emotionalität zu denen mit negativer Entwicklung gerechnet werden. Das Ausmaß dieser Ko-Entwicklung ist beträchtlich ($p < .01$) und bestätigt die Vermutung (H 5.4), dass die Betrachtung differentieller Verläufe engere Zusammenhangsmuster ergibt.

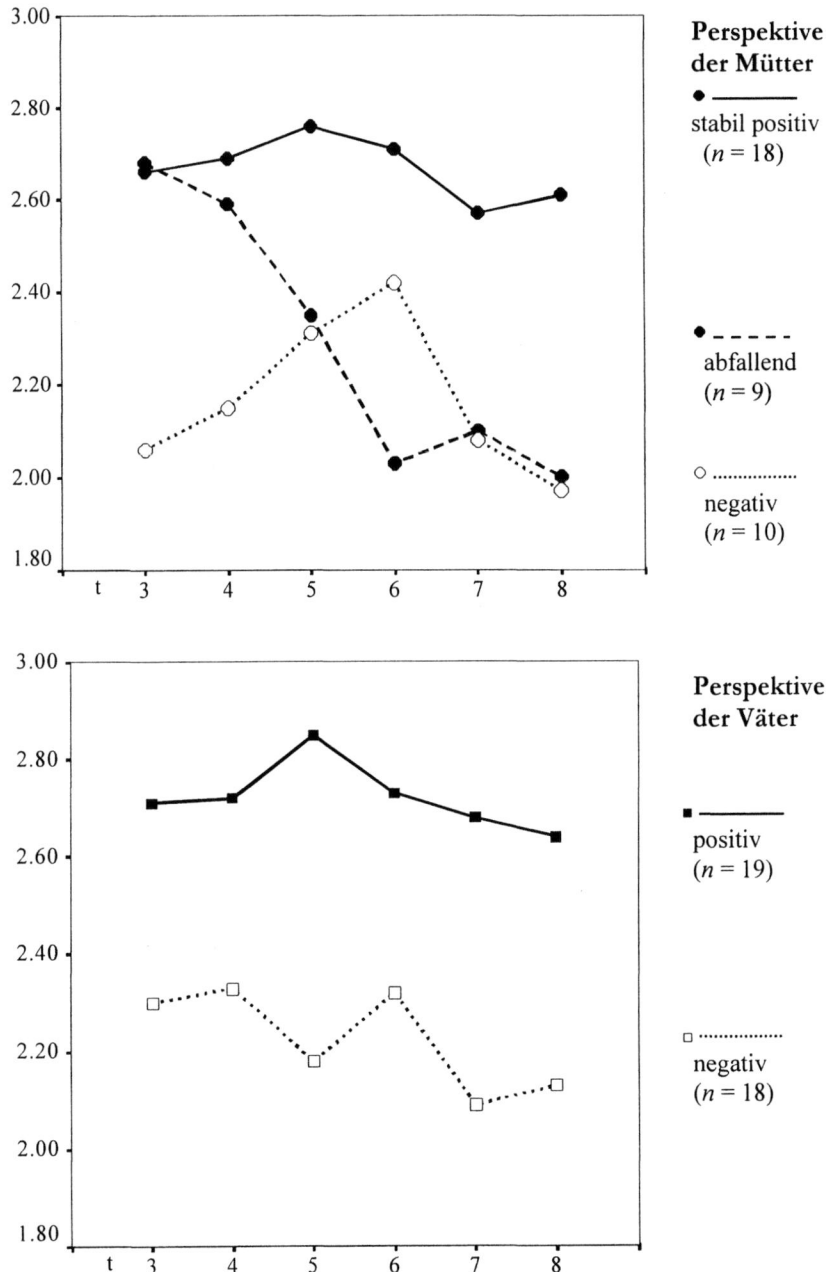

Abbildung 7.1.1. Differentielle Verläufe der kindlichen Emotionalität

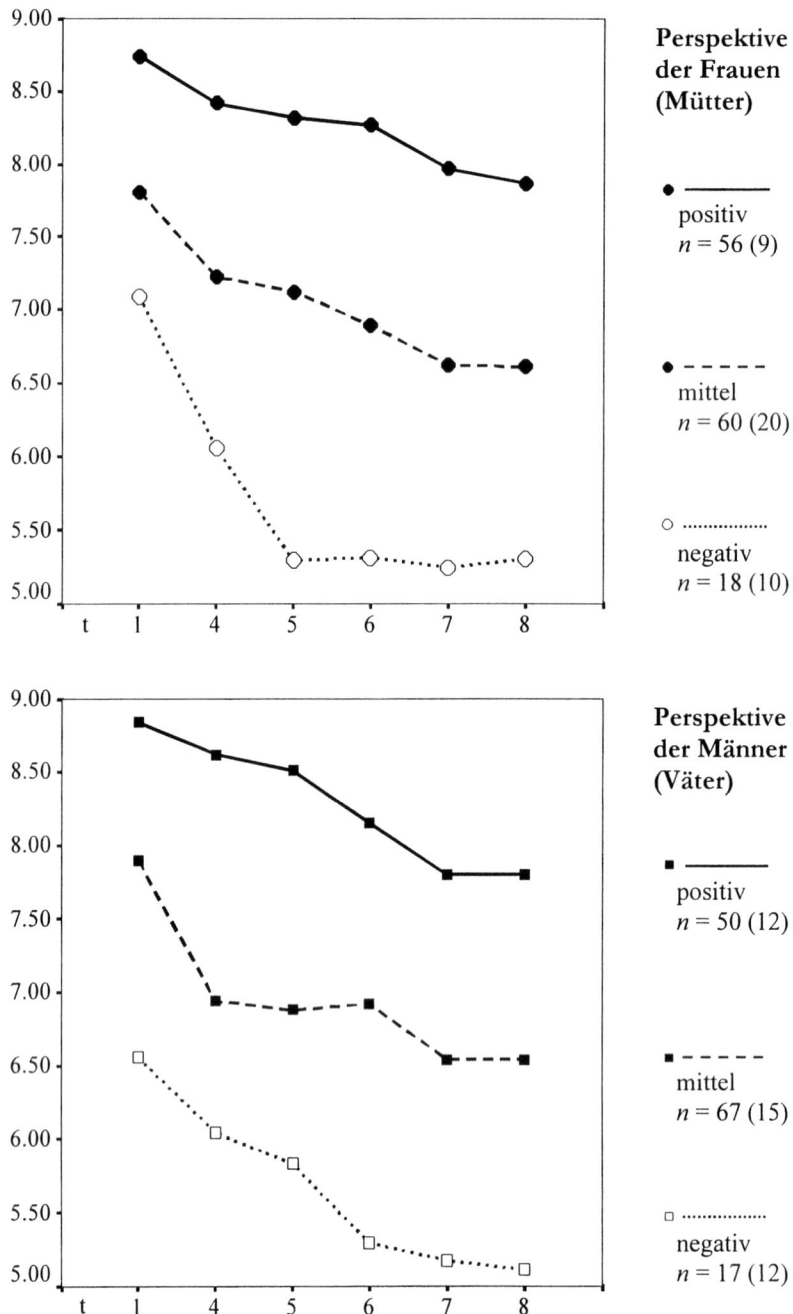

Abbildung 7.1.2. Differentielle Verläufe der partnerschaftlichen Zugewandtheit

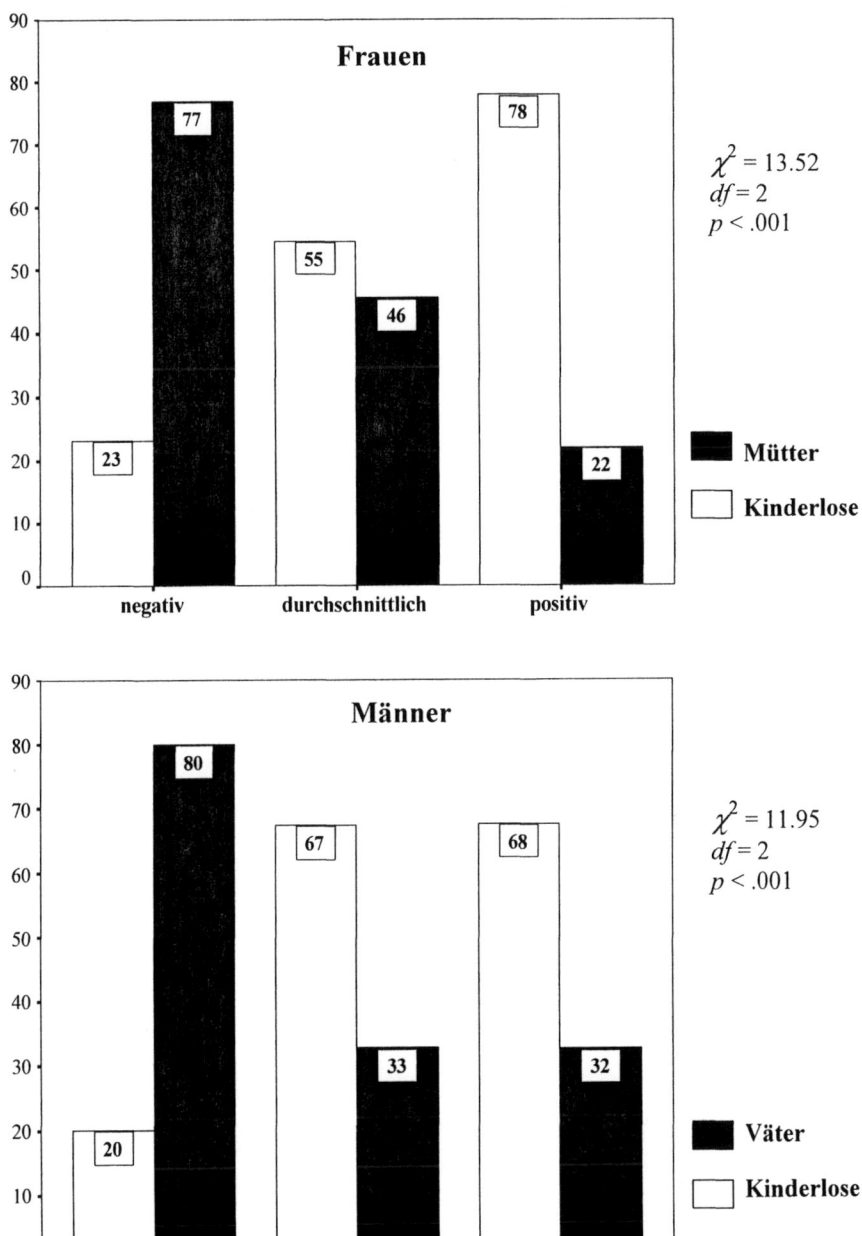

Abbildung 7.1.3. Ersteltern und kinderlose Paare in den Verlaufsgruppen (in Prozent)

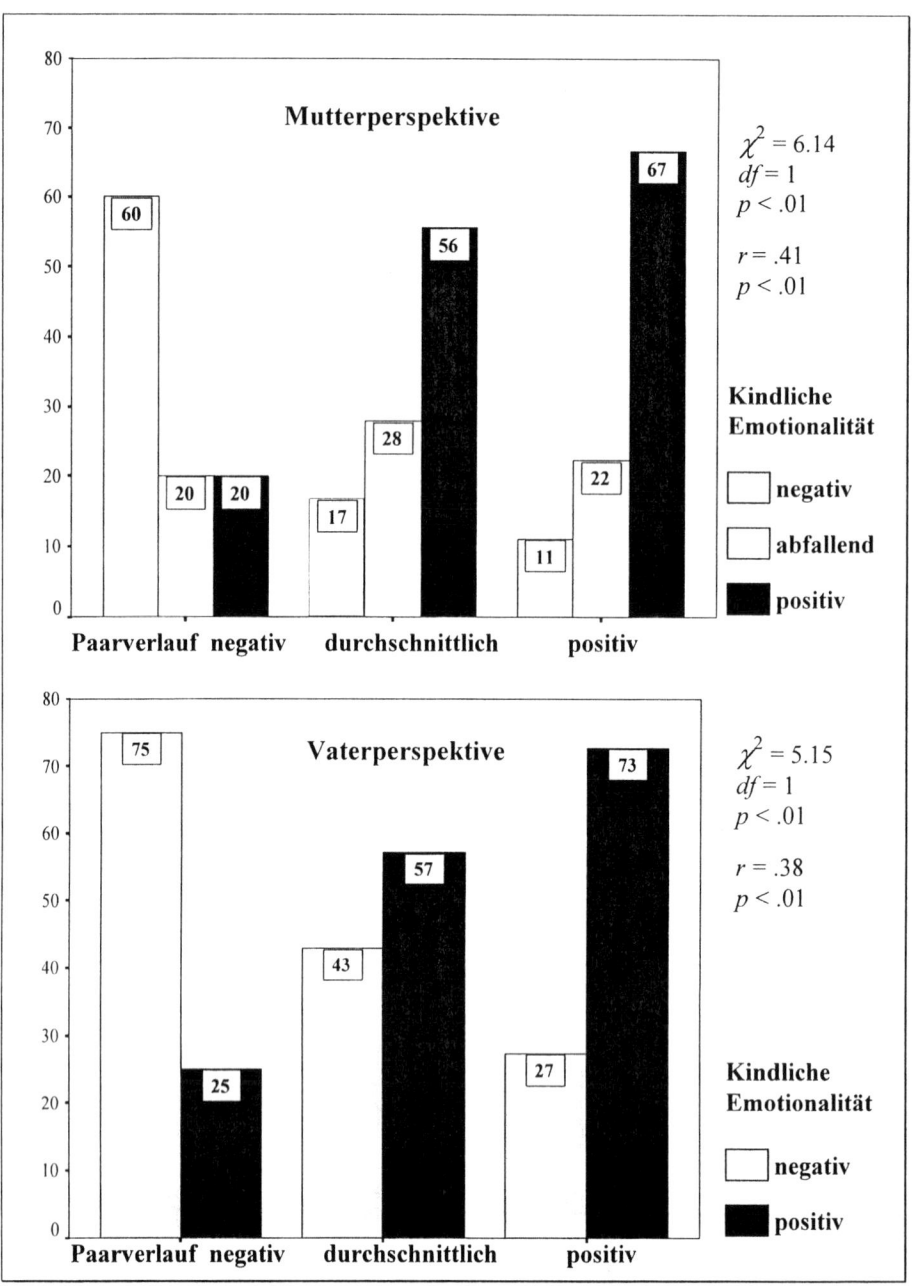

Abbildung 7.1.4. Ko-Entwicklung von Paaren und Kindern: Übereinstimmung in Prozent

7.2 Vorhersage der Entwicklungsverläufe von Paaren und Kindern

Der vorangegangene Abschnitt hat gezeigt, dass die Entwicklung von Paaren und Kindern in hohem Maße gemeinsam verläuft. Um Ansatzpunkte für möglichst frühzeitige Interventionen zu finden, müssen die zeitlich vorangehenden Bedingungen auf Person-, Paar- und Elternebene eruiert werden, die solche Entwicklungsverläufe vorhersagen können (vgl. Abschnitt 7.2.1 für Paare; Abschnitt 7.2.2 für Kinder).

7.2.1 Vorhersage der Paarverläufe

In diesem Abschnitt stehen die drei unterschiedlichen Verlaufsmuster der partnerschaftlichen Zugewandtheit, die sich für die Ersteltern ergeben haben, im Mittelpunkt der Betrachtungen. Um zu klären, welche frühen Einflussfaktoren die drei unterschiedlichen Verläufe erklären können, werden Varianzanalysen (vgl. Tabelle 7.2.1, S. 198) sowie logistische Regressionen durchgeführt. Die vorgeburtliche Zugewandtheit ist die einzige Variable, in der sich alle drei Gruppen signifikant voneinander unterscheiden. Sie ist stets der beste Prädiktor der Gruppenzugehörigkeit und kann insgesamt am meisten Varianz aufklären.

Augenscheinlich sind zwar auch kindliche Temperamentsmerkmale dafür relevant, ob Eltern eher der positiven oder negativen Verlaufsgruppe zugehören. Doch man kann aufgrund der bisherigen Befunde vermuten, dass dieses Ergebnis eher durch die umgekehrte Kausalrichtung zustande kommt, nämlich durch den Einfluss der Partnerschaftsqualität auf die kindliche Entwicklung. Tatsächlich verschwinden nach der Kontrolle des Ausgangsniveaus an Zugewandtheit die Effekte des Kindtemperaments auf den Verlauf der Partnerschaftsbeziehung. Da die Vorhersagekraft des Ausgangsniveaus der partnerschaftlichen Zugewandtheit sehr hoch ist (über 80 Prozent), lässt sich die Klassifikationsgenauigkeit durch die Hinzunahme weiterer Prädiktoren nicht weiter verbessern.

Erwähnenswert erscheint, dass sich die Zugehörigkeit zu den Paarverlaufsgruppen mit fast ebenso hoher Treffsicherheit vorhersagen lässt, wenn man statt der eigenen Einschätzung der vorgeburtlichen Zugewandtheit die Angaben des Partners bzw. der Partnerin zur Prädiktion verwendet.

Tabelle 7.2.1. Univariate Varianzanalysen zu den Paarentwicklungsverläufen

	Mütter			Väter		
	F	Eta²	sign. Gr.ᵃ	F	Eta²	sign. Gr.ᵃ
Beziehungspersönlichkeit	6.92 **	.28	3 > 1, 2 > 1	5.93 **	.25	3 > 1, 2 > 1
Zugewandtheit	18.86 ***	.51	3 > 1, 3 > 2, 2 > 1	36.94 ***	.67	3 > 1, 3 > 2, 2 > 1
Selbständigkeit	.85	.04		2.10	.11	
Ehezufriedenheit	5.74 **	.24	3 > 1, 2 > 1	2.05	.10	
Dysf. Konfliktstil	2.30	.11		1.66	.09	
Elternkompetenz (t2)	9.28 **	.34	3 > 1, 2 > 1	2.88	.14	
Kindtemperament (t3)	5.39 **	.24	3 > 1	3.24	.16	
Kindl. Emotionalität	3.23	.16		4.24 *	.20	3 > 1

* $p < .05$ ** $p < .01$ *** $p < .001$ (df = 2, 36)
ᵃ Ergebnisse aus Posthoc-Tests; Gruppe 1 negativ 2 mittel 3 positiv

7.2.2 Bedingungen der kindlichen Entwicklungsverläufe

Um die unterschiedlichen Entwicklungsverläufe der Kinder aus antezedenten Bedingungen auf Person-, Paar- und Elternebene erklären zu können, werden wiederum einfache und multiple logistische Regressionsanalysen durchgeführt. Darüber hinaus wird veranschaulicht, wie sich Partnerschaft und Erziehungskompetenz bei den Eltern der drei bzw. zwei unterschiedlichen Kindergruppen im Verlauf der fünf Jahre entwickeln.

Startbedingungen der kindlichen Entwicklung

Tabelle 7.2.2 (S. 204) gibt Aufschluss über die Vorhersagekraft einzelner Prädiktoren; es wird die Klassifikationsgenauigkeit (Prozentsatz korrekt vorhergesagter Fälle) sowie die Höhe der aufgeklärten Varianz (nach Cox & Snell, oben bzw. Nagelkerke, unten)

berichtet. Sodann werden in drei Schritten Prädiktorvariablen auf Persönlichkeits-, Paar- und Elternebene kombiniert (Tabelle 7.2.3, S. 205), um Aufschluss über das Zusammenspiel familialer Ressourcen zu erhalten. Anhand des χ^2-Vergleichstests kann beurteilt werden, ob sich das Vorhersagemodell durch die Einbeziehung weiterer Variablen signifikant verbessert.

Kinder mit negativer vs. abfallender Emotionalität (Mutterperspektive). Zunächst soll untersucht werden, warum manche Kinder aus Sicht der Mütter bereits im dritten Monat missgestimmt und unausgeglichen sind, während andere zunächst unkompliziert sind, sich dann aber im Laufe der Zeit immer ungünstiger entwickeln (Tabelle 7.2.2, linke Spalte). Ausgangspunkt der Prädiktionen bildet die Zufallstrefferquote von 53 Prozent (alle Fälle werden der größeren Gruppe zugesprochen). Bester Einzelprädiktor für die Gesamtklassifikationsgenauigkeit ist die partnerschaftliche *Zugewandtheit* vor der Geburt des Kindes, mit einer Trefferquote von 79 Prozent korrekt klassifizierter Fälle; fast 50 Prozent der Varianz können nur durch diese Variable erklärt werden. Eine Kombination der Prädiktoren auf Individual-, Paar- und Elternebene (Tabelle 7.2.3, oberste Zeile) zeigt, dass insgesamt *90 Prozent* der Fälle korrekt klassifiziert werden können (alle Kinder außer zweien), wenn die Beziehungskompetenzen der Mutter sowie die von ihr vor der Geburt des Kindes in der Partnerschaft erlebte Zugewandtheit herangezogen werden. Die Erziehungskompetenz der Mutter ist zur Unterscheidung der beiden Gruppen nicht von Bedeutung, sie kann die Vorhersagegenauigkeit nicht weiter erhöhen. Werden die entsprechenden Angaben der Väter zur Prädiktion herangezogen werden (so dass unabhängige Datenquellen vorliegen), können immerhin noch 79 Prozent der Kinder korrekt den beiden Gruppen zugeordnet werden; das entspricht vier fehlklassifizierten Fällen. Allerdings muss dafür auf Paarebene nicht nur die Positive Zugewandtheit, sondern zusätzlich auch die Selbständigkeit berücksichtigt werden.

Kinder mit positiver vs. abfallender Emotionalität (Mutterperspektive). Besonders relevant erscheint die Frage, warum manche Kinder mit positiver Emotionalität ihr hohes Ausgangsniveau halten können, während andere Kinder sich im Laufe der Jahre verschlechtern. Bei der Diskriminierung dieser Kindergruppen muss berücksichtigt werden, dass die Zufallstrefferwahrscheinlichkeit bereits bei 67 Prozent liegt (wegen der unterschiedlichen Gruppengröße; alle Fälle werden zunächst der größeren Gruppe zugeordnet). Relevanter als die Gesamttrefferquote erscheint deshalb der Prozentsatz an Fällen, die korrekt der abfallenden Gruppe zugeordnet werden können. Wird die Vorhersagekraft der Einzelprädiktoren betrachtet, so ergibt sich ein gänzlich anderes Bild als vorher (Tabelle 7.2.2, mittlere Spalte). Allgemeine Beziehungsfertigkeiten und subjektives Wohlbefinden der Mutter, ebenso wie deren Erziehungskompetenzen sind wesentliche Ressourcen, die der langfristigen Entwicklung der Kinder zugute kommen. Dagegen unterscheidet die Positive Zugewandtheit der Partner überhaupt nicht zwischen den beiden Verlaufsgruppen. Auf Paarebene ist die *Selbständigkeit*, wie sie die Frauen vor der Geburt ihres Kindes empfinden, die wesentliche Ressource, die darüber bestimmt, ob Kinder ihren eingeschlagenen positiven Entwicklungsweg beibehalten können oder aber sich im Laufe der Zeit ungünstiger weiterentwickeln. Insgesamt können allein durch diese Variable 78 Prozent der Kinder korrekt zugeordnet werden; von den Kindern, die sich zunehmend ungünstig entwickeln, sind es 44 Prozent (bei einer Ausgangswahrscheinlichkeit von 0 Prozent).

In das kumulative Vorhersagemodell (Tabelle 7.2.3, mittlere Zeile) werden die Beziehungspersönlichkeit, partnerschaftliche Selbständigkeit und Elternkompetenz der Mütter einbezogen. Es zeigt sich, dass die Verbesserung des Modells (nach den Beziehungsfertigkeiten der Mutter im ersten Block) durch Variablen auf Paar- und Elternebene nur noch tendenziell signifikant ist. Dass sich allerdings der Prozentsatz korrekt klassifizierter Fälle durch die weiteren Schritte erhöht, ist von praktischer Relevanz. Insgesamt können *85 Prozent* der Kinder korrekt den beiden Gruppen zugeordnet werden (das sind 4 fehlklassifizierte Fälle). Die Vorhersagegenauigkeit für die Gruppe mit abfallender Emotionalität steigt durch die Prädiktorkombination von 0 auf 67 Prozent. Werden die entsprechenden Angaben der Väter herangezogen, so wird mit 78 gegenüber 85 Prozent eine vergleichbare Klassifikationsgenauigkeit erreicht.

Kinder mit positiver vs. negativer Emotionalität (Vaterperspektive). Wie schon bei den Müttern, so sind auch Angaben der Väter zur Ehezufriedenheit und Konfliktlösung keine signifikanten Prädiktoren der beiden kindlichen Entwicklungsgruppen, die sich aus Sicht der Väter ergeben haben (vgl. Tabelle 7.2.2, rechte Spalte). Ausschlaggebender dafür, ob Kinder aus Sicht ihrer Väter der Gruppe mit positivem oder negativen Verlauf angehören, sind die partnerschaftliche Zugewandtheit und Selbständigkeit. Allein durch die Positive Zugewandtheit können – bei einer Zufallswahrscheinlichkeit von 51 Prozent – zwei Drittel der Fälle korrekt zugeordnet werden. Zudem sind Wohlbefinden, Beziehungskompetenzen und Elternkompetenzen zur Vorhersage der kindlichen Entwicklungsgruppen geeignet.

Obwohl die positive Zugewandtheit in der Einzelprädiktion besser abschneidet als die Selbständigkeit, ergibt sich aus den Variablen Beziehungspersönlichkeit, Selbständigkeit und Elternkompetenz das sparsamste Drei-Ebenen-Modell mit der höchsten Treffergenauigkeit (Tabelle 7.2.3, unterste Zeile). Hier wiederholt sich, was in den Pfadanalysen für die Gesamtgruppe der Eltern bereits klar wurde: Aus Sicht der Männer liefert die Partnerschaftliche Zugewandtheit keinen über allgemeine oder erziehungsspezifische Kompetenzen hinausgehenden Beitrag zur Varianzaufklärung in der kindlichen Entwicklung (vgl. Abschnitt 6.6.2). Insgesamt können auf diese Weise *81 Prozent* der Fälle korrekt den beiden Guppen zugeordnet werden (das sind 7 fehlklassifizierte Fälle). Auch wenn im letzten Block nur noch die Elternkompetenz statistisch signifikante Prädiktorvariable ist (vgl. die Angaben zum exakten Signifikanzniveau), so zeigt doch die um fast 20 Prozent verbesserte Vorhersagegenauigkeit, dass Ressourcen bzw. Belastungen auf den drei Ebenen zusammenspielen. Die Verbesserung des Prädiktionsmodells durch jeden folgenden Schritt ist signifikant. Dieselbe Prädiktorkombination konnte auch aus Sicht der Mütter am besten zwischen positiver und abfallender Entwicklungsgruppe diskriminieren. Werden Angaben der Mütter zur Vorhersage verwendet (neben deren Beziehungspersönlichkeit und Erziehungskompetenzen die Positive Zugewandtheit statt der Selbständigkeit), so können immerhin 78 Prozent der Kinder korrekt den beiden Entwicklungsgruppen zugeordnet werden ($p < .001$), das ist nur ein fehlklassifiziertes Kind mehr als bei den Angaben der Väter.

Weitere Kontrastierung der Kinderentwicklungsgruppen

Nachdem im vorangegangenen Abschnitt antezedente Bedingungen der unterschiedlichen kindlichen Entwicklungsverläufe untersucht wurden, soll in diesem Abschnitt verdeutlicht werden, wie sich Partnerschaft und Elternkompetenz im Laufe der fünf Jahre in den betreffenden Familien entwickeln. Dazu werden zum einen multivariate Varianzanalysen vorgestellt (über die ersten drei Jahre mit der Zeit als Messwiederholungsfaktor und der Gruppenzugehörigkeit als Zwischensubjektfaktor; vgl. Tabelle 7.2.4, S. 206); zum anderen sind die entsprechenden Verläufe in den Abbildungen 7.2.1 bis 7.2.4 graphisch veranschaulicht.

Befunde für Väter. Die Väter der beiden Kinderentwicklungsgruppen unterscheiden sich in allen Partnerschaftsvariablen sowie in ihren allgemeinen wie erziehungsspezifischen Kompetenzen signifikant voneinander. Wenn die Kinder einen positiven Entwicklungsverlauf nehmen, so haben Väter auf allen drei Ebenen im Verlauf der ersten drei Jahre mehr Ressourcen und weniger Belastungen als Väter der anderen Gruppe. Unter den Partnerschaftsmerkmalen kann die Selbständigkeit die meiste Varianz aufklären (Eta² = .22). Damit kommt sie in ihrer Bedeutsamkeit der väterlichen Erziehungskompetenz gleich (Eta² = .23).

Zugewandtheit und Selbständigkeit der Mütter. Mütter der Kinder mit negativem Entwicklungsverlauf vermissen bereits vor der Geburt des Kindes die Zuwendung ihres Partners, während dies für die anderen beiden Gruppen nicht gilt (Abbildung 7.2.1, S. 207). Zwar lässt die Zugewandtheit der Partner in den ersten drei Jahren der Elternschaft bei allen drei Gruppen von Paaren nach. Doch die Mütter der stabil-positiven Kinder erleben im Gegensatz zu Müttern der Kinder mit zunehmend negativer Emotionalität vom vierten zum fünften Jahr der Elternschaft wieder einen signifikanten Zuwachs an partnerschaftlicher Verbundenheit ($t = -2.93$, $p < .01$). Über den Fünfjahreszeitraum gesehen, müssen also die Mütter von einfachen Kindern einen deutlich geringeren Rückgang der Positivität in der Partnerschaft hinnehmen (Eta² = .30) als die Mütter der beiden anderen Gruppen (Eta² = .86).

Die Selbständigkeit ist die einzige Variable auf Paarebene, die bereits vor der Geburt des Kindes deutlich zwischen Müttern von Kindern mit positiver vs. abfallender Emotionalität unterscheidet. In Abbildung 7.2.2 (S. 208) wird ersichtlich, dass Mütter von Kindern der stabil-positiven Entwicklungsgruppe mit Werten weit über dem theoretischen Skalenmittel von $M = 5.5$ die höchste Ausprägung partnerschaftlicher Selbständigkeit aufweisen. Dagegen ist die Selbständigkeit aus Sicht der Mütter von Kindern mit zunehmend negativer Emotionalität bereits vor der Geburt des Kindes unterdurchschnittlich und deutlich geringer als selbst bei den Müttern, deren Kinder bereits kurz nach der Geburt missgestimmt und schwer beruhigbar sind. Die Mütter dieser schwierigen Kinder erleben dann allerdings im ersten Jahr der Elternschaft einen starken Einbruch ihrer Selbständigkeit (Eta² = .48, $p < .05$), so dass sie sich dann nicht mehr von den Müttern der Kinder mit abfallender Emotionalität unterscheiden. Dagegen sind die Einschränkungen der Selbständigkeit, die Mütter der Kinder mit stabil-positiver Entwicklung empfinden, viel geringer als in den anderen Gruppen (Eta² = .33, $p < .05$).

Mutterkompetenz und Beziehungspersönlichkeit. Die deutlichsten Unterschiede zwischen den drei Gruppen ergeben sich für die Mutterkompetenz. Der Anteil erklärter Varianz beträgt sogar 47 Prozent (vgl. Tabelle 7.2.4, S. 206). Alle Mütter machen zwar die Erfahrung, dass sie im ersten Jahr der Elternschaft in ihrer Mutterrolle dazulernen (vgl. Abbildung 7.2.3, S. 209). Doch Mütter der Kinder mit positiver Entwicklung haben die höchste, Mütter der Kinder mit negativer Entwicklung die geringste Elternkompetenz. Die Kompetenz der Mütter von Kindern, die sich erst im Laufe der Zeit ungünstig entwickeln, scheint dazwischen zu liegen. Posthoc-Tests der multivariaten Varianzanalysen machen jedoch klar, dass nur die Mütter der Kinder mit stabil positiver Emotionalität über ein signifikant höheres Maß an Erziehungskompetenz verfügen als die beiden anderen Müttergruppen, deren Elternkompetenz sich nicht statistisch signifikant unterscheidet, was optisch ab dem 2. Jahr der Elternschaft sichtbar wird. Vergleichbares gilt für die allgemeinen Beziehungsfertigkeiten der Mütter (vgl. Abbildung 7.2.4, S. 210). So haben die Mütter der Kinder, die sich zunehmend ungünstig entwickeln, von Anfang an genauso geringe Kompetenzen wie die Mütter der Kinder, die bereits kurz nach der Geburt schwierig sind ($M = 1.50$ bzw. 1.56). Die Mütter der Kinder mit stabil-positiver Entwicklung verfügen dagegen über ein deutlich höheres Ausmaß an Beziehungskompetenzen ($M = 2.28$). Der Unterschied vor der Geburt des Kindes beträgt etwa eine Standardabweichung. Auch wenn die Mütter in der ersten Zeit nach der Geburt eine gewisse Labilisierung erleben, sind die Verläufe doch sehr viel stabiler als in den paarbezogenen Bereichen (kein signifikanter Zeiteffekt).

Tabelle 7.2.2. Einfache logistische Regressionen zur Vorhersage der Entwicklungsverläufe kindlicher Emotionalität

Prädiktor	Mütter Klassifikationsgenauigkeit			R^2	Mütter Klassifikationsgenauigkeit			R^2	Väter Klassifikationsgenauigkeit			R^2
	negativ -	abfallend →	% korrekter Fälle		positiv +	abfallend →	% korrekter Fälle		negativ -	positiv +	% korrekter Fälle	
Zufallsprädiktion	−10 ↓ 9	0 0	100.0 0.0 52.6		+18 ↓ 9	0 0	100.0 0.0 66.7		− 0 + 0	18 19	0.0 100.0 51.4	
Beziehungspersönlichkeit (t1)	9 8	1 1	90.0 11.1 52.6	.00 .00	15 4	3 5	83.3 55.6 74.1	.18* .25*	12 9	6 10	66.7 52.6 59.5	.13* .18*
Wohlbefinden (t1)	10 9	0 0	100.0 0.0 52.6	.00 .00	15 4	3 5	83.3 55.6 74.1	.18* .25*	9 4	9 15	50.0 78.9 64.9	.13* .18*
Zugewandtheit (t1)	9 3	1 6	90.0 66.7 78.9	.35** .47**	18 9	0 0	100.0 0.0 66.7	.00 .00	11 5	7 14	61.1 73.7 67.6	.11* .15*
Selbständigkeit (t1)	6 1	4 8	60.0 88.9 73.7	.16 .21	17 5	1 4	94.4 44.4 77.8	.23** .32**	8 5	10 14	44.4 73.7 59.5	.12* .16*
Ehezufriedenh. (t1)	6 3	4 6	60.0 66.7 63.2	.10 .13	18 9	0 0	100.0 0.0 66.7	.00 .00	12 4	6 15	66.7 78.9 73.0	.08 .10
Dysfunktion. Konfliktstil (t1)	6 2	4 7	60.0 77.8 68.4	.13 .18	18 9	0 0	100.0 0.0 66.7	.02 .02	5 4	12 15	29.4 78.9 55.6	.11 .15
Elternkompetenz (t2)	7 4	3 5	70.0 55.6 63.2	.08 .10	17 5	1 4	94.4 44.4 77.8	.20* .28*	11 6	7 13	61.1 68.4 64.9	.24** .32**

[a] R^2 nach Cox & Snell (oben), Nagelkerke (unten), *$p < .05$ **$p < .01$

Tabelle 7.2.3. Multiple logistische Regressionen zur Vorhersage der Entwicklungsverläufe kindlicher Emotionalität

Prädiktoren pro Block	Block 1 Klassifikationsgenauigkeit			R^2 [a]	Block 2 Klassifikationsgenauigkeit			R^2	Block 3 Klassifikationsgenauigkeit			R^2
Mütter p [b]	-	↓	%		-	↓	%					
1. Persönlichk. .16	- 9	1	90.0	.00	9	1	90.0	.45**				
2. Zugewandt.[f] .04	↓ 8	1	11.1	.00	1	8	88.9	.60**				
			52.6				89.5					
Mütter	+	↓	%		+	↓	%		+	↓	%	
1. Persönlichk. .52	+15	3	83.3	.18*	16	2	88.9	.27^x	17	1	94.4	.33^x
2. Selbständ. .14	↓ 4	5	55.6	.25*	3	6	66.7	.37^x	3	6	66.7	.45^x
3. Erziehung .17			74.1				81.5				85.2	
Väter	-	+	%		-	+	%		-	+	%	
1. Persönlich.[c] .12	- 12	6	66.7	.13*	14	4	77.8	.22*	14	4	77.8	.36**
2. Selbständ.[d] .15	+ 9	10	52.6	.18*	5	14	73.7	.30*	3	16	84.2	.48**
3. Erziehung[e] .03			59.5				75.7				81.1	

[a] R^2 nach Cox & Snell (oben), Nagelkerke (unten),
$^x p < .10$ $* p < .05$ $** p < .01$ (Signifikanzniveau des betreffenden Blocks)
[b] Exaktes Signifikanzniveau der Variablen im letzten Block
[c] Beziehungspersönlichkeit t1, [d] partnerschaftliche Selbständigkeit t1
[e] Elternkompetenz t2, [f] Positive Zugewandtheit t1

Tabelle 7.2.4. Multivariate Varianzanalysen zu Entwicklungsverläufen auf Person-, Paar- und Elternebene (t1 bis t6) in den Kindergruppen

Quelle der Varianz	Mütter				Väter		
	df	F	Eta²	sign. Gr.[a]	df	F	Eta²
Beziehungspersönlichkeit							
Gruppe	31,2	4.95 *	.24	3 > 1	33,1	7.84 **	.19
Zeit		n.s.				n.s.	
Zugewandtheit							
Gruppe	34,2	4.31 *	.20	3 > 1	35,1	6.45 *	.16
Zeit	32,3	19.65 ***	.65		33,3	15.34 ***	.58
Selbständigkeit							
Gruppe	33,2	5.11 *	.24	3 > 2	35,1	9.63 **	.22
Zeit	31,3	6.43 **	.38		33,3	6.00 **	.35
Ehezufriedenheit							
Gruppe		n.s.			35,1	4.50 *	.11
Zeit	32,3	13.28 ***	.56		33,3	6.20 **	.36
Dysf. Konfliktstil							
Gruppe		n.s.			34,1	5.35 *	.14
Zeit	32,3	8.47 ***	.44		32,3	3.33 **	.24
Elternkompetenz							
Gruppe	32,2	14.18 ***	.47	3 > 1; 3 > 2	33,1	9.90 **	.23
Zeit	30,3	16.69 ***	.62		31,3	3.79 *	.27

* $p < .05$ ** $p < .01$ *** $p < .001$
[a] Ergebnisse aus Posthoc-Tests; Gruppe 1 negativ 2 abfallend 3 positiv

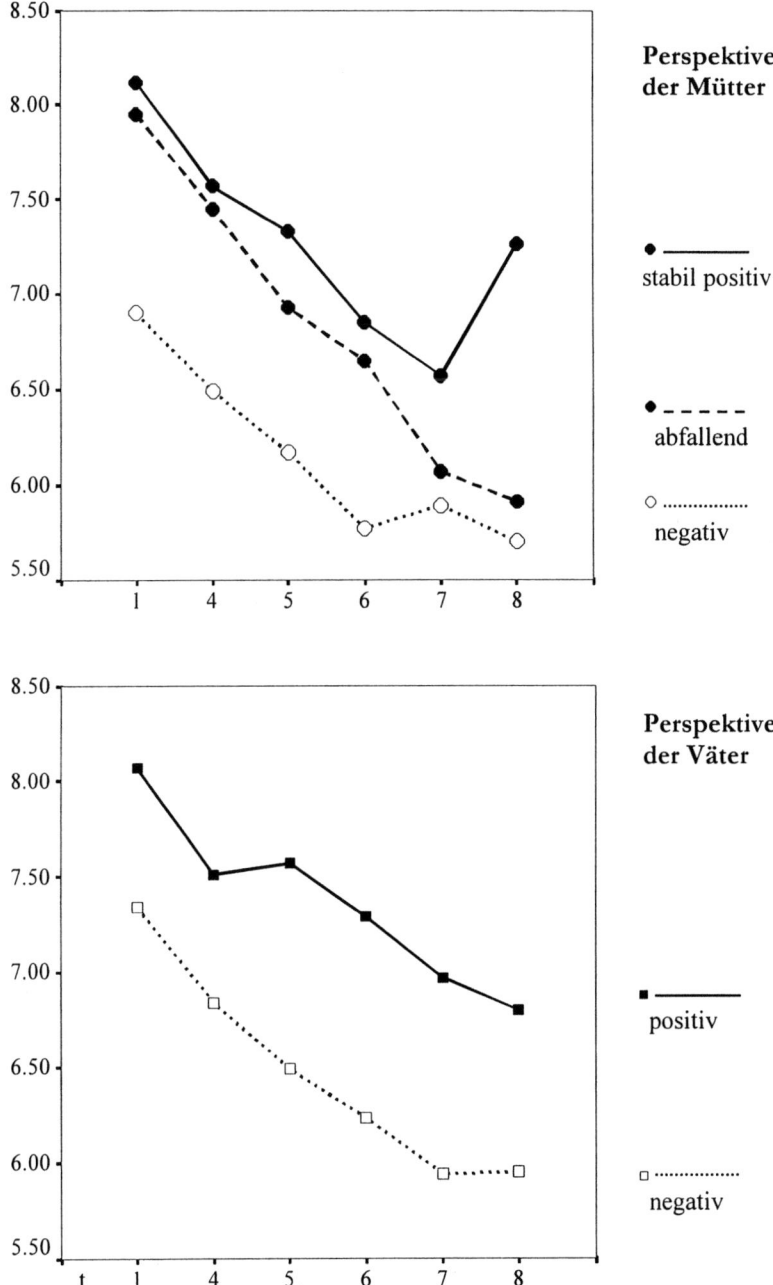

Abbildung 7.2.1. Verläufe der partnerschaftlichen Zugewandtheit in den Kinderverlaufsgruppen (Emotionalität)

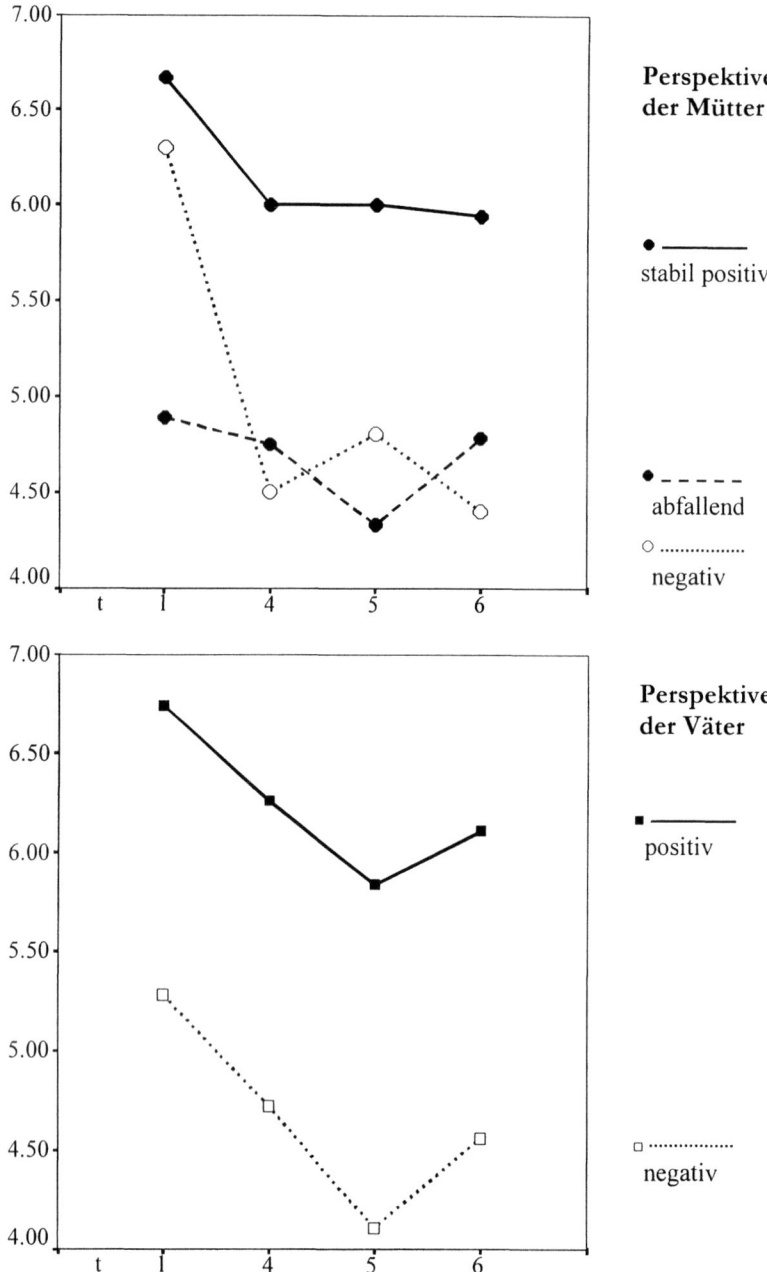

Abbildung 7.2.2. Verläufe der partnerschaftlichen Selbständigkeit in den Kinderverlaufsgruppen (Emotionalität)

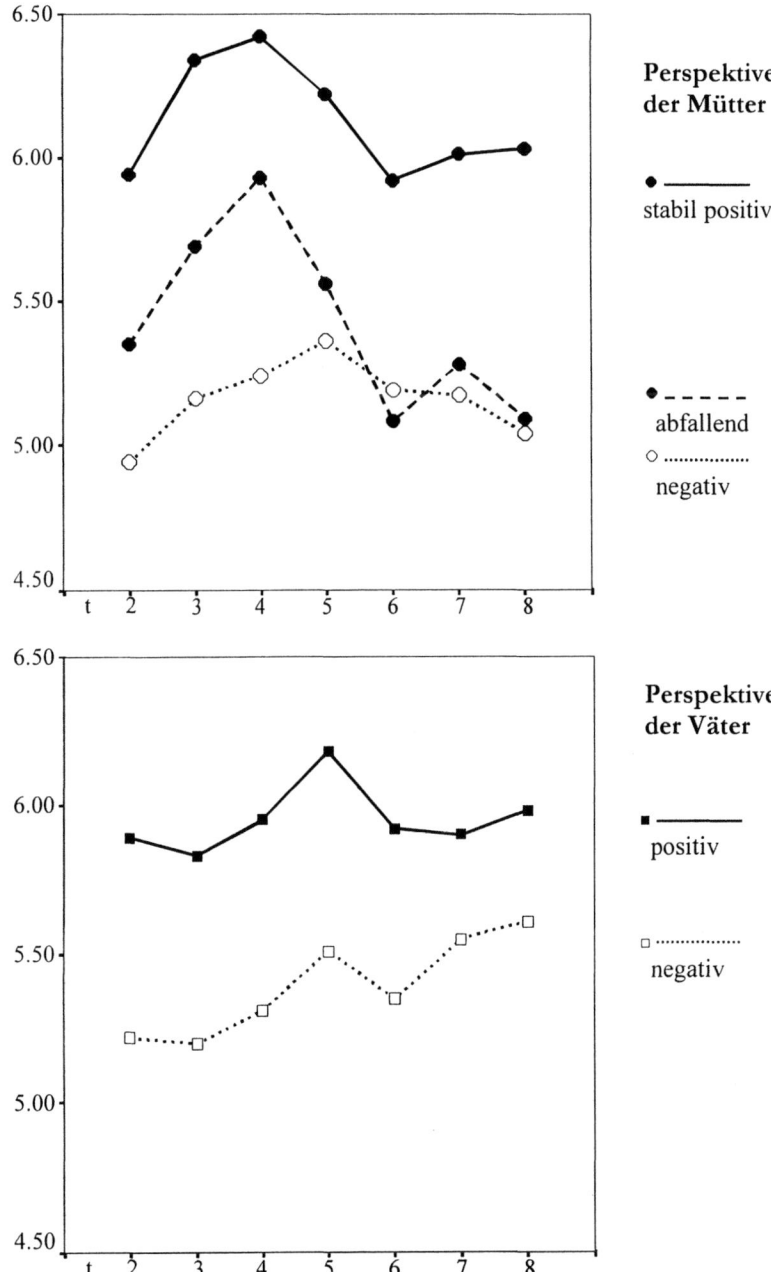

Abbildung 7.2.3. Verläufe der Elternkompetenz in den Kinderverlaufsgruppen (Emotionalität)

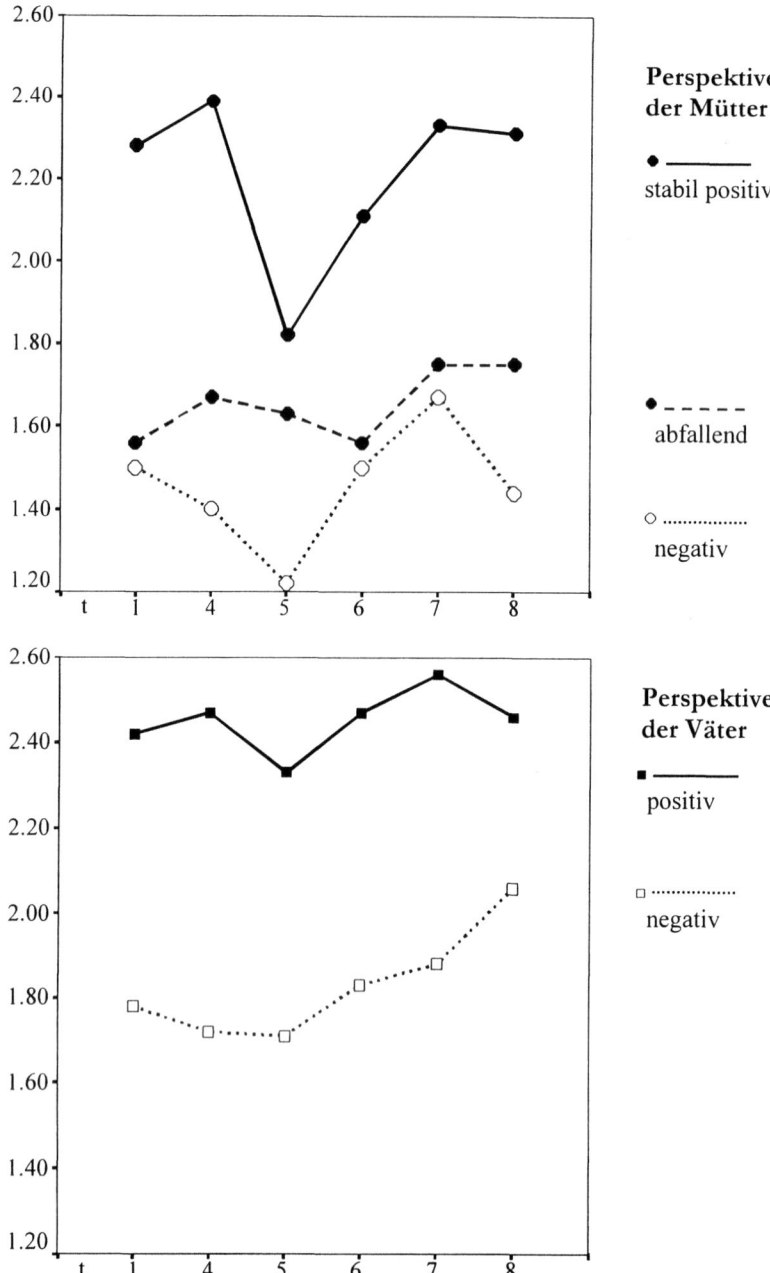

Abbildung 7.2.4. Verläufe der Beziehungspersönlichkeit in den Kinderverlaufsgruppen (Emotionalität)

7.3 Zusammenfassung und Interpretation der Befunde

In diesem Kapitel stand die Betrachtung differentieller Entwicklungsverläufe von Partnerschaften bzw. Kindern sowie deren antezendenten Bedingungen auf Person-, Paar- und Elternebene im Mittelpunkt der Betrachtungen.

Differentielle Verläufe von Partnerschaften

Clusteranalytisch konnten drei Gruppen von Paaren mit unterschiedlicher Entwicklung der partnerschaftlichen Zugewandtheit differenziert werden. Obwohl das Beziehungsklima aller Paare zum ersten Erhebungszeitpunkt als überdurchschnittlich gut bezeichnet werden kann, verschlechtert sich die Partnerschaftsqualität im Laufe der fünf Jahre des Untersuchungszeitraums. Auch die beste Partnerschaft scheint nicht davor gefeit zu sein, im Laufe der Zeit in Mitleidenschaft gezogen zu werden. Doch das Ausmaß der Einbußen ist in Übereinstimmung mit Hypothese 5.1 um so geringer, je positiver das partnerschaftliche Beziehungsklima zum ersten Erhebungszeitpunkt erlebt wird. „Schwierige" Kinder dürfen für die stärkeren Einbußen in der Gruppe mit dem vergleichsweise ungünstigstem Partnerschaftsverlauf nicht verantwortlich gemacht werden. Genauso wenig können auch noch so einfache Kinder die Paare davor bewahren, dass das Partnerschaftsglück im Laufe der Zeit nachlässt. Viele Paare glauben, dass Kinder ihr Glück noch vervollkommnen würden. Doch dies bewahrheitet sich in den meisten Fällen nicht, wie die Daten der vorliegenden Stichprobe junger, glücklicher Paare belegen.

Differentielle Verläufe der kindlichen Entwicklung

Aus Sicht der Mütter konnten drei, aus Sicht der Väter zwei Gruppen von Kindern mit unterschiedlichem Entwicklungsverlauf differenziert werden. Die vorgestellten Ergebnisse erlauben Antworten auf zwei zentrale Fragen: (1) Welche Bedingungen bestimmen, ob Kinder kurz nach ihrer Geburt eher positiv gestimmt und leicht beruhigbar sind oder nicht? (2) Welche Faktoren sind dafür verantwortlich, dass sich manche Kinder trotz eines günstigen „Starts" ins Leben nach und nach ungünstiger weiterentwickeln? Die letzte Frage lässt sich nur für die aus Sicht der Mütter gebildeten Gruppierungen beantworten.

Kinder mit stabil-positiver vs. negativer Emotionalität. Eltern, deren Kinder sich auch langfristig positiv entwickeln, verfügen gegenüber Eltern schwieriger Kinder bereits vor deren Geburt und im Verlauf der ersten Jahre der Elternschaft über deutlich mehr Ressourcen auf Persönlichkeits-, Paar- und Elternebene. Sie haben bessere Beziehungsfertigkeiten, empfinden ihre Partnerschaft als zugewandter und fühlen sich auch in der Elternrolle kompetenter. Zudem erleben die Väter dieser Kinder zum ersten Erhebungszeitpunkt mehr Freiheit und Autonomie in der Partnerschaft als Väter von Kindern, die sich ungünstig entwickeln. Dies trifft für Mütter nicht zu.

Kinder mit negativer vs. abfallender Emotionalität (Mutterperspektive). Die partnerschaftliche Zugewandtheit vor der Geburt des Kindes ist ausschlaggebend dafür, dass die Kinder der Gruppe mit zunehmend negativer Emotionalität ihren Lebensweg sehr viel positiver beginnen als die Kinder der von Geburt an negativen Gruppe. Dass sich die Kinder trotz eines positiven Startes im Laufe der Zeit ungünstig weiterentwickeln, hängt zum einen damit zusammen, dass die Selbständigkeit der betreffenden Mütter vor der Geburt des Kindes sogar geringer ausgeprägt ist als bei den Müttern der Kinder mit negativer Entwicklung. Zudem verfügen die Mütter dieser beiden Kindergruppen über vergleichsweise geringe Erziehungskompetenzen und allgemeine Beziehungsfertigkeiten.

Kinder mit positiver vs. abfallender Emotionalität (Mutterperspektive). Letzteres bestätigt sich auch, wenn die Bedingungen eruriert werden, die dafür ausschlaggebend sind, warum manche Kinder sich langfristig positiv entwickeln, während andere mit zunächst gleich hoher Ausprägung an positiver Emotionalität nach und nach immer schwieriger werden. Die Mütter der Kinder mit stabil positiver Emotionalität verfügen bereits vor der Geburt des Kindes und auch im Verlauf der ersten Elternschaftsjahre über deutlich mehr Beziehungs- und Erziehungskompetenzen und erleben sich in ihrer Partnerschaft als autonomer. Diese Ressourcen tragen dazu bei, dass die

Kinder ihre positive Emotionalität auch langfristig aufrechterhalten können. Fehlt es jedoch an Freiräumen in der Partnerschaft und wichtigen Beziehungs- bzw. Elternkompetenzen, so werden auch zunächst einfache Kinder mit der Zeit immer schwieriger.

Zur Bedeutung von Zugewandtheit und Selbständigkeit. Das emotionale Beziehungsklima in der Partnerschaft differenziert zwischen guten und schlechten Ausgangsbedingungen, zu denen Kinder ihren Lebensweg beginnen. Wenn jedoch wichtige Beziehungsfertigkeiten fehlen und sich zur Verbundenheit nicht auch zugestandene Autonomie gesellt, können sich Kinder langfristig nicht positiv entwickeln – trotz eines guten Starts ins Leben. Dass damit der Selbständigkeit nicht nur aus Sicht der Väter, sondern auch der Mütter eine zentrale Bedeutung zukommt, konnte erst durch die Betrachtung differentieller Entwicklungsverläufe erhellt werden. Die Befunde zur Prädiktion der Partnerschaftsentwicklung in der Gesamtgruppe der Erstelltern (vgl. Abschnitt 6.1.2) haben gezeigt, dass die Veränderungen des emotionalen Beziehungsklimas bis zum fünften Lebensjahr des Kindes nicht nur durch das vorgeburtliche Ausgangsniveau an Zugewandtheit bestimmt werden, sondern auch durch die Selbständigkeit der Partner. Diese erweist sich somit gleichermaßen als „Motor" der Partnerschafts- und Kindesentwicklung.

Kumulative Belastungen und Ressourcen. Durch das Zusammenspiel von Ressourcen bzw. Belastungen auf Person-, Paar- und Elternebene kann der Entwicklungsverlauf, den die Kinder in ihren ersten drei Lebensjahren nehmen, mit etwa 80 bis 90prozentiger Wahrscheinlichkeit korrekt vorhergesagt werden. Dies gilt auch, wenn Angaben der Väter zur Vorhersage der aus Sicht der Mütter gebildeten Entwicklungsgruppen der Kinder herangezogen werden und umgekehrt, was als Validierung der Befunde auf Basis von unabhängigen Datenquellen gelten kann. Die Pfadanalysen in Kapitel 6.5 und 6.6 hatten gezeigt, dass die Bedeutung der Ehebeziehung für die kindliche Entwicklung weder vollständig durch die elterliche Erziehung vermittelt wird (Mediatorhypothese), noch ein Artefakt von Hintergrundvariablen auf Individualebene vorliegt (Common-factor-Hypothese). Durch die Befunde dieses Kapitels wird deutlich, dass stattdessen die Kumulierung von Belastungen bzw. Ressourcen auf mehreren Ebenen ausschlaggebend ist. Ungünstige Bedingungen auf Persönlichkeits-, Paar- und Elternebene führen zu einer besonderen Gefährdung der Kinder, wie an der erhöhten Klassifikationsgenauigkeit bei multipler gegenüber einfacher Regression erkennbar ist. Und es müssen Ressourcen auf mehreren Ebenen zusammenkommen, damit die Kinder eine positiv begonnene Entwicklung auch langfristig fortsetzen können. Dies entspricht der Annahme Belskys, dass Kinder mit hoher Wahrscheinlichkeit dann eine unsichere Bindungsbeziehung zu ihren Müttern entwickeln, wenn in den Familien mehrere Belastungen zusammentreffen, beispielsweise eine geringe emotionale Stabilität und soziale Feinfühligkeit auf Personebene sowie eine Beeinträchtigung der Ehequalität (Belsky, 1991; Belsky & Isabella, 1988).

8 Diskussion der Befunde

8.1	Veränderung der Partnerschaftsqualität im Übergang zur Elternschaft	217
8.1.1	Betroffene Bereiche und Timing der Veränderungen	217
8.1.2	Effekte des kindlichen Temperaments	220
8.1.3	Effekte des kindlichen Geschlechts	221
8.1.4	Wechselwirkungsprozesse zwischen Paaren und Kindern	222
8.2	Zur Bedeutsamkeit verschiedener Partnerschaftsmerkmale für Kinder	223
8.2.1	Das emotionale Partnerschaftsklima	223
8.2.2	Die partnerschaftliche Selbständigkeit	225
8.3	Das Zusammenspiel von Ressourcen und Risiken	228
8.3.1	Spillover- und Kompensationsprozesse	228
8.3.2	Erklärungsansätze für die Unterschiede zwischen Müttern und Vätern	232
8.3.3	Vermittelnde vs. kumulative Modelle	233
8.4	Implikationen für die Praxis	235
8.5	Grenzen der Untersuchung	237

Im Mittelpunkt dieser Arbeit stand die Frage nach der Bedeutsamkeit der elterlichen Partnerschaftsbeziehung für die Entwicklung von Kindern. Obwohl es für Praktiker außer Zweifel steht, dass die Beziehung der Eltern maßgeblich darauf Einfluss nimmt, wie Kinder sich entwickeln, ist dieses Gebiet in der Forschung relativ neu und in erster Linie auf die Wirkungsweise interparentaler Konflikte eingeschränkt. Ausgangspunkt der theoretischen Überlegungen war der Grundgedanke, dass der Beziehung der Partner eine Schlüsselstellung im Familiensystem zukommt, da Paare die „Architekten" der Familie sind. Sie bilden das Fundament nicht nur für den weiteren Verlauf der Partnerschaft, sondern auch für die Persönlichkeitsentwicklung der Kinder. Obwohl eine systemische Sicht auf die innerfamiliären Beziehungen komplexe Wechselwirkungsprozesse zwischen den verschiedenen Subsystemen (Paare – Eltern – Kinder) hervorhebt, befassen sich nur sehr wenige Studien systematisch mit der längsschnittlichen Betrachtung solcher Wechselwirkungsprozesse zwischen Paaren und ihren Kindern (im Gegensatz zu etlichen Arbeiten über transaktionale Prozesse zwischen Kindern und dem elterlichen Erziehungsverhalten). In der Regel stehen entweder Veränderungen der Partnerschaft, die die Geburt eines Kindes mit sich bringt, oder aber Auswirkungen der Partnerschaft (insbesondere interparentaler Konflikte) auf Kinder im Mittelpunkt.

Die vorliegende Arbeit versucht, beide Blickrichtungen zu vereinen und die längsschnittliche Ko-Entwicklung von Paaren und Kindern in den Vordergrund zu stellen. Um auch von möglichen „Kindeffekten" unbeeinflusste Informationen über die Partnerschaftsqualität zu erhalten, wurde ein prospektives Untersuchungsdesign gewählt. 48 junge Paare wurden beginnend ab dem letzten Schwangerschaftstrimester in den ersten fünf Jahren ihrer Elternschaft begleitet und mit einer Gruppe von kinderlosen Paaren kontrastiert. Der Schwerpunkt der Analysen lag auf zwei zentralen Konstrukten der Partnerschaftsqualität: der *Positiven Zugewandtheit* der Partner als Maß für das emotionale Beziehungsklima sowie der *Selbständigkeit* als Ausdruck der gegenseitig zugestandenen Autonomie.

„Paare beeinflussen ihre Kinder und Kinder beeinflussen die Ehe ihrer Eltern". Im folgenden soll diese doch eher triviale Feststellung weiter ausdifferenziert werden, um die in Kapitel 5 skizzierten theoretischen Lücken und ungeklärten Fragen der aktuellen Forschungsliteratur ein Stück weit aufzuklären. Insbesondere geht es um die drei folgenden Problemstellungen: (1) Welche Aspekte der Partnerschaftsqualität sind von besonderer Relevanz für die Entwicklung von Kindern? (2) Wie kann man die Bedeutsamkeit dieser Aspekte erklären? Und (3) welche Rolle spielt dabei das Kind selbst? Zunächst soll die Einflussrichtung Kind→Ehe in den Blick genommen werden, auf die üblicherweise in den Studien zum Übergang zur Elternschaft fokussiert wird.

8.1 Veränderung der Partnerschaftsqualität im Übergang zur Elternschaft

8.1.1 Betroffene Bereiche und Timing der Veränderungen

Ganz unabhängig von konkreten Merkmalen des Kindes bringt die Geburt ihres ersten Kindes für die Eltern unserer Stichprobe eine Reihe nachteiliger Veränderungen ihrer Partnerschaft mit sich. Dass diese Einbußen in den ersten Jahren der Elternschaft nicht einfach nur die Erosion der Beziehung im Laufe der Zeit widerspiegeln, zeigt der Vergleich zu kinderlosen Paaren, die zwar ebenfalls Einschränkungen erleben, aber bei weitem nicht in gleichem Umfang. Dieses für hoffnungsfrohe Eltern doch recht ernüchternde Resultat ergibt sich auch bei einer Vielzahl anderer Studien zu dieser Thematik (vgl. Reichle & Werneck, 1999b).

Zeitliche Abfolge. Die auftretenden Einbußen sind keineswegs kurzfristig und vorübergehend (wie die Bezeichnung „Übergang zur Elternschaft" vermuten lässt), sondern können als langfristige Kaskade beschrieben werden. Ab dem ersten Jahr der Elternschaft fühlen sich die Partner in ihrer Freiheit und Autonomie empfindlich eingeschränkt (vgl. Kalicki et al., 1999). Die positiven Gefühle füreinander lassen immer mehr nach, die Beziehung wird in kognitiver, emotionaler und sexueller Hinsicht (abgebildet durch die Positive Zugewandtheit) als unbefriedigender erlebt. Diese Veränderungen sind ab dem dritten Jahr signifikant. Schließlich (ab dem vierten Jahr) werden Konflikte immer negativer ausgetragen bzw. ganz vermieden. Auf den ersten Blick mag es vielleicht überraschen, dass der Umgang mit Konflikten an letzter Stelle der Kaskade steht, zumal die Konfliktbewältigung der Partner wesentlich zu ihrer Beziehungs(un)zufriedenheit beiträgt (vgl. Abschnitt 2.1.1). Doch der dysfunktionale Umgang mit Konflikten ist ein sehr viel potenterer Prädiktor für die Auflösung der Beziehung als die Zufriedenheit mit der Partnerschaft (vgl. Gottman, 1994). Dysfunktionale Konfliktstile können deshalb als Zeichen dafür betrachtet werden, dass die Erosion der Beziehung bereits fortgeschritten ist.

Die sexuelle Intimität der Partner ist der einzige Bereich der partnerschaftlichen Zugewandtheit, in dem Eltern keine stärkeren Einbußen als kinderlose Paare erleben. Dies hat vermutlich damit zu tun, dass die sexuelle Beziehung der Partner bereits durch die

Schwangerschaft in Mitleidenschaft gezogen wurde (vgl. Bleich, 1999). Obwohl das niedrigere Ausgangsniveau der werdenden Eltern diese Vermutung unterstützt, kann deren Gültigkeit letztlich erst durch ein prospektives Design bestätigt werden, das bereits vor Eintritt der Schwangerschaft ansetzt.

Paare sollten sich jedoch durch diese Befunde nicht allzu sehr abschrecken lassen, denn das unerfreuliche Bild lässt sich durch mehrere Argumente relativieren. Zum einen sind die Effekte, die auf das bloße Verstreichen von Zeit zurückgehen, in der Regel sehr viel stärker als solche, die durch den Status der Elternschaft hervorgerufen werden – allerdings ein schwacher Trost für jedes Paar, ob mit oder ohne Kind! Zum anderen wird keineswegs ein therapiebedürftiges Ausmaß an Problemen erreicht. Vielmehr sinkt bei den Eltern der vorliegenden Stichprobe die Positive Zugewandtheit von einem deutlich überdurchschnittlichen lediglich in den durchschnittlichen Bereich ab. Schließlich darf nicht übersehen werden – und das erscheint als stärkstes Argument – dass sich bei all diesen nachteiligen Veränderungen auch eine beträchtliche Konstanz zeigt, wie die recht hohen Jahresstabilitäten widerspiegeln (vgl. Belsky et al., 1983, 1985). Das bedeutet, dass die Rangfolge der Paare in der Gesamtgruppe durch die Ankunft eines Babys relativ unbeeinflusst bleibt. Tatsächlich hängt der Umfang der Veränderungen in sehr hohem Maße von den Ausgangsbedingungen (auf Person- und Paarebene) ab, zu denen Paare ihren Weg in die Elternschaft beginnen. Dies unterstreichen die Befunde für die Gesamtgruppe der Erstelern, die differentiellen Analysen und zahlreiche andere Studien (vgl. zum Überblick z.B. El-Giamal, 1997).

Prädiktoren. Die Positive Zugewandtheit einerseits und die partnerschaftliche Selbständigkeit andererseits erweisen sich als besonders potente Schutzfaktoren vor den drohenden Einbußen in der Partnerschaftsqualität. Dass die vorgeburtliche Selbständigkeit den weiteren Verlauf der Zugewandtheit maßgeblich mitbestimmt, spricht für das enge Zusammenspiel von Autonomie und Bezogenheit in der Partnerschaftsentwicklung (vgl. Stierlin et al., 1992). Ein gewisses Maß an zugestandener Autonomie scheint für die langfristige Aufrechterhaltung der Verbundenheit unerlässlich zu sein, wie für jedes offene, lebende System, das in Kontakt mit seiner Umwelt steht, der Durchfluss (Flux) an Energie zur Systemaufrechterhaltung nötig ist (z.B. die Luft für das Feuer). Die Zugewandtheit bestimmt ihrerseits nicht nur, wie Eltern künftig ihr Beziehungsklima erleben, sondern auch, wie zufrieden sie mit ihrer Ehe sein werden. Dass die vorgeburtliche Zugewandtheit die spätere Ehezufriedenheit sogar besser vorhersagt als die vorgeburtliche Ehezufriedenheit selbst, unterstreicht die Relevanz des zusammengesetzten Konstrukts. Zusätzlich zeigen sich interessante geschlechtsspezifische Unterschiede im Erleben von Männern und Frauen. Inwieweit Konflikte im fünften Jahr der Elternschaft als dysfunktionaler erlebt werden, hängt bei Frauen auch von der vorgeburtlichen Selbständigkeit, bei Männern auch von der vorgeburtlichen Zugewandtheit ab – intuitiv würde man das Gegenteil unterstellen. Ausgehend von der unterschiedlichen Wertigkeit von Autonomie und Verbundenheit bei Männern und Frauen, kann man annehmen, dass für Männer eher die Selbständigkeit, für Frauen eher die Zugewandtheit der kritische, „sensible" Bereich in der Partnerschaft ist (vgl. Chodorow, 1978). Es drängt sich die Vermutung auf, dass durch die Skala *Konfliktstile* geschlechtstypische Umgangsformen mit diesen sensiblen Bereichen abgebildet werden und Paare vor allem das als unangenehm erlebte Verhalten *des Partners* im Blick haben. Wenn Frauen die Zugewandtheit ihres Partners vermissen, machen sie ihm Vorwürfe (was dieser als besonders dysfunktional erlebt); Wenn Männer sich in der Beziehung zu sehr eingeengt fühlen, werden sie zynisch oder ziehen sich zurück (was ihre Partnerin als dysfunktional empfindet, vgl. Gottman & Levenson, 1988).

Methodische Anmerkung. Was das Timing der Veränderungen betrifft, finden sich in dieser Stichprobe keine zeitlich verzögerten Effekte bei Männern, wenn bei den Analysen die Abhängigkeit der Partner (Geschlecht als Innersubjektfaktor, vgl. z.B. auch Jurgan et al., 1999) berücksichtigt wird, statt die Analysen für Männer und Frauen getrennt durchzuführen. Solche Unterschiede im methodischen Vorgehen können die Inkonsistenz der Befundlage zu dieser Fragestellung erklären. Ohne die Kontrollgruppe der kinderlosen Paare würde auch in der vorliegenden Untersuchung der Eindruck entstehen, dass die Einbußen bereits unmittelbar nach der Geburt des Kindes einsetzen. Doch auch bei den kinderlosen Paaren findet im ersten Untersuchungsjahr ein Rückgang der partnerschaftlichen Zugewandtheit statt, was auf einen Sensibilisierungseffekt hindeutet. Im Vergleich zur Kontrollgruppe zeigen sich die Einbußen der Partnerschaftsqualität bei den Eltern der vorliegenden Untersuchung erst später als in den meisten anderen Untersuchungen. Angesichts des hohen Ausgangsniveaus an Beziehungszufriedenheit in dieser Stichprobe überrascht der Befund allerdings nicht.

8.1.2 Effekte des kindlichen Temperaments

Betrachtet man nur korrelative Beziehungen, so könnte leicht der Eindruck entstehen, dass die oben beschriebenen nachteiligen Veränderungen größtenteils auf temperamentsmäßig schwierige Kinder zurückzuführen sind. Tatsächlich sprechen die Befunde hierarchischer Regressionsanalysen jedoch dafür, dass auch schwierige Kinder in den Augen beider Eltern keine oder allenfalls sehr geringfügige Effekte auf den Verlauf der Partnerschaft haben, wenn die Ressourcen berücksichtigt werden, die den Partnern vor der Geburt des Kindes zur Verfügung stehen, insbesondere individuelle Beziehungskompetenzen und eine glückliche, nicht einengende Partnerschaft. Dies unterstützt die Vermutung Belskys (1984), dass die Effekte schwieriger Temperamentsmerkmale von Kindern durch andere Protektivfaktoren auf Person- und Paarebene im Familiensystem vergleichsweise gut abgepuffert werden können (vgl. auch die Befunde von Belsky, 1991). Umgekehrt lässt sich folgern, dass auch noch so „einfache" Kinder eine unglückliche Ehe nicht retten können.

Bei der Interpretation dieser Ergebnisse ist zweierlei zu berücksichtigen: Einerseits sind die Eltern unserer Stichprobe sicherlich mit überdurchschnittlich vielen Ressourcen ausgestattet, sie verfügen über ein hohes Bildungsniveau und individuelle Beziehungskompetenzen, führen eine glückliche Partnerschaft und ihre finanzielle Lage ist abgesichert. Bei ohnehin schon belasteten Paaren könnten sich durchaus weitere nachteilige Folgen einstellen, wenn sie auch noch mit einem schwierigen Kind zurechtkommen müssen. Andererseits stellen *extrem* schwierige Kinder für Eltern und deren Partnerschaft mit größerer Wahrscheinlichkeit eine Belastung dar. Mit Buss und Plomin (1984) kann man annehmen, dass Kinder mit Temperamentsmerkmalen mittlerer Ausprägung eher durch ihre Umwelt *beeinflusst werden*, während Kinder mit extremeren Merkmalen ihre Umwelt stärker *selbst beeinflussen*. Da die Kinder unserer Stichprobe keine Risikokinder sind oder extreme Auffälligkeiten haben, können die Befunde nicht direkt auf Familien mit Schreibabys (Papoušek & von Hofacker, 1998), behinderten Kindern oder anderen schwerwiegenden Problemen übertragen werden.

Am ehesten zeigt sich in unserer Stichprobe noch der Einfluss bestimmter Einzelmerkmale. Beispielsweise tragen Babys, die sich nur schwer beruhigen lassen, zu den Einbrüchen in der von den Vätern wahrgenommenen Selbständigkeit bei – vielleicht, weil sie sich unter diesen Umständen verpflichtet fühlen, der Partnerin stärker und zu vereinbarten Zeiten beizustehen. Wenn Kinder häufig krank sind, werden Mütter unzufriedener mit ihrer Partnerschaft, während Väter einen Anstieg dysfunktionaler Konflikte erleben. Kränkelnde Babys brauchen sicherlich mehr Betreuung (v.a. auch nachts). Vermutlich fordern Frauen deshalb vermehrt die Mithilfe ihres Partners ein und reagieren enttäuscht, wenn diese ausbleibt (vgl. Reichle, 1994). Männer erleben solche Forderungen möglicherweise als Nörgelei und Kritik (vgl. Gottman, 1994).

Obwohl Frauen in der Regel diejenigen sind, die mehr mit dem Kind zu tun haben, scheinen eher Männer unter „schwierigen" Merkmalen des Kindes zu leiden (vgl. die Befunde von Reichle, 1994; Wilkie & Ames, 1986). Während sich in der Lebensgestaltung von Frauen durch die Geburt des ersten Kindes einschneidende Veränderungen ergeben (die zum Teil dem Partner angelastet werden), unabhängig davon, wie einfach oder kompliziert das Kind ist (vgl. Abschnitt 4.1.2), macht die Schwierigkeit des Kindes für Männer, deren Lebensumstände sehr viel konstanter bleiben, eher einen Unterschied.

8.1.3 Effekte des kindlichen Geschlechts

Was das Geschlecht des Kindes betrifft, so scheinen eher Söhne als Töchter ein Risiko für die Entwicklung der elterlichen Paarbeziehung darzustellen (vgl. Werneck, 1998). Allerdings gilt dies nicht für die Bereiche Selbständigkeit oder Zugewandtheit, sondern nur für Konflikte der Partner und die Elternallianz. Eltern von Söhnen sind sich uneiniger in Erziehungsfragen und fühlen sich in ihren Erziehungsbemühungen eher vom Partner hängengelassen. Wenn das Kind ein Sohn ist, erleben Mütter eine Zunahme an dysfunktionalen Konflikten, während sich Väter mehr und mehr aus der Mutter-Kind-Beziehung ausgeschlossen fühlen.

Temperamentsmerkmale der Kinder können für diese Effekte nicht verantwortlich gemacht werden. Die Jungen und Mädchen unserer Stichprobe werden von ihren Eltern hinsichtlich ihrer „Schwierigkeit" nicht unterschiedlich erlebt; auch in den verschiedenen Entwicklungsverlaufsgruppen sind Jungen und Mädchen gleich häufig vertreten. Temperamentseffekte werden nicht durch das Geschlecht des Kindes moderiert. Das bedeutet, dass Jungen nicht deshalb zu Konflikten der Eltern beitragen, weil sie „schwieriger" als Mädchen sind. Welche anderen Erklärungen sind aufgrund der vorliegenden Befunde denkbar?

➢ Mädchen (als „zarte Wesen") veranlassen ihre Eltern eher, sich bei *Konflikten* „im Zaum zu halten" (vgl. die Annahme von Emery, 1982, dass Eltern Mädchen eher vor Konflikten abschirmen).

➢ Väter sind vor allem eifersüchtig auf die enge Mutter-Sohn-Beziehung und fühlen sich deshalb auch eher ausgeschlossen (*Koalitionsbildung*).

➢ Väter sind in der Regel eher in die Erziehung ihrer Söhne involviert (vgl. und Levy-Shiff, 1994). Dadurch eröffnet sich gleichzeitig ein größeres Feld für potentielle *Erziehungskonflikte* als bei Töchtern.

➢ Andererseits könnte es auch sein, dass Mütter von Söhnen eher von ihrem Partner erwarten, sich bei der Pflege und Erziehung zu engagieren. Bleibt dieses Engagement aus, fühlen sie sich hängengelassen (*Mangelnde Unterstützung*) und reagieren enttäuscht. *Konflikte* können die Folge sein.

Welche dieser Erklärungen am ehesten zutrifft, oder ob sie sich gegenseitig ergänzen, kann anhand der vorliegenden Daten letztlich nicht beantwortet werden. Hier wäre es hilfreich, geschlechtsspezifische Annahmen und Erwartungen der Eltern explizit zu erfragen.

8.1.4 Wechselwirkungsprozesse zwischen Paaren und Kindern

In den ersten Jahren der Elternschaft erleben die Paare unserer Stichprobe empfindliche Einbußen ihrer Partnerschaftsqualität. Diese hängen aber in der Regel von den Ressourcen auf Person- und Paarebene ab, die den Paaren vor der Geburt des Kindes zur Verfügung stehen (beispielsweise Beziehungskompetenzen, partnerschaftliche Zugewandtheit bzw. Selbständigkeit) und sind von konkreten Merkmalen des Kindes (Temperament, Geschlecht) relativ unabhängig. Dies zeigen nicht nur hierarchische Regressionsanalysen (für die Gesamtgruppe sowie für die differentiellen Verlaufsgruppen), sondern auch Pfadmodelle, in denen mögliche Wechselwirkungsprozesse zwischen Paaren und Kindern längsschnittlich abgebildet wurden. Das Ausgangsniveau der Partnerschaftsqualität ist diesen Analysen zufolge ausschlaggebend für die weiteren Veränderungen der Partnerschaft (erkennbar an den hohen Autoregressionen), während Einflüsse des Kindes (Kreuzregressionen Kind→Paar) nahezu ausnahmslos insignifikant sind. Auf Seiten des Kindes besteht mehr Veränderungsspielraum (niedrigere Autoregressionen) als auf Paarebene. Auf solche Veränderungen des Kindes nimmt die Partnerschaftsqualität der Eltern maßgeblichen Einfluss (hohe Kreuzregressionen Paar→Kind). Es ist also sehr viel wahrscheinlicher, dass Kinder schwierig werden, wenn die Partner Probleme haben, als dass Paare Probleme bekommen, wenn Kinder schwierig sind (vgl. O'Leary & Emery, 1984).

8.2 Zur Bedeutsamkeit verschiedener Partnerschaftsmerkmale für Kinder

Wenn man sich fragt, welche Merkmale der Partnerschaft für die Entwicklung von Kindern besonders wichtig sind, so sind nachteilige Folgen interparentaler Konflikte in der Forschung mittlerweile differenziert herausgearbeitet worden. Elterliche Auseinandersetzungen scheinen für Kinder sogar ausschlaggebender zu sein als die globale Ehe(un)zufriedenheit der Partner (vgl. Abschnitt 2.2.1 und 3.2). Wie in Abschnitt 5.1 (These 1) ausgeführt, ist dagegen noch kaum erforscht, welche Rolle positive Partnerschaftsmerkmale für die gelungene Entwicklung von Kindern spielen. Um dieser Fragestellung nachzugehen, wurde in der vorliegenden Arbeit vor allem auf zwei Aspekte fokussiert: das emotionale Beziehungsklima der Partnerschaft *(Positive Zugewandtheit)* und das Ausmaß zugestandener Autonomie *(Selbständigkeit)*. Dabei sollte vor allem auch geklärt werden, welche *relative* Bedeutung den verschiedenen Aspekten der Partnerschaftsqualität zukommt.

8.2.1 Das emotionale Partnerschaftsklima

Obwohl elterlichen Konflikten für gewöhnlich besonders nachteilige Auswirkungen auf Kinder bescheinigt werden, erweist sich in den vorliegenden Analysen (zur Gesamtgruppe und den differentiellen Entwicklungsgruppen) die Positive Zugewandtheit der Partner als sehr viel potenterer Prädiktor der kindlichen Entwicklung als dysfunktionale Konfliktstile oder die globale Ehezufriedenheit. Die längsschnittlichen Pfadmodelle dokumentieren, dass dabei nicht Veränderungen (im Gegensatz zu Weindrich et al., 1992), sondern „chronische" Bedingungen ausschlaggebend sind. Das Ausmaß partnerschaftlicher Zugewandtheit vor der Geburt des Kindes bestimmt aus Sicht beider Eltern nicht nur, wie einfach oder schwierig die Kinder im dritten Lebensmonat wahrgenommen werden, sondern auch, wie die Kinder sich im Laufe der Jahre weiterentwickeln. Dies gilt unabhängig von möglichen Hintergrundvariablen, die für die Zusammenhänge verantwortlich sein könnten (wie individuelle Beziehungskompetenzen oder die subjektive Befindlichkeit). Aus Perspektive der Mütter reicht der Einfluss sogar bis ins fünfte Lebensjahr des Kindes.

Bei Berücksichtigung differentieller Entwicklungspfade ist das Ausmaß der Zusammenhänge noch sehr viel größer. Aus Sicht beider Eltern stimmen die Verläufe partnerschaftlicher Zugewandtheit und kindlicher Emotionalität mit 68prozentiger Wahrscheinlichkeit überein. Obwohl zu erwarten ist, dass sich engere Verbindungen ergeben, wenn nicht nur auf Mittelwertsebene ausgewertet wird, muss doch einschränkend erwähnt werden, dass in diesen Analysen nur die Familien berücksichtigt werden konnten, für die in den ersten drei Jahren vollständige Daten vorlagen, während in den Pfadmodellen auch bei fehlenden Daten durch FIML-Schätzungen alle vorliegenden Informationen ausgeschöpft werden konnten. Die Ausfallanalyse erbrachte zwar keine Unterschiede in den erfassten Person- und Paarmerkmalen, doch die korrelativen Bezüge sind in der verbleibenden Stichprobe enger. Es mag sein, dass hier die größere Gewissenhaftigkeit der Teilnehmer, die zuverlässig an jeder Erhebungswelle partizipiert haben, zum Tragen kommt (möglicherweise sind sie auch bei der Beantwortung sorgfältiger vorgegangen). Selbst wenn die Zusammenhänge insgesamt etwas überschätzt werden sollten, bleibt doch die Positive Zugewandtheit für die kindliche Entwicklung ausschlaggebender als die Ehezufriedenheit oder dysfunktionale Konflikte.

Warum sollte das Partnerschaftsklima wichtiger sein als die Ehezufriedenheit, obwohl die beiden Konzepte doch verwandt sind? – Zum einen können sich hinter der augenscheinlichen Zufriedenheit oder Unzufriedenheit mit der Beziehung ganz unterschiedliche Facetten verbergen (vgl. das Konzept der Arbeitszufriedenheit, Bruggemann et al., 1975), die jeweils andere Konsequenzen für Kinder nach sich ziehen. Beispielsweise kommen relativ hohe Zufriedenheitswerte auch dann zustande, wenn die ursprünglichen Erwartungen an die Beziehung aufgrund vielfacher Enttäuschungen aufgegeben wurden (resignative Zufriedenheit). Für Kinder dürfte dieser Unterschied jedoch durchaus spürbar sein. Andererseits wird die Positive Zugewandtheit konkreter und verhaltensnäher erfasst. Eine Stärke des Konstrukts kann vor allem darin gesehen werden, dass unterschiedliche Bereiche abgedeckt werden. So fließt nicht nur die emotionale und kognitive Bewertung der Partnerschaft ein, sondern auch das Ausmaß aktiver Beziehungspflege einschließlich der sexuellen Beziehung der Partner.

Dass das in der Partnerschaft vorherrschende Klima einen größeren Einfluss hat als Konflikte, die nur punktuell stattfinden, erscheint plausibel, da Kinder abwertende Blicke oder verächtliche Gesten zwischen den Eltern bemerken, auch ohne dass Meinungsverschiedenheiten verbal ausgetragen werden (Cummings, Ballard & El Sheikh, 1991; Cummings, Vogel et al., 1989). Wenn es Paaren gelingt, heftige Auseinandersetzungen durch ein hohes Maß an liebevoller Zuwendung, Wärme und Leidenschaft auszugleichen (vgl. Gottman, 1994), macht das die nachteiligen Folgen der Konflikte wahrscheinlich nicht nur für sie selbst, sondern auch für Kinder wieder wett (vgl. auch Cummings & Davies, 1994).

Insgesamt kommt der partnerschaftlichen Zugewandtheit gerade aus Sicht der Mütter eine überragende Bedeutung für die kindliche Entwicklung zu. Allerdings zeigen die differentiellen Analysen, dass ein positives Partnerschaftsklima allein noch keine hinreichende Bedingung dafür ist, dass sich Kinder auch langfristig positiv entwickeln; es müssen noch andere Faktoren hinzukommen. Auf Partnerschaftsebene ist dies in erster Linie die Selbständigkeit.

8.2.2 Die partnerschaftliche Selbständigkeit

Die Bedeutsamkeit der partnerschaftlichen Selbständigkeit für die kindliche Entwicklung zeigt sich aus Sicht der Väter sehr früh. Gemeinsam mit der Positiven Zugewandtheit nimmt sie bereits Einfluss auf die Stimmungslage des dreimonatigen Babys. Zusätzlich wirken sich die Einbußen an Selbständigkeit im ersten Jahr der Elternschaft nachteilig auf die Entwicklung der Kinder aus. Aus Sicht der Mütter spielt das Ausgangsniveau an Selbständigkeit erst langfristig eine Rolle. Die differentiellen Analysen geben Aufschluss darüber, dass Kinder trotz eines positiven Partnerschaftsklimas (Stenwerte bei 8) bis zu ihrem dritten Lebensjahr immer schwieriger werden, wenn in der Partnerschaft bereits vor der Geburt des Kindes wenig Freiraum vorhanden war (Stenwerte < 5).

Warum ist die partnerschaftliche Selbständigkeit für die Entwicklung von Kindern relevant? In Anlehnung an das Konzept der Meta-Emotion (Gottman et al., 1997) könnte man an etwas wie *„Meta-Autonomie"* als wirksame Hintergrundvariable denken. Autonomie ist nicht nur für die individuelle Entwicklung und den Verlauf der Partnerschaft unerlässlich, sondern muss auch den Kindern eingeräumt und vermittelt werden. Es ist naheliegend, dass der Umgang mit Autonomie in unterschiedlichen Systemzusammenhängen eine gemeinsame Grundlage aufweist, daher die Begriffsbildung „Meta"-Autonomie. Diese bestimmt, wie man mit Autonomie umgeht und inwieweit man sich und anderen (sei es dem Partner oder den Kindern) Freiräume und Entwicklungsmöglichkeiten gewährt. In welcher Weise hilft dieses Konzept, die ermittelten Zusammenhangsmuster zu verstehen?

Bei der Erziehung ihrer Kinder haben Eltern zwei scheinbar gegensätzliche Aufgaben zu bewerkstelligen. Sie müssen ihren Kindern zunächst „Wurzeln", später dann „Flügel" geben (also auch die Autonomie und Individuation der Kinder fördern, vgl. z.B. Baumrind, 1967). In Einklang mit dieser Abfolge an Entwicklungs- (und Erziehungs-)aufgaben gewinnt die Selbständigkeit bei den Müttern genau dann an Relevanz, wenn die Kinder mit Eintritt in den Kindergarten den ersten selbständigen außerfamiliären Lebensbezug bewältigen müssen.

Dass sich die Bezüge bei Männern schon früher ergeben, könnte wiederum mit der geschlechtsspezifisch unterschiedlichen Wertschätzung von Autonomie und Bezogenheit bei Männern und Frauen zu tun haben (s.o.). Während Frauen leichter die Intimität in Gefahr sehen, fürchten Männer eher um ihre Autonomie. Tatsächlich zeigt sich in den vorliegenden Daten, dass Männer bereits durch die Partnerschaft und zusätzlich durch die Elternschaft Einschränkungen ihrer Autonomie erleben (vgl. Abbildung 6.1.2), die darüber hinaus durch schwer beruhigbare Kinder weiter gefährdet wird. Ist jedoch in den Augen der Väter die Wahrung von Selbständigkeit und Autonomie gesichert, ermöglicht ihnen dies eine offene Haltung gegenüber dem Kind, die einem positiven Entwicklungsverlauf förderlich ist.

Interessanterweise sehen sich die Männer unserer Stichprobe nicht in der Lage, durch eigene Beziehungskompetenzen zur partnerschaftlichen Selbständigkeit beizutragen. Ob sich Männer in ihrer Beziehung frei und autonom fühlen, hängt vielmehr von der Beziehungspersönlichkeit der Partnerin ab. Vermutlich gehört es zu den Beziehungsfertigkeiten von Frauen, ihren Männern zu vermitteln, dass Selbständigkeit und Autonomie in der Partnerschaft gewahrt werden. Ausprägungen der von Männern erlebten Selbständigkeit spiegeln also das Ausmaß wider, in dem die Partnerin ihnen Autonomie zugesteht. Diese Fähigkeit der Frauen kann dementsprechend als „Common-factor" betrachtet werden. Denn Frauen, die ihrem Partner Freiräume lassen, neigen auch ihrem Kind gegenüber weniger zu einer einengenden Haltung (was in den negativen Korrelationen zur Überfürsorge deutlich wird). Und Männer, die sich durch die Partnerin nicht in ihrer persönlichen Freiheit eingeschränkt fühlen, sehen sie gleichzeitig als kompetente Mutter (was die Effekte der Selbständigkeit auf die kindliche Entwicklung vermittelt).

Es drängt sich noch eine weitere Erklärung dafür auf, warum die partnerschaftliche Selbständigkeit aus Sicht der Väter früher eine Rolle spielt als bei Müttern. Wie in vielen anderen Untersuchungen sind auch in der vorliegenden Studie die Zusammenhänge zwischen Partnerschaftsqualität (hier positiver Zugewandtheit) und kindlicher Entwicklung geringer, wenn Auskünfte der Väter herangezogen werden. Häufig wird zur Erklärung angeführt, dass Väter nicht die beste Datenquelle dafür sind, was in der Ehe passiert (Buehler et al., 1997). Aufgrund der oben ausgeführten Annahmen scheint eine Differenzierung angebracht. Möglicherweise können Mütter besser über die Zugewandtheit, Väter besser über die Selbständigkeit in der Partnerschaft Auskunft geben (was die Zusammenhänge erhöht).

In ihrer Gesamtheit unterstreichen die Befunde eindrücklich, dass der partnerschaftlichen Autonomie ein sehr viel stärkeres Gewicht beizumessen ist, als in der Forschung bislang deutlich wurde. Autonomie und Bezogenheit müssen zusammenspielen (vgl. Stierlin et al., 1992), damit sich Paare *und* Kinder optimal entwickeln können.

8.3 Das Zusammenspiel von Ressourcen und Risiken

Ein zentrales Anliegen dieser Arbeit war die Beantwortung der Frage, wie die Auswirkungen der Partnerschaftsqualität auf die kindliche Entwicklung erklärt werden können. Sind die Effekte direkt oder indirekt, vermittelt über Spillover- oder Kompensationsprozesse, liegt ein Artefakt gemeinsamer Hintergrundvariablen vor oder können kumulative Modelle das Geschehen am besten erklären? Während im vorangegangenen Abschnitt bereits Vermutungen darüber angestellt wurden, warum die partnerschaftliche Selbständigkeit für Kinder bedeutsam sein könnte, soll es in den folgenden Abschnitten um die Wirkungsweise des partnerschaftlichen Beziehungsklimas (abgebildet in der Positiven Zugewandtheit der Partner) gehen.

8.3.1 Spillover- und Kompensationsprozesse

Die Frage, ob bei Eltern mit Partnerschaftsproblemen auch die Erziehung leidet („Spillover") oder ob Eltern versuchen, in der Partnerschaft erlebte Enttäuschungen und negative Erfahrungen in der Beziehung zum Kind zu kompensieren, scheint durch die Meta-Analysen von Erel und Burman (1995) bzw. Krishnakumar und Buehler (2000) bereits zugunsten der Konsistenzannahme beantwortet. Im Widerspruch dazu lassen sich bei den Eltern der vorliegenden Untersuchung jedoch nicht nur Spillover-, sondern auch Kompensationsprozesse nachweisen. Die folgende Tabelle gibt separat für Mütter und Väter einen Überblick über die ermittelten Spillover- und Kompensationsprozesse in Abhängigkeit vom Ausgangsniveau bzw. Veränderungen der Partnerschaftsqualität. Ressourcen auf Paarebene, die vor der Geburt des Kindes vorhanden sind, kommen der elterlichen Erziehungsqualität zugute (Spillover im positiven Sinne). Wie Belsky (1984) in seinem Prozessmodell des elterlichen Erziehungsverhaltens postuliert hat, gibt eine glückliche Partnerschaft den Eltern Kraft für eine förderliche Erziehung. Dies gilt für Mütter und Väter gleichermaßen. Hintergrundvariablen wie individuelle Beziehungskompetenzen oder das subjektive Wohlbefinden dürfen für die Zusammenhänge nicht verantwortlich gemacht werden.

Tabelle 8.3.1. Überblick über ermittelte Spillover- und Kompensationsprozesse

	Väter	Mütter
Hohe Zugewandtheit	→ Positiver Spillover	Positiver Spillover
Fehlende Zugewandtheit	↗ Negativer Spillover ↘ „Eigennützige" Kompensation	Negativer Spillover „Eigennützige" Kompensation
Einbußen	→ Negativer Spillover	„Uneigennützige" Kompensation
Zugewinn	→ Keine Effekte	Positiver Spillover

Spillover bei Müttern. Aus Sicht der Mütter wirkt sich die partnerschaftliche Zugewandtheit direkt *und* vermittelt über die Erziehungskompetenz günstig auf die kindliche Entwicklung aus. Kinder spüren also auch jenseits des konkreten Erziehungsverhaltens die zuhause vorherrschende Atmosphäre, das Beziehungsklima zwischen den Eltern – vermutlich sogar ohne dass beide Partner anwesend sind. Dass Kinder aus der emotionalen Atmosphäre Schlüsse auf die Konfliktbelastung der elterlichen Paarbeziehung ziehen, legen auch die Befunde der Arbeitsgruppe um Mark Cummings nahe. Denn Kinder reagieren bei nonverbalem Ärgerausdruck nicht nur ebenso belastet wie bei verbalen Streitigkeiten (Cummings, Ballard & El Sheikh, 1991; Cummings, Vogel et al., 1989), sondern folgern auch, dass sich Erwachsene nach ungelösten Auseinandersetzungen „hinter verschlossenen Türen" wieder versöhnt haben, wenn sie mit veränderter Emotionalität zurückkehren (Cummings et al., 1993; Davies et al., 1996).

Spillover bei Vätern. Aus Sicht der Väter dagegen ist die Verbindung zwischen partnerschaftlicher Zugewandtheit und kindlicher Entwicklung weniger eng (in Übereinstimmung mit den meta-analytischen Befunden von Buehler et al., 1997). So überrascht es nicht, dass die Effekte vollständig verschwinden, wenn die Erziehungskompetenz als vermittelnde Variable einbezogen wird. Da die Väter ihren erzieherischen Einfluss auf die Kinder in der ersten Zeit jedoch als geringer erachten als den ihrer Partnerin, ergeben sich nur dann vollständige Mediatormodelle, wenn nicht die eigene, sondern die Erziehungskompetenz der Partnerin (Partnerkompetenz) als vermittelnde Variable fungiert. Aus Sicht beider Eltern erleichtert eine glückliche Partnerschaft also den kompetenten Umgang mit dem Kind – und beide Eltern stimmen darin überein, dass es in der ersten Zeit die Erziehungskompetenz der Mutter ist, die für eine günstige Entwicklung des Kindes maßgeblich ist.

„Eigennützige" Kompensation. Vermissen Paare dagegen die Zuwendung des Partners, so beeinträchtigt das die elterliche Kompetenz (Spillover im negativen Sinne) und mündet außerdem in eine überfürsorgliche Haltung dem Kind gegenüber. Auch dies gilt für beide Eltern gleichermaßen – im Gegensatz zu Befunden anderer Studien, die bei Vätern stärkere Spilloverprozesse belegen (vgl. Abschnitt 3.2.3) bzw. Kompensationsprozesse nur bei Müttern untersuchen (z.B. Engfer, 1988; Walper, 1998). Die Ergebnisse der vorliegenden Studie unterstützen die Vermutung, dass solche Kompensationsversuche einem optimalen Erziehungsverhalten nicht gerade zuträglich sind. Bereits bei Engfer (1988) hatte sich gezeigt, dass Mütter, die ihr Kind als Quelle von Trost und Sinnerfüllung ansehen und überängstlich um sein Wohl besorgt sind, sich in der Interaktion nicht besonders feinfühlig und responsiv verhalten. Wenn Kinder spüren, dass die Mutter sie in eine Koalition gegen den Vater einzubinden versucht, erleben sie dies keineswegs als unterstützend und einfühlsam (Walper, 1998). Vermutlich übersehen die Mütter aus eigenen Ängsten und Nähebedürfnissen heraus die Bedürfnisse des Kindes. Gerade der Wunsch nach Kompensation vereitelt also eine auf die Bedürfnisse des Kindes abgestimmte Erziehung und erzeugt auf diese Weise Spilloverprozesse. Die in dieser Arbeit überprüften Pfadmodelle belegen, dass die Beeinträchtigung der Elternkompetenz tatsächlich der umfassendere Prozess ist, der sich dann auch nachteilig auf die kindliche Entwicklung auswirkt.

„Uneigennützige" Kompensation. Bei den Müttern der vorliegenden Stichprobe finden sich darüber hinaus auch Hinweise für „uneigennützige" Kompensationsprozesse. Die meisten Paare erleben bis zum dritten Jahr der Elternschaft (im Vergleich zu kinderlosen Paaren) eine signifikante Verschlechterung ihrer Beziehung. Diese Einbußen an Zugewandtheit übertragen sich jedoch nur bei Vätern, nicht bei Müttern negativ auf die Kinder (vgl. Abbildung 6.2.5). Während das Nachlassen der partnerschaftlichen Zugewandtheit zu Einbrüchen der väterlichen Erziehungskompetenz führt (Spillover im negativen Sinne), gelingt es Müttern eher, ihre Kinder abzuschirmen – ihr Erziehungsverhalten wird nicht beeinträchtigt, wie die Pfadmodelle im Fünfjahreslängsschnitt belegen. Auch bei den Einschränkungen der partnerschaftlichen Selbständigkeit im ersten Jahr der Elternschaft hatten sich vergleichbare Befunde ergeben (s.o.). Mütter scheinen also eher in der Lage zu sein als Väter, negative Spilloverprozesse zu verhindern, was als „uneigennützige" Kompensation betrachtet werden kann.

Positiver Spillover. Wenn Paare ihre Beziehung bis zum fünften Jahr der Elternschaft wieder verbessern können (ohne dass das vorgeburtliche Ausgangsniveau erreicht wird), so profitieren auch die Kinder davon. Die neu gewonnene Kraft aus der Partnerschaftsbeziehung scheinen allerdings nur Mütter, nicht aber Väter in ihre Kinder zu investieren, denn bei den Vätern zeigen sich solche positiven Spilloverprozesse nicht (vgl. Abbildung 6.2.5).

Kompensation vs. Spillover. Insgesamt gesehen erscheinen Spilloverprozesse den vorliegenden Analysen zufolge umfassender zu sein als Kompensationsprozesse. Kompensation im „eigennützigen" Sinne (z.B. in Form von Überfürsorge und übertriebener Hinwendung zum Kind) kann als eine Unterform negativen Spillovers betrachtet werden, da eher ungünstiges Erziehungsverhalten resultiert. „Uneigennützige" Kompensation kann am besten als Unterdrückung oder Verhinderung negativen Spillovers verstanden werden. Die zum Teil widersprüchlichen Befunde der in Kapitel 3 referierten Studien lassen sich durch diese Annahmen integrieren. In Einklang mit den Ergebnissen der oben zitierten Meta-Analysen gibt es allerdings auch in der vorliegenden Arbeit keine Anhaltspunkte dafür, dass zunehmende Partnerschaftsprobleme in ein besonders *günstiges* Erziehungsverhalten münden. Die Befunde von Belsky, Youngblade et al. (1991) bzw. Brody et al. (1986), die in dieser Richtung interpretierbar wären, erscheinen als Ausnahmen und können zudem nicht ausschließen, dass die starke Konzentration der Mutter auf ihr Kind die Erosion der Partnerschaft erst in Gang gesetzt hat.

Hintergrundvariablen auf Individualebene. Interpersonale Kompetenzen und subjektives Wohlbefinden beeinflussen zwar die Wahrnehmung und Gestaltung von Ehe *und* Erziehung (womit die Bezeichnung „common-factor" gerechtfertigt erscheint). Dennoch bleibt die Partnerschaftsqualität aus Sicht beider Eltern ein wichtiger Einflussfaktor – unabhängig von einer möglicherweise einseitig verzerrten Wahrnehmung, die

die Welt (die eigene Person, Partner und Kinder) in rosigen oder dunklen Farben erscheinen lässt. Dies ist gerade angesichts der Tatsache, dass die Zusammenhangsmuster großteils auf einer einzigen Datenquelle (Mutter oder Vater) beruhen, von großer Bedeutung. Hinsichtlich der Relevanz sozialer Fertigkeiten ergeben sich interessante Unterschiede zwischen Vätern und Müttern. Bei den Vätern werden allgemeine Beziehungskompetenzen im Laufe der Jahre immer wichtiger, da sie (und nicht die partnerschaftliche Zugewandtheit) darüber bestimmen, ob die Väter in ihrer Elternrolle dazulernen. Mütter dagegen schöpfen für ihre Erziehungsaufgabe eher Kraft aus der Partnerschaft.

8.3.2 Erklärungsansätze für die Unterschiede zwischen Müttern und Vätern

Wie kann man die im letzten Abschnitt resümierten Unterschiede zwischen Müttern und Vätern erklären? Die Zusammenhänge zwischen Partnerschaftsklima und kindlicher Entwicklung sind aus Perspektive der Mütter sehr viel deutlicher. Dieser Befund zeigt sich auch in einer Vielzahl anderer Studien, selbst wenn zur Einschätzung des kindlichen Verhaltens unabhängige Datenquellen (z.B. Lehrerberichte) herangezogen werden (Buehler et al., 1997). Dass zur Erklärung häufig angeführt wird, Väter seien nicht die beste Datenquelle für das, was in der Ehe vor sich geht, wurde bereits weiter oben erwähnt. Darüber hinaus ist es ebenfalls denkbar, dass Väter nicht die beste Datenquelle für die Verhaltensweisen der Kinder darstellen. Immerhin verbringen Mütter weitaus mehr Zeit mit ihren Kindern als Väter und sind möglicherweise von daher zu differenzierteren und valideren Einschätzungen in der Lage (vgl. Asendorpf & Banse, 2000). Im Laufe der Jahre (mit zunehmender Erfahrung) nähern sich die Eltern der vorliegenden Stichprobe in der Beurteilung der kindlichen Temperamentsmerkmale zwar immer mehr an, doch im dritten Lebensmonat des Kindes ist die Übereinstimmung noch sehr gering und hinsichtlich einiger Verhaltensbereiche (beispielsweise des Aktivitätsniveaus) nicht einmal signifikant. Am ähnlichsten beurteilen Eltern zu diesem frühen Zeitpunkt noch die kindliche Stimmungslage, die im Unterschied zu vielen anderen Merkmalen kein distinkt auftretendes bzw. nicht auftretendes Ereignis und deshalb leichter zu beobachten ist. Und gerade für dieses Merkmal ergeben sich bei den Vätern die höchsten Zusammenhänge zum Partnerschaftsklima. Zudem dürften aufgrund des zeitlich sehr viel intensiveren Kontakts von Müttern zu ihren Kindern mütterliche Wahrnehmungsprozesse (beispielsweise des Partnerschaftsklimas) für Kinder ausschlaggebender sein als die des Vaters. Auch der geringere Einfluss der väterlichen Erziehungskompetenz lässt sich dadurch erklären.

Positiver vs. negativer Spillover. Insgesamt entsteht der Eindruck, dass sich bei Müttern *positive* Aspekte der Partnerschaft stärker auf die Kinder übertragen, bei Vätern *negative* (vgl. Belsky, 1991; Belsky, Youngblade et al., 1991; Kitzmann, 2000). Dies gilt nicht nur für die Einbußen bzw. den Zugewinn an partnerschaftlicher Zugewandtheit im Laufe der fünf Jahre, sondern auch für das insgesamt überdurchschnittlich hohe vorgeburtliche Ausgangsniveau, das nur aus Sicht der Mütter auch in direkter Beziehung zur kindlichen Entwicklung steht. Warum Väter anfälliger für negative Spilloverprozesse sein sollten, wurde zum Teil bereits in Abschnitt 3.2.3 diskutiert. Dass bei Müttern eher ein Spillover positiver Bedingungen stattfindet, könnte mit der stärkeren Familien- oder Kindorientierung von Frauen zu tun haben (vgl. Belsky, 1981; Belsky, Youngblade et al., 1991; Gable et al., 1992). Für diese Erklärung können zum einen sozialisationsspezifische Annahmen herangezogen werden (Frauen werden eher auf pflegerische, fürsorgende Aufgaben vorbereitet), zum anderen drängen sich auch soziobiologische bzw. evolutionspsychologische Argumente auf (vgl. Asendorpf & Banse, 2000). Diese verweisen darauf, dass die Minimalinvestition für die Weitergabe der Gene bei Frauen sehr viel größer ist als bei Männern. Weil Frauen grundsätzlich weniger Chancen haben, ihr Genom zu reproduzieren, lohnt es sich für sie, auch weiterhin mehr in die Aufzucht und Pflege ihres Kindes zu investieren. Wenn man zudem von der höheren Wertschätzung von Verbundenheit und Intimität bei Frauen ausgeht (s.o.), ließe sich außerdem spekulieren, dass der Spill-over positiver Partnerschaftsbedingungen bei Frauen auch deshalb größer ist, weil eine hohe partnerschaftliche Zugewandtheit für sie eine größere Bereicherung darstellt als für Männer. So gesehen gewinnen sie aus der Partnerschaft mehr Kraft, die ihnen dann für die Beziehung zu ihrem Kind zur Verfügung steht.

8.3.3 Vermittelnde vs. kumulative Modelle

Die pfadanalytischen Ergebnisse dieser Arbeit weisen darauf hin, dass sich die Bedeutsamkeit der Ehebeziehung für die kindliche Entwicklung weder vollständig durch die Stärkung bzw. Beeinträchtigung der elterlichen Erziehungskompetenz erklären lässt (Mediatorhypothese), noch ein Artefakt von Hintergrundvariablen auf Individual-Ebene vorliegt (Common-factor-Hypothese).

Auch wenn sich im Einklang mit systemischen Annahmen eine hohe Interdependenz zwischen diesen verschiedenen Systemebenen zeigt und sich ein Großteil der Forschung hauptsächlich mit vermittelnden Prozessen befasst (vgl. Abschnitt 5.1, These 7), wird durch die Betrachtung differentieller Entwicklungspfade von Kindern klar, dass *kumulative* Modelle der Wirklichkeit wohl am ehesten gerecht werden. Belsky (1991) konnte nachweisen, dass die kindliche Bindungssicherheit beim Zusammentreffen mehrerer Belastungen (z.B. geringe emotionale Stabilität der Mutter, die Verschlechterung der Ehebeziehung) besonders bedroht ist (vgl. Belsky & Isabella, 1988). Die vorliegenden Befunde gehen durch den Fokus auf das Zusammenspiel unterschiedlicher Protektivfaktoren über diese Ergebnisse hinaus. In den multiplen logistischen Regressionsanalysen wird nicht nur deutlich, dass Risiken in mehreren Bereichen zu einer besonderen Gefährdung der Kinder führen, sondern auch, dass Stärken auf Persönlichkeits-, Paar- und Elternebene zusammenkommen müssen, damit sich Kinder langfristig positiv entwickeln können. Das Fehlen von Risiken bzw. das Ausbleiben von Negativität (beispielsweise die Abwesenheit dysfunktionaler Konfliktmuster) ist kein Garant für eine positive Entwicklung.

Als besonders aufschlussreich hat sich in diesem Zusammenhang die Kontrastierung von Kindern erwiesen, die mit einem guten Start ins Leben beginnen (was mit den allgemeinen Beziehungskompetenzen der Eltern sowie der partnerschaftlichen Zugewandtheit vor der Geburt des Kindes zu tun hat) und sich im Laufe der ersten Lebensjahre entweder ebenso positiv weiterentwickeln oder aber zunehmend schwieriger werden. Es zeigt sich, dass ein positives Partnerschaftsklima allein nicht ausreicht, um eine optimale Entwicklung der Kinder zu gewährleisten. Vielmehr muss sich auf Partnerschaftsebene zur Verbundenheit auch zugestandene Autonomie (vgl. die Ausführungen in Abschnitt 8.2.2), auf Elternebene noch die Elternkompetenz dazugesellen. Obwohl eine glückliche Partnerschaft dem elterlichen Erziehungsverhalten zugute kommt (wie die ermittelten Spilloverprozesse belegen), ist dieser positive Spillover nicht bei allen Eltern gleich stark ausgeprägt – es gibt Eltern, die trotz einer guten Partnerschaft mit ihren Kindern weniger kompetent umgehen können als andere. Aus diesen Befunden lassen sich wichtige Schlussfolgerungen für die praktische Arbeit mit Paaren und Familien ableiten, die im nächsten Abschnitt näher erläutert werden.

8.4 Implikationen für die Praxis

Der Fokus dieser Arbeit lag auf der Analyse der Ausgangsbedingungen, unter denen Paare ihren Weg in die Elternschaft beginnen. Durch die Kombination von variablen- und personorientierter Vorgehensweise konnte eine Reihe von Faktoren ermittelt werden, die sowohl für den Erhalt der Partnerschaftsqualität (die durch die Geburt des ersten Kindes gefährdet wird), als auch für die optimale Entwicklung der Kinder von großer Bedeutung sind. Die Entwicklung der Kinder bis zu ihrem fünften Lebensjahr ließ sich sogar mit 80 bis 90prozentiger Genauigkeit nur „aus einer Handvoll" Variablen vorhersagen, die im Rahmen eines Screenings eingesetzt werden könnten, um differentielle Ansatzpunkte für präventive Maßnahmen abzuleiten. Im folgenden werden hierzu einige Vorschläge skizziert.

(1) Paare mit geringer Zugewandtheit. Es gibt mittlerweile eine Reihe sehr wirkungsvoller Programme, die Paaren ein Kommunikations- und Konfliktlösetraining anbieten (vgl. z.B. EPL, Thurmaier, Engl & Hahlweg, 1995; KEK, Engl & Thurmaier, 1997; FSPT, Bodenmann, 2000) und zum Teil auch direkt auf die besonderen Erfordernisse des Übergangs zur Elternschaft zugeschnitten sind (vgl. Reichle, 1999). Über solche Maßnahmen wird sich vermutlich auch die *Problemlösekompetenzüberzeugung* des Paares (als eine Komponente der Positiven Zugewandtheit) positiv beeinflussen lassen. Die Daten der vorliegenden Arbeit weisen jedoch darauf hin, dass das Beherrschen von Konfliktlösefertigkeiten zwar eine notwendige, aber keine hinreichende Bedingung für den Erhalt der Partnerschaftsqualität und die günstige Entwicklung von Kindern darstellt (vgl. Weiss & Heyman, 1997). Beziehungen müssen „gepflegt" werden (vgl. die

Subskala *Aktivität*). Gerade wenn Paare bereits Eltern geworden sind, ist es unerlässlich, dass sie dabei ihre Partnerschaft nicht aus dem Auge verlieren, sondern sich bewusst „Qualitätszeit" zu zweit nehmen. Programme wie das EPL oder KEK bieten eine Reihe hilfreicher Vorschläge im Sinne eines solchen „Enrichment" an, beispielsweise die „Schmankerldose" für Hinweise zur gegenseitigen Verwöhnung. Ihre emotionale *Verbundenheit* und *Intimität* können Paare (über das Vehikel der erworbenen Kommunikationsfertigkeiten) durch Gespräche über individuelle Wünsche (auch sexueller Art), geheime Lebensträume und die gegenseitige Wertschätzung vertiefen (vgl. auch Gottman, 1999; Gottman & Silver, 1999).

(2) Zugewandte Paare mit geringer Selbständigkeit. Der partnerschaftlichen Selbständigkeit wurde bislang im Rahmen präventiver Bemühungen weit weniger Beachtung geschenkt. Doch die Befunde der vorliegenden Arbeit unterstreichen die Notwendigkeit, Paare über die Bedeutsamkeit von Autonomie in der Partnerschaft aufzuklären und einen Austausch über Freiräume in der Beziehung anzuregen (Was kann ich tun, um mir selbst Freiräume und eigene Interessen zu erhalten? Wie kann ich Dich in Deiner Selbständigkeit unterstützen? Woran merkst Du, dass ich Dir Autonomie zugestehe?). Vermutlich werden in diesem Zusammenhang Informationen über geschlechtsspezifische Unterschiede zwischen Männern und Frauen für Paare besonders entlastend sein (vgl. Abschnitt 2.1.1). Das Verständnis für bestimmte Verhaltensweisen des Partners könnte auch durch einen Blick auf die Erfahrungen in der jeweiligen Herkunftsfamilie gefördert werden (vgl. Gerson, Hoffman, Sauls & Ulrici, 1993).

(3) Zugewandte Paare mit wenig Elternkompetenz. Für Paare mit geringer Elternkompetenz bietet sich ein frühzeitiges Elterntraining an (vgl. z.B. die bindungstheoretisch fundierten Programme von Egeland & Erickson, 1993; van den Boom, 1995). Dabei erscheint es wesentlich, den Trainingserfolg auch auf der kognitiven Ebene zu verankern, d.h. die elterliche Selbstwirksamkeit zu stärken („Ich weiß, was ich tun kann, um mein Kind zu beruhigen", vgl. Bandura, 1995; Sirignano & Lachman, 1985; Teti & Gelfand, 1991). Was auf Elternebene häufig vernachlässigt wird, ist die Förderung der Elternallianz, d.h. die beiden Partner dabei zu unterstützen, als Erziehungsteam zusammenzuarbeiten (vgl. Schneewind, 1995).

Am erfolgversprechendsten werden Maßnahmen zur Stärkung der Partnerschaftsbeziehung im Sinne eines „Empowerment" sein, die ansetzen, bevor überhaupt an eine Familiengründung gedacht wird oder gar das Kind schon „in den Brunnen gefallen" ist. Doch die Partnerschaftsbeziehung erscheint auch dann als besonders geeigneter Ansatzpunkt, wenn bereits Kinder da sind, da aufgrund der direkten Effekte des partnerschaftlichen Beziehungsklimas ein Elterntraining allein nicht ausreichend ist. Tatsächlich hat sich die gleichzeitige Intervention auf Paar- und Elternebene als besonders vielversprechend erwiesen (Sanders, Nickolson & Floyd, 1997; Webster-Stratton, 1994). Wünschenswert wäre dabei eine möglichst flächendeckende Erreichbarkeit der Zielgruppen, die zunächst durch niederschwellige Angebote über Internet, interaktive CDs und Videos angestrebt werden könnte (vgl. z.B. Baucom, 1998; Gordon, 2001; Hahlweg, Schröder & Lübke, 2000; Sanders, 1998).

8.5 Grenzen der Untersuchung

Abschließend soll noch auf die Grenzen der vorliegenden Untersuchung hingewiesen werden.

Stichprobe. Zunächst ist dabei an die Besonderheiten der zugrundeliegenden Stichprobe zu denken, die bei der Interpretation der hier vorgestellten Ergebnisse zu berücksichtigen sind und deren Generalisierbarkeit einschränken. Die 180 teilnehmenden Paare waren frisch verheiratete, überdurchschnittlich gebildete, relativ gut situierte Paare aus dem Raum München, die zu Beginn der Untersuchung überdurchschnittlich zufrieden und glücklich mit ihrer Beziehung waren. Ein Großteil der Analysen bezog sich auf die Gruppe von 48 Paaren, die zu Untersuchungsbeginn ihr erstes Kind erwarteten. Für die verwendeten Auswertungsmethoden ist diese Zahl relativ gering und insbesondere die differentiellen Befunde sind auf diesem Hintergrund mit Vorsicht zu interpretieren. Die im Verhältnis zum Stichprobenumfang zu schätzende Parameterzahl erscheint bei den komplexen Pfadmodellen kritisch – allerdings ergibt sich sowohl für einfache als auch für komplexe Modelle sowie in unterschiedlichen Zeitintervallen ein konsistentes Bild der Zusammenhänge. Zudem ist die Güte der Modelle, belegt durch die angeführten Goodness-of-fit-Indizes, durchgängig weit überdurchschnittlich, was deutlich für die Verlässlichkeit der Resultate spricht.

Datengrundlage. Da die vorgestellten Befunde in der Regel auf einer einzigen Datenquelle basieren (Auskünfte von Mutter oder Vater), stellt sich die Frage, ob die Stärke der Zusammenhänge dadurch möglicherweise überschätzt wird. Obwohl Buehler und Mitarbeiter (1997) von vergleichbaren Effektstärken berichten, wenn Mütter oder Lehrer das Problemverhalten der Kinder und Jugendlichen beurteilen, reduzieren sich die Effekte, wenn statt Fragebogendaten Beobachtungsmaße herangezogen werden. Durch die Kontrolle des subjektiven Wohlbefindens der Eltern konnte in den vorliegenden Analysen immerhin eine mögliche Fehlerquelle weitgehend ausgeschlossen werden: eine einseitig durch die aktuelle Befindlichkeit verzerrte Wahrnehmung. Darüber hinaus konnte bei der Vorhersage der differentiellen Entwicklungsgruppen annähernd die gleiche Klassifikationsgenauigkeit erreicht werden, wenn anstelle der Einschätzungen von Müttern die der Väter (und umgekehrt) herangezogen wurden. Doch gerade um dyadische und triadische Interaktionsmuster in Beziehung setzen und generationsüberschreitende Koalitionsbildungen bzw. Triangulierungen (als andere mögliche Formen von Kompensation) genauer untersuchen zu können (vgl. Kitzmann, 2000), wären Beobachtungsdaten sehr aufschlussreich. Es ist denkbar, dass die Partner keine sehr valide Auskunft über ihr tatsächliches Konfliktverhalten geben können (was sich durch die vergleichsweise geringe Partnerübereinstimmung andeutet) und die Bedeutsamkeit dysfunktionaler Konfliktmuster somit eher durch Interaktionsbeobachtungen zutage gefördert würde. Da jedoch Geschlechterdifferenzen im Erleben und Austragen von Konflikten bekannt sind (vgl. Abschnitt 2.1.3 und 2.1.1), muss eine geringe Übereinstimmung nicht gegen die Validität des eingesetzten Instrumentes sprechen. Auch ohne Beobachtungsdaten verfügbar zu haben, bieten sich mit den vorliegenden Daten weiterführende Analysen an; in erster Linie ist hierbei an die Auswertung beziehungsspezifischer Muster zu denken, die entweder durch latente Variablen (bei der gegebenen Stichprobengröße allerdings problematisch) oder durch dyadische Korrelationen abgebildet werden könnten (vgl. z.B. Cook, 1998; Gonzalez & Griffin, 1999; Kenny & Cook, 1999; Maguire, 1999).

Untersuchungsdesign. Eine große Stärke dieser Studie ist in ihrem prospektiven Längsschnittdesign zu sehen, das bereits vor der Geburt des ersten Kindes ansetzt, so dass sich noch keine Effekte kindlicher Merkmale auf die Partnerschaft ergeben haben. Dadurch und durch die pfadanalytische Überprüfung möglicher Wechselwirkungsprozesse erscheinen die hier getroffenen Kausalitätsannahmen zwar begründet (vgl. Abschnitt 1.5), doch letztlich können nur Experimentalstudien mit Sicherheit Aufschluss über die Gültigkeit der postulierten Erklärungen geben. Vielversprechend scheinen hier insbesondere interventive Studien mit Kontrollgruppendesign, die (beispielsweise durch die oben beschriebenen Fördermaßnahmen) eine systematische Variation der Partnerschaftsqualität erlauben. Könnte durch solche Interventionen (die ausschließlich an der Paarbeziehung ansetzen) auch die kindliche Entwicklung optimiert werden, so wäre dies ein schlagkräftiges Argument für die Relevanz der Ehebeziehung im Hinblick auf die Entwicklung von Kindern.

Ausblick. Zwei wesentliche Aspekte partnerschaftlicher Positivität standen im Mittelpunkt dieser Arbeit: die Zugewandtheit und die Selbständigkeit der Partner. Beide haben sich nicht nur für den weiteren Verlauf der Ehe, sondern auch für die kindliche Entwicklung als überaus bedeutsam erwiesen. Es erscheint lohnenswert, die Nützlichkeit dieser beiden Konstrukte in nachfolgenden Untersuchungen zu validieren und auch der Annahme einer „Meta-Autonomie" als „common-factor" weiter nachzugehen. Eine besonders interessante weiterführende Fragestellung könnte dabei sein, wie begonnene Fehlentwicklungen durch interventive Maßnahmen oder selbstregulative Prozesse wieder aufgefangen werden können (vgl. Rutter, 1987; Werner & Smith, 1992).

9 Resümee

Diese Arbeit widmete sich der Frage, welche Bedeutsamkeit der elterlichen Partnerschaftsbeziehung für die Entwicklung von Kindern zukommt. Obwohl es für Praktiker außer Frage steht, dass es für Kinder wichtig ist, wie gut sich ihre Eltern verstehen, ist dieses Thema in der Forschung relativ neu und hauptsächlich auf die Folgen elterlicher Konflikte ausgerichtet. Die Rolle partnerschaftlicher Positivität ist dagegen noch weitgehend unerforscht, obgleich es auf der Hand liegt, dass Kinder für eine gelungene Entwicklung mehr brauchen, als die Abwesenheit dysfunktional ausgetragener Konflikte.

Theoretischer Hintergrund. An der Frage, wie man sich Zusammenhänge zwischen Ehequalität und kindlicher Entwicklung erklären kann, scheiden sich die Geister. Obwohl die Belastung von Kindern, die Zeugen elterlicher Auseinandersetzungen werden, *unmittelbar* beobachtbar ist, gehen einige Forscher davon aus, dass die nachteiligen Folgen vor allem aus der Beeinträchtigung des elterlichen Erziehungsverhaltens resultieren, also *indirekt* sind. Dass die emotionale Verfügbarkeit für ihre Kinder leidet, wenn Eltern durch ständige Querelen erschöpft und ausgelaugt sind, ist nachvollziehbar. Dieser negative „*Spillover*" vom Paar- ins Eltern-Kind-Subsystem scheint bei Vätern stärker ausgeprägt zu sein als bei Müttern, die eher versuchen, ihr Kind vor den nachteiligen Folgen der elterlichen Zwistigkeiten abzuschirmen, aktiv einen Ausgleich zu schaffen oder aber in der Beziehung zum Kind die Erfüllung zu finden, die sie in der Partnerschaft vermissen (*Kompensation*). Die Debatte um direkte vs. indirekte Einflusswege ist keineswegs als „wissenschaftliche Spielerei" abzutun, da mit den Antworten wichtige Implikationen für potentielle Interventionen verbunden sind. Um Kinder vor negativen Konsequenzen schützen zu können, genügt es – sofern direkte Effekte bestehen – nicht, nur Trainingsmaßnahmen zur Förderung des elterlichen Erziehungsverhaltens anzubieten; in diesem Fall muss an der Paarbeziehung selbst angesetzt werden.

Ein Großteil der Studien kann nicht belegen, dass die Ehequalität tatsächlich das entscheidende Agens ist. Denn *Hintergrundvariablen* auf Individualebene oder Kontextfaktoren (beispielsweise große finanzielle Belastungen, chronische Krankheiten oder mangelnde interpersonale Fertigkeiten), die sowohl die Gestaltung der Partnerschaft als auch die Eltern-Kind-Beziehung beeinflussen, könnten für die Zusammenhänge verantwortlich sein; auch an eine genetisch vermittelte Ähnlichkeit zwischen Eltern und ihren Kindern ist zu denken. Und schließlich muss auch der *aktive Beitrag des Kindes* berücksichtigt werden, denn schwierige Kinder können für ihre Eltern und deren Partnerschaft zu einer echten Bewährungsprobe werden.

Untersuchungsdesign. Um den aufgeworfenen Problemstellungen und möglichen Wechselwirkungsprozessen zwischen Paaren und Kindern gerecht zu werden, erschien ein längsschnittliches Untersuchungsdesign unabdingbar und die Phase des Übergangs zur Elternschaft besonders geeignet, da hier die Partnerschaft zunächst noch von Merkmalen des Kindes unbeeinflusst ist. Im Rahmen des umfassenderen Verbundprojektes „Optionen junger Ehen und Lebensgestaltung" wurden 48 frisch verheiratete junge Paare, die ihr erstes Kind erwarteten, in den ersten fünf Jahren ihrer Elternschaft begleitet und mit einer Gruppe von 90 Paaren kontrastiert, die während des gesamten Untersuchungszeitraums kinderlos geblieben waren. An allen acht Erhebungswellen (1 und 3 Monate nach der Niederkunft sowie im Jahresabstand) gaben beide Partner Auskunft über Ehezufriedenheit, Paarklima sowie Konfliktbewältigungsstrategien. Eltern berichteten über ihre Kompetenz im Umgang mit dem Kind (z.B. die Fähigkeit, das Kind zu beruhigen, ihm Grenzen zu setzen) sowie ihre Neigung zu ängstlicher Überfürsorge. Die Stimmung, Beruhigbarkeit, Vorhersagbarkeit, Anpassungsfähigkeit, körperliche Robustheit, „Schmusigkeit" sowie das Aktivitätsniveau und Annäherungsverhalten der Kinder wurden zu einem Globalindex der „Kindeinfachheit" zusammengefasst.

Relevante Merkmale der Paarbeziehung. In den Analysen haben sich zwei Aspekte partnerschaftlicher Positivität als besonders bedeutsam herauskristallisiert: die partnerschaftliche *Zugewandtheit* und *Selbständigkeit*. Beide stellen nicht nur potente Schutzfaktoren vor den im Übergang zur Elternschaft drohenden Einbußen der Partnerschaftsqualität dar, sondern sind auch für die kindliche Entwicklung maßgeblich. Weit weniger vorhersagekräftig erscheinen die Ehezufriedenheit (die als Konzept vermutlich zu diffus ist, man denke an resignative Formen) sowie der Umgang mit Konflikten. Da Konflikte punktuell stattfindende Ereignisse sind, darf es nicht überraschen, dass die in der Partnerschaft vorherrschende Atmosphäre für Kinder ausschlaggebender ist.

Partnerschaftsentwicklung. In den ersten Jahren der Elternschaft erleben Paare Beeinträchtigungen ihrer Partnerschaftsqualität, die als Kaskade beschrieben werden können. Zunächst leidet die Selbständigkeit, dann die Zugewandtheit und schließlich werden Konflikte dysfunktional ausgetragen. Das Ausmaß dieser Einbußen ist hauptsächlich von person- und paarspezifische Ressourcen abhängig, die vor der Geburt des Kindes verfügbar sind, und findet weitgehend unabhängig von Merkmalen des Kindes statt. Auch das wundervollste Kind kann demnach eine unglückliche Ehe nicht retten – und selbst schwierige Kinder „ruinieren" die Ehe ihrer Eltern nicht. Die umgekehrte Kausalrichtung (Paar→Kind) ist den pfadanalytischen Befunden zufolge sehr viel einflussreicher.

Spillover und Kompensation. Aus Sicht beider Eltern kommen Ressourcen auf Paarebene der Erziehungsqualität zugute (Spillover im positiven Sinne). Wer dagegen die Zuwendung des Partners vermisst, neigt eher zu einer überfürsorglichen Haltung dem Kind gegenüber. Diese Form der „eigennützigen" Kompensation steht einem optimalen Erziehungsverhalten jedoch im Weg; Pfadanalysen machen deutlich, dass die Beeinträchtigung der Erziehungsqualität (negativer Spillover) tatsächlich der umfassendere Prozess ist, der sich dann auch maßgeblich auf die Entwicklung der Kinder niederschlägt. Insofern können „eigennützige" Kompensationsversuche als Unterform negativen Spillovers betrachtet werden. Die Einbußen der partnerschaftlichen Zugewandtheit, die Paare in den ersten Jahren der Elternschaft erleben, führen nur bei Vätern zu Einbrüchen der elterlichen Kompetenz (negativer Spillover), während Mütter in der Lage sind, ihre Kinder davor abzuschirmen. Diese Kompensation im „uneigennützigen" Sinne kann am besten als Unterdrückung oder Verhinderung negativen Spillovers verstanden werden. Im Einklang mit neueren meta-analytischen Befunden ergeben sich auch in der vorliegenden Untersuchung keine Hinweise darauf, dass Eheprobleme in ein besonders günstiges Erziehungsverhalten münden.

Insgesamt gesehen scheint es Vätern weniger gut zu gelingen, negative Spilloverprozesse zu verhindern, während positive Spilloverprozesse in stärkerem Umfang bei Müttern stattfinden. So wird für Kinder das von Müttern wahrgenommene Beziehungsklima auch direkt (jenseits der Erziehungspraktiken) spürbar; wenn sich die Partnerschaftsbeziehung langfristig wieder verbessert, scheinen nur Mütter die neu gewonnenen Kräfte in ihre Kinder zu investieren. Wenn man die größere Familienorientierung von Frauen und/oder ihre zeitlich sehr viel intensiveren Kontakte zu den Kindern bedenkt, werden diese Befunde verständlich.

Hintergrundvariablen auf Person-Ebene. Während bei Vätern individuelle Beziehungskompetenzen (soziale Kompetenz, Einfühlungsvermögen, geringe Verletzbarkeit) im Laufe der Jahre immer wichtiger werden, da diese (und nicht die partnerschaftliche Zugewandtheit) darüber bestimmen, ob Väter in ihrer Elternrolle dazulernen, scheinen Mütter für ihre Erziehungsaufgabe eher Kraft aus der Partnerschaft zu schöpfen. Insgesamt erweist sich das partnerschaftliche Beziehungsklima aus Sicht beider Eltern als wesentlicher Einflussfaktor auf Erziehung und kindliche Entwicklung, unabhängig von einer durch das aktuelle Befinden möglicherweise einseitig verzerrten Wahrnehmung der Wirklichkeit.

Differentielle Entwicklungsverläufe. Ein positives Partnerschaftsklima allein ist noch kein Garant für eine optimale Entwicklung der Kinder. Die Befunde multipler logistischer Regressionsanalysen, nach denen differentielle Entwicklungsverläufe von Kindern mit 80 bis 90prozentiger Genauigkeit korrekt vorhergesagt werden konnten, zeigen, dass Ressourcen auf Persönlichkeits-, Paar- und Elternebene zusammenkommen müssen, damit sich Kinder auch langfristig positiv entwickeln können. Demnach ist ein kumulatives Modell wohl das angemessenste Abbild der „Wirklichkeit".

Fazit. In ihrer Gesamtheit belegen die Befunde eindrücklich, dass Autonomie und Verbundenheit (im Sinne einer bezogenen Individuation oder individuierten Verbundenheit) zusammenspielen müssen, damit sich Paare *und* Kinder optimal entwickeln können. Es ergeben sich wertvolle Anregungen für differentielle Ansatzpunkte präventiver Maßnahmen, die vor allem auch auf die Notwendigkeit hinweisen, die zugestandene Autonomie im Paarsystem zu fördern.

10 Literatur

Abele-Brehm, A. & Brehm, W. (1986). Zur Konzeptualisierung und Messung von Befindlichkeit. *Diagnostica, 32,* 209-229.

Aldous, J. (1996). *Family careers. Rethinking the developmental perspective.* Thousand Oaks, CA: Sage.

Amato, P. R., Loomis, L. S. & Booth, A. (1995). Parental divorce, marital conflict, and offspring well-being during early adulthood. *Social Forces, 73,* 895-915.

Ambert, A.-M. (1997). *Parents, children, and adolescents.* New York: Haworth.

Anderson, K. E., Lytton, H. & Romney, D. M. (1986). Mothers' interactions with normal and conduct-disordered boys: Who affects whom? *Developmental Psychology, 22,* 604-609.

Arbuckle, J. L. (1997). *Amos user's guide. Version 3.6.* Chicago, ILL: SmallWaters Corporation.

Asendorpf, J. B. (1997). Temperament. In H. Keller (Hrsg.), *Handbuch der Kleinkindforschung* (2. Aufl., S. 455-482). Bern: Huber.

Asendorpf, J. B. (1999). *Psychologie der Persönlichkeit* (2. Aufl.). Berlin: Springer.

Asendorpf, J. B. & Banse, R. (2000). *Psychologie der Beziehung.* Bern: Huber.

Bandura, A. (1977). *Social learning theory.* Englewood Cliffs, NJ: Prentice-Hall.

Bandura, A. (1995). Exercise of personal and collective efficacy in changing societies. In A. Bandura (Ed.), *Self-efficacy in changing societies* (pp. 1-45). New York, NY: Cambridge University Press.

Baron, R. M. & Kenny, D. A. (1986). The moderator-mediator variable distinction in social psychological research: Conceptual, strategic, and statistical considerations. *Journal of Personality and Social Psychology, 51,* 1173-1182.

Bates, J. E. (1987). Temperament in infancy. In J. D. Osofsky (Ed.), *Handbook of infant development* (pp. 1101-1149). New York: Wiley.

Baucom, D. H. (1998). Maßnahmen zur Prävention von Beziehungsstörungen und Scheidung. In K. Hahlweg, D. H. Baucom, R. Bastine & H. J. Markman (Hrsg.), *Prävention von Trennung und Scheidung. Internationale Ansätze zur Prädiktion und Prävention von Beziehungsstörungen* (S. 13-26). Stuttgart: Kohlhammer.

Baucom, D. H., Sayers, S. L. & Duhe, A. (1989). Attributional style and attributional patterns among married couples. *Journal of Personality and Social Psychology, 56,* 596-607.

Baucom, D. H., Notarius, C. I., Burnett, C. K. & Haefner, P. (1990). Gender differences and sex-role identity in marriage. In F. D. Fincham & T. N. Bradbury (Eds.), *The psychology of marriage: Basic issues and applications* (pp. 150-171). New York, NY: The Guilford Press.

Baumrind, D. (1967). Child care practices anteceding three patterns of preschool behavior. *Genetic Psychology Monographs, 75,* 43-88.

Baumrind, D. (1971). Current patterns of parental authority. *Developmental Psychology Monograph, 4,* 1-103.

Bearss, K. E. & Eyberg, S. (1998). A test of the parenting alliance theory. *Early Education and Development, 9,* 179-185.

Beck-Gernsheim, E. (1990). Alles aus Liebe zum Kind. In U. Beck & E. Beck-Gernsheim (Hrsg.), *Das ganz normale Chaos der Liebe* (S. 135-183). Frankfurt am Main: Suhrkamp.

Bell, R. Q. (1968). A reinterpretation of the direction of effects in studies of socialization. *Psychological Review, 75,* 81-95.

Belsky, J. (1981). Early human experience: A family perspective. *Developmental Psychology*, *17*, 3-23.
Belsky, J. (1984). The determinants of parenting: A process model. *Child Development*, *55*, 83-96.
Belsky, J. (1990). Children and marriage. In F. D. Fincham & T. N. Bradbury (Eds.), *The psychology of marriage: Basic issues and applications* (pp. 172-200). New York, NY: Guilford Press.
Belsky, J. (1991). Ehe, Elternschaft und kindliche Entwicklung. In A. Engfer, B. Minsel & S. Walper (Hrsg.), *Zeit für Kinder! Kinder in Familie und Gesellschaft* (S. 134-159). Weinheim: Beltz.
Belsky, J. & Isabella, R. (1988). Maternal, infant, and social-contextual determinants of attachment security. In J. Belsky & T. Nezworski (Eds.), *Clinical implications of attachment* (Child psychology, pp. 41-94). Hillsdale, NJ: Erlbaum.
Belsky, J. & Rovine, M. (1990). Patterns of marital change across the transition to parenthood: Pregnancy to three years postpartum. *Journal of Marriage and the Family*, *52*, 5-19.
Belsky, J. & Volling, B. L. (1987). Mothering, fathering, and marital interaction in the family triad during infancy: Exploring family system's processes.
Belsky, J., Crnic, K. & Gable, S. (1995). The determinants of coparenting in families with toddler boys: Spousal differences and daily hassles. *Child Development*, *66*, 629-642.
Belsky, J., Fish, M. & Isabella, R. A. (1991). Continuity and discontinuity in infant negative and positive emotionality: Family antecedents and attachment consequences. *Developmental Psychology*, *27*, 421-431.
Belsky, J., Lang, M. & Huston, T. L. (1986). Sex typing and division of labor as determinants of marital change across the transition to parenthood. *Journal of Personality and Social Psychology*, *50*, 517-522.
Belsky, J., Lang, M. E. & Rovine, M. (1985). Stability and change in marriage across the transition to parenthood: A second study. *Journal of Marriage and the Family*, *47*, 855-865.
Belsky, J., Putnam, S. & Crnic, K. (1996). Coparenting, parenting, and early emotional development. In J. P. McHale & P. A. Cowan (Eds.), *Understanding how family-level dynamics affect children's development: Studies of two-parent families* (New directions for child development, No. 74, pp. 45-55). San Francisco, CA: Jossey-Bass.
Belsky, J., Rovine, M. & Fish, M. (1989). The developing family system. In M. R. Gunnar & E. Thelen (Eds.), *Systems and development* (The Minnesota symposia on child psychology, Vol. 22, pp. 119-166). Hillsdale, NJ: Erlbaum.
Belsky, J., Spanier, G. B. & Rovine, M. (1983). Stability and change in marriage across the transition to parenthood. *Journal of Marriage and the Family*, *45*, 567-578.
Belsky, J., Youngblade, L., Rovine, M. & Volling, B. (1991). Patterns of marital change and parent-child interaction. *Journal of Marriage and the Family*, *53*, 487-498.
Bentler, P. M. (1990). Comparative fit indices in structural models. *Psychological Bulletin*, *107*, 238-246.
Bentler, P. M. & Chou, C.-P. (1987). Practical issues in structural modeling. *Sociological Methods and Research*, *16* (1), 78-117.
Bierhoff, H. W. & Grau, I. (1999). *Romantische Beziehungen. Bindung, Liebe, Partnerschaft*. Bern: Huber.
Bleich, C. (1999). Veränderungen der Paarbeziehungsqualität vor und während der Schwangerschaft sowie nach der Geburt des ersten Kindes. In B. Reichle & H. Werneck (Hrsg.), *Über-

gang zur Elternschaft. Aktuelle Studien zur Bewältigung eines unterschätzten Lebensereignisses (S. 167-184). Stuttgart: Enke.

Bodenmann, G. (2000). *Kompetenzen für die Partnerschaft. Freiburger Stresspräventionstraining für Paare.* Weinheim: Juventa.

Bodenmann, G. & Cina, A. (1999). Der Einfluß von Streß, individueller Belastungsbewältigung und dyadischem Coping auf die Partnerschaftsstabilität: Eine 4-Jahres-Längsschnittstudie. *Zeitschrift für Klinische Psychologie, 28,* 130-139.

Bodenmann, G., Kaiser, A., Hahlweg, K. & Fehm-Wolfsdorf, G. (1998). Communication patterns during marital conflict: A cross-cultural replication. *Personal Relationships, 1998,* 343-356.

Bornstein, M. H. (Ed.). (1995a). *Handbook of parenting, Vol. 1: Children and parenting.* Mahwah, NJ: Erlbaum.

Bornstein, M. H. (1995b). Parenting infants. In M. H. Bornstein (Ed.), *Handbook of parenting, Vol. 1: Children and parenting* (pp. 3-39). Mahwah, NJ: Lawrence Erlbaum.

Bortz, J. (1993). *Statistik für Sozialwissenschaftler* (4., vollständig überarb. Aufl.). Berlin: Springer.

Boszormenyi-Nagy, I. & Krasner, B. R. (1986). *Between give and take. A clinical guide to contextual therapy.* New York: Brunner/Mazel.

Boszormenyi-Nagy, I. & Spark, G. M. (1981). *Unsichtbare Bindungen. Die Dynamik familiärer Systeme.* Stuttgart: Klett-Cotta.

Böttcher, A. (1998). *Wege in die Elternschaft. Familienentwicklung im Kulturvergleich.* St. Augustin: Gardez!-Verlag.

Bowen, M. (Ed.). (1978). *Family therapy in clinical practice.* New York: Jason Aronson.

Bowlby, J. (1969). *Attachment and loss. Vol. I. Attachment.* London: Hogarth Press.

Bowlby, J. (1977). The making and breaking of affectional bonds. I: Aetiology and psychopathology in the light of attachment theory. *British Journal of Psychiatry, 130,* 201-210.

Bradbury, T. N. & Fincham, F. D. (1990). Attributions in marriage: Review and critique. *Psychological Bulletin, 107,* 3-33.

Bradbury, T. N. & Fincham, F. D. (1992). Attributions and behavior in marital interactions. *Journal of Personality and Social Psychology, 63,* 613-628.

Braukhaus, C., Sassmann, H. & Hahlweg, K. (2000). Erfolgsbedingungen von Partnerschaften. In P. Kaiser (Hrsg.), *Partnerschaft und Paartherapie* (S. 173-189). Göttingen: Hogrefe.

Bray, J. H., Williamson, D. S. & Malone, P. E. (1984). Personal authority in the family system: Development of a questionnaire to measure personal authority in intergenerational family processes. *Journal of Marital and Family Therapy, 10,* 167-178.

Brody, G. H., Arias, I. & Fincham, F. D. (1996). Linking marital and child attributions to family processes and parent-child relationships. *Journal of Family Psychology, 10,* 408-421.

Brody, G. H., Pellegrini, A. D. & Sigel, I. E. (1986). Marital quality and mother-child and father-child interactions with school-aged children. *Developmental Psychology, 22,* 291-296.

Bronfenbrenner, U. (1981). *Die Ökologie der menschlichen Entwicklung. Natürliche und geplante Experimente.* Stuttgart: Klett-Cotta.

Bronfenbrenner, U. (1995). Developmental ecology through space and time: A future perspective. In P. Moen & G. H. Elder, Jr. (Eds.), *Examining lives in context: Perspectives on the ecology of human development* (pp. 619-647). Washington, DC: American Psychological Association.

Browne, M. W. & Cudeck, R. (1993). Alternative ways of assessing model fit. In K. A. Bollen & J. S. Long (Eds.), *Testing structural equation models* (pp. 136-162). Newbury Park, CA: Sage.

Bruggemann, A., Groskurth, P. & Ulich, E. (1975). *Arbeitszufriedenheit*. Bern: Huber.

Brunk, M. A. & Henggeler, S. W. (1984). Child influences on adult controls: An experimental investigation. *Developmental Psychology, 20*, 1074-1081.

Buehler, C., Anthony, C., Krishnakumar, A., Stone, G., Gerard, J. & Pemberton, S. (1997). Interparental conflict and youth problem behaviors: A meta-analysis. *Journal of Child and Family Studies, 6*, 223-247.

Buehler, C., Krishnakumar, A., Stone, G., Anthony, C., Pemberton, S., Gerard, J. & Barber, B. K. (1998). Interparental conflict styles and youth problem behaviors: A two-sample replication study. *Journal of Marriage and the Family, 60*, 119-132.

Buehlman, K., Gottman, J. M. & Katz, L. (1992). How a couple views their past predicts their future: Predicting divorce from an oral history interview. *Journal of Family Psychology, 5*, 295-318.

Bugental, D. B. & Goodnow, J. J. (1998). Socialization processes. In W. Damon & N. Eisenberg (Eds.), *Handbook of child psychology, Vol. 3 Social emotional and personality development* (5. ed., pp. 389-462). New York: Wiley.

Buss, A. H. & Plomin, R. (1984). *Temperament. Early developing personality traits*. Hillsdale, N.J.: Erlbaum.

Canary, D. J. & Stafford, L. (1994). Maintaining relationships through strategic and routine interaction. In D. J. Canary & L. Stafford (Eds.), *Communication and relational maintenance* (pp. 3-22). San Diego, CA: Academic Press.

Carlson, V., Cicchetti, D., Barnett, D. & Braunwald, K. G. (1989). Finding order in disorganization: Lessons from research on maltreated infants' attachments to their caregivers. In D. Cicchetti & V. Carlson (Eds.), *Child maltreatment: Theory and research on the causes and consequences of child abuse and neglect* (pp. 494-528). New York: Cambridge University Press.

Carrere, S., Buehlman, K. T., Gottman, J. M., Coan, J. A. & Ruckstuhl, L. (2000). Predicting marital stability and divorce in newlywed couples. *Journal of Family Psychology, 14*, 42-58.

Carter, B. & McGoldrick, M. (1988). *The changing family life cycle: A framework for family therapy (2nd ed.)*. New York, NY: Gardner Press.

Caspi, A. (2000). The child is father of the man: Personality continuities from childhood to adulthood. *Journal of Personality and Social Psychology, 78*, 158-172.

Caspi, A. & Elder, G. H. (1988). Emergent family patterns: The intergenerational construction of problem behavior and relationships. In R. A. Hinde & J. S. Stevenson-Hinde (Eds.), *Relationships within families: Mutual influences* (pp. 218-240). New York, NY: Oxford University Press.

Caspi, A. & Silva, P. A. (1995). Temperamental qualities at age three predict personality traits in young adulthood: Longitudinal evidence from a birth cohort. *Child Development, 66*, 486-498.

Chess, S. & Thomas, A. (1984). Origins and evolution of behavior disorders: From infancy to early adult life.

Chodorow, N. (1978). *The reproduction of mothering: Psychoanalysis and the sociology of gender*. Berkeley, CA: University of California Press.

Christensen, A. (1988). Dysfunctional interaction patterns in couples. In P. Noller & M. A. Fitzpatrick (Eds.), *Perspectives on marital interaction. Monographs in social psychology of language, No. 1* (pp. 31-52). Clevedon: Multilingual Matters.

Christensen, A. & Heavey, C. L. (1990). Gender and social structure in the demand/withdraw pattern of marital conflict. *Journal of Personality and Social Psychology, 59*, 73-81.

Christensen, A. & Margolin, G. (1988). Conflict and alliance in distressed and non-distressed families. In R. A. Hinde & J. S. Stevenson-Hinde (Eds.), *Relationships within families: Mutual influences*. New York, NY: Oxford University Press.

Codreanou, N. (1984). *Kindbezogene Einstellungen von Müttern mit Kleinkindern*. Unveröffentlichte Diplomarbeit: Universität München.

Cohn, L. D. (1991). Sex differences in the course of personality development: A meta-analysis. *Psychological Bulletin, 109*, 252-266.

Coiro, M. J. & Emery, R. E. (1998). Do marriage problems affect fathering more than mothering? A quantitative and qualitative review. *Clinical Child and Family Psychology Review, 1* (1), 23-40.

Collins, W. A., Maccoby, E. E., Steinberg, L., Hetherington, E. M. & Bornstein, M. H. (2000). Contemporary research on parenting: The case for nature and nurture. *American Psychologist, 55*, 218-232.

Condry, J. C. & Ross, D. F. (1985). Sex and aggression: The influence of gender label on the perception of aggression in children. *Child Development, 56*, 225-233.

Conger, R. D. & Elder, G. H. (1994). *Families in troubled times: Adapting to changes in rural America*. New York: Aldine de Gruyter.

Conger, R. D., Patterson, G. R. & Ge, X. (1995). It takes two to replicate: A mediational model for the impact of parents' stress on adolescent adjustment. *Child Development, 66*, 80-97.

Conger, R. D., Rueter, M. A. & Elder, G. H., Jr. (1999). Couple resilience to economic pressure. *Journal of Personality and Social Psychology, 76*, 54-71.

Conger, R. D., Conger, K. J., Elder, G. H., Jr. & Lorenz, F. O. (1992). A family process model of economic hardship and adjustment of early adolescent boys. *Child Development, 63*, 526-541.

Conger, R. D., Conger, K. J., Elder, G. H., Jr. & Lorenz, F. O. (1993). Family economic stress and adjustment of early adolescent girls. *Developmental Psychology, 29*, 206-219.

Conger, R. D., Ge, X., Elder, G. H., Jr. & Lorenz, F. O. (1994). Economic stress, coercive family process, and developmental problems of adolescents. *Child Development, 65*, 541-561.

Cook, W. L. (1998). Integrating models of interdependence with treatment evaluations in marital therapy research. *Journal of Family Psychology, 12*, 529-542.

Cowan, C. P. & Cowan, P. A. (1988). Who does what when partners become parents: Implications for men, women, and marriage. *Marriage and Family Review, 12* (3/4), 105-124.

Cowan, C. P. & Cowan, P. A. (1994). *Wenn Partner Eltern werden. Der große Umbruch im Leben des Paares*. München: Piper.

Cowan, C. P., Cowan, P. A., Heming, G. & Miller, N. B. (1991). Becoming a family: Marriage, parenting, and child development. In P. A. Cowan & E. M. Hetherington (Eds.), *Family transitions* (pp. 79-109). Hillsdale, NJ: Erlbaum.

Cowan, C. P., Cowan, P. A., Heming, G., Garrett, E., Coysh, W. S., Curtis-Boles, H. & Boles, A. J. (1985). Transitions to parenthood: His, hers and theirs. *Journal of Family Issues, 6*, 451-481.

Cowan, P. A., Cowan, C. P., Schulz, M. S. & Heming, G. (1994). Prebirth to preschool family factors in children's adaptation to kindergarten. In R. D. Parke & S. G. Kellam (Eds.), *Exploring family relationships with other social contexts* (Family research consortium: Advances in family research, pp. 75-114). Hillsdale, NJ: Erlbaum.

Cox, M. J., Payne, C. C. & Paley, B. (1998). Der Übergang zur Elternschaft: Risiken und Schutzfaktoren bei Eheproblemen. In K. Hahlweg, Baucom, D.H., Bastine, R. & Markman, H.J. (Hrsg.), *Prävention von Trennung und Scheidung. Internationale Ansätze zur Prädiktion und Prävention von Beziehungsstörungen* (S. 133-146). Stuttgart: Kohlhammer.

Cox, M. J., Owen, M. T., Henderson, V. K. & Margand, N. A. (1992). Prediction of infant-father and infant-mother attachment. *Developmental Psychology, 28*, 474-483.

Cox, M. J., Owen, M. T., Lewis, J. M. & Henderson, V. K. (1989). Marriage, adult adjustment, and early parenting. *Child Development, 60*, 1015-1024.

Cox, M. J., Paley, B., Burchinal, M. & Payne, C. C. (1999). Marital perceptions and interactions across the transition to parenthood. *Journal of Marriage and the Family, 61*, 611-625.

Cox, M. J., Paley, B., Payne, C. C. & Burchinal, M. (1999). The transition to parenthood: Marital conflict and withdrawal and parent-infant interactions. In M. J. Cox & J. Brooks-Gunn (Eds.), *Conflict and cohesion in families: Causes and consequences* (pp. 87-104). Mahwah, NJ: Erlbaum.

Crockenberg, S. B. (1986). Are temperamental differences in babies associated with predictable differences in care giving? In J. V. Lerner & R. M. Lerner (Eds.), *Temperament and social interaction during infancy and childhood* (pp. 53-73). San Francisco: Jossey-Bass.

Crouter, A. C. & McHale, S. M. (1993). The long arm of the job: Influences of parental work on childrearing. In T. Luster & L. Okagaki (Eds.), *Parenting: An ecological perspective* (pp. 179-202). Hillsdale, NJ: Erlbaum.

Cummings, E. M. (1990). Classification of attachment on a continuum of felt security. In M. T. Greenberg, D. Cicchetti & E. M. Cummings (Eds.), *Attachment in the preschool years: Theory, research, and intervention* (pp. 311-338). Chicago: University of Chicago Press.

Cummings, E. M. & Davies, P. (1994). *Children and marital conflict: The impact of family dispute and resolution.* New York: Guilford Press.

Cummings, E. M. & Wilson, A. (1999). Contexts of marital conflict and children's emotional security: Exploring the distinction between constructive and destructive conflicts from the children's perspective. In M. J. Cox & J. Brooks-Gunn (Eds.), *Conflict and cohesion in families: Causes and consequences* (pp. 105-129). Mahwah, NJ: Erlbaum.

Cummings, E. M., Ballard, M. & El Sheikh, M. (1991). Responses of children and adolescents to interadult anger as a function of gender, age, and mode of expression. *Merrill Palmer Quarterly, 37*, 543-560.

Cummings, E. M., Simpson, K. S. & Wilson, A. (1993). Children's responses to interadult anger as a function of information about resolution. *Developmental Psychology, 29*, 978-985.

Cummings, E. M., Zahn-Waxler, C. & Radke-Yarrow, M. (1981). Young children's responses to expressions of anger and affection by others in the family. *Child Development, 52*, 1274-1282.

Cummings, E. M., Ballard, M., El Sheikh, M. & Lake, M. (1991). Resolution and children's responses to interadult anger. *Developmental Psychology, 27*, 462-470.

Cummings, E. M., Hennessy, K. D., Rabideau, G. J. & Cicchetti, D. (1994). Responses of physically abused boys to interadult anger involving their mothers. *Development and Psychopathology, 6*, 31-41.

Cummings, E. M., Vogel, D., Cummings, J. S. & El Sheikh, M. (1989). Children's responses to different forms of expression of anger between adults. *Child Development, 60*, 1392-1404.

Cummings, J. S., Pellegrini, D., Notarius, C. & Cummings, E. (1989). Children's responses to angry adult behavior as a function of marital distress and history of interparental hostility. *Child Development, 60*, 1035-1043.

Cutrona, C. E. (1996). Social support as a determinant of marital quality: The interplay of negative and supportive behaviors. In G. R. Pierce & B. R. Sarason (Eds.), *Handbook of social support and the family* (pp. 173-194). New York: Plenum.

Cutrona, C. E. & Troutman, B. R. (1986). Social support, infant temperament, and parenting self-efficacy: A mediational model of postpartum depression. *Child Development, 57*, 1507-1518.

Dadds, M. R. & Powell, M. B. (1991). The relations of interparental conflict and global marital adjustment to aggression, anxiety, and immaturity in aggressive and nonclinic children. *Journal of Abnormal Child Psychology, 19*, 553-567.

Davies, P. T. & Cummings, E. M. (1994). Marital conflict and child adjustment: An emotional security hypothesis. *Psychological Bulletin, 116*, 387-411.

Davies, P. T. & Cummings, E. M. (1998). Exploring children's emotional security as a mediator of the link between marital relations and child adjustment. *Child Development, 69*, 124-139.

Davies, P. T., Myers, R. L. & Cummings, E. M. (1996). Responses of children and adolescents to marital conflict scenarios as a function of the emotionality of conflict endings. *Merrill Palmer Quarterly, 42*, 1-21.

Davis, B. T., Hops, H., Alpert, A. & Sheeber, L. (1998). Child responses to parental conflict and their effect on adjustment: A study of triadic relations. *Journal of Family Psychology, 12*, 163-17.

Diener, M. L., Goldstein, L. H. & Mangelsdorf, S. C. (1995). The role of prenatal expectations in parents' reports of infant temperament. *Merrill Palmer Quarterly, 41*, 172-190.

Dix, T., Reinhold, D. P. & Zambarano, R. J. (1990). Mothers' judgment in moments of anger. *Merrill Palmer Quarterly, 36*, 465-486.

Doherty, W. J. (1981). Cognitive processes in intimate conflict: II. Efficacy and learned helplessness. *American Journal of Family Therapy, 9*, 35-44.

Dunn, J. F. & Munn, P. (1985). Becoming a family member: Family conflict and the development of social understanding in the second year. *Child Development, 56*, 480-492.

Easterbrooks, M. A. & Emde, R. N. (1988). Marital and parent-child relationships: The role of affect in the family system. In R. A. Hinde & J. S. Stevenson-Hinde (Eds.), *Relationships within families: Mutual influences* (pp. 83-103). New York, NY: Oxford University Press.

Easterbrooks, M. A., Cummings, E. M. & Emde, R. N. (1994). Young children's responses to constructive marital disputes. *Journal of Family Psychology, 8*, 160-169.

Egeland, B. & Erickson, M. (1993). Implications of attachment theory for prevention and intervention. In H. Parens & S. Kramer (Eds.), *Prevention in mental health* (pp. 23-50). Northvale: Jason Aronson.

Eisenberg, N., Fabes, R. A. & Murphy, B. C. (1996). Parents' reactions to children's negative emotions: Relations to children's social competence and comforting behavior. *Child Development, 67*, 2227-2247.

El Sheikh, M. & Cummings, E. M. (1992). Availability of control and preschoolers' responses to interadult anger. *International Journal of Behavioral Development, 15*, 207-226.

Elbow, M. (1982). Children of violent marriages: The forgotten victims. *Social Casework, 63*, 465-471.

Elder, G. H., Jr., Nguyen, T. V. & Caspi, A. (1985). Linking family hardship to children's lives. *Child Development, 56*, 361-375.

El-Giamal, M. (1997). Veränderungen der Partnerschaftszufriedenheit und Streßbewältigung beim Übergang zur Elternschaft: Ein aktueller Literaturüberblick. *Psychologie in Erziehung und Unterricht, 44*, 256-275.

El-Giamal, M. (1999). *Wenn ein Paar zur Familie wird. Alltag, Belastungen und Belastungsbewältigung beim ersten Kind.* Bern: Huber.

Emery, R. E. (1982). Interparental conflict and the children of discord and divorce. *Psychological Bulletin, 92*, 310-330.

Emery, R. E. & O'Leary, K. D. (1982). Children's perceptions of marital discord and behavior problems of boys and girls. *Journal of Abnormal Child Psychology, 10*, 11-24.

Emery, R. E. & O'Leary, K. D. (1984). Marital discord and child behavior problems in a non-clinic sample. *Journal of Abnormal Child Psychology, 12*, 411-420.

Emery, R. E., Fincham, F. D. & Cummings, E. M. (1992). Parenting in context: Systemic thinking about parental conflict and its influence on children. *Journal of Consulting and Clinical Psychology, 60*, 909-912.

Engfer, A. (1988). The interrelatedness of marriage and the mother-child relationship. In R. A. Hinde & J. S. Stevenson-Hinde (Eds.), *Relationships within families: Mutual influences* (pp. 108-132). New York, NY: Oxford University Press.

Engfer, A., Gavranidou, M. & Heinig, L. (1988). Veränderungen in Ehe und Partnerschaft nach der Geburt von Kindern. Ergebnisse einer Längsschnittstudie. *Verhaltensmodifikation und Verhaltensmedizin, 9*, 297-311.

Engfer, A., Walper, S. & Rutter, M. (1994). Individual characteristics as a force in development. In M. Rutter & D. F. Hay (Eds.), *Development through life. A handbook for clinicians* (pp. 79-111). Oxford: Blackwell.

Engl, J. (1997). *Determinanten der Ehequalität und Ehestabilität. Eine fünfjährige Längsschnittstudie an heiratswilligen und jungverheirateten Paaren.* München: Institut für Forschung und Ausbildung in Kommunikationstherapie e.V.

Engl, J. & Thurmaier, F. (1997). *KEK - Konstruktive Ehe und Kommunikation. Ein Kurs zur Weiterentwicklung von Partnerschaft. Kursleitermanual.* München: Institut für Forschung und Ausbildung in Kommunikationstherapie.

Erel, O. & Burman, B. (1995). Interrelatedness of marital relations and parent-child relations: A meta-analytic review. *Psychological Bulletin, 118*, 108-132.

Fagot, B. I. (1995). Parenting boys and girls. In M. H. Bornstein (Ed.), *Handbook of parenting, Vol. 1: Children and parenting* (pp. 163-183). Mahwah, NJ: Lawrence Erlbaum.

Fagot, B. I. & O'Brien, M. (1994). Activity level in young children: Cross-age stability, situational influences, correlates with temperament, and the perception of problem behaviors. *Merrill Palmer Quarterly, 40*, 378-398.

Fantuzzo, J. W., DePaola, L. M., Lambert, L., Martino, T., Anderson, G. & Sutton, S. (1991). Effects of interparental violence on the psychological adjustment and competencies of young children. *Journal of Consulting and Clinical Psychology, 59*, 258-265.

Fauber, R. L. & Long, N. (1991). Children in context: The role of the family in child psychotherapy. *Journal of Consulting and Clinical Psychology, 59*, 813-820.

Fauber, R. L. & Long, N. (1992). Parenting in a broader context: A reply to Emery, Fincham, and Cummings (1992). *Journal of Consulting and Clinical Psychology, 60*, 913-915.

Fauber, R. L., Forehand, R., Thomas, A. M. & Wierson, M. (1990). A mediational model of the impact of marital conflict on adolescent adjustment in intact and divorced families. *Child Development, 61*, 1112-1123.

Feeney, J., Noller, P. & Callan, V. J. (1994). Attachment style, communication and satisfaction in the early years of marriage. In K. Bartholomew & D. Perlman (Eds.), *Advances in personal relationships* (pp. 269-308). London: Jessica Kingsley.

Field, T. M. (1995). Psychologically depressed parents. In M. H. Bornstein (Ed.), *Handbook of parenting, Vol. 4: Applied and practical parenting* (pp. 85-99). Mahwah, NJ: Lawrence Erlbaum.

Fincham, F. D. (1994). Understanding the association between marital conflict and child adjustment: Overview. *Journal of Family Psychology, 8*, 123-127.

Fincham, F. D. (1998). Child development and marital relations. *Child Development, 69*, 543-574.

Fincham, F. D. & Bradbury, T. N. (1987). Cognitive processes and conflict in close relationships: An attribution-efficacy model. *Journal of Personality and Social Psychology, 53*, 1106-1118.

Fincham, F. D. & Grych, J. H. (1991). Explanations for family events in distressed and non-distressed couples: Is one type of explanation used consistently? *Journal of Family Psychology, 4*, 341-353.

Fincham, F. D., Grych, J. H. & Osborne, L. N. (1994). Does marital conflict cause child maladjustment? Directions and challenges for longitudinal research. *Journal of Family Psychology, 8*, 128-140.

Fincham, F. D., Harold, G. T. & Gano-Phillips, S. (2000). The longitudinal association between attributions and marital satisfaction: Direction of effects and role of efficacy expectations. *Journal of Family Psychology, 14*, 267-285.

Fish, M., Stifter, C. A. & Belsky, J. (1993). Early patterns of mother-infant dyadic interaction: Infant, mother, and family demographic antecedents. *Infant Behavior and Development, 16* (1), 1-18.

Fitzpatrick, M. A. (Ed.). (1988). *Between husbands and wives: Communication in marriage.* Beverly Hills, CA: Sage.

Floyd, F. J., Gilliom, L. A. & Costigan, C. L. (1998). Marriage and the parenting alliance: Longitudinal prediction of change in parenting perceptions and behaviors. *Child Development, 69*, 1461-1479.

Fowers, B. J., Lyons, E. M. & Montel, K. H. (1996). Positive marital illusions: Self-enhancement or relationship enhancement? *Journal of Family Psychology, 10*, 192-208.

Framo, J. L. (1975). Personal reflections of a family therapist. *Journal of Family and Marriage Counseling, 1*, 15-28.

Fthenakis, W. (1985). *Väter* (Bd. 1 und 2). München: Urban & Schwarzenberg.

Gable, S., Belsky, J. & Crnic, K. (1992). Marriage, parenting, and child development: Progress and prospects. *Journal of Family Psychology, 5*, 276-294.

Gable, S., Belsky, J. & Crnic, K. (1995). Coparenting during the child's 2nd year: A descriptive account. *Journal of Marriage and the Family, 57*, 609-616.

Gaines, S. O., Jr., Reis, H. T., Summers, S., Rusbult, C. E., Cox, C. L., Wexler, M. O., Marelich, W. D. & Kurland, G. J. (1997). Impact of attachment style on reactions to accommodative dilemmas in close relationships. *Personal Relationships, 4*, 93-113.

Ge, X., Conger, R. D., Cadoret, R. J. & Neiderhiser, J. M. (1996). The developmental interface between nature and nurture: A mutual influence model of child antisocial behavior and parent behaviors. *Developmental Psychology, 32*, 574-589.

Gerson, R., Hoffman, S., Sauls, M. & Ulrici, D. (1993). Family-of-origin frames in couples therapy. *Journal of Marital and Family Therapy, 19*, 341-354.

Glasgow, K. L., Dornbusch, S. M., Troyer, L., Steinberg, L. & Ritter, P. L. (1997). Parenting styles, adolescents' attributions, and educational outcomes in nine heterogeneous high schools. *Child Development, 68*, 507-529.

Gloger-Tippelt, G. (1988). *Schwangerschaft und erste Geburt. Psychologische Veränderungen der Eltern.* Stuttgart: Kohlhammer.

Gloger-Tippelt, G. (2000). Familienbeziehungen und Bindungstheorie. In K. A. Schneewind (Hrsg.), *Familienpsychologie im Aufwind: Brückenschläge zwischen Forschung und Praxis* (S. 49-63). Göttingen: Hogrefe.

Gloger-Tippelt, G. (2001). *Bindung im Erwachsenenalter. Ein Handbuch für Forschung und Praxis.* Bern: H. Huber.

Gloger-Tippelt, G. & Huerkamp, M. (1998). Relationship change at the transition to parenthood and security of infant-mother attachment. *International Journal of Behavioral Development, 22*, 633-655.

Gloger-Tippelt, G., Rapkowitz, I., Freudenberg, I. & Maier, S. (1995). Veränderungen der Partnerschaft nach der Geburt des ersten Kindes. Ein Vergleich von Eltern und kinderlosen Paaren. *Psychologie in Erziehung und Unterricht, 42*, 255-269.

Goldberg, W. A. & Easterbrooks, M. A. (1984). Role of marital quality in toddler development. *Developmental Psychology, 20*, 504-514.

Goldsmith, H. H., Buss, A. H., Plomin, R. & Rothbart, M. K. (1987). What is temperament? Four approaches. *Child Development, 58*, 505-529.

Gonzalez, R. & Griffin, D. (1999). On the statistics of interdependence: Treating dyadic data with respect. In S. Duck (Ed.), *Handbook of personal relationships* (pp. 271-302). London: Wiley.

Goodman, S. H., Barfoot, B., Frye, A. A. & Belli, A. M. (1999). Dimensions of marital conflict and children's social problem-solving skills. *Journal of Family Psychology, 13*, 33-45.

Gordon, B. N. (1983). Maternal perception of child temperament and observed mother-child interaction. *Child Psychiatry and Human Development, 13* (3), 153-167.

Gordon, D. A. (2001). Parent training via interactive CD-Rom: A promising approach to strengthening parenting competence. In K. A. Schneewind, J. Graf, J. Kruse, M. Schmidt, S. Walper & J. Weiß (Hrsg.), *2. Münchner Tagung für Familienpsychologie: Abstractband* (S. 25). Martinsried: Ars una.

Goth-Owens, T. L., Stollak, G. A., Messe, L. A., Peshkess, I. & Watts, P. (1982). Marital satisfaction, parenting satisfaction, and parenting behavior in early infancy. *Infant Mental Health Journal, 3*, 187-197.

Gottman, J. M. (1993a). The roles of conflict engagement, escalation, and avoidance in marital interaction: A longitudinal view of five types of couples. *Journal of Consulting and Clinical Psychology, 61*, 6-15.

Gottman, J. M. (1993b). A theory of marital dissolution and stability. *Journal of Family Psychology, 7*, 57-75.

Gottman, J. M. (1994). *What predicts divorce? The relationship between marital processes and marital outcomes.* Hillsdale, NJ: Lawrence Erlbaum.

Gottman, J. M. (1998). Psychology and the study of the marital processes. *Annual Review of Psychology, 49,* 169-197.
Gottman, J. M. (1999). *The marriage clinic: A scientifically-based marital therapy.* New York: Norton Professional Books.
Gottman, J. M. & DeClaire, J. (1998). *The heart of parenting: How to raise an emotionally intelligent child.* New York: Simon and Schuster.
Gottman, J. M. & Katz, L. F. (1989). Effects of marital discord on young children's peer interaction and health. *Developmental Psychology, 25,* 373-381.
Gottman, J. M. & Krokoff, L. J. (1989). Marital interaction and satisfaction: A longitudinal view. *Journal of Consulting and Clinical Psychology, 57,* 47-52.
Gottman, J. M. & Levenson, R. W. (1988). The social psychophysiology of marriage. In P. Noller & M. A. Fitzpatrick (Eds.), *Perspectives on marital interaction* (pp. 183-200). Philadelphia: Multilingual Matters.
Gottman, J. M. & Levenson, R. W. (1999a). Dysfunctional marital conflict: Women are being unfairly blamed. *Journal of Divorce and Remarriage, 31* (3/4), 1-17.
Gottman, J. M. & Levenson, R. W. (1999b). What predicts change in marital interaction over time? A study of alternative models. *Family Process, 38,* 143-158.
Gottman, J. M. & Silver, N. (1999). *The seven principles for making marriage work.* New York: Crown.
Gottman, J. M. , Carrere, S., Swanson, C. & Coan, J. A. (2000). Reply to "From basic research to interventions". *Journal of Marriage and the Family, 62,* 265-273.
Gottman, J. M., Katz, L. F. & Hooven, C. (1997). *Meta-emotion: How families communicate emotionally.* Mahwah, NJ: Lawrence Erlbaum.
Gottman, J. M., Coan, J., Carrere, S. & Swanson, C. (1998). Predicting marital happiness and stability from newlywed interactions. *Journal of Marriage and the Family, 60,* 5-22.
Graf, J. & Frank, R. (2001). Parentifizierung. Die Last, als Kind die eigenen Eltern zu bemuttern. In S. Walper & R. Pekrun (Hrsg.), *Familie und Entwicklung. Aktuelle Perspektiven der Familienpsychologie* (S. 314-341). Göttingen: Hogrefe.
Graf, J. & Schneewind, K. A. (1998). Beziehungskompetenz und Persönlichkeit: Zusammenhangsmuster und typologische Analysen [Abstract]. *KONPro. Abstracts des "41. Kongresses der Deutschen Gesellschaft für Psychologie" auf zwei Disketten. Technische Universität Dresden, 27. September - 1. Oktober 1998.*
Grossmann, F. K., Pollack, W. S., Golding, E. R. & Fedele, N. M. (1987). Affiliation and autonomy in the transition to parenthood. *Family Relations, 36,* 263-269.
Grych, J. H. (1998). Children's appraisals of interparental conflict: Situational and contextual influences. *Journal of Family Psychology, 12,* 437-453.
Grych, J. H. & Fincham, F. D. (1990). Marital conflict and children's adjustment: A cognitive-contextual framework. *Psychological Bulletin, 108,* 267-290.
Grych, J. H. & Fincham, F. D. (1993). Children's appraisals of marital conflict: Initial investigations of the cognitive-contextual framework. *Child Development, 64,* 215-230.
Grych, J. H. & Fincham, F. D. (2001). *Interparental conflict and child development: Theory, research, and applications.* New York, NY: Cambridge University Press.
Grych, J. H., Seid, M. & Fincham, F. D. (1992). Assessing marital conflict from the child's perspective: The Children's Perception of Interparental Conflict Scale. *Child Development, 63,* 558-572.
Hahlweg, K. (1991). Störung und Auflösung von Beziehung: Determinanten der Ehequalität und -stabilität. In M. Amelang, H.-J. Ahrens & H. W. Bierhoff (Hrsg.), *Partnerwahl und*

Partnerschaft. Formen und Grundlagen partnerschaftlicher Beziehungen (S. 117-152). Göttingen: Hogrefe.

Hahlweg, K., Schröder, B. & Lübke, A. (2000). Prävention von Paar- und Familienproblemen: Eine nationale Aufgabe. In K. A. Schneewind (Ed.), *Familienpsychologie im Aufwind: Brückenschläge zwischen Forschung und Praxis* (pp. 249-274). Göttingen: Hogrefe.

Haley, J. (1976). *Problem solving therapy*. San Francisco: Jossey-Bass.

Harold, G. T. & Conger, R. (1997). Marital conflict and adolescent distress: The role of adolescent awareness. *Child Development, 68*, 333-350.

Harold, G. T., Fincham, F. D., Osborne, L. N. & Conger, R. D. (1997). Mom and Dad are at it again: Adolescent perceptions of marital conflict and adolescent psychological distress. *Developmental Psychology, 33*, 333-350.

Harris, J. R. (1995). Where is the child's environment? A group socialization theory of development. *Psychological Review, 102*, 458-489.

Harris, J. R. (2000). *Ist Erziehung sinnlos? Die Ohnmacht der Eltern*. Reinbek: Rowohlt.

Harrist, A. W. & Ainslie, R. C. (1998). Marital discord and child behavior problems: Parent-child relationship quality and child interpersonal awareness as mediators. *Journal of Family Issues, 19*, 140-163.

Heavey, C. L., Christensen, A. & Malamuth, N. M. (1995). The longitudinal impact of demand and withdrawal during marital conflict. *Journal of Consulting and Clinical Psychology, 63*, 797-801.

Heavey, C. L., Layne, C. & Christensen, A. (1993). Gender and conflict structure in marital interaction: A replication and extension. *Journal of Consulting and Clinical Psychology, 61*, 16-27.

Heinicke, C. M. (1995). Determinants of the transition to parenting. In M. H. Bornstein (Ed.), *Handbook of parenting, Vol. 3: Status and social conditions of parenting* (pp. 277-303). Mahwah, NJ: Lawrence Erlbaum.

Hendrick, S. S. (1988). A generic measure of relationship satisfaction. *Journal of Marriage and the Family, 50*, 93-98.

Hennessy, K. D., Rabideau, G. J., Cicchetti, D. & Cummings, M. (1994). Responses of physically abused and nonabused children to different forms of interadult anger. *Child Development, 65*, 815-828.

Henry, B., Caspi, A., Moffitt, T. E. & Silva, P. A. (1996). Temperamental and familial predictors of violent and nonviolent criminal convictions: Age 3 to age 18. *Developmental Psychology, 32*, 614-623.

Herlth, A., Böcker, S. & Ossyssek, F. (1995). Ehebeziehungen und Kompetenzentwicklung von Kindern. In B. Nauck, C. Onnen-Isemann, H. M. Diefenbach, H. M. Matthias & D. M. Sander (Hrsg.), *Familie im Brennpunkt von Wissenschaft und Forschung* (S. 221-235). Neuwied: Luchterhand.

Hetherington, E. M. & Clingempeel, W. G. (1992). Coping with marital transitions: A family systems perspective. *Monographs of the Society for Research in Child Development, 57* (2-3), 1-242.

Hetherington, E. M., Bridges, M. & Insabella, G. M. (1998). What matters? What does not? Five perspectives on the association between marital transitions and children's adjustment. *American Psychologist, 53*, 167-184.

Holden, G. W. & Ritchie, K. L. (1991). Linking extreme marital discord, child rearing, and child behavior problems: Evidence from battered women. *Child Development, 62*, 311-327.

Isabella, R. A. (1993). Origins of attachment: Maternal interactive behavior across the first year. *Child Development, 64*, 605-621.
Jacobvitz, D., Riggs, S. & Johnson, E. (1999). Cross-sex and same-sex family alliances: Immediate and long-term effects on sons and daughters. In N. C. Chase (Ed.), *Burdened children: Theory, research and treatment of parentification* (pp. 34-55). Thousand Oakes: Sage.
Jenkins, J. M. & Smith, M. A. (1991). Marital disharmony and children's behaviour problems: Aspects of a poor marriage that affect children adversely. *Journal of Child Psychology and Psychiatry and Allied Disciplines, 32*, 793-810.
Johnson, P. L. & O'Leary, K. D. (1987). Parental behavior patterns and conduct disorders in girls. *Journal of Abnormal Child Psychology, 15*, 573-581.
Johnston, J. R., Gonzalez, R. & Campbell, L. E. G. (1987). Ongoing postdivorce conflict and child disturbance. *Journal of Abnormal Child Psychology, 24*, 145-152.
Jöreskog, K. G. & Sörbom, D. (1989). *LISREL 7: A guide to the program and applications.* Chicago: SPSS Inc.
Jouriles, E. N., Bourg, W. J. & Farris, A. M. (1991). Marital adjustment and child conduct problems: A comparison of the correlation across subsamples. *Journal of Consulting and Clinical Psychology, 59*, 354-357.
Jouriles, E. N., Murphy, C. M. & O'Leary, K. D. (1989). Interspousal aggression, marital discord, and child problems. *Journal of Consulting and Clinical Psychology, 57*, 453-455.
Jouriles, E. N., Pfiffner, L. J. & O'Leary, S. G. (1988). Marital conflict, parenting, and toddler conduct problems. *Journal of Abnormal Child Psychology, 16*, 197-206.
Jouriles, E. N., Murphy, C. M., Farris, A. M., Smith, D. A., Richters, J. E. & Waters, E. (1991). Marital adjustment, parental disagreements about child rearing, and behavior problems in boys: Increasing the specifity of the marital assessment. *Child Development, 62*, 1424-1433.
Jurgan, S., Gloger-Tippelt, G. & Ruge, K. (1999). Veränderungen der elterlichen Partnerschaft in den ersten 5 Jahren der Elternschaft. In B. Reichle & H. Werneck (Hrsg.), *Übergang zur Elternschaft. Aktuelle Studien zur Bewältigung eines unterschätzten Lebensereignisses* (S. 37-51). Stuttgart: Enke.
Jurkovic, G. J. (1997). *Lost childhoods: The plight of the parentified child.* New York: Brunner/Mazel.
Jurkovic, G. J. (1998). Destructive parentification in families: Causes and consequences. In L. L'Abate (Ed.), *Family psychopathology: The relational roots of dyfunctional behavior* (pp. 237-255). New York: Guilford.
Kagan, J. (1998). Biology and the child. In W. Damon & N. Eisenberg (Eds.), *Handbook of child psychology, Vol. 3 Social emotional and personality development* (5. ed., pp. 177-235). New York: Wiley.
Kagan, J., Reznick, J. S. & Snidman, N. (1987). The physiology and psychology of behavioral inhibition in children. *Child Development, 58*, 1459-1473.
Kalicki, B., Peitz, G., Fthenakis, W. E. & Engfer, A. (1999). Passungskonstellationen und Anpassungsprozesse beim Übergang zur Elternschaft. In B. Reichle & H. Werneck (Hrsg.), *Aktuelle Studien zur Bewältigung eines unterschätzten Lebensereignisses* (S. 129-146). Stuttgart: Enke.
Karney, B. R. & Bradbury, T. N. (1995). The longitudinal course of marital quality and stability: A review of theory, methods, and research. *Psychological Bulletin, 118*, 3-34.
Karney, B. R. & Bradbury, T. N. (2000). Attributions in marriage: State or trait? A growth curve analysis. *Journal of Personality and Social Psychology, 78*, 295-309.

Katainen, S., Raeikkoenen, K. & Keltikangas-Jaervinen, L. (1997). Childhood temperament and mother's child-rearing attitudes: Stability and interaction in a three-year followup study. *European Journal of Personality, 11*, 249-265.

Katz, L. F. & Gottmann, J. M. (1993). Patterns of marital conflict predict children's internalizing and externalizing behaviors. *Developmental Psychology, 29*, 940-950.

Katz, L. F. & Gottman, J. M. (1995). Vagal tone protects children from marital conflict. *Development and Psychopathology, 7*, 83-92.

Katz, L. F. & Gottman, J. M. (1996). Spillover effects of marital conflict: In search of parenting and coparenting mechanisms. In J. P. McHale & P. A. Cowan (Eds.), *Understanding how family-level dynamics affect children's development: Studies of two-parent families* (pp. 57-76). San Francisco, CA: Jossey-Bass.

Katz, L. F. & Gottman, J. M. (1997). Buffering children from marital conflict and dissolution. *Journal of Clinical Child Psychology, 26*, 157-171.

Katz, L. F., Wilson, B. & Gottman, J. M. (1999). Meta-emotion philosophy and family adjustment: Making an emotional connection. In M. J. Cox & J. Brooks-Gunn (Eds.), *Conflict and cohesion in families: Causes and consequences* (pp. 131-165). Mahwah, NJ: Erlbaum.

Kelly, E. L. & Conley, J. J. (1987). Personality and compatibility: A prospective analysis of marital stability and marital satisfaction. *Journal of Personality and Social Psychology, 52*, 27-40.

Kenny, D. A. & Cook, W. L. (1999). Partner effects in relationship research: Conceptual issues, analytic difficulties, and illustrations. *Personal Relationships, 6*, 433-448.

Kerig, P. K. (1995). Triangles in the family circle: Effects of family structure on marriage, parenting, and child adjustment. *Journal of Family Psychology, 9*, 28-43.

Kerig, P. K. (1998). Moderators and mediators of the effects of interparental conflict on children's adjustment. *Journal of Abnormal Child Psychology, 26*, 199-212.

Kim, J. E., Hetherington, E. M. & Reiss, D. (1999). Associations among family relationships, antisocial peers, and adolescents' externalizing behaviors: Gender and family type differences. *Child Development, 70*, 1209-1230.

Kirkpatrick, L. A. & Davis, K. E. (1994). Attachment style, gender, and relationship stability: A longitudinal analysis. *Journal of Personality and Social Psychology, 66*, 502-512.

Kitzmann, K. M. (2000). Effects of marital conflict on subsequent triadic family interactions and parenting. *Developmental Psychology, 36*, 3-13.

Kochanska, G. (1995). Children's temperament, mother's discipline, and security of attachment: Multiple pathways to emerging internalization. *Child Development, 66*, 597-615.

Kochanska, G. (1997). Multiple pathways to conscience for children with different temperaments: From toddlerhood to age 5. *Developmental Psychology, 33*, 228-240.

Krause, P. (1994). *Armut im Wohlstand: Betroffenheit und Folgen (DIW-Diskussionspapier Nr. 88)*. Berlin: Deutsches Institut für Wirtschaftsforschung (DIW).

Krishnakumar, A. & Buehler, C. (2000). Interparental conflict and parenting behaviors. A meta-analytic review. *Family Relations, 49*, 25-44.

Kruse, J. (2001). Erziehungsstil und kindliche Entwicklung: Wechselwirkungsprozesse im Längsschnitt. In S. Walper & R. Pekrun (Hrsg.), *Familie und Entwicklung. Aktuelle Perspektiven der Familienpsychologie* (S. 63-83). Göttingen: Hogrefe.

Kuczynski, L. & Kochanska, G. (1995). Function and content of maternal demands: Developmental significance of early demands for competent action. *Child Development, 66*, 616-628.

Kurdek, L. A. (1993). Predicting marital dissolution: A 5-year prospective longitudinal study of newlywed couples. *Journal of Personality and Social Psychology, 64*, 221-242.

Kyrios, M. & Prior, M. (1990). Temperament, stress and family factors in behavioural adjustment of 3-5-year-old children. *International Journal of Behavioral Development, 13*, 67-93.

Langlois, J. H., Ritter, J. M., Casey, R. J. & Sawin, D. B. (1995). Infant attractiveness predicts maternal behaviors and attitudes. *Developmental Psychology, 31*, 464-472.

Levy-Shiff, R. (1994). Individual and contextual correlates of marital change across the transition to parenthood. *Developmental Psychology, 30*, 591-601.

Lindahl, K. M. & Malik, N. M. (1999). Marital conflict, family processes, and boys' externalizing behavior in Hispanic American and European American families. *Journal of Clinical Child Psychology, 28*, 12-24.

Lindahl, K. M., Clements, M. & Markman, H. (1997). Predicting marital and parent functioning in dyads and triads: A longitudinal investigation of marital processes. *Journal of Family Psychology, 11*, 139-151.

Luster, T. & McAdoo, H. (1996). Family and child influences on educational attainment: A secondary analysis of the high/scope Perry Preschool data. *Developmental Psychology, 32*, 26-39.

Lytton, H. (1990). Child and parent effects in boys' conduct disorder: A reinterpretation. *Developmental Psychology, 26*, 683-697.

Lytton, H. (2000). Toward a model of family-environmental and child-biological influences on development. *Developmental Review, 20*, 150-179.

Lytton, H. & Romney, D. M. (1991). Parents' differential socialization of boys and girls: A meta-analysis. *Psychological Bulletin, 109*, 267-296.

Maccoby, E. E. & Martin, J. A. (1983). Socialization in the context of the family: Parent-child interaction. In P. H. Massen (Ed.), *Handbook of child psychology* (Vol. 4, pp. 1-101). New York: Wiley.

Maccoby, E. E., Snow, M. E. & Jacklin, C. N. (1984). Children's dispositions and mother-child interaction at 12 and 18 months: A short-term longitudinal study. *Developmental Psychology, 20*, 459-472.

Maguire, M. C. (1999). Treating the dyad as the unit of analysis: A primer on three analytic approaches. *Journal of Marriage and the Family, 61*, 213-223.

Mahoney, A., Jouriles, E. N. & Scavone, J. (1997). Marital adjustment, marital discord over childrearing, and child behavior problems: Moderating effects of child age. *Journal of Clinical Child Psychology, 26*, 415-423.

Mann, B. J. & MacKenzie, E. P. (1996). Pathways among marital functioning, parental behaviors, and child behavior problems in school-age boys. *Journal of Clinical Child Psychology, 25*, 183-191.

Margolin, G. (1981). The reciprocal relationship between marital and child problems. In J. P. Vincent (Ed.), *Advances in intervention, assessment, and theory* (Vol. 2, pp. 131-182). Greenwich, CT: JAI Press.

Markman, H. J. & Kraft, S. A. (1989). Men and women in marriage: Dealing with gender differences in marital therapy. *Behavior Therapist, 12*, 51-86.

Mayer, J. D., Gaschke, Y. N., Braverman, D. L. & Evans, T. W. (1992). Mood-congruent judgment is a general effect. *Journal of Personality and Social Psychology, 63*, 119-132.

McCloskey, L. A., Figueredo, A. J. & Koss, M. P. (1995). The effects of systemic family violence on children's mental health. *Child Development, 66*, 1239-1261.

McHale, J. P. (1995). Coparenting and triadic interactions during infancy: The roles of marital distress and child gender. *Developmental Psychology, 31*, 985-996.

Miller, B. & Sollie, D. (1980). Normal stresses during the transition to parenthood. *Family Relations, 29*, 459-465.

Miller, G. E. & Bradbury, T. N. (1995). Refining the association between attributions and behavior in marital interaction. *Journal of Family Psychology, 9*, 196-208.

Miller, N. B., Cowan, P. A., Cowan, C. P., Hetherington, E. M. & Clingempeel, W. G. (1993). Externalizing in preschoolers and early adolescents: A cross-study replication of a family model. *Developmental Psychology, 29*, 3-18.

Minuchin, S. (1983). *Familie und Familientherapie: Theorie und Praxis struktureller Familientherapie* (5. Aufl.). Freiburg: Lambertus.

Minuchin, S., Rosman, B. L. & Baker, L. (1978). *Psychosomatic families: Anorexia nervosa in context*. Cambridge, MA: Harvard University Press.

Moos, R. H. & Moos, B. S. (1986). *Family Environment Scale. Manual* (2. ed.). Palo Alto: Consulting Psychologists Press.

Nestmann, F. (1997). Familie als soziales Netzwerk und Familie im sozialen Netzwerk. In L. Böhnisch & K. Lenz (Hrsg.), *Familien. Eine interdisziplinäre Einführung* (S. 213-234). Weinheim: Juventa.

Nickel, H. (1999). Übergang zur Elternschaft, Familienentwicklung und Generativität in drei Kontinenten - Ein interkulturelles Forschungsprojekt. In B. Reichle & H. Werneck (Hrsg.), *Übergang zur Elternschaft. Akuelle Studien zur Bewältigung eines unterschätzten Lebensereignisses* (S. 55-75). Stuttgart: Enke.

Niesel, R. (1995). Erleben und Bewältigung elterlicher Konflikte durch Kinder. *Familiendynamik, 20*, 155-170.

O'Brien, M., Margolin, G., John, R. S. & Krueger, L. (1991). Mothers' and sons' cognitive and emotional reactions to simulated marital and family conflict. *Journal of Consulting and Clinical Psychology, 59*, 692-703.

O'Connor, T. G., Deater-Deckard, K., Fulker, D., Rutter, M. & Plomin, R. (1998). Genotype-environment correlations in late childhood and early adolescence: Antisocial behavioral problems and coercive parenting. *Developmental Psychology, 34*, 970-981.

O'Leary, K. D. & Emery, R. E. (1984). Marital discord and child behavior problems. In M. D. Levine & P. Satz (Eds.), *Developmental variation and dysfunction* (pp. 345-364). New York: Academic Press.

Osborne, L. N. & Fincham, F. D. (1996). Marital conflict, parent-child relationships, and child adjustment: Does gender matter? *Merrill Palmer Quarterly, 42*, 48-75.

Owen, M. T. & Cox, M. J. (1997). Marital conflict and the development of infant-parent attachment relationships. *Journal of Family Psychology, 11*, 152-164.

Papousek, M. & von Hofacker, N. (1998). Persistent crying in early infancy: A non-trivial condition of risk for the developing mother-infant relationship. *Child: Care, Health and Development, 24*, 395-424.

Parke, R. D. (1995). Fathers and families. In M. H. Bornstein (Ed.), *Handbook of parenting, Vol. 3: Status and social conditions of parenting* (pp. 27-63). Mahwah, NJ: Erlbaum.

Parke, R. D. & Buriel, R. (1998). Socialization in the family: Ethnic and ecological perspectives. In W. Damon & N. Eisenberg (Eds.), *Handbook of child psychology, Vol. 3 Social, emotional, and personality development* (5. ed., pp. 463-552). New York: Wiley.

Parke, R. D., Kim, M., Flyr, M., McDowell, D. J., Simpkins, S. D., Killian, C. M. & Wild, M. (2001). Managing marital conflict: Links with children's peer relationships. In J. H. Grych & F. D. Fincham (Eds.), *Interparental conflict and child development: Theory, research, and applications* (pp. 291-314). New York, NY: Cambridge University Press.

Patterson, G. R. (1982). *Coercive family process. A social learning approach.* Eugene, OR: Castalia Publishing Company.

Patterson, G. R. (1995). Coercion as a basis for early age of onset for arrest. In J. McCord (Ed.), *Coercion and punishment in long-term perspectives* (pp. 81-105). Cambridge: Cambridge University Press.

Pedersen, F. A., Huffman, L. C., del Carmen, R. & Bryan, Y. E. (1996). Prenatal maternal reactivity to infant cries predicts postnatal perceptions of infant temperament and marriage appraisal. *Child Development, 67,* 2541-2552.

Pedersen, F. A., Zaslow, M., Cain, R. L., Anderson, B. J. & Thomas, M. (1980). A methodology for assessing parent perception of baby temperament. *JSAS: Catalog of Selected Documents in Psychology, 10* (1).

Peterander, R., Banzer, K., Bailer, J. & Henrich, G. (1987). *Familiäre Belastungen, Elternverhalten und kindliche Entwicklung (Testunterlagen).* München: Max-Planck-Institut für Psychiatrie, Abteilung für Psychologie.

Petzold, M. (1998). *Paare werden Eltern. Eine familienentwicklungspsychologische Längsschnittstudie* (2., erw. Aufl.). St. Augustin: Gardez!-Verlag.

Pistole, M. C. (1989). Attachment in adult romantic relationships: Style of conflict resolution and relationship satisfaction. *Journal of Social and Personal Relationships, 6,* 505-512.

Plomin, R., DeFries, J. C., McClearn, G. E. & Rutter, M. (1999). *Gene, Umwelt und Verhalten.* Bern: Huber.

Porter, B. & O'Leary, K. D. (1980). Marital discord and childhood behavior problems. *Journal of Abnormal Child Psychology, 8,* 287-295.

Press, J. & Wilson, S. (1978). Chosing between logistic regression and discriminant analysis. *Journal of the American Statistical Association, 73,* 699-705.

Reicherts, M., Schedle, A. & Diethelm, K. (1989). *Zum Umgang mit Problemsituationen in der frühen Mutter-Kind-Interaktion. Konzeption, Validität und Reliabilität eines S-R-Prozeßfragebogens für Mütter (UBV-MK).* Psychologisches Institut: Universität Fribourg/Schweiz.

Reichle, B. (1994). *Die Geburt des ersten Kindes - eine Herausforderung für die Partnerschaft. Verarbeitung und Folgen einer einschneidenden Lebensveränderung.* Bielefeld: Kleine.

Reichle, B. (1996). Der Traditionalisierungseffekt beim Übergang zur Elternschaft. *Zeitschrift für Frauenforschung, 14* (4), 70-89.

Reichle, B. (1999). *Wir werden Familie. Ein Kurs zur Vorbereitung auf die erste Elternschaft.* Weinheim: Juventa.

Reichle, B. (in Druck). Die negative Seite sozialer Unterstützung: Nonsupport in Partnerschaften. In E. Witte & C. Bleich (Hrsg.), *Stress und soziale Unterstützung - Sozialpsychologische Perspektiven* (S. 90-112). Lengerich: Pabst.

Reichle, B. & Montada, L. (1999). Übergang zur Elternschaft und Folgen: Der Umgang mit Veränderungen macht Unterschiede. In B. Reichle & H. Werneck (Hrsg.), *Übergang zur Elternschaft. Aktuelle Studien zur Bewältigung eines unterschätzten Lebensereignisses* (S. 205-224). Stuttgart: Enke.

Reichle, B. & Werneck, H. (1999a). Übergang zur Elternschaft und Partnerschaftsentwicklung: Ein Überblick. In B. Reichle & H. Werneck (Hrsg.), *Übergang zur Elternschaft. Aktuelle Studien zur Bewältigung eines unterschätzten Lebensereignisses* (S. 1-16). Stuttgart: Enke.

Reichle, B. & Werneck, H. (Hrsg.). (1999b). *Übergang zur Elternschaft. Aktuelle Studien zur Bewältigung eines unterschätzten Lebensereignisses.* Stuttgart: Enke.

Reid, W. J. & Crisafulli, A. (1990). Marital discord and child behavior problems: A meta-analysis. *Journal of Abnormal Child Psychology, 18*, 105-117.
Revenstorf, D., Vogel, B., Wegener, C., Hahlweg, K. & Schindler, I. (1980). Escalation phenomena in interaction sequences: An empirical comparison of distressed and non distressed couples. *Behavioral Analysis and Modification, 2*, 97-116.
Richter, H.-E. (1972). *Eltern, Kind und Neurose. Psychoanalyse der kindlichen Rolle* (3. Aufl.). Stuttgart: Klett.
Ritchie, K. L. (1999). Maternal behaviors and cognitions during discipline episodes: A comparison of power bouts and single acts of noncompliance. *Developmental Psychology, 35*, 580-589.
Roberts, T. W. (1994). *A systems perspective of parenting: The individual, the family, and the social network*. Pacific Grove, CA: Brooks/Cole.
Robinson, E. A. & Price, M. G. (1980). Pleasurable behavior in marital interaction: An observational study. *Journal of Consulting and Clinical Psychology, 48*, 117-118.
Robinson, L. C. & Blanton, P. W. (1993). Marital strengths in enduring marriages. *Family Relations, 42*, 38-45.
Rossman, B. R. & Rosenberg, M. S. (1992). Family stress and functioning in children: The moderating effects of children's beliefs about their control over parental conflict. *Journal of Child Psychology and Psychiatry and Allied Disciplines, 33*, 699-715.
Rothbart, M. K. & Bates, J. E. (1998). Temperament. In W. Damon & N. Eisenberg (Eds.), *Handbook of child psychology, Vol. 3 Social emotional and personality development* (5. ed., pp. 105-176). New York: Wiley.
Rowe, D. C. (1994). The limits of family influence: Genes, experience, and behavior.
Rubin, K. H. & Asendorpf, J. B. (Eds.). (1993). *Social withdrawal, inhibition, and shyness in childhood*. Hillsdale: Erlbaum.
Rutter, M. (1987). Psychosocial resilience and protective mechanisms. *American Journal of Orthopsychiatry, 57*, 316-331.
Rutter, M. (1994). Family discord and conduct disorder: Cause, consequence or correlate? *Journal of Family Psychology, 8*, 170-186.
Sanders, M. R. (1998). Verhaltenstherapeutische Familientherapie: Eine "Public-Health" Perspektive. In K. Hahlweg, D. H. Baucom, R. Bastine & H. J. Markman (Hrsg.), *Prävention von Trennung und Scheidung. Internationale Ansätze zur Prädiktion und Prävention von Beziehungsstörungen* (S. 289-305). Stuttgart: Kohlhammer.
Sanders, M. R., Nickolson, J. M. & Floyd, F. J. (1997). Couples' relationships and children. In W. K. Halford & H. J. Markman (Eds.), *Clinical handbook of marriage and couples intervention* (pp. 225-246). New York: Wiley.
Sanson, A. V. & Rothbart, M. K. (1995). Child temperament and parenting. In M. H. Bornstein (Ed.), *Handbook of parenting, Vol. 4: Applied and practical parenting* (pp. 299-321). Mahwah, NJ: Lawrence Erlbaum.
Sarason, B. R., Sarason, I. G. & Gurung, R. A. R. (1997). Close personal relationships and health outcomes: A key to the role of social support. In S. Duck (Ed.), *Handbook of personal relationships* (2. ed., pp. 547-573). Chichester: John Wiley & Sons.
Satir, V. (1982). *Selbstwert und Kommunikation* (5. Aufl.). München: Pfeiffer.
Scarr, S. (1992). Developmental theories for the 1990s: Development and individual differences. *Child Development, 63*, 1-19.
Scarr, S. & McCartney, K. (1983). How people make their own environments: A theory of genotype => environment effects. *Child Development, 54*, 424-435.

Schaefer, M. T. & Olson, D. H. (1981). Assessing intimicy: The Pair Inventory. *Journal of Marriage and Family Therapy, 7*, 47-60.

Schafer, J. L. (1999). *NORM: Multiple imputation of incomplete multivariate data under a normal model* (Version 2). URL http://www.stat.psu.edu/~jls/misoftwa.html.

Schneewind, K. A. (1993). Paarklima - die "Persönlichkeit" von Partnerschaften. In H. Mandl, M. Dreher & H.-J. Kornadt (Hrsg.), *Entwicklung und Denken im kulturellen Kontext* (S. 145-161). Göttingen: Hogrefe.

Schneewind, K. A. (1995). Kinder und Jugendliche im Kontext der Familie: Strategien für eine entwicklungsförderliche Erziehung. In W. Edelstein (Hrsg.), *Entwicklungskrisen kompetent meistern. Der Beitrag der Selbstwirksamkeitstheorie von Albert Bandura zum pädagogischen Handeln* (S. 43-51). Heidelberg: Asanger.

Schneewind, K. A. (1999). *Familienpsychologie* (2. Aufl.). Stuttgart: Kohlhammer.

Schneewind, K. A. & Gerhard, A.-K. (in press). Relationship personality, conflict resolution and marital satisfaction: Mediational analyses across the first five years of marriage. *Family Relations*.

Schneewind, K. A. & Graf, J. (1998). *Der 16 Persönlichkeits-Faktoren-Test. Revidierte Fassung (16PF-R)*. Bern: Huber.

Schneewind, K. A. & Graf, J. (2000). Beziehungstraining - Wissen und Handeln im Kontext von Partnerschaft und Familie. In H. Mandl & J. Gerstenmaier (Hrsg.), *Die Kluft zwischen Wissen und Handeln: empirische und theoretische Lösungsansätze* (S. 157-196). Göttingen: Hogrefe.

Schneewind, K. A. & Kruse, J. (2002). *Die Paarklima-Skalen. Manual*. Bern: Huber.

Schneewind, K. A. & Pekrun, R. (1994). Theorien der Erziehungs- und Sozialisationspsychologie. In K. A. Schneewind (Hrsg.), *Enzyklopädie der Psychologie: Themenbereich D Praxisgebiete, Serie I Pädagogische Psychologie, Band 1 Psychologie der Erziehung und Sozialisation* (S. 3-39). Göttingen: Hogrefe.

Schneewind, K. A. & Schmidt, M. (1999). Familiendiagnostik im Kontext der Klinischen Entwicklungspsychologie. In R. Oerter, C. von Hagen, G. Röper & G. Noam (Hrsg.), *Klinische Entwicklungspsychologie* (S. 270-298). Weinheim: Psychologie Verlags Union.

Schneewind, K. A. & Sierwald, W. (1999). Frühe Paar- und Familienentwicklung: Befunde einer fünfjährigen prospektiven Längsschnittstudie. In B. Reichle & H. Werneck (Hrsg.), *Übergang zur Elternschaft. Aktuelle Studien zur Bewältigung eines unterschätzten Lebensereignisses* (S. 149-164). Stuttgart: Enke.

Schneewind, K. A., Beckmann, M. & Hecht-Jackl, A. (1985). Das Familiendiagnostische Testsystem (FDTS), *Forschungsberichte aus dem Institutsbereich Persönlichkeitspsychologie und Psychodiagnostik der Ludwig-Maximilians-Universität, München*.

Schneewind, K. A., Graf, J. & Gerhard, A.-K. (1999). Paarbeziehungen: Entwicklung und Intervention. In L. v. Rosenstiel, C. M. Hockel & W. Molt (Hrsg.), *Handbuch der Angewandten Psychologie*. Landsberg: ecomed.

Schneewind, K. A., Graf, J. & Gerhard, A.-K. (2000). Entwicklung von Paarbeziehungen. In P. Kaiser (Hrsg.), *Partnerschaft und Paartherapie* (S. 97-111). Göttingen: Hogrefe.

Schneewind, K. A., Walper, S. & Graf, J. (2000). Sozialisation in der Familie als Quelle individueller Unterschiede. In M. Amelang (Hrsg.), *Enzyklopädie der Psychologie. Serie VIII. Differentielle Psychologie und Persönlichkeitsforschung. Bd. 4. Determinanten individueller Unterschiede* (S. 249-343). Göttingen: Hogrefe.

Schneewind, K. A., Vaskovics, L. A., Backmund, V., Buba, H., Rost, H., Schneider, N., Sierwald, W. & Vierzigmann, G. (1992). *Optionen der Lebensgestaltung junger Ehen und Kin-*

derwunsch. Verbundstudie im Auftrag des Bundesministeriums für Familie und Senioren. Stuttgart: Kohlhammer.

Schneewind, K. A., Vaskovics, L. A., Gotzler, P., Hofmann, B., Rost, H., Schlehlein, B., Sierwald, W. & Weiß, J. (1996). *Optionen der Lebensgestaltung junger Ehen und Kinderwunsch. Verbundstudie-Endbericht.* Stuttgart: Kohlhammer.

Schröder, B., Hahlweg, K., Hank, G. & Klann, N. (1994). Sexuelle Unzufriedenheit und Qualität der Partnerschaft (befriedigende Sexualität gleich gute Partnerschaft)? *Zeitschrift für Klinische Psychologie, 23*, 178-187.

Schwarzer, R. (Hrsg.). (1986). *Skalen zur Befindlichkeit und Persönlichkeit* (Forschungsbericht Nr. 5). Berlin: Freie Universität, Institut für Psychologie.

Scott, W. A., Scott, R. & McCabe, M. (1991). Family relationships and children's personality: A cross-cultural, cross-source comparison. *British Journal of Social Psychology, 30*, 1-20.

Seifer, R., Sameroff, A. J., Barrett, L. C. & Krafchuk, E. (1994). Infant temperament measured by multiple observations and mother report. *Child Development, 65*, 1478-1490.

Shaffer, D. R. (1999). *Social and personality development.* Belmont, CA: Wadsworth.

Shapiro, A. F., Gottman, J. M. & Carrere, S. (2000). The baby and the marriage: Identifying factors that buffer against decline in marital satisfaction after the first baby arrives. *Journal of Family Psychology, 14*, 59-70.

Sirignano, S. W. & Lachman, M. E. (1985). Personality change during the transition to parenthood: The role of perceived infant temperament. *Developmental Psychology, 21*, 558-567.

Stanley, S. M., Bradbury, T. N. & Markman, H. J. (2000). Structural flaws in the bridge from basic research on marriage to interventions for couples. *Journal of Marriage and the Family, 62*, 256-264.

Steinberg, L., Lamborn, S. D., Darling, N. & Mounts, N. S. (1994). Over-time changes in adjustment and competence among adolescents from authoritative, authoritarian, indulgent, and neglectful families. *Child Development, 65*, 754-770.

Stierlin, H., Rücker-Embden, I., Wetzel, N. & Wirsching, M. (1992). *Das erste Familiengespräch. Theorie, Praxis, Beispiele* (6. Aufl.). Stuttgart: Klett-Cotta.

Stoneman, Z., Brody, G. H. & Burke, M. (1989). Marital quality, depression, and inconsistent parenting: Relationship with observed mother-child conflict. *American Journal of Orthopsychiatry, 59*, 105-117.

Stoolmiller, M. (1999). Implications of the restricted range of family environments for estimates of heritability and nonshared environment in behavior-genetic adoption studies. *Psychological Bulletin, 125*, 392-409.

Suomi, S. J. (1997). Long-term effects of different early rearing experiences on social, emotional and physiological development in nonhuman primates. In M. S. Kesheven & R. M. Murra (Eds.), *Neurodevelopmental models of adult psychopathology.* Cambridge: Cambridge University Press.

Tannen, D. (1991). *Du kannst mich einfach nicht verstehen. Warum Männer und Frauen aneinander vorbeireden.* Hamburg: Kabel.

Teti, D. M. & Gelfand, D. M. (1991). Behavioral competence among mothers of infants in the first year: The mediational role of maternal self-efficacy. *Child Development, 62*, 918-929.

Thomas, A. & Chess, S. (1980). *Temperament und Entwicklung.* Stuttgart: Enke.

Thurmaier, F., Engl, J. & Hahlweg, K. (1995). *Ehevorbereitung - Ein partnerschaftliches Lernprogramm (EPL). Handbuch für ausgebildete Kursleiter.* München: Institut für Forschung und Ausbildung in Kommunikationstherapie.

Tomlinson, P. S. (1987). Spousal differences in marital satisfaction during transition to parenthood. *Nursing Research, 36*, 239-243.

Turgeon, L., Julien, D. & Dion, E. (1998). Temporal linkages between wives' pursuit and husbands' withdrawal during marital conflict. *Family Process, 37*, 323-334.

van den Boom, D. C. (1995). Do first-year intervention effects endure? Follow-up during toddlerhood of a sample of Dutch irritable infants. *Child Development, 66*, 1798-1816.

van den Boom, D. C. & Hoeksma, J. B. (1994). The effect of infant irritability on mother-infant interaction: A growth-curve analysis. *Developmental Psychology, 30*, 581-590.

Vandewater, E. A. & Lansford, J. E. (1998). Influences of family structure and parental conflict on children's well-being. *Family Relations, 47*, 323-330.

Vanzetti, N. A., Notarius, C. I. & NeeSmith, D. (1992). Specific and generalized expectancies in marital interaction. *Journal of Family Psychology, 6*, 171-183.

Vierzigmann, G. (1995). Entwicklung von Skalen zur Erfassung individueller Beziehungskompetenzen (SEBE). *Zeitschrift für Differentielle und Diagnostische Psychologie, 16* (2), 103-112.

Vuchinich, S., Bank, L. & Patterson, G. R. (1992). Parenting, peers, and the stability of antisocial behavior in preadolescent boys. *Developmental Psychology, 28*, 510-521.

Wallerstein, J. S. (1994). The early psychological tasks of marriage. *American Journal of Orthopsychiatry, 64*, 640-650.

Wallerstein, J. S. & Blakeslee. (1998). *Gute Ehen. Wie und warum die Liebe bleibt.* München: Deutscher Taschenbuch Verlag.

Wallerstein, J. S. & Kelly, J. B. (1980). *Surviving the breakup. How children and parents cope with divorce.* New York: Basic Books.

Walper, S. (1997). Wenn Kinder arm sind - Familienarmut und ihre Betroffenen. In L. Böhnisch & K. Lenz (Hrsg.), *Familien. Eine interdisziplinäre Einführung* (S. 265-281). Weinheim: Juventa.

Walper, S. (1998). *Individuation Jugendlicher in Konflikt-, Trennungs- und Stieffamilien. Theorie, Diagnostik und Befunde. Unveröffentlichte Habilitationsschrift*: Universität München.

Walper, S. & Galambos, N. (1997). Employed mothers in Germany. In J. Frankel (Ed.), *Families of employed mothers. An international perspective* (pp. 35-66). New York: Garland.

Webster-Stratton, C. (1994). Advancing videotape parent training: A comparison study. *Journal of Consulting and Clinical Psychology, 62*, 583-593.

Webster-Stratton, C. & Hammond, M. (1999). Marital conflict management skills, parenting style, and early-onset conduct problems: Processes and pathways. *Journal of Child Psychology and Psychiatry and Allied Disciplines, 40*, 917-927.

Weigel, D. J. & Ballard-Reisch, D. S. (1999). How couples maintain marriages: A closer look at self and spouse influences upon the use of maintenance behaviors in marriages. *Family Relations, 48*, 263-269.

Weindrich, D., Laucht, M., Esser, G. & Schmidt, M. H. (1992). Disharmonische Partnerbeziehung der Eltern und kindliche Entwicklung im Säuglings- und Kleinkindalter. *Praxis der Kinderpsychologie und Kinderpsychiatrie, 41*, 114-118.

Weiss, R. L. & Heyman, R. E. (1997). A clinical overview of couples interactions. In W. K. Halford & H. J. Markman (Eds.), *Clinical handbook of marriage and couples interventions* (pp. 13-41). New York: Wiley & Sons.

Werneck, H. (1998). *Übergang zur Vaterschaft. Auf der Suche nach den "Neuen Vätern".* Wien: Springer-Verlag.

Werneck, H. & Rollett, B. (1999). Die Wiener Längsschnittstudie "Familienentwicklung im Lebenslauf (FIL)" - Ausgewählte Befunde und Implikationen. In B. Reichle & H. Werneck (Hrsg.), *Übergang zur Elternschaft. Aktuelle Studien zur Bewältigung eines unterschätzten Lebensereignisses* (S. 109-126). Stuttgart: Enke.

Werner, E. & Smith, R. (1992). *Overcoming the odds: High risk children from birth to adulthood.* Ithaca, NY: Cornell University Press.

White, M. A., Wilson, M. E., Elander, G. & Persson, B. (1999). The Swedish family: Transition to parenthood. *Scandinavian Journal of Caring Sciences, 13,* 171-176.

Wilkie, C. F. & Ames, E. W. (1986). The relationship of infant crying to parental stress in the transition to parenthood. *Journal of Marriage and the Family, 48,* 545-550.

Wilson, B. J. & Gottman, J. M. (1995). Marital interaction and parenting. In M. H. Bornstein (Ed.), *Handbook of parenting, Vol. 4: Applied and practical parenting* (pp. 33-55). Mahwah, NJ: Lawrence Erlbaum.

Wright, P. J., Henggeler, S. W. & Craig, L. (1986). Problems in paradise? A longitudinal examination of the transition to parenthood. *Journal of Applied Developmental Psychology, 7,* 277-291.

Zeanah, C. H., Mammen, O. K. & Lieberman, A. F. (1993). Disorders of attachment. In C. H. Zeanah (Ed.), *Handbook of infant mental health* (pp. 332-349). New York: Guilford Press.

Zentner, M. R. (1998). *Die Wiederentdeckung des Temperaments.* Frankfurt: Fischer.

11 Sachwortregister

Aggressivität 24, 25, 26, 35, 75
Aktivität 20, 60, 68, 74, 97, 98, 99, 104, 236, 241
Angst 26, 29, 50
Arbeitszufriedenheit 81, 224
Ärger 18, 28, 29, 43, 66, 72, 229
Attributionsmuster 12, 21, 33, 56
Aufgabenverteilung 66
Ausfälle 92
Autonomie 18, 97, 212, 217, 218, 226, 236
Autonomie, zugestandene 16, 98, 119, 170, 213, 234
Befindlichkeit 55, 78, 85, 94, 171, 184, 224, 238
Beziehungsklima 63, 79, 81, 97, 99, 119, 152, 170, 213, 229
Beziehungskompetenzen 85, 94, 177, 184, 220, 224, 232
Beziehungspersönlichkeit 23, 57, 64, 95, 184, 186, 203, 227
Beziehungspflege 20, 60, 99, 225, 235
Bildungsstand 23, 55, 90, 220
Bindung 25, 41, 65, 75, 214, 234, 236
Bindungsstil 23, 24
Bindungstheorie 37
Clusteranalyse 95, 109, 187, 284
Common-factor-Hypothese 6, 11, 53, 85, 171, 227
Coping, dyadisches 20
Datenersatz 286
Depressivität 55, 64
Differentielle Entwicklung 78, 86, 187, 211
Disziplinierung 37, 43, 45, 47, 75
Ehezufriedenheit 15, 62, 63, 80, 97, 118, 119, 131, 219, 224
Einkommen 64, 91
Elternallianz 9, 43, 53, 102, 131, 138, 140, 236
Elternkompetenz 6, 44, 73, 83, 102, 153, 155, 157, 168, 169, 170, 184, 185, 213, 230, 236
Elterntraining 236, 237

Emotionale Verunsicherung 30, 33
Emotionalität 68, 105, 188, 212
Enrichment 236
Enttäuschung 50, 65, 66, 225, 228
Entwicklungsaufgabe 3, 13, 16
Erwerbstätigkeit 54, 65
Erziehung 6, 9, 37, 41, 75, 83, 153
Erziehungsdifferenzen 29, 81, 126, 127, 131, 138
Erziehungsstil 38, 39
Evolutionspsychologie 23, 233
Externalisierende Probleme 25, 28, 31, 33, 45
Familienentwicklungstheorie 3, 12, 16
Familienstresstheorie 7, 11, 13
Familiensystemtheorie 2, 8, 10, 11, 12, 13, 43, 51, 72
Feindseligkeit 28, 43
Feinfühligkeit 42, 50
FIML-Schätzungen 224, 285, 286
Flooding 23
Forderungs-Rückzugsmuster 18, 20, 21
Geschlecht des Kindes 34, 70, 74, 82, 133, 140, 221
Gottman-Konstante 20
Herkunftsfamilie 12, 16, 65, 236
Individuation 16, 119, 132, 226
Inkonsistenz, interparentale 9, 38, 43
Inkonsistenz, intraparentale 9, 38, 43
Intelligenz, emotionale 39
Internalisierende Probleme 25, 28, 31, 33, 45
Interpersonale Kompetenzen 57 Siehe Beziehungskompetenzen
Interpretationsprozesse 22, 32
Kind, einfaches 68, 73, 104, 220
Kind, schwieriges 68, 71, 73, 75, 220
Kindeffekte 6, 12, 58, 79, 118, 144
Koalitionsbildung 6, 9, 51, 53, 138, 222, 238
Kognitiv-kontextueller Ansatz 27, 32
Kommunikation 20, 64, 235, 236
Kompensation, eigennützige 9, 50, 230

Kompensation, uneigennützige 9, 48, 169, 230
Kompensationshypothese 6, 8, 9, 46, 48, 84, 156, 165, 169, 228
Konflikte 15, 17, 25, 29, 35, 46, 61, 77, 97, 115, 216, 217, 219, 221, 223, 225
Konflikthäufigkeit 27
Konfliktlösetraining 235
Kumulative Belastungen 213
Kumulative Modelle 79, 234
Maintenance behaviors 19
Mediatoreffekt 109
Mediatorhypothese 6, 83, 108, 152
Meta-Analysen 31, 45
Meta-Autonomie 226
Meta-Emotion 24, 39, 56, 226
Modelllernen 7, 9, 29
Moderatorvariable 33, 62, 74, 82, 108, 109, 140, 285
Neurotizismus 23
Nonsupport 66
Ökonomische Benachteiligung 55, 91
Parentifizierung 10
Passung 21, 69, 75, 86
Pfadmodelle 78, 107, 285
Physiologische Erregung 7, 23, 26, 34
Positive Zugewandtheit 99, 112, 130, 154, 213, 218, 224, 228, 233, 235
Positiver Affekt 20
Präventive Maßnahmen 235
Problemlösekompetenz 22, 98, 235
Qualitätszeit 60, 236
Ressourcen 4, 13, 42, 54, 63, 70, 72, 79, 184, 200, 201, 212, 213, 220, 228
Risikofaktoren 2, 17, 32
Rollentraditionalisierung 65
Rollenumkehr 50
Rückzug 9, 18, 23, 24, 25, 28, 45, 49, 55, 66
Scham 26, 29
Scheidung 17, 19, 22, 24, 80, 92, 118

Schuld 22, 26, 29, 30, 34
Schutzfaktoren 34, 35, 47, 67, 119, 218
Schwangerschaft, geplante 65
Selbständigkeit 80, 98, 115, 118, 119, 131, 132, 140, 152, 170, 184, 185, 213, 218, 221, 225, 236
Selbstwertgefühl 64
Selbstwirksamkeit 33, 74, 236
Sexuelle Beziehung 16, 118
Sexuelle Intimität 97, 217
Soziale Lerntheorie 7, 8, 11
Sozialisation 13, 18, 35, 58, 67, 233
Sozialisationsforschung 13, 40, 58
Sozialisationshypothese 9, 42
Spillover bei Vätern und Müttern 44, 85, 229
Spillover, positiver 45, 231, 233
Spillover-Hypothese 6, 8, 42, 52, 84, 88, 156, 165, 169, 228
Sten-Werte 98, 115
Stimmungslage 68, 69, 105, 225, 232
Stonewalling 18
Temperament 34, 67, 70, 73, 82, 103, 135, 140, 220
Trennung Siehe Scheidung
Triangulation 10, 51, 52, 238
Überfürsorge 6, 50, 84, 103, 157, 168, 231
Übergang zur Elternschaft 2, 5, 60, 61, 62, 64, 87, 111, 118, 139, 217
Unterstützung 20, 38, 42, 54, 55, 72, 102, 222
Verantwortlichkeitszuschreibung 22, 33, 66
Verhaltensgenetik 12, 40
Wechselwirkungsprozesse 3, 13, 14, 58, 72, 78, 216, 222, 239
Wohlbefinden 10, 50, 72, 95, 184, 185, 231, 238
Zugewandtheit Siehe Positive Zugewandtheit
Zurückweisung 12, 45, 55, 58, 73

12 Verzeichnis der Tabellen

Tabelle 3.1.1. Vier Erziehungsstile nach Maccoby und Martin, 1983 38
Tabelle 5.2.1. Überblick über die Hypothesen 87
Tabelle 5.3.1. Soziodemographische und partnerschaftsbezogene Angaben 93
Tabelle 5.4.1. Übersicht über die wichtigsten Konstrukte 94
Tabelle 5.4.2. Beispielitems und Faktorladungen für die Globalskala Dysfunktionaler Konfliktstil 99
Tabelle 5.4.3. Beispielitems und Faktorladungen für die Globalskala Zugewandtheit 100
Tabelle 5.4.4. Konsistenz, Stabilität und Übereinstimmung der Partner in der Wahrnehmung der Partnerschaftsqualität für die Gesamtgruppe und die Gruppe der Ersteltern 101
Tabelle 5.4.5. Beispielitems für die Elternskalen 103
Tabelle 5.4.6. Beispielitems für die 8 Skalen des elternperzipierten Kindtemperaments 104
Tabelle 5.4.7. Wortlaut und Faktorladungen der Items für die Skala Emotionalität.... 106
Tabelle 6.3.1. Multivariate Kovarianzanalysen für die Elternallianz bei Eltern von Söhnen und Töchtern mit der vorgeburtlichen Zugewandtheit als Kovariate 134
Tabelle 6.3.2. Effekte von Kindgeschlecht und Kindtemperament auf Veränderungen der Paarqualität 139
Tabelle 7.2.1. Univariate Varianzanalysen zu den Paarentwicklungsverläufen 198
Tabelle 7.2.2. Einfache logistische Regressionen zur Vorhersage der Entwicklungsverläufe kindlicher Emotionalität 204
Tabelle 7.2.3. Multiple logistische Regressionen zur Vorhersage der Entwicklungsverläufe kindlicher Emotionalität 205
Tabelle 7.2.4. Multivariate Varianzanalysen zu Entwicklungsverläufen auf Person-, Paar- und Elternebene (t1 bis t6) in den Kindergruppen 206
Tabelle 8.3.1: Überblick über ermittelte Spillover- und Kompensationsprozesse 229
Tabelle 14.3.1. Mittelwerte und Standardabweichungen der Temperamentsdimensionen 286
Tabelle 14.3.2. Positive Zugewandtheit: Geschlechtsspezifische Mittelwerte und Standardabweichungen für Eltern und kinderlose Paare 287
Tabelle 14.3.3. Ehezufriedenheit: Geschlechtsspezifische Mittelwerte und Standardabweichungen für Eltern und kinderlose Paare 287
Tabelle 14.3.4. Selbständigkeit (Sten-Skala): Geschlechtsspezifische Mittelwerte und Standardabweichungen für Eltern und kinderlose Paare 288
Tabelle 14.3.5. Konfliktstile: Geschlechtsspezifische Mittelwerte und Standardabweichungen für Eltern und kinderlose Paare 288
Tabelle 14.3.6. Konfliktpotential: Geschlechtsspezifische Mittelwerte und Standardabweichungen für Eltern und kinderlose Paare 288
Tabelle 14.3.7. Partnerschaftsqualität in Abhängigkeit vom Geschlecht des Kindes: Mittelwerte und Standardabweichungen 289
Tabelle 14.3.8. Konflikte und Elternallianz bei Söhnen und Töchtern 290
Tabelle 14.4.1. Ergebnisse multivariater Varianzanalysen für den Verlauf der Partnerschaftsqualität 291

Tabelle 14.4.2: Ergebnisse univariater Kovarianzanalysen für Eltern und kinderlose Paare 292
Tabelle 14.4.3: Ergebnisse univariater Kovarianzanalysen für Eltern und kinderlose Paare 293
Tabelle 14.4.4: Ergebnisse univariater Kovarianzanalysen für Eltern und kinderlose Paare 294
Tabelle 14.4.5: Ergebnisse univariater Kovarianzanalysen für Eltern und kinderlose Paare 295
Tabelle 14.4.6: Ergebnisse univariater Kovarianzanalysen für Eltern und kinderlose Paare 296
Tabelle 14.5.1. Zusammenhänge zwischen vorgeburtlicher Partnerschaftsqualität und Kindtemperament (3. Lebensmonat bis 5. Lebensjahr) 297
Tabelle 14.5.2. Zeitgleiche und prospektive Zusammenhänge zwischen Erziehung und Kindtemperament 298
Tabelle 14.5.3. Zusammenhänge zwischen Partnerschaftsqualität und Erziehung 299
Tabelle 14.5.4. Zusammenhänge von individueller Beziehungspersönlichkeit und Wohlbefinden (t1) mit Variablen auf Paar-, Eltern- und Kind-Ebene 300
Tabelle 14.5.5. Zusammenhänge zwischen Indikatoren der Partnerschaftsqualität (Mütter) 301
Tabelle 14.5.6. Zusammenhänge zwischen Indikatoren der Partnerschaftsqualität (Väter) 302
Tabelle 14.5.7. Interkorrelationen für die Pfadmodelle der Zugewandtheit (Mütter) .. 303
Tabelle 14.5.8. Interkorrelationen für die Pfadmodelle der Zugewandtheit (Väter) 304
Tabelle 14.5.9. Interkorrelationen für die Pfadmodelle der Selbständigkeit (Mütter) . 305
Tabelle 14.5.10. Interkorrelationen für die Pfadmodelle der Selbständigkeit (Väter) . 306
Tabelle 14.6.1. Vorhersage von Kindtemperament und -stimmung aus vorgeburtlichen Indikatoren der Paarqualität 307
Tabelle 14.6.2. Vorhersage von Veränderungen in Kindtemperament und -stimmung aus vorgeburtlichen Indikatoren der Paarqualität 307
Tabelle 14.6.3. Vorhersage von Veränderung in den kindlichen Temperamentsmerkmalen aus nachgeburtlichen Indikatoren der Paarqualität 308
Tabelle 14.6.4. Vorhersage von Veränderung in den kindlichen Temperamentsmerkmalen aus Veränderungen der Paarqualität 308

13 Verzeichnis der Abbildungen

Abbildung 1.1.1. Wechselwirkungsprozesse im Familiensystem 3
Abbildung 1.1.2 Einflussprozesse im Familiensystem: Kontrastierung der wichtigsten Hypothesen 6
Abbildung 2.1.1. Zwei Kaskaden auf dem Weg zur Scheidung (Gottman, 1994) 19
Abbildung 3.1.1. Erweitertes Prozessmodell elterlichen Erziehungsverhaltens nach Belsky (1984) 41
Abbildung 5.2.1. Wechselwirkungsprozesse zwischen Paaren und Kindern 83
Abbildung 5.2.2. Spillover- und Kompensationsprozesse 84
Abbildung 5.2.3. Persönlichkeitsmerkmale als Hintergrundvariablen 85
Abbildung 5.3.1. Erhebungswellen und Stichprobenentwicklung 89
Abbildung 5.4.1. 3 Gruppen der „Beziehungspersönlichkeit" 96
Abbildung 5.5.1. Mediatormodell (Baron & Kenny, 1986) 109
Abbildung 6.1.1. Positive Zugewandtheit bei Eltern und kinderlosen Paaren 113
Abbildung 6.1.2. Selbständigkeit bei Eltern und kinderlosen Paaren 116
Abbildung 6.2.1. Prädiktion der mutterperzipierten kindlichen Stimmung aus vorgeburtlichen Merkmalen der Paarbeziehung 123
Abbildung 6.2.2. Prädiktion der vaterperzipierten kindlichen Stimmung aus vorgeburtlichen Merkmalen der Paarbeziehung 123
Abbildung 6.2.3. Prädiktion der mutterperzipierten kindlichen Stimmung im 5. Lebensjahr 126
Abbildung 6.2.4. Prädiktion der vaterperzipierten kindlichen Stimmung im 5. Lebensjahr 127
Abbildung 6.2.5. Veränderungen von Positiver Zugewandtheit und Kindtemperament 130
Abbildung 6.4.1. Positive Zugewandtheit und Kindtemperament im Zweijahreslängsschnitt 148
Abbildung 6.4.2. Positive Zugewandtheit und Kindtemperament im Fünfjahreslängsschnitt 149
Abbildung 6.4.3. Selbständigkeit und kindliche Stimmung im Zweijahreslängsschnitt 150
Abbildung 6.5.1. Zugewandtheit und Kindtemperament: Spillover- (Elternkompetenz) und Kompensationsprozesse (Überfürsorge) 165
Abbildung 6.5.2. Elternkompetenz als Mediatorvariable im Zweijahreslängsschnitt 166
Abbildung 6.5.3. Selbständigkeit und kindliche Stimmungslage aus Perspektive der Väter: Elternkompetenz der Mutter als vermittelnde Variable in verschiedenen Zeitspannen 167
Abbildung 6.5.4. Selbständigkeit und kindliche Stimmung im Zweijahreslängsschnitt (Vaterperspektive): Elternkompetenz der Mutter („Erziehung") als Mediatorvariable 168
Abbildung 6.6.1. Beziehungspersönlichkeit als Hintergrundvariable (Zweijahreslängsschnitt) 178
Abbildung 6.6.2. Beziehungspersönlichkeit und Wohlbefinden als Hintergrundvariablen in der Dreimonatszeitspanne 179

Abbildung 6.6.3. Beziehungspersönlichkeit und Wohlbefinden als
Hintergrundvariablen in der Zweijahreszeitspanne...... 180
Abbildung 6.6.4. Beziehungspersönlichkeit und Wohlbefinden als
Hintergrundvariablen in der Fünfjahreszeitspanne...... 181
Abbildung 6.6.5. Selbständigkeit und kindliche Stimmung (Vaterperspektive):
Elternkompetenz der Mutter als Mediatorvariable, Beziehungspersönlichkeit
des Vaters als Hintergrundvariable...... 182
Abbildung 6.6.6. Selbständigkeit und kindliche Stimmungslage aus Perspektive
der Väter: Beziehungskompetenzen der Eltern als Hintergrundvariablen...... 183
Abbildung 7.1.1. Differentielle Verläufe der kindlichen Emotionalität...... 193
Abbildung 7.1.2. Differentielle Verläufe der partnerschaftlichen Zugewandtheit...... 194
Abbildung 7.1.3. Ersteltern und kinderlose Paare in den Verlaufsgruppen...... 195
Abbildung 7.1.4. Ko-Entwicklung von Paaren und Kindern...... 196
Abbildung 7.2.1. Verläufe der partnerschaftlichen Zugewandtheit in den
Kinderverlaufsgruppen (Emotionalität)...... 207
Abbildung 7.2.2. Verläufe der partnerschaftlichen Selbständigkeit in den
Kinderverlaufsgruppen (Emotionalität)...... 208
Abbildung 7.2.3. Verläufe der Elternkompetenz in den Kinderverlaufsgruppen
(Emotionalität)...... 209
Abbildung 7.2.4. Verläufe der Beziehungspersönlichkeit in den
Kinderverlaufsgruppen (Emotionalität)...... 210

14 Anhang

14.1 Eingesetzte Fragebögen

Einbezogene Meßinstrumente pro Meßzeitpunkt	1	2	3	4	5	6	7	8
Soziodemographische Angaben								
2 Alter, Heiratsdatum, Angaben zu den eigenen Eltern	✓							
7 Partnerschaftsgeschichte	✓							
26 Bildung, Einkommen, Beruf	✓	✓	✓	✓	✓	✓	✓	✓
Person-Ebene								
5 Befindlichkeit in den letzten 4 Wochen	✓	✓	✓	✓	✓	✓	✓	✓
24 Beziehungspersönlichkeit (SEBE-Skalen): Soziale Kompetenz, Einfühlungsvermögen, Verletzbarkeit	✓			✓	✓	✓	✓	✓
Paar-Ebene								
8 Ehezufriedenheit	✓	✓	✓	✓	✓	✓	✓	✓
25 Paarklima: Verbundenheit, Selbständigkeit, Aktivität	✓			✓	✓	✓	✓	✓
10 Intimität	✓		✓	✓	✓	✓	✓	✓
9 Sexuelle Intimität	✓	✓	✓	✓	✓	✓	✓	✓
13 Problemlösekompetenzüberzeugung	✓			✓	✓	✓	✓	✓
12 Konfliktbereiche und Konfliktbewältigungsstile: Konflikteskalation, Konfliktvermeidung, Mangelnde Lösungsumsetzung, Konstruktive Problemlösung	✓			✓	✓	✓	✓	✓
Eltern-Ebene								
37 Elternallianz: Differenzen im Erziehungsstil, Mangelnde Unterstützung, Partner-Kind-Koalition						✓	✓	✓
16 Eltern-Kompetenz: Kontrollüberzeugungen im Umgang mit dem Kind (selbst- und partnerbezogen)			✓	✓	✓	✓	✓	✓
29 Elterneinstellungen: Emotionale Überforderung, Ängstliche Überfürsorge			✓	✓	✓	✓	✓	✓
Kind-Ebene								
33 Kindtemperament: Stimmung, Beruhigbarkeit, Aktivitätsniveau, Vorhersagbarkeit, Anpassungsfähigkeit, Annäherung, Schmusigkeit, Robustheit des Kindes			✓	✓	✓	✓	✓	✓

Itemwortlaut pro Skala

Die folgende Dokumentation der einzelnen Forschungsinstrumente beschränkt sich auf die Zusammenstellung des Itemwortlauts der in dieser Arbeit verwendeten Skalen einschließlich sämtlicher Rekodierungsanweisungen (durch „u" gekennzeichnet). Sämtliche Fragebögen liegen in geschlechtsspezifischen Versionen für Ehefrauen und Ehemänner vor, die sich inhaltlich jedoch nicht unterscheiden. Hier wird jeweils auf die Version für Ehefrauen rekurriert.

(1) Fragebögen auf Person-Ebene

Fragebogen 5: Aktuelle Befindlichkeit

„In den letzten vier Wochen fühlte ich mich überwiegend":

	(1) Aktiviertheit		(4) Ärger
1	angeregt		
4	aktiv	2 u	ärgerlich
8	frisch	3 u	sauer
17	voller Energie	7 u	gereizt
24	tatkräftig	13 u	missmutig
	(2) Ruhe	23 u	mürrisch
9	gelöst		(5) Deprimiertheit
12	locker	5 u	betrübt
16	entspannt	6 u	traurig
20	gelassen	14 u	unglücklich
25	ruhig	18 u	gedrückt
	(3) Energielosigkeit	21 u	niedergeschlagen
10 u	energielos		
11 u	lasch		
15 u	träge		
19 u	lahm		
22 u	passiv		

Antwortformat:
1 = stimmt vollkommen;
4 = stimmt überhaupt nicht

Fragebogen 24: Beziehungspersönlichkeit

Allgemeine Soziale Kompetenz

5	Ich habe häufig das Gefühl, in schwierigen Situationen zu versagen.
25 u	Wenn ich Probleme habe, finde ich meistens einen Weg, sie zu lösen.
38 u	Insgesamt kann ich mich selbst ganz gut akzeptieren.
29 u	Im allgemeinen kann ich auch schwierige Situationen in meinem Leben gut bewältigen.
17 u	Im allgemeinen habe ich bei einer Auseinandersetzung die besseren Argumente.
27 u	Insgesamt habe ich eine hohe Achtung vor mir.
35 u	Ich weiß ganz gut, wie ich mit Belastungen und Krisensituationen fertig werden kann.
32	Ich stehe meinen Problemen oft hilflos gegenüber.
13 u	Ich habe volles Selbstvertrauen in meine Kontaktfähigkeit.
21 u	Bei Meinungsverschiedenheiten bin ich in der Lage, meinen Standpunkt klar zu äußern.
9 u	Im allgemeinen habe ich ein großes Selbstvertrauen.
1 u	In meinem Leben habe ich bereits eine ganze Reihe belastender Erlebnisse erfolgreich bewältigt.

Einfühlungsvermögen

16 u	Im allgemeinen habe ich ein gutes Gespür dafür, wie anderen zumute ist.
12 u	Ich interessiere mich für andere Menschen.
36 u	Wenn jemand niedergeschlagen ist oder Kummer hat, fällt es mir leicht, die richtigen Worte zu finden.
37	Was bei anderen Menschen innerlich vorgeht, ist mir häufig ein „Buch mit sieben Siegeln".
8 u	Im allgemeinen gelingt es mir ganz gut, jemandem, der in seinem „seelischen Tief" steckt, zu helfen.
24 u	Ich kann mich gut in andere hineinversetzen.
34 u	Ich finde es interessant, andere Leute kennenzulernen.
4	Es fällt mir schwer, zu den Gefühlen anderer Leute Zugang zu finden.
31	Ich fühle mich mehr oder weniger überfordert, wenn es darum geht, jemandem beizustehen, der meinen Trost und meine Hilfe braucht.
20	Andere Leute sind mir ziemlich gleichgültig.

Verletzbarkeit

15 u	Wenn jemand meine Gefühle verletzt hat, kann ich das lange Zeit nicht vergessen.
28 u	Wenn ich in Wut gerate, rede ich oft unverschämt und gemein.
33	Auch wenn mich jemand wirklich gekränkt hat, dauert es nicht lange und das Ganze ist für mich „vergeben und vergessen".
3 u	Ich bin schnell mürrisch und eingeschnappt, wenn man mich nicht meinen eigenen Weg gehen lässt.
19 u	Wenn ich mich anderen gegenüber falsch verhalten habe, versuche ich, mich irgendwie aus der Sache herauszumogeln.
11	Bei einer Meinungsverschiedenheit kann ich die Sache auch mal eine Weile auf sich beruhen lassen.
7 u	Wenn Menschen meine Meinung nicht teilen, gerate ich in heftige Auseinandersetzungen mit ihnen.
23 u	Wenn jemand mich ungerecht behandelt hat, bin ich ziemlich nachtragend.
30 u	Um von anderen zu profitieren, laß' ich mir auch mal eine Lüge einfallen.
26 u	Zu Leuten, die ich nicht leiden kann, bin ich oft grob und ausfallend.

Antwortformat: 1 = stimmt voll und ganz   7 = stimmt überhaupt nicht

(2) Fragebögen auf Paar-Ebene

Fragebogen 8: Ehezufriedenheit

1	Wie gut wird Ihr Ehemann Ihren Bedürfnissen gerecht?
2	Wie zufrieden sind Sie insgesamt mit Ihrer Ehe?
3	Wie gut ist Ihre Ehe, verglichen mit den meisten anderen?
4 u	Wie oft wünschen Sie, Sie wären diese Ehe nicht eingegangen? (nie - sehr oft)
5	In welchem Maß erfüllt diese Ehe Ihre ursprünglichen Erwartungen?
6	Wie sehr lieben Sie Ihren Ehemann?
7 u	Wieviele Probleme gibt es in Ihrer Ehe? (keine – sehr viele)

Antwortformat: 1 = überhaupt nicht; 5 = sehr gut

Fragebogen 9: Sexuelle Intimität

1 u	Ich bin mit der Sexualität in unserer Ehe zufrieden.
2	Ich habe das Gefühl, Sex ist bei uns reine Routine.
3 u	Ich bin in der Lage, meinem Ehemann zu sagen, wenn ich mit ihm schlafen möchte.
4 u	Sex spielt in unserer Ehe eine wesentliche Rolle.
5	Mein Ehemann scheint nicht besonders an Sex interessiert zu sein.
6	Ich bin nicht besonders an Sex interessiert.

Antwortformat: 1 = stimmt genau; 4 = stimmt überhaupt nicht

Fragebogen 10: Intimität (PAFS-Q)

1 u	Mein Sexualleben mit meinem Mann ist recht zufriedenstellend.
2 u	Mein Mann und ich teilen viele Interessen miteinander
3 u	Mein Mann und ich sprechen oft miteinander über wichtige Ereignisse in unserem Leben.
4 u	Mein Mann und ich reden und unternehmen gerne etwas miteinander.
5 u	Mein Mann und ich können einander vertrauen, in dem, was wir einander erzählen.
6 u	Mein Mann und ich sind oft zärtlich zueinander.
7 u	Mein Mann und ich sind in unserer Beziehung ehrlich zueinander.
8 u	Mein Mann und ich respektieren einander.
9 u	Mein Mann und ich lieben einander.
F23-1u	Die Qualität meiner Beziehung zu meinem Mann ist ausgezeichnet (1) vs. sehr schlecht (5)
F23-4 u	Mit der Beziehung zu meinem Mann bin ich sehr zufrieden (1) bzw. sehr unzufr. (5).

Antwortformat: 1 = stimmt vollkommen; 5 = stimmt überhaupt nicht

Fragebogen 13: Allgemeine Problemlösekompetenzüberzeugung

5 u	Im großen und ganzen sind wir in der Lage, die Probleme in unserer Partnerschaft gut zu bewältigen.
6 u	Wenn wir Probleme in unserer Partnerschaft haben, finden wir immer einen Weg, sie zu lösen.
7 u	Wenn wir eine Auseinandersetzung haben, finden wir meist eine Lösung, mit der wir beide einverstanden sind.
8 u	Wir sind in der Lage, Probleme in unserer Partnerschaft so zu lösen, dass dabei keiner zu kurz kommt.
9 u	Wenn wir Schwierigkeiten haben, können wir so darüber reden, dass es beiden weiterhilft

Antwortformat: 1 = stimmt genau, 7 = stimmt überhaupt nicht

Fragebogen 25: Paarklima

Da nach dem sechsten Messzeitpunkt eine Kurzfassung des Fragebogens eingesetzt wurde, entfällt danach die Skala Selbständigkeit vollständig, die Verbundenheit und Aktivität bleiben inhaltsäquivalent erhalten, wie die Überprüfung von Kurz- und Vollversion mit $r > .95$ belegt. Die Itemnummern der letzten beiden MZP befinden sich in der rechten Spalte.

MZP 1-6	Primärskala Selbständigkeit	MZP 7-8
4 u	In unserer Ehe kann jeder seinen eigenen Interessen und Vorlieben nachgehen, ohne dass der andere deswegen sauer wäre.	
13 u	In unserer Ehe achten wir darauf, dass jeder möglichst unabhängig und auf sich selbst gestellt sein kann.	
22 u	In unserer Ehe kann sich jeder frei entscheiden und muss dabei nicht Rücksicht auf den anderen nehmen.	
31 u	In unserer Ehe kann jeder ohne größere Einschränkungen machen, was er will.	
40 u	In unserer Ehe finden wir es ganz in Ordnung, wenn jeder seine eigenen Interessen vertritt.	
49 u	Wir finden es gut, wenn wir möglichst wenig aufeinander angewiesen sind.	
	Globalskala Verbundenheit	
1 u	In unserer Ehe geht jeder auf die Sorgen und Nöte des anderen ein.	
10 u	Wir kommen wirklich gut miteinander aus.	
12 u	In unserer Ehe geht es harmonisch und friedlich zu.	1 u
21	In unserer Ehe regen wir uns schon über Kleinigkeiten auf.	7
37 u	In unserer Ehe hat jeder das Gefühl, dass der andere auf ihn eingeht und ihm zuhört.	13 u
39	In unserer Ehe kommt es oft zu Reibereien.	16
47 u	Wir können in unserer Ehe über alles ganz offen sprechen.	
48	In unserer Ehe gibt es ziemlich viel Streit.	22
	Globalskala Aktivität	
6 u	Wenn wir verreisen, wollen wir möglichst viel über Geschichte und Kultur des Landes erfahren.	
7	Wir sind wenig aktiv und unternehmungslustig.	
16 u	Wir gehen oft ins Kino, besuchen Sportveranstaltungen oder machen Ausflüge.	8 u
24 u	In unserer Ehe begeistern wir uns wirklich für Musik, Kunst und Literatur.	11 u
25 u	In unserer Ehe gibt es eine ganze Menge Freunde und Bekannte, mit denen wir häufig zusammen sind.	14 u
33	Wir unterhalten uns selten über intellektuelle Dinge wie Kunst, Literatur usw.	17
34 u	Bei uns vergeht kein Wochenende, ohne dass wir etwas unternehmen	
51	In unserer Ehe kommt es selten vor, dass wir Vorträge, Theaterstücke oder Konzerte besuchen.	20

Antwortformat: 1 = stimmt genau   4 = stimmt überhaupt nicht

Fragebogen 12: Konflikte

Konfliktpotential

1 Geld
2 Freizeitgestaltung/Zeiteinteilung
3 Arbeitsteilung/Haushaltsführung
4 Sexualität
5 Beruf/Arbeit
6 Ansichten über Politik, Religion etc.
7 Persönliche Eigenheiten, Gewohnheiten, Bedürfnisse
8 Beziehungen zu Freunden, Verwandten

Antwortformat: 1 = überhaupt nicht konfliktreich; 4 = sehr konfliktreich

Dysfunktionaler Konfliktstil

(1) Konflikteskalation

12 Wir streiten uns, bis einer von uns „an die Decke geht" (Arbeitsteilung).
14 Wir reden endlos darüber, ohne zu einem Ergebnis zu kommen (Arbeitsteilung).
19 Jeder beharrt auf seinem Standpunkt (Arbeitsteilung).
23 Wir streiten uns, bis einer von uns „an die Decke geht" (Sexualität).
25 Wir reden endlos darüber, ohne zu einem Ergebnis zu kommen (Sexualität).
30 Jeder beharrt auf seinem Standpunkt (Sexualität).

(2) Konfliktvermeidung

10 Wir vermeiden es, darüber zu sprechen (Arbeitsteilung).
13 Wir schieben es auf die lange Bank (Arbeitsteilung).
21 Wir vermeiden es, darüber zu sprechen (Sexualität).
24 Wir schieben es auf die lange Bank (Sexualität).

(3) Mangelnde Lösungsumsetzung

18 Wir einigen uns momentan auf ein Ergebnis, aber setzen es nicht in die Tat um (Arbeitsteilung).
29 Wir einigen uns momentan auf ein Ergebnis, aber setzen es nicht in die Tat um (Sexualität).

(4) Konstruktive Problemlösung

11 u Wir reden darüber und diskutieren es aus, bis wir eine Lösung gefunden haben, die uns beide befriedigt (Arbeitsteilung).
22 u Wir reden darüber und diskutieren es aus, bis wir eine Lösung gefunden haben, die uns beide befriedigt (Sexualität).

Antwortformat: 1 = immer; 4 = nie

Zufriedenheit mit Umgang mit Konflikten

20 u Arbeitsteilung: Wie zufrieden sind Sie insgesamt mit der Art, wie Sie auf Schwierigkeiten im Bereich Arbeitsteilung reagieren
31 u Sexualität: Wie zufrieden sind Sie insgesamt mit der Art, wie Sie auf Schwierigkeiten im Bereich Sexualität reagieren

Antwortformat: 1 = sehr zufrieden, 4 = sehr unzufrieden

(3) Fragebögen auf Elternebene

Fragebogen 37: Elternallianz

Im folgenden nennen wir mögliche Reibungspunkte, was den Umgang mir Ihren Kindern bzw. die Betreuung der Kinder angeht. Bitte geben Sie an, wie häufig die folgenden Situationen vorkommen bzw. wie konflikthaft Sie diese erleben:

	(1) Konfliktbereich Mangelnde Unterstützung
7	Mein Mann hält Absprachen (z.B. Zeitplanung) nicht ein.
9	Wenn mein Mann die Betreuung unserer Kinder übernimmt, gibt er mir dabei zu verstehen, dass er eigentlich keine Lust dazu hat.
10	Wenn mein Mann etwas mit unseren Kindern unternimmt, neigt er dazu, sich die Dinge auszusuchen, die ihm besonders viel Spaß machen. Die undankbareren Aufgaben bleiben oft an mir hängen.
13	Wenn ich von unseren Kindern genervt bin, und mir von meinem Mann Entlastung wünsche, lässt er mich schon mal hängen.
	(2) Konfliktbereich Differenzen im Erziehungsstil
8	Wenn mein Mann unsere Kinder versorgt oder sich mit ihnen beschäftigt, macht er das auf eine andere Art und Weise als ich mir das vorstelle.
12	Wenn es darum geht, unseren Kindern etwas zu erlauben oder zu verbieten, tut mein Mann dies auf eine andere Weise als ich.
14	Mein Mann hat andere Vorstellungen als ich, was in der Erziehung unserer Kinder richtig oder falsch ist.
16	Mein Mann bestraft unsere Kinder – wenn es denn mal sein muss – anders als ich es tun würde.
	(3) Konfliktbereich Partner-Kind-Koalition
11	Es kommt vor, dass ich mich ausgeschlossen fühle, wenn mein Mann mit unseren Kindern zusammen ist.
15	Ich habe den Eindruck, dass unsere Kinder im Leben meines Mannes eine zu große Rolle spielen.

Jedes Item wird zweimal eingeschätzt:
(h) 1 sehr oft   5 nie (u)
(k) 1 überhaupt nicht konflikthaft   5 sehr konflikthaft

Fragebogen 16: Elternkompetenz

Ab dem dritten Lebensjahr der Kinder wird der Itemwortlaut einiger Items dem Alter angepasst (*vgl. Kursivdruck in Klammern*).

Im folgenden finden Sie einige Feststellungen zum täglichen Umgang mit Ihrem Kind.

(1) Elternkompetenz (Selbstbild)

Was trifft für Sie im Moment zu?

1 u Die Routine im täglichen Umgang mit meinem Kind macht mir keine Schwierigkeiten.
2 u Es gelingt mir leicht, mein Kind zu beruhigen, wenn es schreit und sich unwohl fühlt *(wenn es sich sehr aufregt oder Kummer hat).*
3 u Wenn mein Kind etwas Unvorhergesehenes macht oder sich in für mich ungewohnter Weise verhält, werde ich damit leicht fertig.
4 u Wenn ich meinem Kind beibringen will, dass es etwas nicht tun soll, dann finde ich auch die richtigen Mittel und Wege dazu.
5 u Ich bin fest davon überzeugt, dass ich all die Fähigkeiten habe, um eine gute Mutter für mein Kind zu sein.
6 u Ich weiß ziemlich genau, worauf ich achten muss, damit es meinem Kind wirklich gut geht.
7 u Wenn ich einen Säugling *(ein Kind)* sehe, habe ich ein gutes Gespür dafür, wie es ihm gerade geht.
8 u Auch wenn sich bei meinem Kind mal die Probleme häufen, lasse ich mich nicht aus der Ruhe bringen.

(2) Partnerkompetenz

Was trifft für Ihren Ehemann im Moment zu?

1 u Die Routine im täglichen Umgang mit unserem Kind macht meinem Ehemann keine Schwierigkeiten.
2 u Wenn unser Kind etwas Unvorhergesehens macht oder sich in ungewohnter Weise verhält, wird mein Ehemann damit leicht fertig.
3 u Ich bin fest davon überzeugt, dass mein Ehemann all die Fähigkeiten hat, um ein guter Vater für unser Kind zu sein.
4 u Mein Ehemann weiß ziemlich genau, worauf er achten muss, damit es unserem Kind wirklich gut geht.
5 u Auch wenn sich bei unserem Kind mal die Probleme häufen, lässt sich mein Ehemann nicht aus der Ruhe bringen.

Antwortformat: 1 = hohe Zustimmung; 7 = geringe Zustimmung

Fragebogen 29: Elterneinstellungen

Ab dem dritten Lebensjahr des Kindes werden die Items 1,2,24 textlich dem Alter der Kinder angepasst *(vgl. Kursivdruck in Klammern)*.

(1) Emotionale Überforderung

1	Die (kleinen) Fortschritte in der Entwicklung meines Kindes sind für mich die größte Freude.
3 u	Manchmal wünsche ich mir insgeheim, ich könnte ein paar Tage ohne das Kind verbringen.
5	Ich bin richtig begeistert von meinem Kind.
7 u	Seit das Kind da ist, kann ich nicht mehr das tun, was mir eigentlich Spaß macht.
8	Es macht mir viel Freude, mein Kind zu beobachten und herauszufinden, womit es sich gerade beschäftigt.
9 u	Manchmal denke ich, dass ich mir besser doch kein Kind angeschafft hätte.
12	Es macht mir viel Spaß, mit meinem Kind zu spielen.
16 u	Ich finde es manchmal lästig, dass ich wegen des Kindes alles so genau im Voraus planen muss.
18 u	Ich fühle mich durch das Kind sehr angebunden.
19 u	Ich hätte nie gedacht, dass das Leben mit meinem Kind so anstrengend ist.

(2) Ängstliche Überfürsorge

11 u	Manchmal kann ich nachts nicht schlafen, weil ich mir vorstelle, meinem Kind könnte etwas zustoßen.
13 u	Manchmal überfällt mich der Gedanke, dass ich mein Kind verletzen könnte.
15 u	Ich bin ständig in Sorge, dass meinem Kind was zustoßen könnte.
20 u	Ich könnte mein Kind nie einem Babysitter überlassen, aus Sorge, dass er das Kind nicht richtig behandelt.
23 u	Ich habe manchmal Angst, dass ich meinem Kind weh tue.

Antwortformat: 1 = stimmt genau   4 = stimmt überhaupt nicht.

(4) Fragebogen 33: Kindtemperament

Veränderungen des Itemwortlauts ab dem 2. Lebensjahr sind in runden, ab dem 5. Lebensjahr in eckigen Klammern hinzugefügt.

Aktivität	t3-6	t7-8
Wenn ich sie (wickle und) anziehe *(oder ihr dabei helfe)*, strampelt sie *(bewegt sie sich)* viel und windet sich die meiste Zeit über hin und her. Sie ist so aktiv, dass ich manchmal Schwierigkeiten habe, mit dem *(Wickeln oder)* Anziehen fertig zu werden. [Es dauert oft sehr lange, bis sie mit dem Anziehen fertig ist, weil ihr ständig etwas anderes einfällt].	1	1 u
Sie spielt sehr lebhaft mit Spielsachen, (oft strampelt sie dabei mit Armen und Beinen) und ist ständig in Bewegung. [Wenn sie spielt, ist sie sehr lebhaft und ständig in Bewegung]	2	9 u
Wenn ich sie in einen Kindersitz oder in den Kinderwagen setze *(Wenn sie auf einem Kindersitz oder einem Stuhl sitzt)*, bleibt sie selten lange ruhig sitzen. [Auf einem Stuhl bleibt sie selten lange ruhig sitzen].	3	17 u
Wenn sie nach einem Schläfchen aufwacht, liegt sie erst einmal eine Weile ruhig da. Sie wird nicht schnell körperlich aktiv.	4	25
Wenn ich sie füttere, hält sie meistens ganz still. Selten windet sie sich hin und her oder strampelt mit Armen oder Beinen. *(Wenn es etwas zu essen gibt, sitzt sie mei-*	5	33

stens ganz still. Selten rutscht sie auf dem Stuhl herum oder zappelt mit Armen und Beinen).
Gewöhnlich liegt sie ziemlich ruhig, wenn sie schläft. Sie wacht ungefähr in derselben Lage auf, in der sie einschlief. [Sie schläft sehr viel und braucht dann schon eine Zeit, bis sie auf Trab kommt]   6   41

Vorhersagbarkeit

Gewöhnlich hält sie jeden Tag ungefähr zur selben Zeit ein Schläfchen. Die Zeit für ihr Schläfchen verschiebt sich höchstens um eine halbe Stunde von einem Tag zum anderen. [Im Tagesablauf hat sie so ihre Routinen, an denen sie festhält].   7   2 u

Sie möchte immer ungefähr zur selben Zeit gefüttert werden *(etwas zu essen haben)* und schlafen gehen, sogar dann, wenn sich unser häuslicher Ablauf von Tag zu Tag verändert.   8   10 u

Wenn sie eine Quengel-Phase hat, passiert das immer ungefähr zur selben Tageszeit. [Bei ihr weiß man ziemlich genau, wann sie motzig oder nörgelig wird].   9   18 u

Es ist schwer vorherzusehen, wieviel sie am Tag essen wird. Für gewöhnlich nimmt sie nicht jeden Tag dieselbe Menge Milch oder Brei *(Nahrung)* zu sich. [Manchmal ißt sie viel, manchmal wenig].   10   26

Sie schläft nachts selten gleich lange. Die Anzahl der Stunden, die sie nachts schläft, variiert von Tag zu Tag um mehr als eine halbe Stunde. [Wann sie abends zu Bett geht oder morgens aufsteht ist häufig unterschiedlich]   11   34

Wann sie in die Windeln macht *(bzw. auf den Topf oder die Toilette muss)*, ist nicht vorherzusehen. Sie hat sehr unregelmäßigen Stuhlgang.   12   42

Anpassungsfähigkeit

In einer neuen Umgebung, z.B. in der Wohnung von Freunden, fühlt sie sich sofort wohl.   13   3 u

Wenn wir sie zu Freunden mitnehmen, macht es ihr nichts aus, in einem fremden Bett einzuschlafen.   14   11 u

Wenn ich irgendetwas in ihrer täglichen Routine ändere (z.B. Essenszeiten, Schlafenszeiten) fällt es ihr leicht, sich daran zu gewöhnen.   15   19 u

Sie mag es überhaupt nicht, von anderen Personen gefüttert oder gewickelt zu werden *(etwas zu Essen zu bekommen oder ins Bett gebracht zu werden bzw. wenn andere Personen ihr etwas zu essen geben oder ihr beim Anziehen helfen).* Am wohlsten fühlt sie sich mit Menschen, die sie kennt.   16   27

Es ist/war schwierig, ihr abzugewöhnen, nachts gefüttert zu werden. [Es fällt ihr schwer, sich auf etwas umzustellen, was sie nicht gewöhnt ist]   17   35

Wenn ihr gewohnter Ablauf gestört wird (z.B. wenn wir verreisen oder Gäste zu Besuch haben) hat sie Phasen, in denen sie quengelt und weint [irritiert, unzufrieden ist]   18   43

Positive Stimmungslage

Im Laufe eines Tages kommt es häufig vor, dass sie gut gelaunt ist und sich vergnügt mit irgendetwas beschäftigt.   19   4 u

(Wenn sie wach ist, ist sie) *(Sie ist)* die meiste Zeit ein zufriedenes und fröhliches Kind.   20   12 u

Sie ist so gut wie nie launisch oder quengelig, es sei denn sie ist müde, hat Hunger oder (braucht frische Windeln) *(oder fühlt sich sonstwie unwohl).*   21   20 u

Wenn sie von einem Schläfchen [morgens] aufwacht, ist sie oft ein bißchen missgelaunt.   22   28

Sie hat eigentlich so gut wie jeden Tag eine Quengel-Phase. [Es kommt eigentlich so gut wie jeden Tag vor, dass sie wegen irgendetwas ärgerlich wird].   23   36

Wenn ich mich einer anderen Sache zuwende [keine Zeit für sie habe], wird sie rasch unruhig und quengelig.   24   44

Annäherung (vs. Vermeidung)

Wenn ich mir ihr unterwegs bin (z.B. Einkaufsbummel, Spaziergang), scheint sie die neuen Eindrücke und Geräusche zu genießen. [fällt ihr viel auf und sie will alles genau wissen].	25	5 u
Wenn sie ein anderes Baby oder Kind sieht, wirkt sie sehr aufmerksam und interessiert. [Anderen Kindern gegenüber ist sie sehr aufgeschlossen und geht auf sie zu].	26	13 u
Wenn ich sie zu Freunden mitnehme, zeigt sie großes Interesse für all die neuen Dinge in ihrer Umgebung. [genießt sie es sichtlich, mal in einer neuen Umgebung zu sein].	27	21 u
Häufig spielt sie mit einem neuen Spielzeug nicht sofort. Sie scheint sich mit neuen Dingen Schritt für Schritt anzufreunden. [Neuen Dingen gegenüber ist sie eher zurückhaltend und freundet sich mit ihnen nur Schritt für Schritt an].	28	29
Wenn ich ihr etwas zu essen gebe, was sie noch nicht kennt, dauert es eine ganze Weile, bis sie sich damit anfreundet. [Wenn es etwas zu essen gibt, was sie noch nicht kennt, ist sie recht heikel und wählerisch]	29	37
Wenn wir einen Nachmittag oder Abend lang Besuch haben, hat sie mehr Interesse an ihren gewohnten Spielsachen als an demjenigen, der zu Besuch ist. [Wenn wir von jemandem Besuch bekommen, den sie nicht kennt, ist sie zurückhaltend und beschäftigt sich lieber für sich]	30	45

Schmusigkeit

Wenn ich sie in den Arm nehme, macht es ihr sichtlich Spaß mit mir zu schmusen.	31	6 u
Sie genießt es richtig, wenn ich sie streichle und zärtlich zu ihr bin.	32	14 u
Sie ist von Haus aus anschmiegsam und „schmusig".	33	22 u
Wenn ich sie streichle und „knuddle", wird es ihr schnell zuviel.	34	30
Körperkontakt ist für sie nicht so wichtig.	35	38
Wenn ich sie auf den Arm nehmen möchte, ist sie häufig ein bißchen abwehrend.	36	46

Körperliche Robustheit

Sie ist ziemlich empfindlich und leicht anfällig für irgendwelche Krankheiten.	37 u	7 u
Sie ist von Haus aus eher ein zartes Kind.	38 u	15 u
Beim Essen gibt es eine Menge Dinge, die sie nicht so gut vertragen kann. [Dann (spuckt sie), hat Bauchschmerzen, Blähungen usw.]	39 u	23 u
Sie ist ganz schön kräftig und kann eine Menge aushalten.	40 u	31 u
Kleinere Krankheiten (z.B. Schnupfen, Fieber) kommen bei ihr selten vor.	41 u	39 u
Wenn es ums Essen geht, ist sie ziemlich unempfindlich, sie kann das meiste gut vertragen. [Beim Sport, beim Spielen und Herumtoben ist sie sehr robust und ausdauernd].	42 u	47 u

Beruhigbarkeit

Sie beruhigt sich schnell wieder, wenn sie irgendetwas irritiert hat.	43	8 u
Wenn sie wegen irgendetwas weint, lässt sie sich leicht trösten.	44	16 u
Wenn sie sich erschreckt hat, dauert es nicht lange, und sie ist wie vorher.	45	24 u
Wenn sie etwas aus der Ruhe gebracht hat, dauert es lange, bis sie sich wieder beruhigt hat.	46	32
Wenn sie mal heftig weint und schreit, ist es schwer, sie zu besänftigen.	47	40
Wenn sie sich irgendwie wehgetan hat, muss ich schon eine Menge „Tricks" anwenden, um sie zu trösten.	48	48

Antwortformat t3-t6:
Items 1-3: 0 = kenne ich nicht 1 = überhaupt nicht wie 2 = etwas wie 3 = genauso wie
Items 4-6: 0 = kenne ich nicht 3 = überhaupt nicht wie 2 = etwas wie 1 = genauso wie
Antwortformat t7-t8: 1 = genauso 2 = manchmal 3 = überhaupt nicht so 4 = kommt nicht vor

14.2 Auswertungsmethoden

Mit Ausnahme der Pfadmodelle sowie des Datenersatzes werden sämtliche Berechnungen mit Hilfe des statistischen Programmpakets „SPSS für Windows" (Version 10.0.5) durchgeführt.

Voraussetzungen. Im Hinblick auf die Normalverteilung der Variablen, die die meisten der verwendeten statistischen Verfahren voraussetzen, wurden für sämtliche Skalen Kurtosis und Schiefe berechnet. Im wesentlichen liegen die Schiefewerte unter 1, die Kurtosiswerte unter 2. Allerdings würden selbst Ausnahmen auf dem Hintergrund der Robustheit der verwendeten Verfahren keine bedeutsamen Verletzungen der Normalverteilungsannahme darstellen (Bortz, 1993; Hoogland, 1999).

Skalenkonstruktion. Zur Skalenkonstruktion werden exploratorische Faktorenanalysen verwendet, um die Dimensionalität und Skalenzuordnung der Items zu erkunden. Um zu entscheiden, welche Faktorenzahl den Daten angemessen ist, werden Maximum-Likelihood-Faktorenanalysen durchgeführt, die Goodness-of-Fit-Indizes zur Entscheidungsgrundlage anbieten. Hier spricht ein nicht signifikanter χ^2-Wert für die Passung des getesteten Modells (Faktorenzahl) und der Daten. Ansonsten werden die üblicheren Hauptkomponentenanalysen mit Oblimin-Rotation verwendet. Die Reliabilitätsprüfung erfolgt anhand der internen Konsistenzen (Cronbach's α) und der zeitlichen Stabilitäten. Gemittelte Werte werden über Fisher's z-Transformation berechnet.

Partnerübereinstimmung. Inwieweit Eltern in ihrer Wahrnehmung von Partnerschaftsqualität bzw. Kindtemperament übereinstimmen, wird anhand des Intraclass-Korrelationskoeffizienten ermittelt. Im Gegensatz zum üblichen Pearson-Koeffizienten hat dieser den Vorteil, dass er nicht nur die Richtung des Zusammenhangs, sondern auch das mittlere Niveau der beiden Variablen berücksichtigt. Würden Väter beispielsweise das Kind stets etwas einfacher wahrnehmen als Mütter, würde der Intraclass-Korrelationskoeffizient diesem Niveauunterschied Rechnung tragen, während der Pearson-Koeffizient das Ausmaß der Übereinstimmung überschätzen würde. Zur Beantwortung der Frage, ob Jungen oder Mädchen von ihren Eltern als schwieriger erlebt werden, werden t-Tests für unabhängige Stichproben verwendet.

Multivariate Varianz- bzw. Kovarianzanalysen werden zur Kontrastierung von Eltern und kinderlosen Paaren berechnet – mit dem Faktor Gruppe (Erstelltern vs. kinderlose Paare) als Zwischensubjektfaktor, der Zeit als Messwiederholungsfaktor, dem Geschlecht der Partner ebenfalls als Messwiederholungsfaktor (da es sich um Paare, also abhängige Stichproben handelt) und dem Ausgangsniveau der Partnerschaftsqualität als Kovariate. Um zu untersuchen, ob Veränderungen auf Mittelwertsebene im Laufe der Zeit signifikant sind, werden t-Tests für abhängige Stichproben herangezogen. Das gleiche gilt für die Abschätzung der Unterschiede zwischen Männern und Frauen. Für Familien von Vergleichen wird gegebenenfalls eine α-Adjustierung nach Bonferroni vorgenommen.

Hierarchische Regressionsanalysen werden zur Vorhersage der kindlichen Entwicklung aus Merkmalen der Paarbeziehung durchgeführt. Um den Zugewinn an Varianzaufklärung (ΔR^2) durch jeden einzelnen Prädiktor zu eruieren, werden die Prädiktorvariablen nacheinander in Blöcken eingegeben. Anschließend wird die Reihenfolge der Schritte vertauscht. Auf diese Weise zeigt sich, welche der Variablen einen über die anderen Variablen hinausgehenden Beitrag zur Varianzaufklärung zu leisten vermag. Entsprechend werden auch Effekte des Kindtemperaments auf den Verlauf der Partnerschaft regressionsanalytisch überprüft. In den ersten Blöcken werden die vorgeburtlichen Ausgangsbedingungen (auf Individual- und Paarebene) kontrolliert, erst dann werden Merkmale des Kindes als Prädiktorvariablen einbezogen, um zu prüfen, ob dadurch zusätzlich Varianz aufgeklärt werden kann.

Clusteranalysen werden herangezogen, um Gruppen von Personen mit unterschiedlichen Entwicklungsverläufen zu bestimmen. Anhand des hierarchischen Verfahrens der Ward-Methode wird die geeignete Zahl von Untergruppen ermittelt. Dendrogramm und Agglomerationsschema geben darüber Aufschluss, welcher Fehlerquadratsummenzuwachs mit jeder einzelnen Fusionsstufe verbunden ist. So kann entschieden werden, welche Fusionsstufe mit einem zu hohen Fehlerquadratsummenzuwachs "erkauft" wird, um noch von einer sinnvollen Zusammenfassung zu sprechen. Die Clusterzugehörigkeit wird dann mit Hilfe des k-means-Algorithmus nach MacQueen optimiert. Dabei werden Personen, die zum Schwerpunkt (Mittelpunkt) des eigenen Clusters größere Distanzen aufweisen als zum Schwerpunkt eines anderen Clusters, dem näheren zugeteilt. Ein Nachteil der k-means-Methode besteht darin, dass die Zuordnung von der Reihenfolge der Personen abhängt. Akzeptiert wird deshalb die Lösung, die bei verschiedenen Startpartitionen am häufigsten bestätigt wird (vgl. Bortz, 1993). Latente Wachstumskurvenmodelle stellen zwar eine hervorragende Methode dar, um Entwicklungsprozesse über die Zeit abzubilden, doch es liegt nicht die erforderliche Stichprobengröße vor, um dieses Verfahren einzusetzen.

Logistische Regressionsanalysen zur Vorhersage dichotomer Variablen (wie der Gruppenzugehörigkeit) weisen gegenüber der Diskriminanzanalyse (die hier ebenfalls in Frage käme) folgende Vorteile auf: Die Güte des Modells kann durch einen χ^2-Test eingeschätzt werden; es werden Beurteilungskriterien zur Höhe der aufgeklärten Varianz ausgegeben. Zudem ist sie stets vorzuziehen, wenn selbst geringe Verletzungen der multivariaten Normalverteilung vorliegen sollten (Press & Wilson, 1978).

Moderatoreffekte. Regressionsanalytisch lassen sich Moderatorhypothesen bestätigen, wenn der Interaktionsterm zwischen Moderator und Prädiktor signifikant ist. In der Varianzanalyse wird ein Moderatoreffekt als Interaktion zwischen einer Prädiktorvariable und einem Faktor dargestellt. Um beispielsweise zu prüfen, ob sich für Jungen und Mädchen differentielle Auswirkungen der Partnerschaftsqualität feststellen lassen, müssen im letzten Block der Regressionsanalyse zur Vorhersage des Kindtemperaments die Interaktionsterme aus Partnerschaftsvariable x Geschlecht des Kindes auf Signifikanz getestet werden.

Pfadmodelle werden zur Überprüfung wechselseitiger Einflussprozesse (zwischen Paaren und Kindern) und vermittelnder Prozesse (Mediatorhypothesen) gerechnet (Hypothesen 2.3, 3.3 und 4). Dabei stellt die geringe Stichprobengröße (n = 48 Ersteltern) ein Problem dar, zumal nach Empfehlungen von Bentler & Chou (1987) mindestens fünf Personen pro geschätztem Parameter gebraucht werden, um zu zuverlässigen Schätzungen zu gelangen. Trotzdem wird auf dieses Vorgehen zurückgegriffen, da es mehrere Vorteile bietet: (1) Es können komplexere Zusammenhangsmuster modelliert und vielfältige Auspartialisierungen berücksichtigt werden. (2) Die verwendeten FIML-Schätzungen (Full-Information-Maximum-Likelihood) stellen die zuverlässigste Art dar, um mit dem Missing-Data-Problem umzugehen. Dieses Schätzverfahren liefert bei Vorliegen fehlender Daten effiziente und konsistente Schätzungen der Modellparameter (Arbuckle, 1997). (3) Fit-Indizes erlauben die Güte des hypothetischen Modells zu beurteilen. Die Pfadmodelle werden mit Amos 3.62 (Arbuckle, 1997) berechnet, einem Programm, das wie LISREL oder EQS zur Schätzung von Strukturgleichungsmodellen mit latenten Variablen entwickelt wurde und auch die Berechnung von Pfadmodellen mit lediglich beobachteten Variablen erlaubt. Da die Maße für den globalen Fit des Modells durch den Vergleich der empirischen Kovarianzmatrix mit der durch das Modell geschätzten Kovarianzmatrix errechnet werden, ist ein nicht signifikanter χ^2-Wert Kennzeichen eines gut angepassten Modells. Der CFI (Comparative Fit Index), der zu den sogenannten „incremental fit indices" gehört, die das Zielmodell mit einem „Baseline"-Modell vergleichen, schwankt zwischen 0 und 1 und hat mit 1.00 die optimale Ausprägung (Bentler, 1990). Für den RMSEA (Root Mean Square Error of Approximation) als Maß für den Fehler, den man bei Schätzung eines Modells begeht, das für die Population Gültigkeit beansprucht und im Hinblick auf die Modellkomplexität adjustiert ist, sind nach Browne und Cudeck (1993) Werte unter .10 akzeptabel, unter .08 angemessen und unter .05 sehr gut. Der AGFI (Adjusted Goodness of Git Index) berücksichtigt in Erweiterung des 1984 von Jöreskog und Sörbom entwickelten GFI die zur Modelltestung zur Verfügung stehenden Freiheitsgrade (vgl. Jöreskog & Sörbom, 1989) und schwankt zwischen 0 und 1, wobei 1.00 eine perfekte Passung anzeigt.

Datenersatz. Zusätzlich zu den FIML-Schätzungen mit Amos wurde auf Skalenebene ein Datenersatz (Datenimputation) mit dem Programm „Norm" (Schafer, 1999) durchgeführt, um die Fit-Indizes für die einfacheren Modelle zu berechnen. Für die komplexeren und stärker längsschnittlichen Modelle wurden die Fit-Indizes auf Grundlage der Amos-Berechnungen per Hand bestimmt. Die berichteten Pfadkoeffizienten stammen – aufgrund der Überlegenheit der FIML-Schätzungen, die das Programm AMOS bei fehlenden Daten vornimmt – in allen Fällen aus den FIML-Schätzungen. Es zeigt sich, dass die Pfadkoeffizienten, wenn nur mit den vorhandenen Fällen (per Listwise-Deletion) gearbeitet wird, im Vergleich zu den Maximum-Likelihood-Schätzungen größer ausfallen, während sie im imputierten Datensatz vergleichsweise geringer sind. Man kann also davon ausgehen, dass die Zusammenhänge durch die Listwise-Deletion eher überschätzt, durch die Imputation mit Norm eher unterschätzt werden, was sich auch in der Güte der Fit-Indizes niederschlägt, die grundsätzlich bei den imputierten Daten niedriger liegen als bei Listwise-Deletion. Hier werden stets die Fit-Indizes berichtet, die sich aus der jeweils konservativeren Schätzung der Modellgüte ergeben.

14.3 Deskriptive Statistiken

Tabelle 14.3.1. Mittelwerte und Standardabweichungen der Temperamentsdimensionen

		Väter		Mütter		Väter		Mütter		Väter		Mütter	
		M	SD	M	SD	M	SD	M	SD	M	SD	M	SD
T3	Temperamentscharakteristik	2.36	.19	2.34	.16	2.53	.28	2.52	.32	2.47	.34	2.46	.33
T4		2.33	.21	2.34	.19	2.56	.29	2.54	.34	2.47	.34	2.40	.39
T5		2.35	.21	2.37	.17	2.52	.39	2.55	.34	2.34	.42	2.34	.42
T6		2.30	.23	2.29	.22	2.54	.32	2.51	.37	2.42	.36	2.41	.33
T7		2.27	.23	2.25	.19	2.40	.39	2.34	.34	2.31	.37	2.29	.41
T8		2.22	.20	2.24	.22	2.37	.40	2.27	.43	2.29	.47	2.20	.47

(Mittlerer Block: Emotionalität; Rechter Block: Stimmung)

Tabelle 14.3.2. Positive Zugewandtheit: Geschlechtsspezifische Mittelwerte und Standardabweichungen für Eltern und kinderlose Paare

			M1	SD1	M4	SD4	M5	SD5	M6	SD6	M7	SD7	M8	SD8
		n	276		262		222		204		200		174	
Kinder-lose		m	8.06	.90	7.46	1.17	7.47	1.08	7.64	1.02	7.48	1.10	7.43	1.12
		w	8.18	.81	7.56	1.14	7.65	1.13	7.74	1.03	7.54	1.21	7.42	1.23
		Gesamt	8.12	.86	7.51	1.15	7.56	1.11	7.69	1.02	7.51	1.15	7.42	1.17
Eltern		m	7.84	1.11	7.21	1.20	7.06	1.21	6.76	1.35	6.46	1.31	6.36	1.23
		w	7.84	.97	7.28	1.21	6.90	1.19	6.55	1.37	6.37	1.36	6.41	1.36
		Gesamt	7.84	1.04	7.25	1.20	6.98	1.19	6.66	1.35	6.42	1.32	6.39	1.29
Ge-samt		m	8.02	.97	7.47	1.14	7.35	1.09	7.29	1.18	7.01	1.24	6.87	1.28
		w	8.08	.89	7.53	1.10	7.37	1.21	7.25	1.25	7.00	1.32	6.93	1.35
		Gesamt	8.05	.93	7.50	1.12	7.36	1.15	7.27	1.21	7.00	1.28	6.90	1.31

Tabelle 14.3.3. Ehezufriedenheit: Geschlechtsspezifische Mittelwerte und Standardabweichungen für Eltern und kinderlose Paare

			M1	SD1	M4	SD4	M5	SD5	M6	SD6	M7	SD7	M8	SD8
		n	276		262		222		204		200		174	
Kinder-lose		m	4.40	.37	4.26	.62	4.28	.55	4.29	.49	4.33	.51	4.42	.42
		w	4.44	.42	4.25	.68	4.33	.60	4.37	.51	4.35	.66	4.35	.55
		Gesamt	4.42	.40	4.26	.65	4.31	.57	4.33	.50	4.34	.59	4.39	.49
Eltern		m	4.46	.30	4.27	.50	4.18	.49	4.07	.72	3.94	.60	3.98	.60
		w	4.55	.34	4.22	.52	4.07	.58	3.91	.69	3.69	.75	3.76	.75
		Gesamt	4.50	.32	4.24	.51	4.13	.54	3.99	.71	3.82	.69	3.87	.68
Ge-samt		m	4.42	.34	4.26	.58	4.25	.53	4.20	.60	4.17	.58	4.24	.54
		w	4.48	.40	4.24	.63	4.24	.60	4.18	.63	4.09	.77	4.12	.70
		Gesamt	4.45	.37	4.25	.60	4.24	.56	4.19	.62	4.13	.68	4.18	.63

Tabelle 14.3.4. Selbständigkeit (Sten-Skala): Geschlechtsspezifische Mittelwerte und Standardabweichungen für Eltern und kinderlose Paare

			M1	SD1	M4	SD4	M5	SD5	M6	SD6
		n	264		254		216		202	
Kinderlose		m	6.40	2.17	6.30	2.02	5.79	2.23	6.15	2.14
		w	6.67	1.87	6.33	1.72	6.32	1.77	6.58	1.66
	Gesamt		6.54	2.02	6.32	1.87	6.06	2.02	6.37	1.92
Eltern		m	6.13	2.02	5.44	1.74	4.93	1.86	5.26	1.94
		w	6.17	1.83	5.45	1.59	5.32	1.65	5.36	1.59
	Gesamt		6.15	1.91	5.44	1.65	5.12	1.76	5.31	1.76
Gesamt		m	6.30	2.11	5.98	1.96	5.46	2.13	5.78	2.10
		w	6.49	1.86	6.01	1.72	5.94	1.79	6.08	1.73
	Gesamt		6.40	1.99	6.00	1.84	5.71	1.98	5.93	1.92

Tabelle 14.3.5. Konfliktstile: Geschlechtsspezifische Mittelwerte und Standardabweichungen für Eltern und kinderlose Paare

			M1	SD1	M4	SD4	M5	SD5	M6	SD6	M7	SD7	M8	SD8
		n	276		262		222		204		200		174	
Kinderlose		m	1.56	.37	1.67	.38	1.66	.40	1.67	.42	1.69	.40	1.61	.39
		w	1.49	.31	1.64	.39	1.67	.41	1.72	.41	1.76	.45	1.74	.45
	Gesamt		1.52	.34	1.66	.38	1.67	.41	1.69	.41	1.73	.42	1.68	.43
Eltern		m	1.57	.38	1.68	.38	1.71	.44	1.80	.43	1.86	.37	1.92	.39
		w	1.60	.31	1.67	.39	1.81	.42	1.90	.42	1.99	.43	1.95	.43
	Gesamt		1.58	.34	1.68	.38	1.76	.43	1.85	.43	1.92	.40	1.94	.41
Gesamt		m	1.56	.37	1.67	.38	1.68	.42	1.72	.43	1.76	.40	1.74	.42
		w	1.53	.31	1.65	.39	1.72	.42	1.79	.42	1.85	.45	1.83	.45
	Gesamt		1.54	.34	1.66	.38	1.70	.42	1.76	.42	1.81	.43	1.78	.44

Tabelle 14.3.6. Konfliktpotential: Geschlechtsspezifische Mittelwerte und Standardabweichungen für Eltern und kinderlose Paare

			M1	SD1	M4	SD4	M5	SD5	M6	SD6	M7	SD7	M8	SD8
		n	276		262		222		204		200		174	
Kinderlose		m	1.98	.34	1.93	.38	1.86	.35	1.83	.38	1.79	.34	1.81	.36
		w	1.92	.34	1.85	.36	1.84	.34	1.82	.32	1.80	.35	1.83	.35
	Gesamt		1.95	.34	1.89	.37	1.85	.34	1.83	.35	1.79	.34	1.82	.35
Eltern		m	1.87	.31	1.84	.33	1.91	.31	1.90	.31	1.93	.34	2.02	.34
		w	1.85	.29	1.83	.32	1.93	.36	1.89	.38	1.98	.37	1.90	.32
	Gesamt		1.86	.30	1.83	.32	1.92	.34	1.89	.34	1.96	.36	1.95	.33
Gesamt		m	1.94	.33	1.90	.36	1.88	.34	1.86	.35	1.85	.35	1.89	.37
		w	1.90	.32	1.84	.35	1.87	.35	1.85	.34	1.87	.37	1.86	.34
	Gesamt		1.92	.33	1.87	.36	1.88	.34	1.85	.35	1.86	.36	1.87	.35

Tabelle 14.3.7. Partnerschaftsqualität in Abhängigkeit vom Geschlecht des Kindes: Mittelwerte und Standardabweichungen

Skala	Jungen		Mädchen		
	M	SD	M	SD	Sig.
Positive Zugewandtheit					
T1	7.74	1.00	7.95	1.08	
T4	7.16	1.28	7.36	1.10	
T5	6.83	1.32	7.14	1.03	
T6	6.62	1.41	6.69	1.31	
T7	6.28	1.39	6.58	1.24	
T8	6.14	1.26	6.68	1.28	
Problemlöse-					
kompetenzüberzeugung					
T1	5.86	.72	6.16	.69	
T4	5.70	.99	6.10	.74	
T5	5.65	1.00	5.98	.72	
T6	5.35	1.23	5.53	1.35	
T7	5.21	1.12	5.56	.97	
T8	5.21	1.13	5.71	.97	
Konfliktpotential					
T1	1.89	.30	1.83	.29	
T4	1.93	.29	1.72	.32	
T5	1.99	.36	1.85	.30	
T6	1.95	.32	1.84	.37	
T7	2.04	.29	1.85	.41	*
T8	2.03	.33	1.86	.32	*
Dysfunktionale Konfliktstile					
T1	1.62	.39	1.54	.28	
T4	1.75	.40	1.59	.34	
T5	1.84	.45	1.68	.40	
T6	1.95	.42	1.74	.42	
T7	2.02	.41	1.80	.35	*
T8	2.02	.44	1.84	.34	
Erziehungsdifferenzen					
T6	2.06	.97	1.56	.73	*
T7	2.37	.54	2.04	.55	*
T8	2.34	.51	2.05	.61	x

*$p_{adj} < .05$ $^x p_{adj} < .10$

Tabelle 14.3.8. Konflikte und Elternallianz bei Söhnen und Töchtern

	Geschlecht	M (Mütter)	M (Väter)	SD (Mütter)	SD (Väter)
Konfliktstile T1	Jungen	1.59	1.66	.38	.44
	Mädchen	1.56	1.51	.23	.23
	Gesamt	1.58	1.59	.31	.35
T4	Jungen	1.75	1.72	.41	.38
	Mädchen	1.56	1.68	.29	.31
	Gesamt	1.66	1.70	.36	.34
T5	Jungen	1.96	1.77	.48	.50
	Mädchen	1.63	1.73	.31	.38
	Gesamt	1.80	1.75	.43	.44
T6	Jungen	2.04	1.87	.41	.44
	Mädchen	1.73	1.71	.41	.35
	Gesamt	1.89	1.79	.43	.40
T7	Jungen	2.15	1.86	.46	.41
	Mädchen	1.81	1.86	.33	.36
	Gesamt	1.98	1.86	.43	.38
T8	Jungen	2.12	1.90	.50	.45
	Mädchen	1.76	1.84	.31	.32
	Gesamt	1.95	1.87	.45	.39
Erziehungsdifferenzen					
T6	Jungen	2.14	1.93	.64	1.04
	Mädchen	1.95	1.32	.84	.56
	Gesamt	2.05	1.63	.74	.89
T7	Jungen	2.45	2.39	.51	.56
	Mädchen	2.18	1.91	.59	.44
	Gesamt	2.32	2.16	.55	.55
T8	Jungen	2.45	2.25	.49	.51
	Mädchen	2.25	1.91	.64	.57
	Gesamt	2.35	2.08	.56	.56
Mangelnde Unterstützung					
T6	Jungen	2.19	1.82	.66	.57
	Mädchen	1.91	1.53	.57	.45
	Gesamt	2.06	1.68	.62	.53
T7	Jungen	2.52	1.96	.57	.55
	Mädchen	2.29	1.66	.74	.39
	Gesamt	2.41	1.81	.66	.49
T8	Jungen	2.41	1.98	.62	.49
	Mädchen	2.01	1.73	.78	.33
	Gesamt	2.22	1.86	.72	.43
Koalitionen					
T6	Jungen	1.21	1.46	.59	.81
	Mädchen	1.09	1.23	.35	.49
	Gesamt	1.15	1.35	.48	.67
T7	Jungen	1.59	1.80	.53	.56
	Mädchen	1.30	1.65	.46	.68
	Gesamt	1.45	1.73	.51	.61
T8	Jungen	1.66	2.02	.59	.44
	Mädchen	1.18	1.53	.27	.60
	Gesamt	1.43	1.78	.52	.57

14.4 Varianzanalytische Ergebnisse zum Verlauf der Beziehungsqualität

Tabelle 14.4.1. Ergebnisse multivariater Varianzanalysen für den Verlauf der Partnerschaftsqualität

Quelle der Varianz	Positive Zugewandtheit			Intimität			Verbundenheit			Sex. Intimität			Problem.überzeugung		
	df	F	Eta²	df	F	Eta²	df	F	Eta²	df	F	Eta²	df	F	Eta²
Gruppe	75, 1	24.14 ***	.24	72, 1	26.35 ***	.27	74, 1	14.43 ***	.16	73, 1	8.35 ***	.10	73, 1	17.16 ***	.19
Zeit	71, 5	28.41 ***	.67	68, 5	18.40 ***	.58	70, 5	13.93 ***	.50	69, 5	18.40 ***	.57	69, 5	4.70 **	.25
Geschlecht		n.s.			n.s.			n.s.		73, 1	4.03 *	.05		n.s.	
Gruppe x Zeit	71, 5	6.05 ***	.30	68, 5	7.01 ***	.34	70, 5	2.89 ***	.17		n.s.		69, 5	3.65 **	.21
Gruppe x Geschlecht		n.s.			n.s.			n.s.			n.s.			n.s.	
Gruppe x Zeit x Geschlecht		n.s.			n.s.			n.s.			n.s.			n.s.	

Quelle der Varianz	Aktivität			Ehezufriedenheit			Selbständigkeit			Konfliktstile			Konfliktpotential		
	df	F	Eta²	df	F	Eta²	df	F	Eta²	df	F	Eta²	df	F	Eta²
Gruppe	73, 1	12.64 **	.15	74, 1	23.20 ***	.24	94, 1	6.88 **	.07	71, 1	6.30 *	.08	75, 1	4.64 *	.06
Zeit	69, 5	14.36 ***	.51	70, 5	12.15 ***	.47	92, 3	9.98 ***	.25	67, 5	11.62 ***	.46		n.s.	
Geschlecht		n.s.			n.s.			n.s.			n.s.			n.s.	
Gruppe x Zeit	69, 5	2.36 *	.03	70, 5	8.50 ***	.38	92, 3	3.10 *	.07	67, 5	3.59 ***	.21	71, 5	6.40 ***	.31
Gruppe x Geschlecht		n.s.		74, 1	6.09 *	.08		n.s.			n.s.			n.s.	
Gruppe x Zeit x Geschlecht		n.s.		70, 5	3.31 *	.19		n.s.			n.s.			n.s.	

*** $p < .001$ ** $p < .01$ * $p < .05$

Tabelle 14.4.2. Ergebnisse univariater Kovarianzanalysen für Eltern und kinderlose Paare

Skala	Quelle der Varianz	df	F	Sig.	Eta²
Pos. Zugewandt-heit	Gruppe (t1)	136, 1	3.666	n.s.	.026
T4	Kovariate (Frauen)	127, 1	22.496	**	.150
	Kovariate (Männer)	127, 1	52.165	**	.291
	Gruppe (t4)	127, 1	.002	n.s.	.000
T5	Kovariate (Frauen)	107, 1	16.058	**	.130
	Kovariate (Männer)	107, 1	28.163	**	.208
	Gruppe (t5)	107, 1	1.441	n.s.	.013
T6	Kovariate (Frauen)	98, 1	6.461	*	.062
	Kovariate (Männer)	98, 1	38.080	**	.280
	Gruppe (t6)	98, 1	21.430	**	.179
T7	Kovariate (Frauen)	96, 1	9.977	*	.094
	Kovariate (Männer)	96, 1	14.679	**	.133
	Gruppe (t7)	96, 1	24.298	**	.202
T8	Kovariate (Frauen)	83, 1	7.590	*	.084
	Kovariate (Männer)	83, 1	17.147	**	.171
	Gruppe (t8)	83, 1	17.705	**	.176

$**\ p_{adj} < .01$ $*\ p_{adj} < .05$

Tabelle 14.4.3. Ergebnisse univariater Kovarianzanalysen für Eltern und kinderlose Paare

Skala	Quelle der Varianz	df	F	Sig.	Eta²
Ehezufriedenheit	Gruppe (t1)	136, 1	2.30	n.s.	.016
T4	Kovariate (Frauen)	127, 1	17.176	**	.147
	Kovariate (Männer)	127, 1	24.197	**	.299
	Gruppe (t4)	127, 1	1.419	n.s.	.000
T5	Kovariate (Frauen)	107, 1	9.122	*	.079
	Kovariate (Männer)	107, 1	10.179	**	.087
	Gruppe (t5)	107, 1	5.777	x	.051
T6	Kovariate (Frauen)	98, 1	4.760	n.s.	.046
	Kovariate (Männer)	98, 1	14.750	**	.131
	Gruppe (t6)	98, 1	13.803	**	.123
T7	Kovariate (Frauen)	96, 1	2.403	n.s.	.024
	Kovariate (Männer)	96, 1	12.465	**	.115
	Gruppe (t7)	96, 1	26.750	**	.218
T8	Kovariate (Frauen)	82, 1	11.669	**	.125
	Kovariate (Männer)	82, 1	4.831	n.s.	.056
	Gruppe (t8)	82, 1	36.257	**	.307

**$p_{adj.} < .01$ *$p_{adj} < .05$ x$p_{adj} < .10$

Tabelle 14.4.4. Ergebnisse univariater Kovarianzanalysen für Eltern und kinderlose Paare

Skala	Quelle der Varianz	df	F	Sig.	Eta²
Selbständigkeit	Gruppe (t1)	130, 1	1.774	n.s.	.013
T4	Kovariate (Frauen)	123, 1	29.045	**	.191
	Kovariate (Männer)	123, 1	40.497	**	.248
	Gruppe (t4)	123, 1	12.093	**	.090
T5	Kovariate (Frauen)	104, 1	14.807	**	.125
	Kovariate (Männer)	104, 1	51.150	**	.330
	Gruppe (t5)	104, 1	8.931	*	.079
T6	Kovariate (Frauen)	97, 1	5.386	n.s.	.053
	Kovariate (Männer)	97, 1	38.689	**	.285
	Gruppe (t6)	97, 1	16.333	**	.144
	Geschlecht	97, 1	6.756	x	.065

** $p_{adj} < .01$ * $p_{adj} < .05$ x $p_{adj} < .10$

Tabelle 14.4.5. Ergebnisse univariater Kovarianzanalysen für Eltern und kinderlose Paare

Skala	Quelle der Varianz	df	F	Sig.	Eta²
Konfliktstile	Gruppe (t1)	133, 1	1.466	n.s.	.011
T4	Kovariate (Frauen)	123, 1	23.828	**	.162
	Kovariate (Männer)	123, 1	65.717	**	.348
	Sex	123, 1	5.934	x	.046
	Gruppe (t4)	123, 1	.851	n.s.	.007
T5	Kovariate (Frauen)	105, 1	14.963	**	.125
	Kovariate (Männer)	105, 1	32.103	**	.234
	Gruppe (t5)	105, 1	.266	n.s.	.003
T6	Kovariate (Frauen)	96, 1	8.042	*	.077
	Kovariate (Männer)	96, 1	22.484	**	.190
	Gruppe (t6)	96, 1	2.951	n.s.	.030
T7	Kovariate (Frauen)	91, 1	4.682	n.s.	.049
	Kovariate (Männer)	91, 1	14.801	**	.140
	Gruppe (t7)	91, 1	6.455	x	.066
T8	Kovariate (Frauen)	80, 1	1.828	n.s.	.022
	Kovariate (Männer)	80, 1	13.473	**	.144
	Gruppe (t8)	80, 1	13.486	**	.144

** $p_{adj} < .01$ * $p_{adj} < .05$ x $p_{adj} < .10$

Tabelle 14.4.6. Ergebnisse univariater Kovarianzanalysen für Eltern und kinderlose Paare

Skala	Quelle der Varianz	df	F	Sig.	Eta²
Konfliktpotential	Gruppe (t1)	136, 1	3.072	n.s.	.022
T4	Kovariate (Frauen)	127, 1	12.994	**	.093
	Kovariate (Männer)	127, 1	9.944	**	.073
	Gruppe (t4)	127, 1	.011	n.s.	.000
T5	Kovariate (Frauen)	107, 1	5.805	x	.051
	Kovariate (Männer)	107, 1	25.590	**	.193
	Gruppe (t5)	107, 1	4.160	n.s.	.037
T6	Kovariate (Frauen)	98, 1	6.519	x	.062
	Kovariate (Männer)	98, 1	13.090	**	.118
	Gruppe (t6)	98, 1	3.591	n.s.	.035
T7	Kovariate (Frauen)	95, 1	7.756	*	.075
	Kovariate (Männer)	95, 1	6.828	x	.067
	Gruppe (t7)	95, 1	12.152	**	.113
T8	Kovariate (Frauen)	83, 1	11.513	**	.122
	Kovariate (Männer)	83, 1	8.037	*	.088
	Gruppe (t8)	83, 1	10.631	**	.114

** $p_{adj} < .01$ * $p_{adj} < .05$ x $p_{adj} < .10$

14.5 Korrelative Befunde

Tabelle 14.5.1. Zusammenhänge zwischen vorgeburtlicher Partnerschaftsqualität und Kindtemperament (3. Lebensmonat bis 5. Lebensjahr)

	Zugewandtheit		Ehezufriedenheit		Selbständigkeit		Dysfunkt. Konfliktstil		Konfliktpotential	
	Väter	*Mütter*	*Väter*	*Mütter*	*Väter*	*Mütter*	*Väter*	*Mütter*	*Väter*	*Mütter*
Temperament[a] t3	.24	.48**	.04	.35*	.21	.02	-.16	-.36*	-.30*	-.20
Stimmung[b] t3	.33*	.55**	.14	.42**	.32*	.02	-.23	-.17	-.13	-.19
Temperament t4	.38**	.43**	.26	.05	.24	-.05	-.08	-.26	-.16	-.08
Stimmung t4	.40**	.45**	.28	.22	.19	-.07	-.17	-.13	-.17	-.14
Temperament t5	.32*	.57**	.25	.20	.40**	.08	-.19	-.31	-.07	-.16
Stimmung t5	.19	.39*	.14	.17	.37*	.18	-.06	-.07	.06	.00
Temperament t6	.26	.28	.13	.07	.39**	.07	-.12	-.21	-.05	-.07
Stimmung t6	.26	-.04	.13	-.08	.25	.23	-.05	.16	-.01	.09
Temperament t7	.13	.23	.03	.10	.32*	.00	-.20	.00	-.01	-.06
Stimmung t7	.15	.23	.10	.19	.29	-.03	-.21	.06	.03	-.15
Temperament t8	.05	.50**	.01	.32	.32*	.16	.07	-.31	-.02	-.12
Stimmung t8	.21	.37*	.19	.28	.30	.26	-.07	-.12	-.11	-.20

**$p < .01$; *$p < .05$
[a] Temperamentscharakteristik „Einfaches Kind"
[b] Positive Stimmung

Tabelle 14.5.2. Zeitgleiche und prospektive Zusammenhänge zwischen Erziehung und Kindtemperament

	Eltern-kompetenz[c]		Partner-kompetenz[d]		Über-forderung		Über-fürsorge	
	Väter	Mütter	Väter	Mütter	Väter	Mütter	Väter	Mütter
Temperament[a] (t3, t2)	.22	.43**	.17	.24	-.10	-.40**	-.26	-.40**
Stimmung[b] (t3, t2)	.34*	.30*	.16	.09	-.10	-.36*	-.33*	-.13
Temperament (t3, t3)	.26	.49**	.34*	.11	-.27	-.41**	-.25	-.25
Stimmung (t3, t3)	.40**	.40**	.46**	.09	-.19	-.47**	-.29	.13
Temperament (t4, t3)	.50**	.16	.27	.23	-.39**	-.31*	-.22	-.23
Stimmung (t4, t3)	.40**	.37*	.30*	.19	-.41**	-.53**	-.07	-.07
Temperament (t4, t4)	.61**	.26	.47**	.40**	-.26	-.27	-.29*	-.25
Stimmung (t4, t4)	.37*	.35*	.43**	.24	-.29*	-.48**	-.20	-.17
Temperament (t5, t4)	.34*	.51**	.54**	.20	-.36*	-.48**	-.35*	-.34*
Stimmung (t5, t4)	.15	.33*	.38*	-.06	-.13	-.40**	-.14	-.27
Temperament (t5, t5)	.53**	.60**	.64**	.36*	-.47**	-.43**	-.19	-.14
Stimmung (t5, t5)	.28	.55**	.45**	.19	-.33*	-.41**	-.16	-.24
Temperament (t6, t5)	.54**	.62**	.61**	.28	-.41**	-.41*	-.25	-.12
Stimmung (t6, t5)	.39*	.33*	.60**	.13	-.48**	-.27	-.13	-.22
Temperament (t6, t6)	.42**	.55**	.45**	.21	-.25	-.55**	-.20	-.15
Stimmung (t6, t6)	.30	.36*	.46**	.12	-.14	-.37*	-.18	-.21
Temperament (t8, t6)	.47**	.51**	.25	.18	-.25	-.47**	-.23	-.40*
Stimmung (t8, t6)	.42*	.48**	.41*	.19	-.24	-.38*	-.17	-.25
Temperament (t8, t8)	.49**	.66**	.13	.39*	-.37**	-.51**	.07	-.54**
Stimmung (t8, t8)	.50**	.70**	.25	.42**	-.37**	-.55**	.17	-.28

** $p < .01$; * $p < .05$
[a] Temperamentscharakteristik „Einfaches Kind" (t3, t2: Kindvariable t3, Erziehungsvariable t2)
[b] Positive Stimmung
[c] Elternkompetenz (Selbstbild) [d] Partnerkompetenz (Elternkompetenz des Partners)

Tabelle 14.5.3. Zusammenhänge zwischen Partnerschaftsqualität und Erziehung

	Eltern-kompetenz[c]		Partner-kompetenz[d]		Über-forderung		Über-fürsorge	
	Väter	Mütter	Väter	Mütter	Väter	Mütter	Väter	Mütter
Zugewandtheit[a](t1, t2)	.51**	.44**	.39**	.30*	-.37**	-.51**	-.45**	-.50**
Selbständigkeit[b](t1, t2)	.11	.23	.05	.37*	.02	.10	-.42**	-.40**
Zugewandtheit (t1, t3)	.54**	.46**	.46**	.37*	-.46**	-.47**	-.19	-.29*
Selbständigkeit (t1, t3)	.15	.30*	.39**	.16	-.09	-.05	-.30*	-.31*
Zugewandtheit (t1, t4)	.47**	.55**	.35*	.43**	-.43**	-.51**	-.28	-.53**
Selbständigkeit (t1, t4)	.11	.05	.22	.20	-.19	-.11	-.26	-.17
Zugewandtheit (t1, t5)	.60**	.36*	.46**	.44**	-.55**	-.29	-.23	-.23
Selbständigkeit (t1, t5)	.38*	.19	.45**	.30	-.21	.00	-.33*	-.26
Zugewandtheit (t1, t6)	.44**	.39*	.53**	.21	-.47**	-.29	-.28	-.32*
Selbständigkeit (t1, t6)	.22	.25	.37*	.42**	-.03	-.15	-.23	-.34*
Zugewandtheit (t1, t8)	.44**	.41*	.19	.16	-.31	-.38*	-.21	-.42*
Selbständigkeit (t1, t8)	.31	.38*	.39*	.48**	-.20	-.11	-.27	-.36*
Zugewandtheit (t4, t4)	.31*	.48**	.33*	.43**	-.32*	-.34*	-.25	-.31*
Selbständigkeit (t4, t4)	.16	.16	.16	.08	-.23	-.34*	-.15	-.36*
Zugewandtheit (t4, t5)	.44**	.22	.47**	.33*	-.43**	.05	-.18	-.24
Selbständigkeit (t4, t5)	.32*	.30	.48**	.17	-.24	-.34*	-.02	-.24
Zugewandtheit (t5, t5)	.64**	.25	.59**	.39*	-.42**	-.17	-.38*	-.25
Selbständigkeit (t5, t5)	.33*	.26	.42**	.33*	-.29	-.02	-.21	-.21
Zugewandtheit (t5, t6)	.45**	.33*	.57**	.23	-.36*	-.12	-.46**	-.40*
Selbständigkeit (t5, t6)	.15	.25	.38*	.25	-.02	-.06	-.11	-.31
Zugewandtheit (t6, t6)	.54**	.48**	.58**	.21	-.44**	-.28	-.47**	-.19
Selbständigkeit (t6, t6)	.30	.08	.37*	.06	-.09	-.10	-.36*	-.20
Zugewandtheit (t6, t8)	.58**	.30	.26	-.06	-.26	-.32	-.45*	-.14
Selbständigkeit (t6, t8)	.40*	.27	.21	.16	-.18	-.34	-.15	-.13
Zugewandtheit (t8, t8)	.46**	.47**	.39*	.35*	-.29	-.43**	-.29	-.35*

** $p < .01$; * $p < .05$
[a] Positive Zugewandtheit (t1, t2: Paarvariable t1, Erziehungsvariable t2)
[b] Selbständigkeit in der Partnerschaft
[c] Elternkompetenz (Selbstbild)   [d] Partnerkompetenz (Elternkompetenz des Partners)

Tabelle 14.5.4. Zusammenhänge von individueller Beziehungspersönlichkeit und Wohlbefinden (t1) mit Variablen auf Paar-, Eltern- und Kind-Ebene

Korrelationen zu Variablen		Beziehungspersönlichkeit (Mutter)		Beziehungspersönlichkeit (Vater)		Wohlbefinden (Mutter)		Wohlbefinden (Vater)	
von		Mutter	Vater	Mutter	Vater	Mutter	Vater	Mutter	Vater
Zugewandtheit	t1	.44**	.26	.33*	.42**	.49**	.08	.26	.58**
	t4	.40**	.35*	.26	.38**	.32*	.12	.26	.54**
	t5	.35**	.38*	.36*	.45**	.40**	.28	.39*	.60**
	t6	.48**	.38*	.31*	.51**	.35*	.25	.18	.46**
	t8	.57**	.36*	.33*	.56**	.44**	.36*	.30	.51**
Selbständigkeit	t1	.43**	.40**	-.07	.13	.23	.32*	-.12	.13
	t4	.34*	.21	.01	.15	.31*	.13	.04	.41**
	t5	.36*	.29	.05	.09	.22	.22	.18	.17
	t6	.25	.06	.08	.24	.22	.21	-.12	.27
Elternkompetenz	t2	.52**	.25	.19	.20	.32*	.17	.25	.35*
	t3	.43**	.25	-.01	.42**	.22	.03	.06	.34*
	t4	.49**	.14	.11	.53**	.36*	.06	.34*	.40**
	t5	.47**	.34*	.08	.64**	.39*	.28	.10	.63**
	t6	.48**	.24	-.01	.59**	.34*	.16	.09	.48**
	t8	.44**	.43**	-.18	.41*	.08	.09	.06	.44**
Partnerkompetenz	t2	.29*	.28	.27	.13	.06	.19	.15	.30*
	t4	.18	.33*	.39**	.45**	.02	.34*	.34*	.18
	t5	.28	.54**	.34*	.42**	.27	.52**	.43**	.42**
Überfürsorge	t2	-.57**	-.35*	-.10	-.24	-.48**	-.22	-.19	-.37*
	t4	-.50**	-.19	-.05	-.33*	-.59**	.06	-.12	-.29*
	t5	-.36*	-.08	-.11	-.31*	-.37*	-.17	-.16	-.26
Temperament	t3	.41**	.21	.19	.23	.20	.05	.14	.24
	t4	.23	.26	.29	.53**	.22	.27	.21	.38**
	t5	.36*	.34*	.11	.38*	.38*	.39*	.14	.28
	t6	.42**	.38*	.11	.41**	.29	.27	.05	.30
	t8	.42*	.22	.09	.34*	.28	.12	.03	.07

$**p < .01$; $*p < .05$

Tabelle 14.5.5. Zusammenhänge zwischen Indikatoren der Partnerschaftsqualität (Mütter)

Korrelation nach Pearson

	1	2	3	4	5	6	7	8	9	10	11	12
1 Zugewandth. t1												
2 Zugewandth. t6	.65**											
3 Zugewandth. t8	.53**	.71**										
4 Ehezufr. t1	.67**	.44**	.35*									
5 Ehezufr. t6	.48**	.83**	.46**	.37*								
6 Ehezufr. t8	.43**	.61**	.79**	.35*	.67**							
7 Dysf. Konflikt t1	-.56**	-.31*	-.25	-.34*	-.34*	-.36*						
8 Dysf. Konflikt t6	-.46**	-.66**	-.49**	-.29	-.68**	-.56**	.54**					
9 Dysf. Konflikt t8	-.38*	-.64**	-.76**	-.29	-.50**	-.62**	.42**	.65**				
10 Erz.diff. t6	-.09	-.19	.08	-.01	-.26	.07	.32*	.37*	.11			
11 Erz.diff. t8	-.37*	-.12	-.18	-.31	-.10	-.07	.19	.21	.05	.21		
12 Selbständig. t1	.11	.25	.37*	.23	-.10	.11	.13	-.01	-.36*	.14	.12	
13 Selbständig. t6	.20	.31*	.33	.17	.06	.01	.17	-.03	.02	.04	-.05	.51**

**. Die Korrelation ist auf dem Niveau von 0,01 (2-seitig) signifikant.
*. Die Korrelation ist auf dem Niveau von 0,05 (2-seitig) signifikant.

Tabelle 14.5.6. Zusammenhänge zwischen Indikatoren der Partnerschaftsqualität (Väter)

Korrelation nach Pearson

	1	2	3	4	5	6	7	8	9	10	11	12
1 Zugewandt. t1												
2 Zugewandt. t6	.72**											
3 Zugewandt. t8	.65**	.73**										
4 Ehezufr. t1	.58**	.48**	.12									
5 Ehezufr. t6	.56**	.85**	.52**	.59**								
6 Ehezufr. t8	.45**	.59**	.78**	.30	.67**							
7 Dysf. Konflikt t1	-.45**	-.26	-.10	-.40**	-.16	.03						
8 Dysf. Konflikt t6	-.63**	-.73**	-.44**	-.39*	-.63**	-.25	.54**					
9 Dysf. Konflikt t8	-.55**	-.59**	-.58**	-.10	-.60**	-.56**	.26	.75**				
10 Erz.diff. t6	-.29	-.28	-.13	-.30	-.26	-.14	.35*	.34*	.11			
11 Erz.diff. t8	-.24	-.07	-.10	-.05	.05	-.04	.29	.30	.19	.32		
12 Selbständ. t1	.22	.30*	.53**	-.12	.18	.43**	.14	-.03	-.06	-.17	-.14	
13 Selbständ. t6	.20	.35*	.36*	-.11	.22	.23	.05	-.19	-.08	-.21	.10	.65**

**. Die Korrelation ist auf dem Niveau von 0,01 (2-seitig) signifikant.
*. Die Korrelation ist auf dem Niveau von 0,05 (2-seitig) signifikant.

Tabelle 14.5.7. Interkorrelationen für die Pfadmodelle der Zugewandtheit (Mütter)

Correlations[a]

Pearson Correlation

	1	2	3	4	5	6	7	8	9	10	11	12	13	14	15	16	17	18	19	20	
1																					1. Bez.persönlichkeit
2	.45**																				2. Wohlbefinden t1
3	.49**	.60**																			3. Wohlbefinden t2
4	.27	.46**	.47**																		4. Wohlbefinden t4
5	.25	.23	.21	.23																	5. Wohlbefinden t6
6	.44**	.49**	.52**	.41**	.28																6. Zugewandtheit t1
7	.40**	.32*	.37**	.45**	.47**	.70**															7. Zugewandtheit t4
8	.35*	.40**	.37*	.43**	.47**	.76**	.83**														8. Zugewandtheit t5
9	.48**	.35*	.34*	.40**	.61**	.65**	.77**	.80**													9. Zugewandtheit t6
10	.57**	.44**	.28	.54**	.35*	.53**	.69**	.70**	.71**												10. Zugewandtheit t8
11	.52**	.32*	.50**	.15	.18	.44**	.38**	.42**	.49**	.44**											11. Elternkompetenz t2
12	.49**	.36*	.61**	.36*	.18	.55**	.48**	.47**	.46**	.49**	.75**										12. Elternkompetenz t4
13	.48**	.34*	.57**	.35*	.33*	.39*	.41**	.33*	.48**	.46**	.62**	.58**									13. Elternkompetenz t6
14	-.57**	-.48**	-.30*	-.19	-.25	-.50**	-.54**	-.53**	-.45**	-.49**	-.50**	-.41**	-.26								14. Überfürsorge t2
15	-.50**	-.59**	-.49**	-.30*	-.28	-.53**	-.31*	-.45**	-.31*	-.43**	-.23	-.31*	-.16	.56**							15. Überfürsorge t4
16	-.36*	-.37*	-.11	-.13	-.21	-.32*	-.25	-.40*	-.19	-.37*	-.24	-.12	-.17	.70**	.58**						16. Überfürsorge t6
17	.41**	.20	.32*	.15	.12	.48**	.30*	.34*	.38*	.53**	.43**	.45**	.38*	-.40**	-.33*	-.29					17. Kindtemperament t3
18	.23	.22	.14	.29*	.18	.43**	.27	.28	.19	.34*	.08	.26	.02	-.17	-.25	-.04	.38**				18. Kindtemperament t4
19	.36*	.38*	.35*	.32*	.27	.57**	.33*	.44**	.43**	.31	.38*	.51**	.36*	-.45**	-.34*	-.22	.45**	.65**			19. Kindtemperament t5
20	.42**	.29	.31*	.28	.32*	.28	.18	.21	.26	.35*	.38*	.30	.55**	-.27	-.15	-.15	.44**	.42**	.47**		20. Kindtemperament t6
21	.42**	.28	.25	.37*	.14	.50**	.29	.27	.22	.52**	.43**	.61**	.51**	-.44**	-.37*	-.40*	.64**	.40*	.60**	.66**	21. Kindtemperament t8

**. Correlation is significant at the 0.01 level (2-tailed).
*. Correlation is significant at the 0.05 level (2-tailed).
a. SEXN = 1.00 w

Tabelle 14.5.8. Interkorrelationen für die Pfadmodelle der Zugewandtheit (Väter)

Pearson Correlation

	1	2	3	4	5	6	7	8	9	10	11	12	13	14	15	16	17	18	19	20	
1																					
2	.41**																				
3	.31**	.54**																			
4	.43**	.59**	.62**																		
5	.46**	.70**	.67**	.47**																	
6	.42**	.58**	.43**	.42**	.55**																
7	.38**	.54**	.36*	.52**	.55**	.81**															
8	.45**	.60**	.41**	.32*	.57**	.80**	.77**														
9	.51**	.46**	.40**	.43**	.58**	.72**	.78**	.82**													
10	.56**	.51**	.29	.55**	.51**	.65**	.81**	.80**	.73**												
11	.20	.35*	.45**	.36*	.50**	.51**	.33*	.49**	.40**	.16											
12	.53**	.40**	.46**	.38**	.49**	.47**	.31*	.60**	.51**	.25	.62**										
13	.59**	.48**	.51**	.56**	.60**	.44**	.36*	.45**	.54**	.47**	.50**	.63**									
14	-.24	-.37*	-.42**	-.33*	-.42**	-.45**	-.40**	-.60**	-.50**	-.40*	-.38**	-.52**	-.46**								
15	-.33*	-.29*	-.17	-.28	-.29	-.28	-.25	-.38*	-.36*	-.17	-.32*	-.45**	-.45**	.63**							
16	-.31*	-.26	-.17	-.26	-.36*	-.28	-.22	-.46**	-.47**	-.35*	-.30	-.41**	-.55**	.68**	.57**						
17	.23	.24	.26	.24	.38*	.24	.23	.35*	.25	.21	.22	.30*	.26	-.26	-.35*	-.26					
18	.53**	.38**	.33*	.29*	.50**	.38**	.32*	.45**	.51**	.28	.35*	.61**	.64**	-.31**	-.29*	-.27	.46**				
19	.38*	.28	.21	.24	.29	.32*	.22	.38*	.34*	.35	.41**	.34*	.44**	-.20	-.35*	-.23	.51**	.66**			
20	.41**	.30	.16	.25	.28	.26	.25	.29	.35*	.33	.22	.33*	.42**	-.22	-.37*	-.20	.52**	.71**	.80**		
21	.34*	.07	.04	.15	.18	.05	.03	.04	.25	.12	.23	.39*	.47**	-.09	-.31	-.23	.43**	.66**	.60**	.76**	

**. Correlation is significant at the 0.01 level (2-tailed).
*. Correlation is significant at the 0.05 level (2-tailed).

22. Bez.persönlichkeit
23. Wohlbefinden t1
24. Wohlbefinden t2
25. Wohlbefinden t4
26. Wohlbefinden t6
27. Zugewandtheit t1
28. Zugewandtheit t4
29. Zugewandtheit t5
30. Zugewandtheit t6
31. Zugewandtheit t8
32. Elternkompetenz t2
33. Elternkompetenz t4
34. Elternkompetenz t6
35. Überfürsorge t2
36. Überfürsorge t4
37. Überfürsorge t6
38. Kindtemperament t3
39. Kindtemperament t4
40. Kindtemperament t5
41. Kindtemperament t6
42. Kindtemperament t8

Tabelle 14.5.9. Interkorrelationen für die Pfadmodelle der Selbständigkeit (Mütter)

Correlations

Pearson Correlation

	1	2	3	4	5	6	7	8	9	10	11	12	13	14	15	16	17	
1																		1. Beziehungspersönlichkeit (selbst)
2	-.06																	2. Beziehungspersönlichkeit (Vater)
3	.43**	-.07																3. Selbständigkeit t1
4	.34*	.01	.60**															4. Selbständigkeit t4
5	.36*	.05	.72**	.72**														5. Selbständigkeit t5
6	.43**	-.01	.30*	.34*	.34*													6. Elternkompetenz t3
7	.49**	.11	.05	.16	.21	.79**												7. Elternkompetenz t4
8	.47**	.08	.19	.30	.26	.77**	.69**											8. Elternkompetenz t5
9	.48**	-.01	.25	.27	.25	.57**	.58**	.75**										9. Elternkompetenz t6
10	.14	.29*	.16	.00	.01	.15	.21	-.03	.00									10. Vaterkompetenz t3
11	.18	.39**	.20	.08	.14	.08	.16	-.06	.00	.68**								11. Vaterkompetenz t4
12	.28	.34*	.30	.17	.33*	.30	.32*	.30	.33*	.28	.42**							12. Vaterkompetenz t5
13	.24	.34*	.42**	.19	.25	.15	.14	.16	.45**	.40*	.38*	.67**						13. Vaterkompetenz t6
14	.28	.28	.02	.25	.10	.40**	.45**	.34*	.33*	.09	.19	.13	.11					14. Stimmung t3
15	.19	.07	-.07	.16	.02	.37*	.35*	.28	.18	.19	.24	.18	-.17	.52**				15. Stimmung t4
16	.22	-.13	.18	.22	.07	.45**	.33*	.55**	.42**	-.01	-.06	.19	-.11	.26	.46**			16. Stimmung t5
17	.17	-.07	.23	.15	.16	.22	.09	.33*	.36*	-.04	.03	.13	.12	.02	.20	.46**		17. Stimmung t6
18	.42**	.11	.07	.21	.16	.34*	.30	.62**	.55**	.02	.17	.28	.21	.23	.32*	.26	.60**	18. Temperament t6

**. Correlation is significant at the 0.01 level (2-tailed).
*. Correlation is significant at the 0.05 level (2-tailed).

Tabelle 14.5.10. Interkorrelationen für die Pfadmodelle der Selbständigkeit (Väter)

Correlations

Pearson Correlation

	1	2	3	4	5	6	7	8	9	10	11	12	13	14	15	16	17	
1																		1. Beziehungspersönlichkeit (selbst)
2	-.06																	2. Beziehungspersönlichkeit (Mutter)
3	.13	.40**																3. Selbständigkeit t1
4	.15	.21	.55**															4. Selbständigkeit t4
5	.09	.29	.74**	.59**														5. Selbständigkeit t5
6	.42**	.25	.15	.04	.23													6. Elternkompetenz t3
7	.53**	.14	.11	.16	.20	.77**												7. Elternkompetenz t4
8	.64**	.34*	.38**	.32*	.33*	.77**	.80**											8. Elternkompetenz t5
9	.59**	.24	.22	.15	.15	.69**	.63**	.77**										9. Elternkompetenz t6
10	.22	.39**	.39**	.24	.33*	.50**	.36*	.55**	.45**									10. Mutterkompetenz t3
11	.45**	.33*	.22	.16	.26	.52**	.54**	.64**	.49**	.73**								11. Mutterkompetenz t4
12	.42**	.54**	.45**	.48**	.42**	.41**	.42**	.71**	.50**	.76**	.81**							12. Mutterkompetenz t5
13	.45**	.43**	.37**	.40**	.38**	.33*	.27	.64**	.55**	.66**	.67**	.87**						13. Mutterkompetenz t6
14	.20	.40**	.32**	.24	.41**	.40**	.32*	.52**	.23	.46**	.47**	.64**	.39*					14. Stimmung t3
15	.44**	.18	.19	.28	.31	.40**	.37**	.48**	.36*	.30	.43**	.50**	.42**	.61**				15. Stimmung t4
16	.12	.26	.37**	.44**	.47**	.24	.15	.28	.13	.32*	.38**	.45**	.36**	.53**	.38*			16. Stimmung t5
17	.26	.32*	.25	.34*	.31	.19	.11	.39*	.30	.28	.39**	.60**	.46**	.49**	.45**	.68**		17. Stimmung t6
18	.41**	.38**	.39**	.43**	.46**	.32*	.33*	.54**	.42**	.29	.43**	.61**	.45**	.64**	.53**	.69**	.73**	18. Temperament t6

** Correlation is significant at the 0.01 level (2-tailed).
* Correlation is significant at the 0.05 level (2-tailed).

14.6 Regressionsanalytische Befunde

Tabelle 14.6.1. Vorhersage von Kindtemperament und -stimmung aus vorgeburtlichen Indikatoren der Paarqualität [a]

		Väter						Mütter			
		Prädiktor	r	β	ΔR²	R²	adj. R²	Prädiktor	β	R²	adj.R²
Temperament	t3	-						Zugewandt.	.48**	.23**	.21**
	t4	Zugewandt.	.38**	.38**		.14**	.12**	Zugewandt.	.43**	.18**	.17**
	t5	Zugewandt. Selbständig.	.32* .40**	.26ˣ .36*	.10* .13*	.23*	.19*	Zugewandt.	.57**	.33**	.31**
	t6	Selbständig.	.39*	.39*		.16*	.13*	-			
	t7	Selbständig.	.32*	.32*		.11*	.08*	-			
	t8	Selbständig.	.28ˣ	.28ˣ		.08ˣ	.05ˣ	Zugewandt.	.50**	.25**	.23**
Stimmung	t3	Zugewandt. Selbständig.	.33* .32*	.28* .27*	.11* .07*	.18**	.14**	Zugewandt.	.55**	.30**	.29**
	t4	Zugewandt.	.40**	.40**		.16*	.14*	Zugewandt.	.45**	.21**	.19**
	t5	Selbständig.	.37*	.37*		.14*	.11*	Zugewandt.	.39**	.15*	.13*
	t6	-						-			
	t7	Selbständig.	.29ˣ	.29ˣ		.09ˣ	.06ˣ	-			
	t8	Selbständig.	.30ˣ	.30ˣ		.09ˣ	.06ˣ	Zugewandt.	.37*	.14*	.11*

[a] Hierarchische Regressionsanalyse mit Positiver Zugewandtheit im 1. Block (sofern sign.)
** $p < .01$ * $p < .05$ ˣ $p < .10$

Tabelle 14.6.2. Vorhersage von Veränderungen in Kindtemperament und -stimmung aus vorgeburtlichen Indikatoren der Paarqualität [a]

	Väter						Mütter				
	Prädiktor	r	β	ΔR²	R²	adj.R²	Prädiktor	r	β	ΔR²	R²	adj.R²
t3-4	K-Temp.[b] Zugewandt.[c]	.46** .38**	.39** .26ˣ	.21** .06ˣ	.27**	.24**	K-Temp. Zugewandt.	.38** .43**	n.s. .30ˣ	.14** .07ˣ	.22**	.18**
t4-5	K-Temp. Selbständ.[d]	.66** .40**	.59** .22ˣ	.43** .04ˣ	.47**	.45**	K-Temp. Zugewandt.	.45** .57**	n.s. .44**	.20** .15*	.36**	.32**
t7-8	-						K-Temp. Zugewandt.	57** .50**	.48** .39**	.32** .14**	.46**	.43**
t7-8	-						K-Stimmg.[e] Selbständ.	.48** .26ˣ	.51** .31*	.23** .09*	.32**	.28**

[a] Hierarchische Regressionsanalyse   ** $p < .01$ * $p < .05$ ˣ $p < .10$
[b] Kind-Temperament t3 im ersten Block (als Kontrollvariable), vorgeburtliche Paarvariable im 2. Block zur Vorhersage von Kindmerkmalen t4 (analog für spätere Messzeitpunkte)
[c] Zugewandtheit   [d] Selbständigkeit   [e] Kind-Stimmung
Die Befunde für die kindliche Stimmungslage entsprechen den hier aufgeführten für die gesamte Temperamentscharakteristik, sofern sie nicht gesondert berichtet werden.

Tabelle 14.6.3. Vorhersage von Veränderung in den kindlichen Temperamentsmerkmalen aus nachgeburtlichen Indikatoren der Paarqualität [a]

Prädiktor	r	β	ΔR^2	R^2	adj.R^2
Vorhersage von Kindtemperament t8 (Väter)					
1. Kind-Stimmung t5	.59**	.39**	.35**	.40**	.36**
2. Selbständigkeit t5	.47**	.26^x	.06^x		
1. Kind-Stimmung t6	.56**	.47**	.32**	.38**	.34**
2. Selbständigkeit t6	.43**	.27^x	.07^x		
Vorhersage von Kindtemperament t8 (Mütter)					
1. Kind-Temperament t5	.54**	.50**	.29**	.41**	.36**
2. Selbständigkeit t5	.39**	.35*	.12*		
1. Kind-Temperament t6	.66**	.64**	.44**	.52**	.49**
2. Selbständigkeit t6	.35**	.29*	.08*		

[a] Hierarchische Regressionsanalyse, Kindmerkmale im ersten Block (als Kontrollvariable), zeitgleich erfasste Paarvariable im 2. Block zur Vorhersage von späteren Kindmerkmalen
** $p < .01$ * $p < .05$ $^x p < .10$

Tabelle 14.6.4. Vorhersage von Veränderung in den kindlichen Temperamentsmerkmalen aus Veränderungen der Paarqualität [a]

Prädiktor	r	β	ΔR^2	R^2	adj.R^2
Vorhersage von Kindtemperament t6 (Väter)					
1. Kindtemperament t5	.80**	.80**	.64**	.68**	.64**
2. Zugewandtheit-Mittel (t5+t6)	.35*	n.s.	-		
3. Zugewandtheit-Differenz (t5-t6)	.18	.20*	.04*		
Vorhersage von Kindtemperament t8 (Mütter)					
1. Kind-Stimmung t7	.48**	.40**	.23**	.50**	.45**
2. Zugewandtheit-Mittel (t7+t8)	.44**	.37**	.13**		
3. Zugewandtheit-Differenz (t8-t7)	.39**	.37**	.14**		

[a] Hierarchische Regressionsanalyse, Kindmerkmale im ersten Block (als Kontrollvariable), Mittelwert der Paarvariablen im 2. Block, Differenzwert der Paarvariablen im 3. Block (Auf diese Weise kann geprüft werden, ob die Veränderung der Partnerschaftsqualität – repräsentiert durch den Differenzwert – zusätzliche Varianz in den Kindmerkmalen aufklären kann
** $p < .01$ * $p < .05$ $^x p < .10$

Die Herausgeber der Reihe

Andreas Ernst, geb. 1960, studierte Psychologie in Freiburg/Breisgau und Pittsburgh/USA. Er ist Hochschuldozent an der Universität Freiburg.
Forschungsschwerpunkte: Umwelthandeln, soziale Dilemmata und Computermodellierung.

Dieter Frey, geb. 1946, studierte Psychologie und Soziologie in Mannheim und Hamburg. Er ist seit 1993 Professor für Sozial- und Wirtschaftspsychologie an der Ludwig-Maximilians-Universität in München.
Forschungsschwerpunkte: Entscheidungsverhalten in Gruppen; Teamarbeit; Führung; innere Kündigung; Personale und organisatorische Bedingungen für ein Center of Excellence; Börse und Psychologie, Entstehung und Veränderung von Einstellungen und Wertesystemen.

Ernst-Dieter Lantermann, geb. 1945, studierte Psychologie und Kunstgeschichte in Bonn. Er ist seit 1979 Professor für Persönlichkeits- und Sozialpsychologie an der GhK Kassel.
Forschungsschwerpunkte: Regulatorische Prozesse beim Umgang mit komplexen Problemen; Lebensstil und Naturschutz; Differenzielle Lernumgebungen für den Erwerb von Systemkompetenzen.

Volker Linneweber, geb. 1951, studierte Psychologie, Soziologie und Erziehungswissenschaft an der Universität Münster. Seit 1996 ist er Professor für Sozialpsychologie an der Otto-von-Guericke-Universität Magdeburg.
Forschungsschwerpunkte: Sozialpsychologische Konfliktforschung, psychologische Aspekte des Umwelterlebens, der Umweltnutzung und -gestaltung sowie damit verbundene Kontroversen involvierter Akteure.

Karlheinz Sonntag, geb. 1950, studierte Betriebswirtschaft und Psychologie an den Universitäten Augsburg und München. Er ist seit 1993 Leiter der Abteilung Arbeits-, Betriebs- und Organisationspsychologie am Psychologischen Institut der Universität Heidelberg.
Forschungsschwerpunkte: Personalentwicklung und Trainingsforschung, Arbeitsanalyse, Gesundheitsmanagement und Lernprozesse im Unternehmen.

Ursula M. Staudinger, geb. 1959, studierte Psychologie an der Universität Erlangen. Seit 1999 ist sie Professorin für Entwicklungspsychologie an der Technischen Universität Dresden.
Forschungsschwerpunkte: Entwicklung der Integration von Kognition, Emotion und Motivation über die Lebensspanne; Entwicklungsreserven und -potenziale.

"Psychologie - Forschung - *aktuell*"

Die Reihe **"Psychologie - Forschung - *aktuell*"** hat sich zum Ziel gesetzt, durch die rasche Publikation neuester Forschungsergebnisse Fortschritte der psychologischen Forschung zu befördern.

In der Reihe erscheinen sechs Bände pro Jahr, von deren herausragender Qualität sich zuvor unabhängige Gutachter überzeugt haben.

Die Bände zeichnen sich aus durch:
- Aktualität des Themas
- Begutachtung durch ausgewiesene Fachkolleginnen und Fachkollegen
- Hohe wissenschaftliche Qualität
- Klarheit und Prägnanz in Sprache und Gestaltung
- Kurze Publikationsfristen

Aktuelle Informationen zu bisher erschienenen und geplanten Bänden, Hinweise für Autoren sowie die E-mail-Adressen der Herausgeber finden Sie unter **www.beltz.de**.

BELTZPVU
Verlagsgruppe Beltz · Postfach 100154 · 69441 Weinheim · www.beltz.de

Bisher erschienen in der Reihe "Psychologie - Forschung - *aktuell*"

Hans-Christian Waldmann
Methoden- und Statistikberatung
1. Auflage 2001
232 Seiten, broschiert, € 44,90
ISBN 3-621-27511-8

Die Bedeutung innovativer Kommunikationstechnologie für die Projektplanung und -durchführung in der wissenschaftlichen Forschung ist heute unbestritten. Damit einher geht der Anspruch an die Statistik / Methodik, nicht nur bestimmte Nischen im Forschungsprozess, wie die Datenauswertung, zu besetzen, sondern eine transparente Umgebung für den gesamten Forschungsprozess anzubieten.

Vor diesem Hintergrund entwickelt der Autor ein integriertes Servicemodell zur Methoden- und Statistikberatung von Forschungsprojekten aus Medizin, Psychologie und Gesundheitswissenschaften und implementiert es durch einen Internetdienst. "Integriert" bedeutet hier, dass neben den technologischen Lösungen (EDV) auch rechtliche, organisatorische, beratungspsychologische und wissenschaftstheoretische Aspekte zur Sprache kommen. Der Band hat damit den Anspruch, Theorie und Praxis der Methoden- und Statistikberatung gleichermaßen gerecht zu werden.

Drei Gründe, die für dieses Buch sprechen:
- Es liefert Impulse für den Einsatz moderner Informationstechnologie bei der Forschung im Gesundheitsbereich.
- Es geht auf die organisatorischen und psychologischen, aber auch viele technische Aspekte der Methodenberatung ein.
- Es vermittelt konkretes Wissen über die Gestaltung von Methoden- und Statistikberatung im universitären, aber auch im kommerziellen Bereich.

Andreas Ernst

BELTZ*PVU*
Verlagsgruppe Beltz · Postfach 100154 · 69441 Weinheim · www.beltz.de

Bisher erschienen in der Reihe "Psychologie - Forschung - *aktuell*"

Andreas Ernst
Informationsdilemmata bei der Nutzung natürlicher Ressourcen
1. Auflage 2001
288 Seiten, broschiert, € 44,90
ISBN 3-621-27507-X

Wie oft misslingen Gruppenvorhaben, weil nicht alle an einem Strang ziehen? Der Autor dieses Buches vertritt die Ansicht, dass eine gemeinschaftliche Aufgabe besonders erfolgreich gelöst werden kann, wenn die Gruppe ihre Regeln selbst und gemeinsam kontrolliert. Spieltheoretische Analysen und Experimente mit einem neu entwickelten Umweltspiel belegen, dass in diesem Kontext die Bereitstellung oder Verweigerung von Information eine zentrale Rolle spielt.

Der Autor fördert mit seiner Studie Erkenntnisse über Ressourcennutzung zutage, die gerade Gruppen einen nachhaltigen Umgang mit der Natur, gegenseitiges Vertrauen und Ehrlichkeit nahelegen.

Drei Gründe, die für dieses Buch sprechen:
- Es liefert eine innovative Betrachtung der Rolle von Informationen in der Allmendeklemme.
- Der Autor belegt die Bedeutsamkeit struktureller und organisatorischer Aspekte des Verhaltens Einzelner in der Gruppe für die gemeinsame Ressourcennutzung.
- Das Buch weist vor einem breiten empirischen Hintergrund Wege für eine nachhaltige Ressourcennutzung auf.

Volker Linneweber

BELTZ*PVU*
Verlagsgruppe Beltz · Postfach 100154 · 69441 Weinheim · www.beltz.de